Android Tablet

Die verständliche Anleitung

von

Rainer Hattenhauer

Vierfarben

Liebe Leserin, lieber Leser,

es ist ein Computer, eine Kamera, ein Telefon, ein Terminkalender, ein Radio, ein Navigationsgerät. Ihr Tablet vereint alles in einem! Bei dieser Fülle an Möglichkeiten fällt es nicht immer leicht, den Überblick zu bewahren. Doch mit diesem Buch werden Sie sich mühelos in der Android-Welt zurechtfinden. Rainer Hattenhauer begleitet Sie Schritt für Schritt bei den alltäglichen Aufgaben mit dem Tablet und zeigt Ihnen, wie Sie im Internet surfen, mit Freunden in Kontakt treten, Apps herunterladen oder Filme anschauen. Zusätzlich gibt er Ihnen hilfreiche Tipps, so dass Sie Ihr Gerät ganz nach Ihren Wünschen einrichten und sicher bedienen können. So wird das Tablet schnell zu Ihrem neuen Lieblingsbegleiter!

Dieses Buch wurde mit größter Sorgfalt geschrieben und hergestellt. Sollten Sie Fragen, Kritik oder inhaltliche Anregungen haben, freue ich mich über Ihre Nachricht. Zunächst aber wünsche ich Ihnen viel Freude mit dem Tablet und beim Lesen des Buches.

Ihre Katharina Linder
Lektorat Vierfarben

katharina.linder@vierfarben.de
www.facebook.com/vierfarben

Auf einen Blick

Sie haben Fragen, Wünsche oder Anregungen zum Buch?
Gerne sind wir für Sie da:

Anmerkungen zum Inhalt des Buches: katharina.linder@vierfarben.de
Bestellungen und Reklamationen: service@vierfarben.de
Rezensions- und Schulungsexemplare: sophie.herzberg@vierfarben.de

An diesem Buch haben viele mitgewirkt, insbesondere:

Lektorat Katharina Linder
Korrektorat Alexandra Müller, Olfen
Herstellung Maxi Beithe
Einbandgestaltung Mai Loan Nguyen Duy
Coverfoto Google Inc.; iStockphoto23532449 © TommL; shutterstock 184537244 © PureSolution
Typografie und Layout Vera Brauner
Satz Maxi Beithe
Druck PHOENIX PRINT GmbH

Gesetzt wurde dieses Buch aus der ITC Charter (10,5 pt/15 pt) in Adobe InDesign CC 2014.
Und gedruckt wurde es auf mattgestrichenem Bilderdruckpapier (115 g/m²).
Hergestellt in Deutschland.

Bibliografische Information der Deutschen Nationalbibliothek
Die Deutsche Nationalbibliothek verzeichnet diese Publikation in der Deutschen Nationalbibliografie; detaillierte bibliografische Daten sind im Internet über http://dnb.d-nb.de abrufbar.

ISBN 978-3-8421-0156-2

1. Auflage 2015

Vierfarben ist ein Verlag der Rheinwerk Verlag GmbH
Rheinwerkallee 4, 53227 Bonn
www.vierfarben.de

Der Verlagsname Vierfarben spielt an auf den Vierfarbdruck, eine Technik zur Erstellung farbiger Bücher. Der Name steht für die Kunst, die Dinge einfach zu machen, um aus dem Einfachen das Ganze lebendig zur Anschauung zu bringen.

Inhalt

Kapitel 14: Die Akkulaufzeit verlängern 339

Kapitel 15: Das Tablet warten und Fehler beheben 351

Kapitel 1
Start mit dem Android-Tablet

Die Geburt des »Wohlfühl-Computers«

Wie viel Computer braucht der Mensch? Weniger, als es uns die PC-Industrie bislang glauben machen wollte. 99 Prozent aller Aufgaben, die wir bisher mit dem klassischen PC erledigt haben, lassen sich mit spielerischer Leichtigkeit auch mit einem Tablet durchführen.

Bildquelle: google.de

Der moderne Datennomade kann seinen Alltag komplett mit dem Tablet bewältigen:

- Nach dem Aufstehen werden die Mails der Freunde aus Übersee gecheckt und die neuesten Nachrichten per RSS-Feed abgerufen.
- In der U-Bahn geht man noch schnell den Vortrag durch, den man im Meeting halten möchte.
- Anschließend studiert man eine aktuelle Tageszeitung oder ein Magazin im Tablet-Reader.
- Im Büro angekommen, gleicht man den Terminplaner mit dem Google-Kalender ab und lädt Geschäftspartner per Google Mail zum Meeting ein.

- Auf dem Heimweg erfreut man sich an einem der zahlreichen Spiele, die für Android-Tablets erhältlich sind, oder hört Lieblingsmusikstücke aus der Mediathek.
- ... und abends legt man die Füße hoch und genießt, das Tablet im Schoß, einen Film in HD-Qualität auf dem knackig scharfen Display.

Vorbei sind die Zeiten, in denen Sie für diese beschriebenen Tätigkeiten ein schwerfälliges, 600 Watt fressendes Ungetüm hochfahren, geschweige denn mitschleppen mussten, das minutenlang mit dem Laden von System und wichtigen und unwichtigen Hintergrunddiensten beschäftigt war. Ein Tablet wird so gut wie nie ausgeschaltet, ist sofort einsatzbereit und hält locker den gerade beschriebenen Tag durch, ohne an die Steckdose zu müssen.

Was ist Android?

Der kleine grüne Roboter ist das Markenzeichen von Android.

Android basiert auf dem quelloffenen Betriebssystem Linux. Dessen Vater ist Linus Torvalds, der das System als Hobby in seiner Studentenzeit entwickelt hat. Sollte es ursprünglich den Desktop des PCs revolutionieren, was leider nicht in dem von Torvalds gewünschten Umfang gelang, hat es mittlerweile seinen Siegeszug im Tablet- und Smartphone-Bereich angetreten. Momentan werden bei Google, dem »Erfinder« von Android, jeden Tag 1,5 Millionen Android-Geräte aktiviert – Tendenz steigend. Im Jahr 2014 wurde schließlich die Milliardenmarke geknackt – eine Erfolgsstory, die bislang nur dem PC in Verbindung mit dem Betriebssystem Windows vorbehalten war.

Im Windschatten von Android sonnen sich auch diverse Hardwarehersteller im Erfolg. Samsung, Huawei, HTC, Sony und Motorola bieten passende Smartphones und Tablets für jeden Geschmack an – und das bei Stückzahlen im Millionenbereich.

Aber genug der drögen Zahlen – sicher wollen Sie nun endlich mit Ihrem neuen Android-Tablet loslegen oder sich zumindest, falls Sie noch wankelmütig in Ihrer Kaufentscheidung sind, informieren, was Sie mit so einem Hightech-Gerät alles anstellen können. Und das ist in der Tat einiges.

Die neue Version Lollipop

Android hat eine beispiellose Evolution erfahren. Waren die ersten Versionen noch ein mehr oder weniger gelungener Abklatsch des Apple-Mobilbetriebssystems iOS, ist es mittlerweile sogar so, dass der Großmeister selbst vom vermeintlichen Fälscher abkupfert: In iOS finden sich inzwischen einige Funktionen, die Android schon länger bietet.

Das Android-Männchen im Lollipop-Look (Bildquelle: google.de)

Das vorliegende Buch bezieht sich in erster Linie auf die zum Zeitpunkt der Drucklegung aktuelle Version Android 5 Lollipop, die mittlerweile weit verbreitet ist. Das heißt aber nicht, dass Sie als Nutzer eines Tablets mit einer älteren oder vielleicht auch schon neueren Version keinen Nutzen aus dem Buch ziehen können: Android ist mittlerweile modular aufgebaut, so dass sich Änderungen stets auf der Anwendungsebene bemerkbar machen. In diesem Zusammenhang habe ich versucht, die Anwendbarkeit der Anleitungen so universell wie möglich zu gestalten. Sollte also der eine oder andere Screenshot im Buch nicht exakt mit dem Bildschirm Ihres Tablets übereinstimmen, lassen Sie sich davon nicht abschrecken: Die Bedienerlogik ändert sich in der Regel selten und wird von Google auch nur selten geändert.

Die Einzigen, die hier ein wenig aus der Reihe tanzen, sind die Hardwarehersteller wie zum Beispiel Samsung, Sony, Lenovo & Co. Diese statten ihre guten Stücke meist mit eigenen Oberflächen aus. Aber selbst das ist kein Beinbruch, da Android zum einen unglaublich flexibel konfigurierbar ist und sich zum anderen die wichtigen Steuerelemente stets an ähnlichen Stellen befinden. Ich berücksichtige die unterschiedlichen Oberflächen insofern, als dass ich Ihnen im Abschnitt »Ein Rundgang durch die Oberfläche« ab Seite 24 zeigen werde, wie Sie mehr oder weniger eine »pure« Android-Oberfläche auf Ihrem Tablet herstellen können, mit der Sie die Anleitungen aus diesem Buch besser nachvollziehen können.

Erste Inbetriebnahme

Auspacken – loslegen: Ganz so schnell sollten Sie bei der ersten Inbetriebnahme Ihres neuen Tablets nicht vorgehen. Schauen wir uns das Gerät zunächst einmal etwas genauer an und bestücken wir es dabei gleich. Zur Vorbereitung für den ersten Einsatz sollten Sie in der Regel folgendermaßen vorgehen:

1. Laden Sie den Akku Ihres Android-Tablets zunächst voll auf. Durch die vollständige Ladung des Akkus vor der ersten Inbetriebnahme des Tablets stellen Sie sicher, dass die Akkuanzeige korrekt kalibriert wird.
2. Optional, da nicht alle Geräte mit Mobilfunkschnittstelle ausgerüstet sind: Legen Sie die SIM-Karte Ihres Providers in Ihr Tablet ein.
3. Schieben Sie (falls vorhanden) die externe Speicherkarte in den zugehörigen Einschub. Etliche Android-Geräte, so auch die beliebte Nexus-Serie von Google, verzichten mittlerweile auf einen SD-Einschub.

① SIM-Karte
② Einschub für SIM- und Speicherkarte
③ MicroSD-Speicherkarte

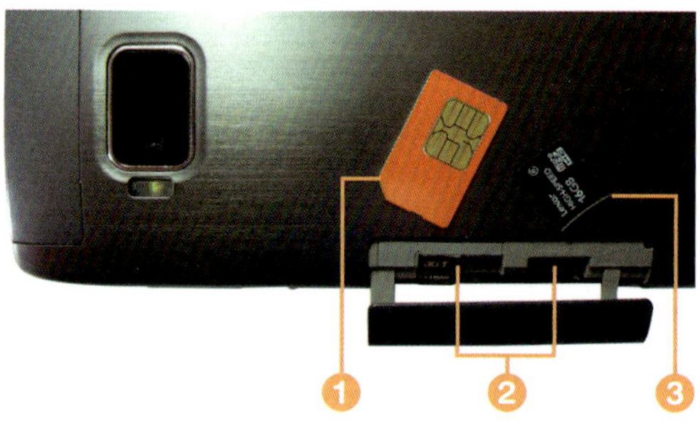

4. Danach kann's losgehen: Schalten Sie das Gerät nach Herstelleranweisung ein. In der Regel geschieht das durch einen langen Druck auf den Einschaltknopf. Die folgende Abbildung zeigt, wo dieser und weitere Hardwareelemente zu finden sind.

- ④ Kamera
- ⑤ Ein-/Aus-Schalter
- ⑥ Lautstärkewippe
- ⑦ Lautsprecher
- ⑧ USB-Anschluss für Ladegerät und Datentransfer

Der Konfigurationsassistent

Jeder Hersteller baut in »sein« Tablet eine spezielle Routine ein, die bei der ersten Inbetriebnahme abläuft. Es empfiehlt sich, diese Schritte ordnungsgemäß zu durchlaufen, um das Gerät für den ersten Einsatz grob vorzukonfigurieren.

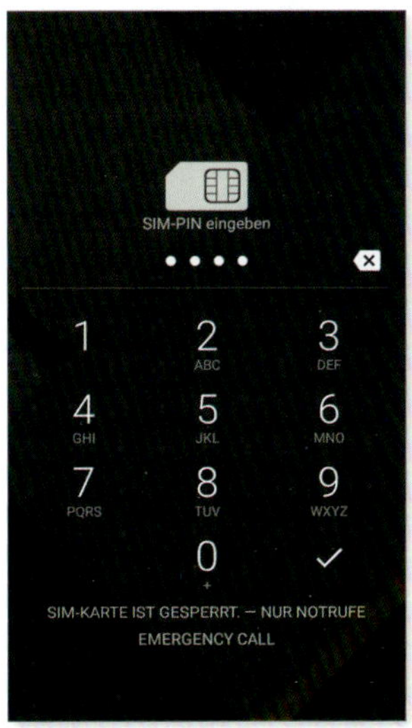

Bei einem Tablet mit der Android-Versionsnummer 5 (Lollipop) sehen die ersten Schritte in der Regel folgendermaßen aus. Beachten Sie, dass es bei einigen Herstellern durch die verwendete eigene Software zu Abweichungen bei den Abbildungen kommen kann:

1. Sollte Ihr Tablet über eine Mobilfunkanbindung verfügen, werden Sie bei eingelegter SIM-Karte zunächst aufgefordert, die PIN (= *Persönliche Identifikationsnummer*) der Karte einzugeben. Die PIN finden Sie im Schreiben Ihres Providers oder auf der Plastikkarte, aus der Sie den SIM-Chip heraus-

gelöst haben. Möglicherweise liegen die Dialoge in diesem frühen Stadium der Einrichtung noch in englischer Sprache vor. Das können Sie gleich ändern.

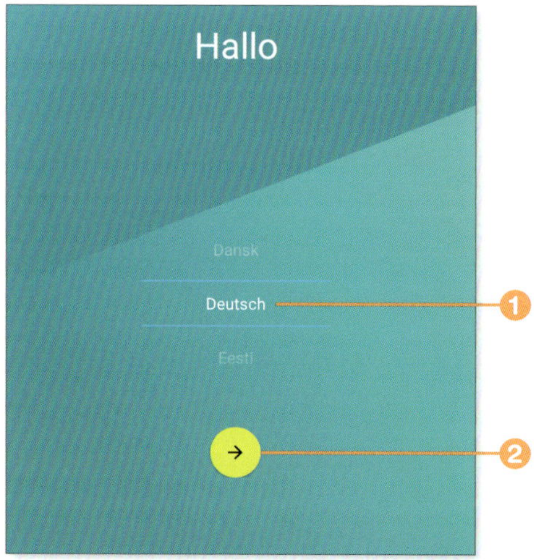

2. Im nächsten Dialog wählen Sie die Sprache aus ①, mit der Sie zukünftig Ihr Tablet bedienen möchten. Weiter geht es durch Antippen des Pfeilsymbols ②.

3. Nun wählen Sie (falls vorhanden) das WLAN aus, mit dessen Hilfe Sie das Tablet mit dem Internet verbinden möchten. Im vorliegenden Fall wähle ich das Netzwerk **Drosselweg** und gebe das zugehörige Passwort ein.

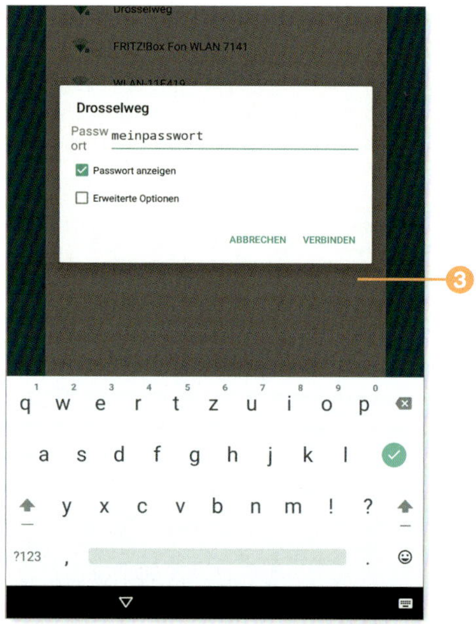

Wir werden uns später noch ausführlich mit der Konfiguration der Netzwerkanbindung beschäftigen. An dieser Stelle genügt es, zu wissen, dass Sie die Verbindung durch Eingabe des Netzwerkpasswortes herstellen. Dieses wird mit der integrierten Softwaretastatur eingetragen. Tippen Sie anschließend auf die Schaltfläche **Verbinden** ③.

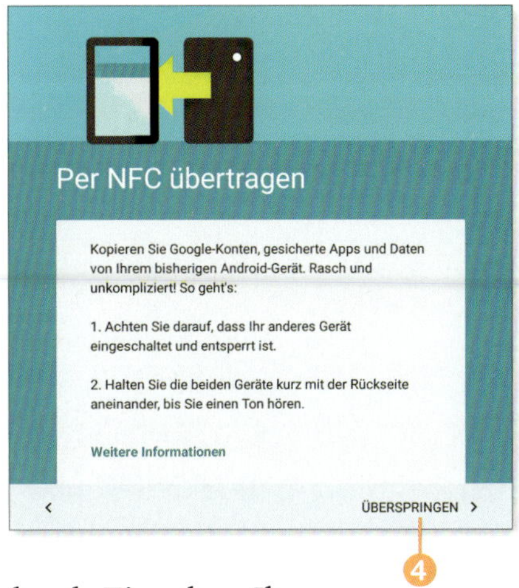

4. Im nächsten Schritt haben Sie die Möglichkeit, Einstellungen von einem anderen Gerät per Kurzstreckenfunk, dem sogenannten NFC (*Near Field Communication*), zu übertragen. Dazu müssen beide Geräte mit entsprechender Hardware ausgestattet sein.

   Da ich im Folgenden von einem jungfräulichen Gerät ausgehen werde, überspringen Sie am besten die Datenübertragung per NFC mit der zugehörigen Schaltfläche 4.

5. Sollten Sie bereits über ein Google-Konto verfügen, verknüpfen Sie dies im folgenden Schritt durch Eingeben Ihrer Google-Mailadresse in das entsprechende Feld 5.

6. Sollten Sie noch kein Google-Konto besitzen, können Sie das an dieser Stelle nachholen und ein solches einrichten, indem Sie die Schaltfläche **Oder ein neues Konto erstellen** 6 antippen und dem Assistenten folgen. Sie können diesen Punkt aber auch überspringen und das Tablet später noch nachträglich im Google-Netzwerk anmelden. Oft ist es bequemer, ein neues Google-Konto per Browser am PC einzurichten. Im Folgenden gehe ich davon aus, dass Sie über ein Google-Konto verfügen.

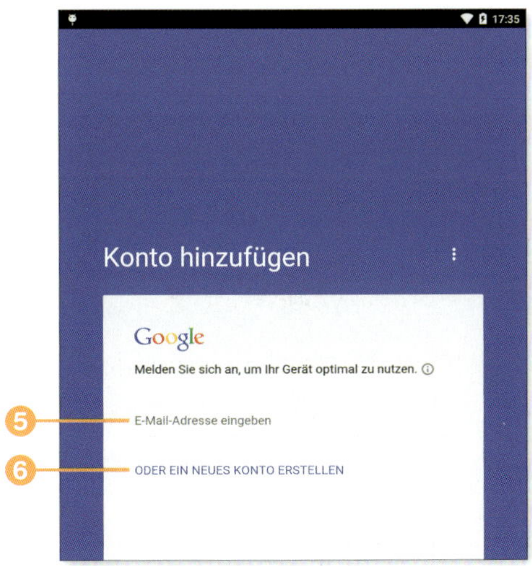

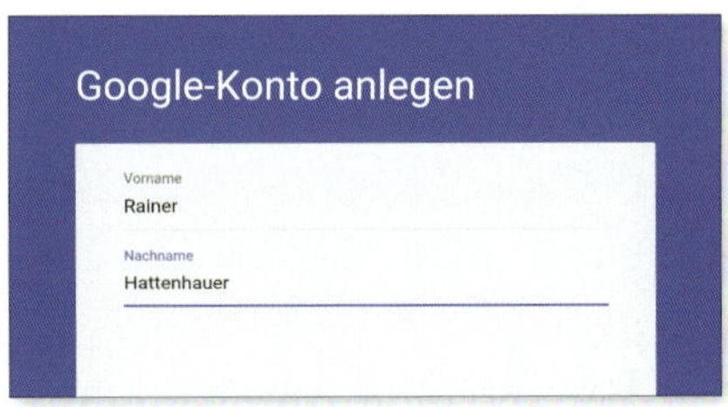

7. Geben Sie schließlich das Passwort Ihres Google-Kontos ein, um das Tablet mit dem Konto zu verknüpfen.

8. Sollte Ihr Tablet nicht mit einer SIM-Karte ausgestattet sein, müssen Sie im folgenden Schritt die Zeitzone, in der Sie sich aufhalten, über das entsprechende Menü angeben. Wählen Sie hier **GMT+01.00** (1) für Deutschland aus. Danach sollte die Uhrzeit bereits korrekt angezeigt werden. Ist das Tablet mit einer SIM-Karte ausgestattet, dann holt sich das Gerät die notwendigen Informationen automatisch über das Mobilfunknetz, und der vorliegende Dialog wird übersprungen.

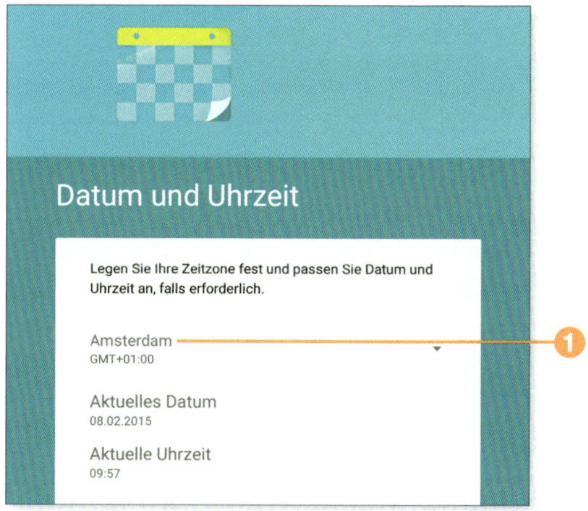

9. Im nächsten Schritt werden Sie gefragt, ob auf Ihrem aktuellen Gerät die Sicherung eines alten Geräts, das mit dem gleichen Google-Konto verknüpft ist, wiederhergestellt werden soll. Ich gehe hier davon aus, dass Sie ebenso wie ich ein frisches Gerät ohne »Altlasten« einrichten möchten. Wählen Sie daher mit einem Tipp auf die Pfeil-Schaltfläche rechts (2) den Punkt **Als neues Gerät einrichten** aus dem Menü aus.

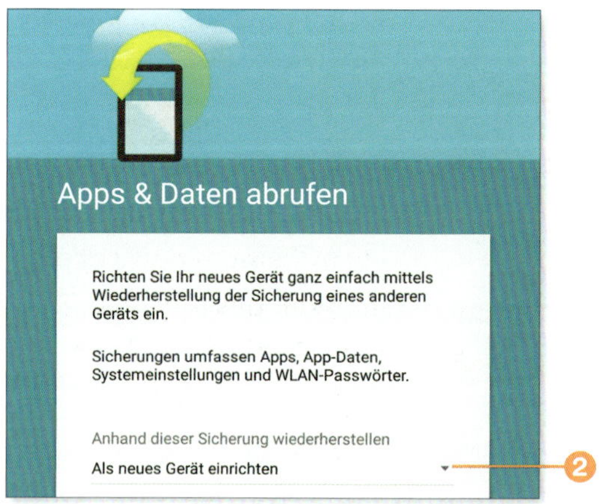

10. Nach der Anmeldung erwartet Sie der Dialog **Google-Dienste**, mit dessen Hilfe Sie unter anderem die automatische Sicherung und Wiederherstellung Ihres Tablets einrichten können ❸. Außerdem lässt sich hier die Standortbestimmung aktivieren ❹. Setzen Sie die Häkchen vor den gewünschten Optionen.

11. Tippen Sie ein letztes Mal auf die Schaltfläche **Weiter** ❺ unten rechts, und Sie gelangen schließlich auf die vorkonfigurierte Android-Oberfläche Ihres Tablets. Hier erhalten Sie beim ersten Kontakt diverse Tipps, die Sie jeweils über die Schaltfläche **OK** bestätigen können.

INFO

Wiederherstellung und Standortbestimmung

Sollten Sie bereits ein Android-Gerät mit zugeordnetem Google-Konto besitzen oder besessen haben, können Sie im Verlauf der Einrichtung auf einem neu angemeldeten Gerät sämtliche Apps und Einstellungen des alten Geräts übernehmen. In jedem Fall empfiehlt sich eine Verknüpfung des neuen Geräts mit Ihrem Google-Konto, um eine permanente Sicherung zu erhalten. Mehr dazu erfahren Sie in Kapitel 13, »Sicherung und Synchronisation«. Misstrauische Naturen lassen die Standortbestimmung deaktiviert: Schließlich können Sie damit (falls aktiviert) jederzeit über Ihr Tablet lokalisiert werden.

Sie haben nun die Gelegenheit, Ihr neues Android-Tablet zu erkunden. Dabei helfen Ihnen wiederum Assistenten 1, die in jedem Bereich auftauchen, den Sie neu betreten.

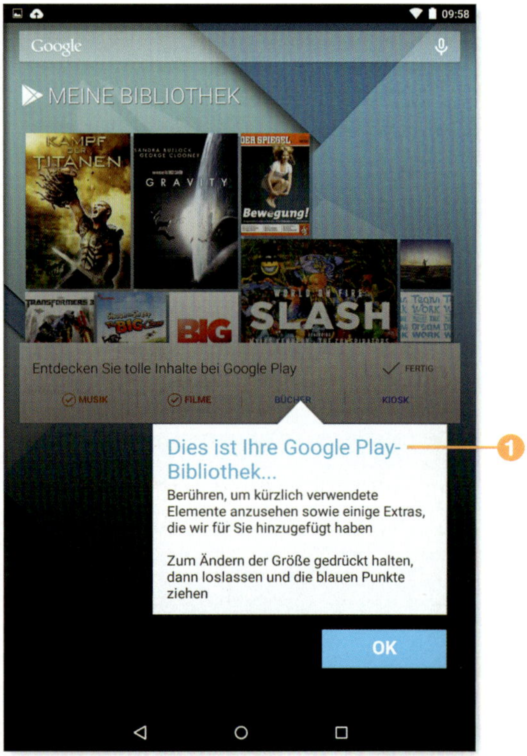

Ein erster Rundgang durch die Oberfläche. Diese mag Ihnen zunächst noch recht unübersichtlich erscheinen.

Im Hintergrund werden bereits automatisch einige Google-Apps aktualisiert. Dies erkennen Sie an den entsprechenden Meldungen im oberen Bereich des Displays, der sogenannten *Statusleiste*. Wenn Sie diese mit gedrücktem Finger herunterziehen, erfahren Sie Genaueres 2.

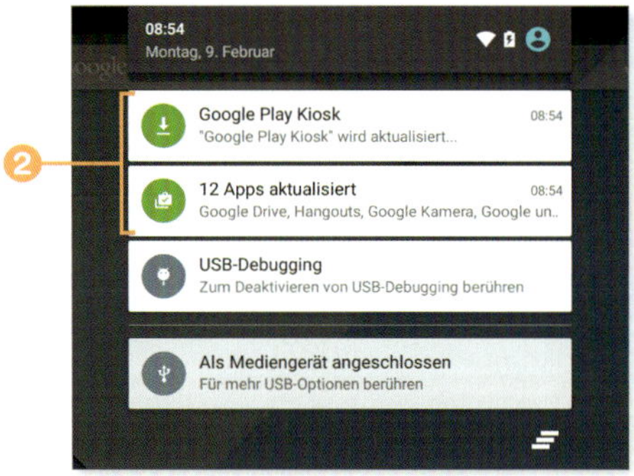

Sollte Ihr Tablet schon einige Zeit auf dem Markt sein, kann es kurz nach der Aktivierung passieren, dass Ihnen ein komplettes Systemupdate (nicht zu verwechseln mit den App-Updates) angeboten wird. Dieses Angebot sollten Sie in jedem Fall wahrnehmen. Installieren Sie es, indem Sie auf die Schaltfläche **Installieren** 3 tippen. Anschließend startet der Vorgang. Er kann schon einmal bis zu einer Viertelstunde Zeit oder sogar etwas länger in Anspruch nehmen.

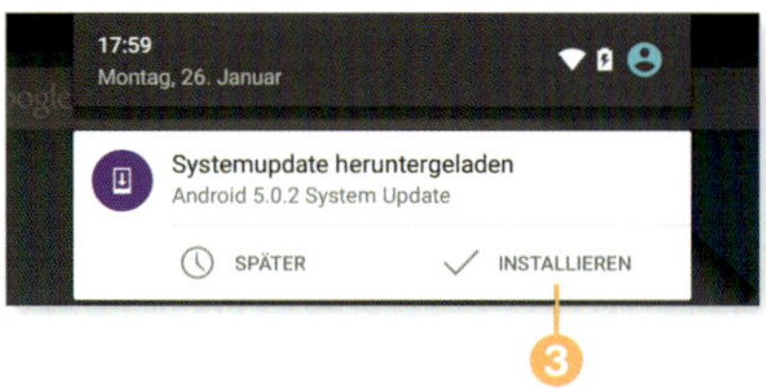

INFO

Die Statusleiste und das Benachrichtigungszentrum

Aktualisierungen, Neuigkeiten, Einstellungen – die Statusleiste am oberen Displayrand ist Dreh- und Angelpunkt, wenn Ihnen das System etwas mitteilen möchte oder Sie Ihr Tablet nach Ihren Wünschen anpassen möchten. Um nähere Informationen zu bestimmten Meldungen zu erhalten, tippen Sie einfach auf den oberen Displaybereich und ziehen den Meldungsbereich mit gedrücktem Finger herunter. Nochmaliges Antippen öffnet den erweiterten Statusbereich: Hier finden Sie Schnellkonfigurationsschaltflächen sowie eine Abkürzung zu den Einstellungen in Form eines Zahnradsymbols 4. Zurück geht es dann immer mit der **Zurück**-Schaltfläche, mehr dazu erfahren Sie im Abschnitt »Ein Rundgang durch die Oberfläche« ab Seite 24.

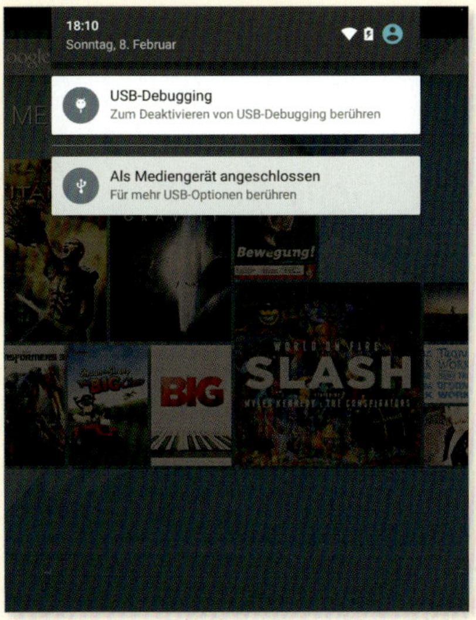

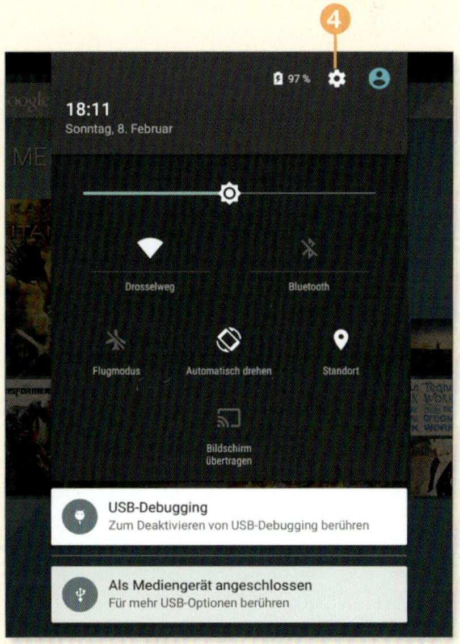

Das Tablet auf Stand-by oder ausschalten

Sie haben es sicher schon bemerkt: Wenn Sie Ihr Tablet nicht benutzen, dann wechselt es nach kurzer Zeit in den Stand-by-Modus. Sie erwecken es daraus, indem Sie den Ein-/Aus-Schalter kurz antippen. In der Standardkonfiguration landen Sie danach auf dem Stand-by-Bildschirm. Hier finden Sie aktuelle Meldungen aus dem Benachrichtigungszentrum, zum Beispiel den Eingang neuer Mails oder die aktuelle Uhrzeit. Zurück auf den Hauptbildschirm geht es dann per Wischgeste: Ziehen Sie das Schlosssymbol am unteren Bildrand mit gedrücktem Finger nach oben.

Ihr Android-Tablet ist sehr genügsam und verbraucht im Stand-by-Modus wenig Energie, so dass Sie es unbesorgt Tag und Nacht laufen lassen können. Sollten Sie dennoch einmal planen, das Gerät mehrere Tage nicht zu benutzen, empfiehlt es sich, das Tablet herunterzufahren. Drücken Sie zu diesem Zweck einfach so lange auf den Ein-/Aus-Schalter, bis eine entsprechende Schaltfläche 1 auf dem Display erscheint, und tippen Sie darauf. Dadurch wird das Gerät vollständig ausgeschaltet.

Ein Rundgang durch die Oberfläche

Böse Zungen behaupten, mit Android wäre es erstmals gelungen, das Linux-Betriebssystem mit einer hübschen Oberfläche auszustatten, die intuitiv zu bedienen ist. Das Problem dabei ist nur, dass die Oberfläche so unglaublich vielseitig konfigurierbar ist, dass ein Einsteiger sich oft verzettelt. Im folgenden Abschnitt stellen wir daher zunächst eine »nackte« Oberfläche her, die wir Schritt für Schritt mit nützlichen Funktionen ausstatten. Dabei lernen Sie auch die Bedienelemente und Besonderheiten des Android-Betriebssystems kennen.

Beginnen wir also mit dem Frühjahrsputz. Jeder Hersteller schmückt seine Oberfläche mit mehr oder weniger nützlichem Ballast. Dabei handelt es sich um sogenannte *Widgets* oder App-Verknüpfungen, die wir uns später noch einmal etwas genauer anschauen werden. Diese entfernen wir wie folgt:

1. Tippen Sie auf ein Element der Oberfläche, und lassen Sie den Finger darauf ruhen. Im gezeigten Beispiel ist dies das Widget **Vorschläge für mich.**

2. Am oberen Ende des Bildschirms erscheint nun ein Feld mit der Aufschrift **X Entfernen** ②.
3. Schieben Sie das zu entfernende Element mit dem Finger auf das **Entfernen**-Feld, bis sich das Element rot färbt ③. Lassen Sie den Finger los. Darauf sollte das Element vom Bildschirm verschwunden sein.
4. Verfahren Sie so weiter, bis alle störenden Elemente von allen Bildschirmen verschwunden sind. Beachten Sie: Dadurch werden keine Apps entfernt, sondern lediglich Verknüpfungen zu diesen.

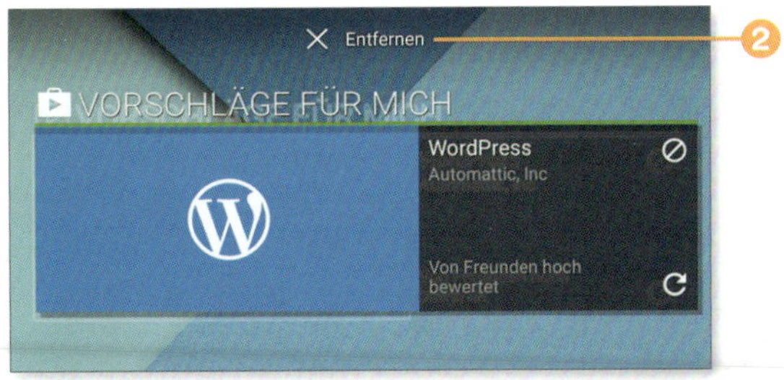

Nun sehen Sie die Android-Oberfläche mit folgenden Elementen:

④ Statusleiste

⑤ Google-Suchfeld

⑥ Home-Bildschirm. Darauf können sich direkt nach der Installation Verknüpfungen zu Apps beziehungsweise Widgets befinden.

⑦ Anzeige des momentan verwendeten Home-Bildschirms (dicker Streifen, der erscheint, wenn man auf dem Bildschirm hin- und herwischt)

⑧ Schnellzugriffsleiste mit Apps, die auf jedem Home-Bildschirm erscheinen

⑨ Schaltflächen für die schnelle Navigation (siehe folgende Seite)

Folgende Begriffe sind für Sie vielleicht neu:

- Home-Bildschirm beziehungsweise Startbildschirm: Darunter versteht man den Bildschirm, auf dem sich die bunten Bildchen und Symbole Ihres Tablets tummeln. Da ein einziger Bildschirm nicht sonderlich viel Platz auf dem relativ kleinen Display bieten würde, gibt es davon mehrere: Sie wechseln zwischen den einzelnen Bildschirmen, indem Sie mit einem Finger über das Display von rechts nach links oder umgekehrt wischen. Oft verwende ich im Buch für die Home- oder Startbildschirme auch das Synonym »Desktop«. Das verdeutlicht die Ähnlichkeit des Tablets mit dem entsprechenden Bereich auf dem Computer.
- Apps: Eine *App* ist zunächst einmal die Kurzform von *Application*. Früher nannte man so etwas einfach Programm. Apps sind also Programme auf dem Tablet und gestatten es, Ihr Tablet mit einer unglaublichen Vielzahl von Funktionen auszustatten.

Sehr wichtig für den Umgang mit Ihrem Tablet sind die drei Schaltflächen am unteren Rand des Displays. Bei einigen Geräten finden Sie anstelle der softwaretechnisch realisierten Flächen auch echte Hardwaretasten, die über die genannten Funktionen verfügen. Die Anordnung der Tasten kann von Hersteller zu Hersteller variieren, jedoch haben sie in jedem Fall folgende Funktionen:

1. Zurück-Schaltfläche: Mit dieser Schaltfläche bewegen Sie sich aus einem Untermenü einer App schrittweise zurück. Wenn Sie sich bereits im Hauptmenü der App befinden, dann beenden Sie die App durch Antippen der **Zurück**-Schaltfläche.
2. Home-Schaltfläche: Mit ihr gelangen Sie aus jeder Situation wieder zurück auf den Startbildschirm. Sie können sich auf Ihrem Tablet also praktisch nicht verirren.
3. Schaltfläche »Zuletzt geöffnete Apps«: Mit dieser Schaltfläche rufen Sie eine Liste der zuletzt geöffneten Anwendungen auf. Durch Antippen eines Symbols in der sich öffnenden Liste springen Sie direkt zurück in die jeweilige Anwendung.

> **INFO**
>
> **Die Menü-Schaltfläche**
>
> Bei älteren Android-Versionen finden Sie anstelle der Schaltfläche **Zuletzt geöffnete Apps** die **Menü**-Schaltfläche vor. Diese Funktion wurde in das sogenannte *In-App-Menü* verlagert.

Die Liste am unteren Displayrand des Tablets hat in etwa dieselbe Funktion wie die Taskleiste am Computer, die Sie eventuell aus Windows kennen: Sie springen damit bequem zwischen den dort abgelegten Programmen hin und her.

Ein weiterer wichtiger Anlaufpunkt ist das App-Menü ④: Hier finden Sie alle auf Ihrem Tablet vorhandenen Apps. Das App-Menü wird in Fachkreisen auch *Launcher* genannt. Wechseln Sie durch Antippen des Kreises im unteren Displaybereich in das App-Menü, und sehen Sie sich einmal an, welche Softwareperlen auf Ihrem Gerät bereits vorinstalliert sind. Sie finden außerdem folgende weitere interessante Schaltflächen:

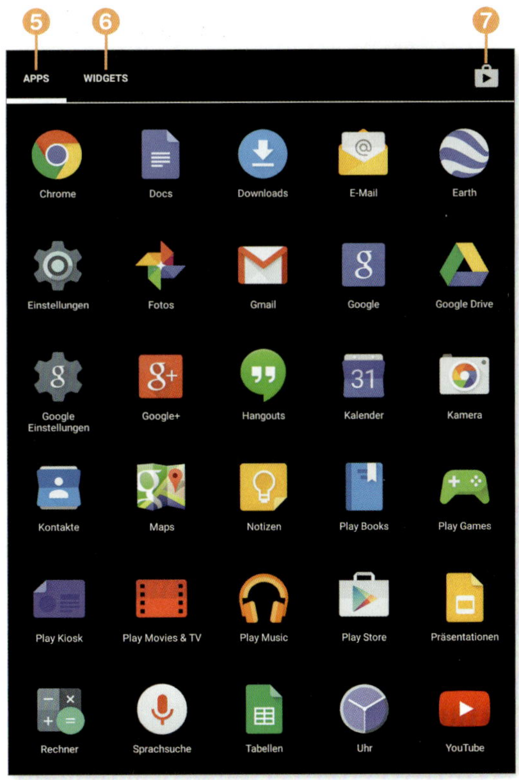

- ⑤ Reiter **Apps**: Hier finden Sie alle auf dem Tablet installierten Apps.
- ⑥ Reiter **Widgets**: Hiermit wechseln Sie zur Sammlung der Widgets.
- ⑦ **Play Store**-Link: Durch Antippen des **Play Store**-Symbols wechseln Sie direkt in den Play Store von Google. Bei einigen Geräten werden Sie dieses Symbol nicht finden: Hier wechseln Sie per gleichnamiger App in den Play Store.

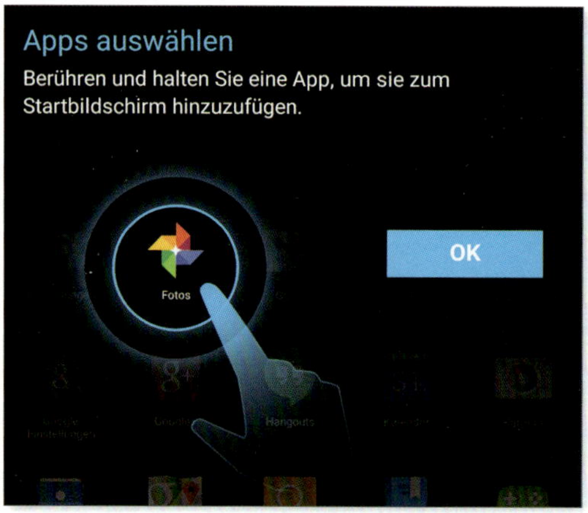

Wenn Sie das erste Mal das App-Menü aufrufen, dann werden Sie von einem Assistenten begrüßt. Dieser erläutert, wie Sie auf einfache Weise eine App zu Ihrem Home-Bildschirm hinzufügen. Das schauen wir uns im folgenden Abschnitt »Widgets und Apps auf dem Bildschirm ablegen« aber noch einmal etwas genauer an.

INFO

Apps und Widgets

Was unterscheidet Apps von Widgets? Apps sind direkt ausführbare Programme, Widgets bieten hingegen eine komfortable Schnittstelle zu Teilfunktionen einer App. Dazu ein Beispiel: Sie möchten nicht immer Ihre Lieblings-Wetter-App starten, um eine aktuelle Wetterprognose zu erhalten. Installieren Sie stattdessen das zugehörige Widget auf einem Homescreen.

Widgets und Apps auf dem Bildschirm ablegen

Nun ist es nicht jedermanns Sache, sich stets durch die Tiefen des Launchers zu wühlen, um eine App zu starten oder eine Information abzurufen. Zu diesem Zweck bietet es sich an, Ihre Home-Bildschirme mit Icons und Widgets zu bestücken, mit deren Hilfe Sie Ihre Lieblingsprogramme blitzschnell starten können beziehungsweise Informationen ohne Umweg erhalten. Beginnen wir mit der App-Verknüpfung:

1. Wechseln Sie zunächst auf den Bildschirm, auf dem Sie eine Verknüpfung der App platzieren möchten.
2. Wechseln Sie von dort aus in das App-Menü ①, und halten Sie Ausschau nach einer App, die Sie auf dem gewünschten Startbildschirm ablegen möchten. Ich wähle hier die **Notizen**-App.
3. Tippen Sie auf das Icon der App, und lassen Sie den Finger gedrückt. Es erscheint eine stilisierte Übersicht über die Home-Bildschirme ②.
4. Schieben Sie das Icon ③ an die gewünschte Stelle eines Home-Bildschirms, und lassen Sie es dort los.

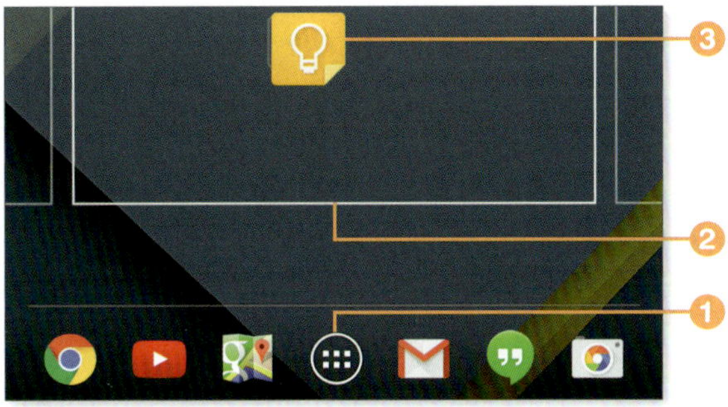

Von nun an können Sie die App durch einfaches Antippen der Verknüpfung auf dem Startbildschirm starten. Genauso einfach ist es, ein Widget zu platzieren:

1. Suchen Sie sich einen Startbildschirm aus, der genügend freien Platz für ein Widget bietet.
2. Wechseln Sie ins App-Menü zur Rubrik **Widgets**, und suchen Sie sich dort die gewünschte App aus.
3. Halten Sie auch hier Ihren Finger über dem Widget gedrückt, und verschieben Sie es auf den gewählten Home-Bildschirm ④.

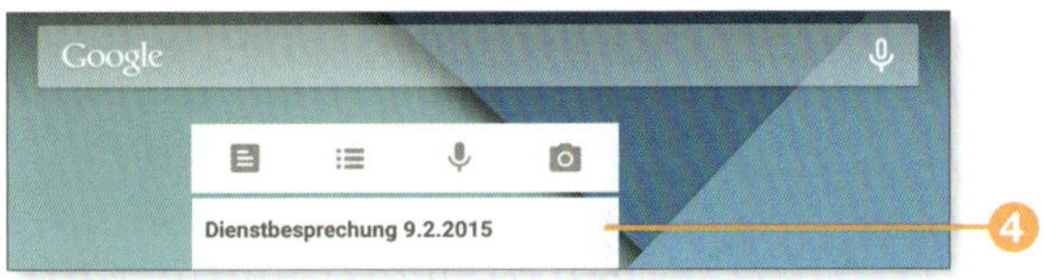

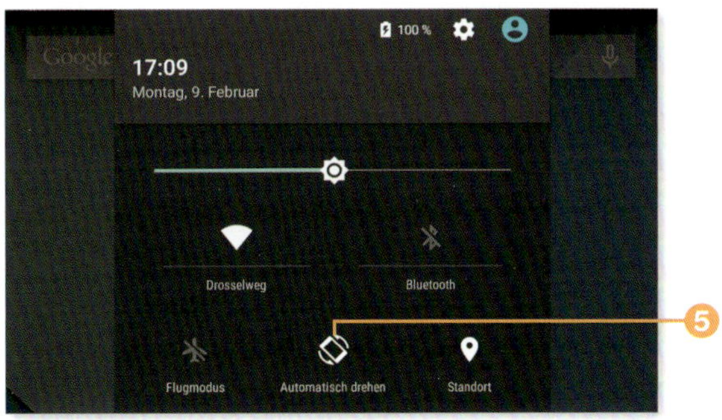

Sie können Ihren Bildschirm selbstverständlich auch ins Querformat drehen beziehungsweise die Darstellung diesbezüglich ändern. Dazu ziehen Sie die Statusleiste am oberen Bildrand herunter, tippen diese noch einmal an und kontrollieren, ob die Schnelleinstellungsschaltfläche **Automatisch drehen** ⑤ aktiviert, also nicht ausgegraut, ist.

TIPP

Widgets skalieren

Sie können die Größe der meisten Widgets jederzeit anpassen, indem Sie es etwas länger antippen und dann wieder loslassen: Anhand der erscheinenden Punkte ① passen Sie die Widget-Größe nach Ihren Vorlieben an.

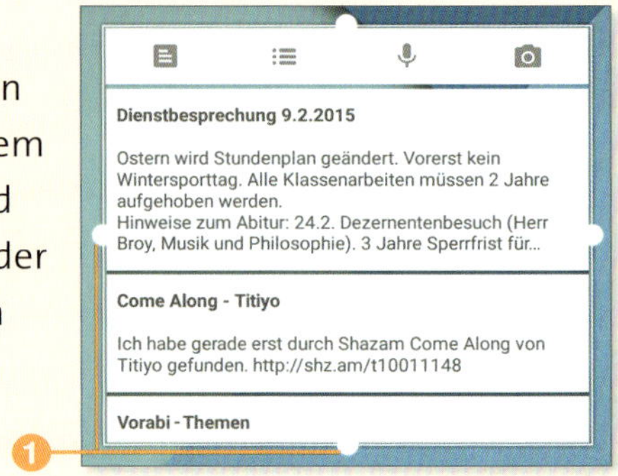

Eine App starten und beenden

Gehen Sie folgendermaßen vor, um eine beliebige App zu starten:

1. Wechseln Sie, wie auf Seite 29 beschrieben, in das App-Menü.
2. Navigieren Sie durch Streichen über das Display zur gewünschten App. Suchen Sie zum Beispiel die Google-eigene App **Notizen**.

3. Tippen Sie das Symbol (engl.: *Icon*) der App an, und die Anwendung wird sofort gestartet.

Eine App nimmt auf Ihrem Tablet stets den gesamten Bildschirm ein und verfügt über die folgenden charakteristischen Elemente:

② Hauptmenü

③ Konfigurations- beziehungsweise In-App-Menü. In älteren Android-Versionen erreichen Sie dieses über die Menü-Taste.

④ zentraler Bereich mit unterschiedlichen Funktionen wie beispielsweise dem Hinzufügen einer neuen Notiz oder eines Fotos

Und wie beenden Sie die App wieder? Im Gegensatz zu Windows & Co. gibt es bei Android keine Fenster und damit auch kein ×-Symbol. Zum Schließen einer App gibt es zwei Alternativen:

- Tippen Sie so lange die **Zurück**-Schaltfläche, bis die App beendet wird.
- Wechseln Sie durch Antippen der **Home**-Schaltfläche zurück auf einen Home-Bildschirm.

Der zuletzt beschriebene Weg hat den Vorteil, dass Sie die App beim erneuten Aufruf exakt an der Stelle vorfinden, an der Sie sie verlassen haben. Wenn Sie zum Beispiel einen Text in einer Textverarbeitung verfasst haben, erscheint dieser nun erneut. Über die **Zurück**-Schaltfläche wird die App hingegen komplett beendet.

Den Hintergrund ändern

Selbstverständlich können Sie auch das Hintergrundbild Ihres Tablets ändern. Gehen Sie dazu folgendermaßen vor:

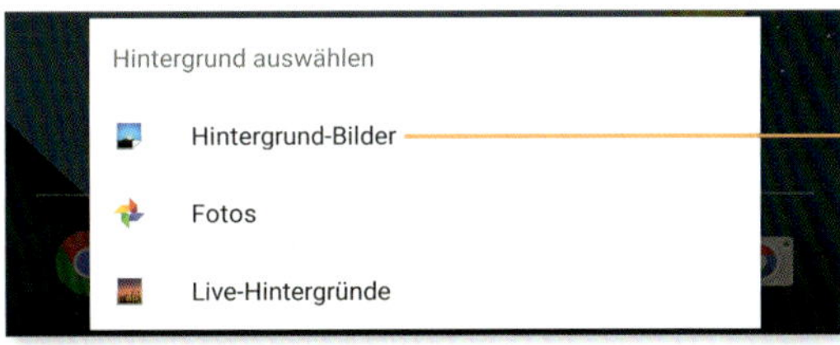

1. Tippen Sie länger auf eine freie Stelle eines Home-Bildschirms.
2. Wählen Sie aus dem nun erscheinenden Auswahlmenü den Bereich aus, der den gewünschten Hintergrund enthält, zum Beispiel **Hintergrund-Bilder** 5. Sobald Sie die Fotogalerie auf Ihrem Tablet mit eigenen Aufnahmen gefüllt haben, können Sie auch Fotos als Bildhintergrund verwenden.
3. Wählen Sie ein passendes Foto aus dem Bereich **Hintergrund-Bilder** aus, und bestätigen Sie Ihre Auswahl über die Schaltfläche **Hintergrund festlegen** 6. Erfreuen Sie sich nun an Ihrem personalisierten Hintergrund.

Ordnung schaffen mit Ordnern

Mit der Zeit werden die Home-Bildschirme recht unübersichtlich, wenn zu viele App-Icons daraufliegen. Der Trick: Legen Sie die Icons säuberlich in Ordnern ab.

1. Halten Sie einen Finger über einer auf dem Home-Bildschirm befindlichen App gedrückt, und ziehen Sie diese auf eine andere App, die zum Thema passt. Dadurch werden die Apps automatisch gruppiert. Zum Beispiel können Sie die Apps **Play Musik** und **Play Filme** auf einem Home-Bildschirm in einem Ordner namens **Multimedia** zusammenfassen.
2. Ziehen Sie nun die Icons weiterer Apps, die der Ordner enthalten soll, in diesen hinein. Der neu erstellte Ordner öffnet sich, indem Sie ihn antippen.

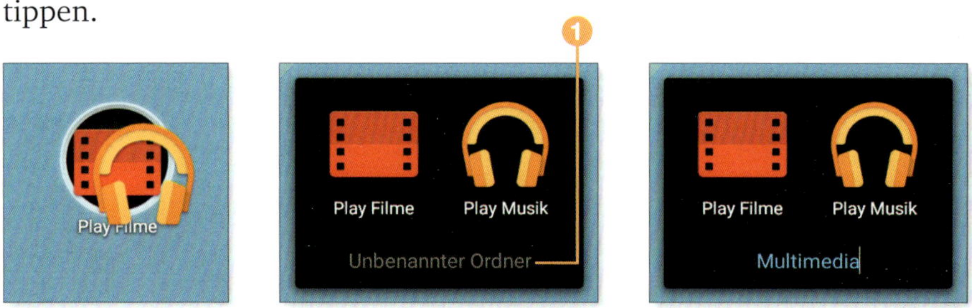

3. Um dem Ordner einen aussagekräftigen Namen zu geben, tippen Sie einfach das Feld **Unbenannter Ordner** (1) an und tippen den gewünschten Namen mit Hilfe der nun erscheinenden Softtastatur ein.

TIPP

Ordner erstellen auf Samsung-Geräten

Bei einigen Herstellern (zum Beispiel Samsung) funktioniert das Erstellen eines Ordners etwas anders: Halten Sie den Finger auf dem App-Icon, das Sie in einen Ordner verschieben wollen, gedrückt, und ziehen Sie es auf das am oberen Ende des Bildschirms erscheinende Feld **Ordner erstellen**. Geben Sie dem Ordner nun einen passenden Namen. Anschließend können Sie die Icons der Apps, die in demselben Ordner enthalten sein sollen, in diesen Ordner hineinziehen.

Eine Bildschirmsperre einrichten

Wenn Sie Ihr Android-Tablet durch einen kurzen Druck am Aus-Schalter in den Stand-by-Modus fahren und anschließend wieder aufwecken, landen Sie auf dem Sperrbildschirm. Um diesen zu verlassen, streichen Sie in der Grundeinstellung einfach über das Display.

Das ist natürlich kein wirkliches Hindernis für einen Dieb, der Ihnen das Gerät gestohlen hat. Einen wirksameren Schutz richten Sie über das Einstellungsmenü ein:

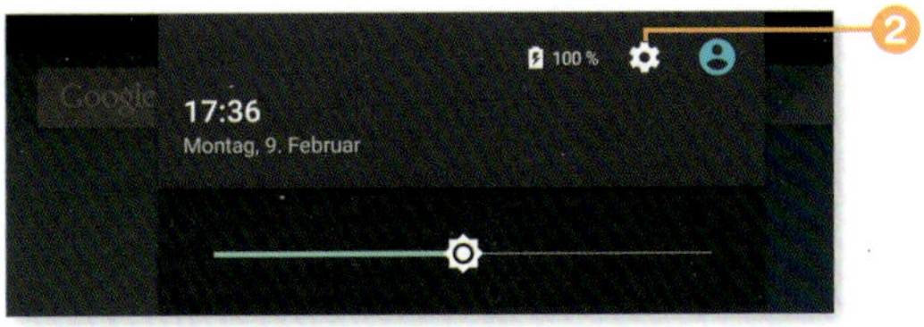

1. Ziehen Sie die Statusleiste am oberen Rand herunter, und tippen Sie auf die erscheinende graue Leiste. Wechseln Sie durch Antippen des Zahnradsymbols 2 in den Bereich **Einstellungen**.

   Sie werden das Menü **Einstellungen** 3 im Verlauf der Lektüre dieses Buches noch häufiger besuchen. Es ist Dreh- und Angelpunkt sämtlicher Konfigurationsarbeiten am Tablet. Dazu ein Hinweis: Es kann sein, dass die im Folgenden für ein Gerät der Google-Nexus-Reihe beschriebenen Optionen bei Samsung- oder Sony-Geräten anders aussehen. Die beschriebenen Funktionen sollten sich aber in der Regel bei den meisten Herstellern wiederfinden lassen, auch wenn es hier gegebenenfalls zu Abweichungen der gewählten Begriffe kommen kann.

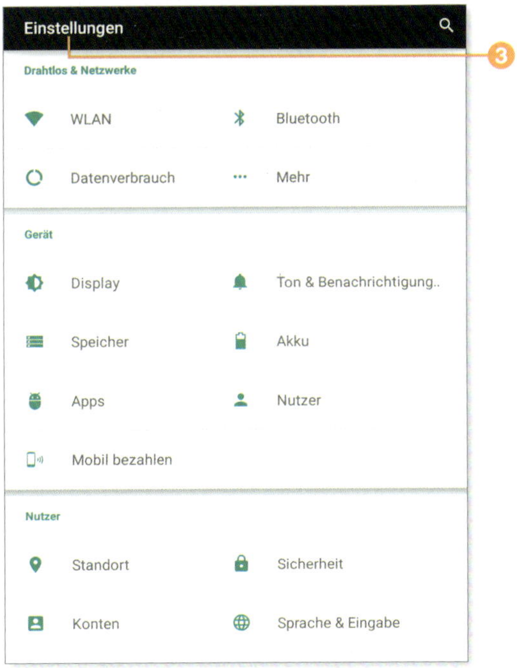

2. Wechseln Sie in das Menü **Nutzer ▸ Sicherheit ▸ Displaysperre**, und wählen Sie die gewünschte Option aus. Hier können Sie unter anderem einen PIN-Code einrichten oder das Entsperren des Tablets per Blick in die

Frontkamera (*Face Unlock*, siehe den Abschnitt »Den Sperrbildschirm einrichten« ab Seite 316) konfigurieren. Wir beschränken uns im Folgenden auf den Punkt **Muster** 1.

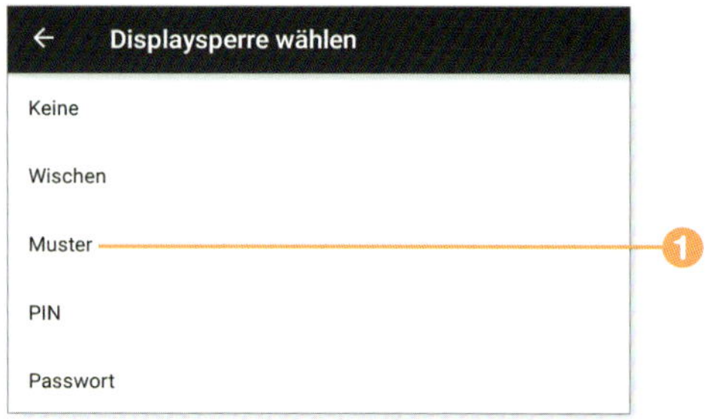

3. Folgen Sie dem Assistenten, und zeichnen Sie ein typisches Muster, das die abgebildeten Punkte verbindet, per Fingerstreich auf den Bildschirm.
4. Verlassen Sie schließlich den Bereich **Einstellungen** über die **Zurück**-Taste, und versetzen Sie Ihr Tablet durch kurzen Druck auf den Ein-/Aus-Schalter in den Stand-by-Modus. Schalten Sie es wieder ein, und testen Sie Ihre neu eingerichtete Bildschirmsperre.

Entsperren Sie mit Hilfe des eingestellten Musters Ihren Bildschirm.

TIPP

Sperrbildschirm-Benachrichtigungen

Bei aktuellen Android-Tablets erscheinen wichtige Benachrichtigungen direkt auf dem Sperrbildschirm. Welche Nachrichten dabei angezeigt werden sollen, bestimmen Sie direkt bei der Einrichtung der Sperrmethode. Sensible Nachrichten, wie zum Beispiel Mails oder Kurznachrichten, deren Text dann unmittelbar auf dem Sperrbildschirm erscheint und durch neugierige Blicke erfasst werden könnte, können Sie davon ausnehmen 2.

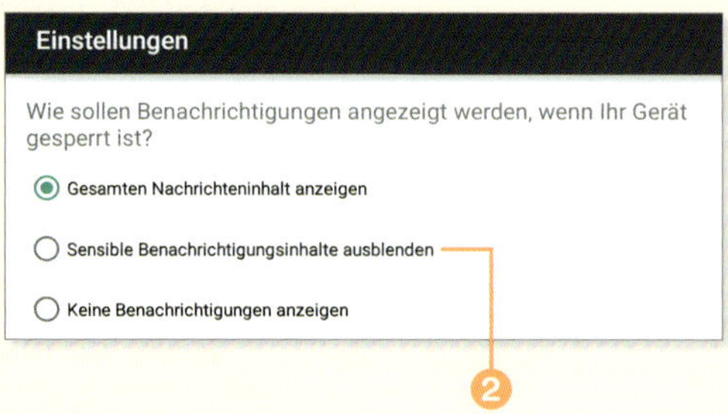

Die Texteingabe

Mit Hilfe der virtuellen Tastatur Ihres Tablets können Sie Texte in akzeptabler Geschwindigkeit erfassen. Spezielle Eingabemethoden und Erweiterungen sorgen dafür, dass Sie die Tippgeschwindigkeit deutlich steigern können.

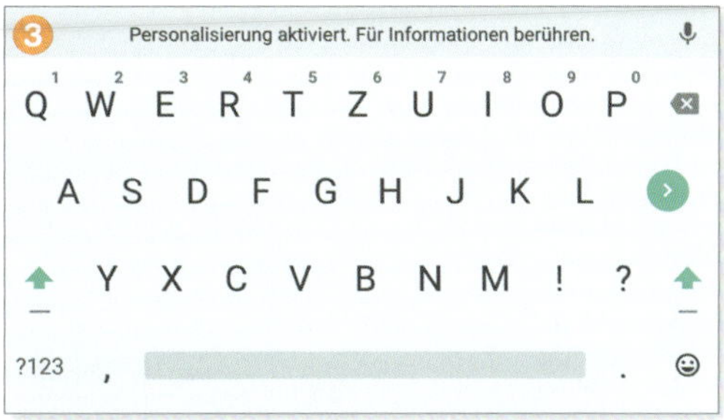

Drei Tastaturen im Vergleich: die original Google-Tastatur 3, SwiftKey 4 und Swype 5

Die eingebaute Softwaretastatur haben Sie bereits beim Einloggen in Ihr Google-Konto kennengelernt. Um die Standardtexteingabemethode auszuwählen, wechseln Sie ins App-Menü und starten die App **Einstellungen**. Alternativ gelangen Sie zu den Einstellungen, wenn Sie, wie zuvor beschrieben, die Statusleiste am oberen Displayrand herunterziehen und erneut antippen.

Nun können Sie im Bereich **Nutzer ▸ Sprache & Eingabe** einerseits die bevorzugte Tastatursprache und andererseits die Eingabemethode auswählen, sofern mehrere zur Verfügung stehen. Über den Play Store lässt sich eine Vielzahl alternativer Tastaturen auswählen und installieren, die gegenüber der Standardtastatur oft Vorteile bieten.

Die Standardeingabemethode beziehungsweise Tastatur wird über **Aktuelle Tastatur** 1 (Seite 36) definiert. Ich beschränke mich in der folgenden Beschreibung auf die Google-Tastatur.

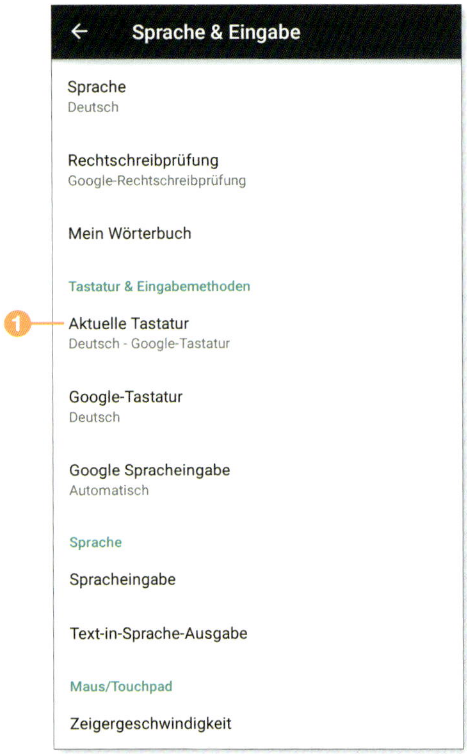

Wechseln Sie zum Einbinden weiterer Sprachen in das Untermenü **Google-Tastatureinstellungen** ❷, und tippen Sie den Punkt **Sprachen** ❸ an. Hier lässt sich auch die **Bewegungseingabe** ❹, also das Schreiben per Schriftzug über die Tasten, aktivieren. Die Tastatur selbst können Sie in einer App testen, die Tastatureingaben erfordert, etwa **Notizen**.

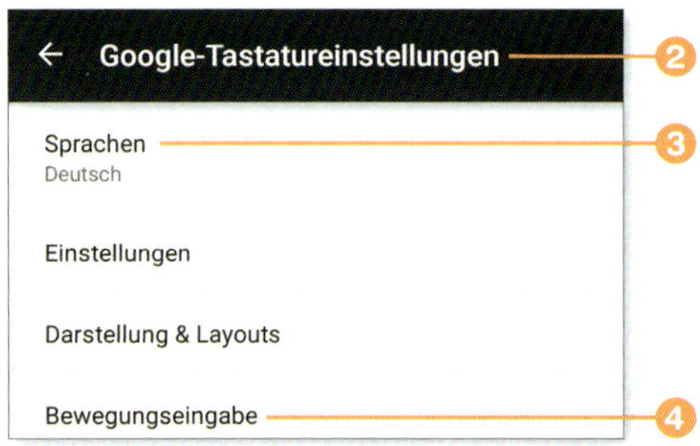

1. Starten Sie die App **Notizen**, und erstellen Sie durch Antippen des Symbols ❺ eine neue Textnotiz.

2. Tippen Sie munter drauflos, und schreiben Sie einen kleinen Text. Das ist zunächst gewöhnungsbedürftig, da die virtuellen Tasten keinen Anschlag haben, klappt aber mit der Zeit immer besser. Insbesondere ist die Tastatur lernfähig und merkt sich Worte, die

Sie häufiger verwenden. Diese erscheinen dann in der Wortvorschlagsliste über den Tasten. Wenn Sie das nicht wünschen, können Sie die entsprechende Funktion auch über die Einstellungen deaktivieren.

3. Ihnen erscheint die Tastatur recht spärlich, insbesondere vermissen Sie Zahlen, Sonderzeichen und Umlaute? Um ein ü, ä oder ß zu erhalten, müssen Sie lediglich länger auf den zugehörigen Stammbuchstaben, also zum Beispiel das u, a oder s, tippen: Voilà, es erscheinen die erweiterten Zeichensätze.

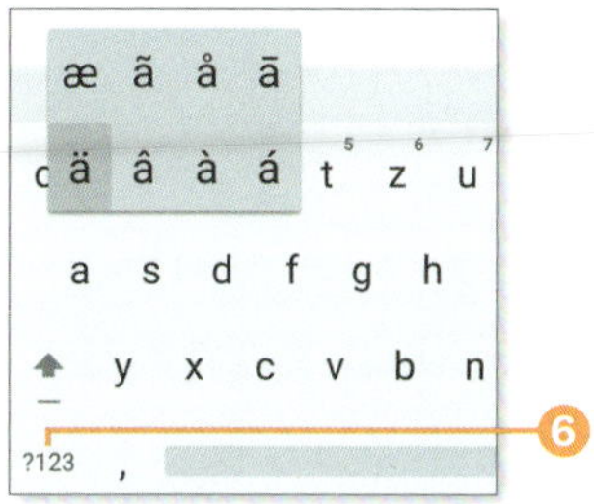

4. Zu alternativen Tastenbelegungen gelangen Sie über die Schaltfläche **?123** 6. Hier können Sie auch zu einer Emoticon-Sammlung (Das sind die berühmten Smileys.) durch Antippen des entsprechenden Symbols 7 wechseln. Zurück zur Buchstabentastatur geht's über die Schaltfläche **ABC** 8.

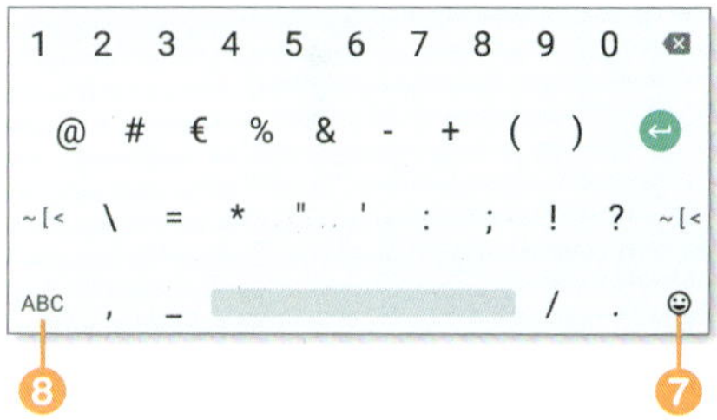

Erfreulich für polyglotte Freunde ist die Option, mit der Sie leicht das Tastaturlayout wechseln können, und zwar folgendermaßen:

1. Zur Verwendung eines fremdsprachigen Tastaturlayouts müssen Sie den Tastaturwechsel in den Einstellungen im Bereich **Sprache & Eingabe ▸ Google-Tastatur ▸ Eingabesprachen** explizit gestatten. Dort können dann auch die Sprachen, die zur Verfügung stehen sollen, markiert werden.

2. Deaktivieren Sie zur Konfiguration zunächst den Schalter **Systemsprache**, und wählen Sie anschließend die gewünschten Sprachen per Schalter aus.

3. Nun erscheint ein Weltkugelsymbol 9 neben der Leertaste, mit dessen Hilfe Sie bequem zwischen den gewählten Sprachen umschalten können. Sogar das Wörterbuch wird dabei gewechselt, wie Sie an den Wortvorschlägen 10 erkennen können.

Apropos Wortvorschläge: Während der fließenden Eingabe wird immer das mittlere Wort in der Vorschlagsliste übernommen. Das muss nicht immer richtig sein. Wählen Sie den passenderen Begriff durch Antippen aus.

Die Softwaretastatur öffnet sich jedes Mal, wenn Sie ein Feld auf dem Display antippen, in das Text eingegeben werden kann. Zusätzlich können Sie in Texteingabefeldern Text markieren, ausschneiden oder kopieren. Dazu gehen Sie folgendermaßen vor:

1. Doppeltippen Sie auf eine Stelle im Text, so dass zwei kleine tropfenförmige Markierungen erscheinen. Diese können Sie mit dem Finger sehr exakt am Anfang und am Ende des zu kopierenden Textes positionieren.
2. Tippen Sie auf die Schaltfläche **Kopieren** ①, die nun in der Funktionsleiste der App erschienen ist.

3. Wechseln Sie an die Stelle, an die der zu kopierende Text eingefügt werden soll. Das kann auch eine andere Anwendung sein. Tippen Sie dazu einfach die gewünschte Stelle etwas länger an.
4. Fügen Sie den Text mit der nun erscheinenden Schaltfläche **Einfügen** ② an den entsprechenden Ort ein.

TIPP

Copy & Paste von Bildern

Auf die gleiche Weise können Sie auch Bilder aus Webseiten kopieren und in eine Textverarbeitung auf dem Tablet einfügen. Dazu tippen Sie das Bild in einer im Browser dargestellten Webseite länger an und wählen aus dem nun erscheinenden Menü den Punkt **Bild kopieren**. Fügen Sie das Objekt anschließend ein, wie es zuvor bereits für Text beschrieben wurde.

Alternative Eingabemethoden: Tastatur, Spracheingabe oder Stift

Nun ist das Getippsel auf der schmalen virtuellen Tastatur nicht jedermanns Sache. Es gibt daher einige Alternativen, die die Eingabe längerer Texte erheblich beschleunigen. Beginnen wir mit der Bewegungseingabe (besser bekannt unter dem Namen *swypen*):

1. Stellen Sie sicher, dass in den Tastatureinstellungen die Option **Bewegungseingabe** aktiviert ist (siehe Seite 36).
2. Fahren Sie zur Eingabe des ersten Wortes mit dem Finger von Buchstabe zu Buchstabe. Dabei wird der Strichzug auf dem Display symbolisch dargestellt 3.
3. Heben Sie den Finger, und schreiben Sie das nächste Wort. Sie brauchen dabei keine Rücksicht auf Groß- und Kleinschreibung zu nehmen.

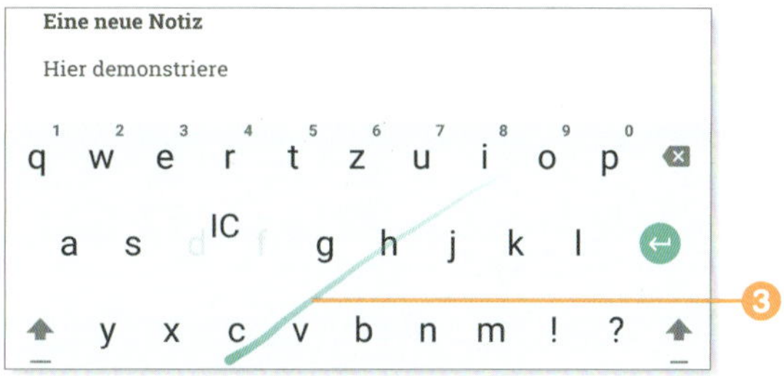

Das nächste Wort lautet »ich«.

Noch flotter geht die Eingabe von Texten mit der integrierten Spracherkennung Ihres Android-Tablets. Dazu gehen Sie folgendermaßen vor:

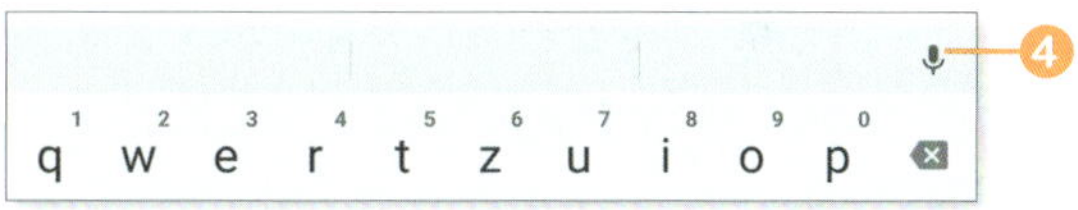

1. Tippen Sie auf das Mikrofonsymbol 4 auf der virtuellen Tastatur.
2. Diktieren Sie einen beliebigen Text. Tippen Sie zum Stoppen des Diktats auf die entsprechende Schaltfläche 5.

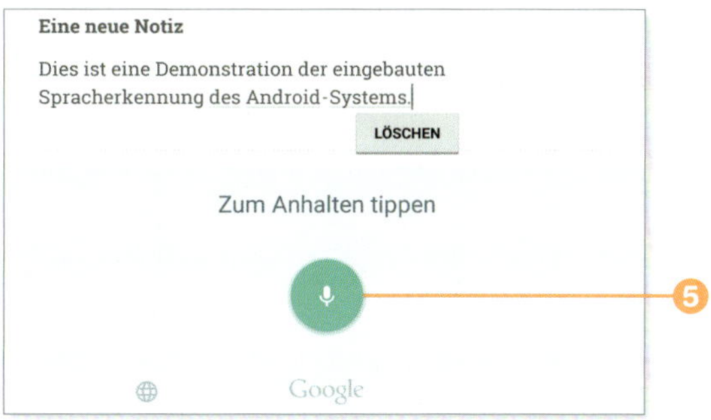

TIPP

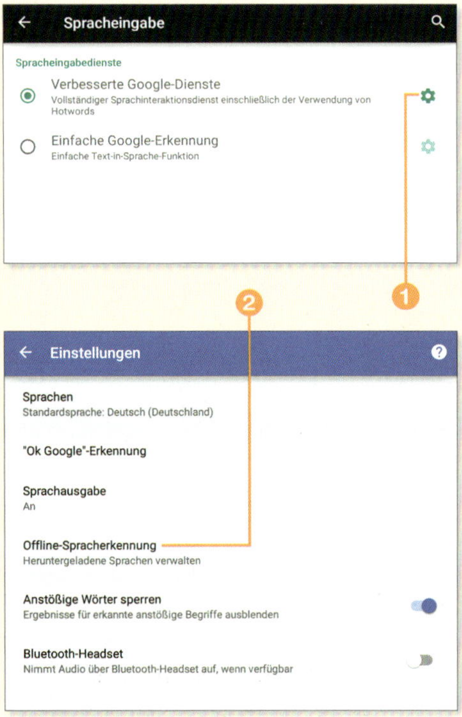

Offline diktieren

Die Google-eigene Spracherkennung ist mittlerweile wirklich überzeugend und sollte verwendet werden, wann immer es möglich ist. Inzwischen benötigen Sie für das Diktat noch nicht einmal eine bestehende Onlineverbindung. Voraussetzung dafür ist, dass Sie sich in den Einstellungen im Bereich **Sprache & Eingabe ▸ Spracheingabe** das zu Ihrer Sprache gehörige Offlinepaket herunterladen. Tippen Sie dazu zunächst das Zahnradsymbol 1 und anschließend den Punkt **Offline-Spracherkennung** 2 an. Damit lassen sich auch ohne Internetverbindung rudimentäre Sätze diktieren oder einfache Befehle an das Betriebssystem absetzen.

Last, but not least stelle ich Ihnen noch eine klassische Eingabemethode vor: Sie können auch handschriftliche Notizen auf Ihrem Tablet machen. Dazu benötigen Sie lediglich einen kapazitiven Stift (auch *Stylus* genannt), den Sie bei eBay, Amazon & Co. für wenige Euro erwerben können. Sie können mit der runden, kapazitiven Gummispitze prima auf dem Tablet schreiben und zeichnen.

Im Play Store finden Sie diverse Apps, die die Texteingabe per Handschrift unterstützen. Stellvertretend seien hier *Evernote*, *LectureNotes* und *Handrite Lite* genannt. Es ist allerdings anzumerken, dass Sie mit der beschriebenen Billiglösung niemals die guten Erkennungsraten erreichen werden, die dedizierte Lösungen wie zum Beispiel das Samsung Galaxy Note bieten:

Hier wurde die Hardware auf Stifteingabe mit einem aktiven Digitalisierer optimiert. Dabei handelt es sich um einen Stylus, dessen Position in höherer Auflösung vom Tablet registriert wird.

INFO

Alternative Tastaturen

Der Play Store bietet eine Vielzahl alternativer Tastaturen an. Mein persönlicher Favorit ist die App **Swype & Dragon**, die neben der Swype-Texteingabe auch eine hervorragende lernfähige Spracherkennung bietet. Diese ist der eingebauten Google-Lösung um Längen voraus. Mit dem Dragon-Modul können Sie Texte inklusive Zeichensetzung genau so diktieren, wie Ihnen »der Schnabel gewachsen ist«.

Das Google-Konto und der Play Store

Sie haben es bereits im letzten Abschnitt erfahren: Die Funktionen Ihres Tablets können mit Hilfe von Apps aus dem Play Store beliebig erweitert werden. Grundvoraussetzung dafür ist ein eigenes Konto bei Google. Sollten Sie das Konto bei der Einrichtung Ihres Tablets noch nicht angelegt haben, dann können Sie dies nun nachholen. Dazu gibt es zwei Möglichkeiten:

1. Wechseln Sie in den Einstellungen des Tablets in den Bereich **Nutzer ▸ Konten**, und wählen Sie dort den Menüpunkt **Konto hinzufügen**. Wählen Sie als Kontotyp **Google**, tippen Sie anschließend auf **Neu erstellen**, und folgen Sie dem Assistenten.
2. Alternativ können Sie auch ein Google-Konto via Browser von Ihrem PC aus einrichten. Das hat den Vorteil, dass Sie dafür eine echte PC-Tastatur zur Verfügung haben. Gehen Sie dazu auf die Google-Startseite *https://www.google.de*, und wählen Sie dort den Punkt **Anmelden**, gefolgt von **Konto hinzufügen**. Folgen Sie hier ebenfalls dem Assistenten.

Nachdem Sie Ihr Google-Konto erstellt haben, steht Ihnen eine Google-Mailadresse zur Verfügung. Mit dieser und Ihrem Kennwort loggen Sie sich auf dem Tablet bei Google ein. Das ist bereits automatisch geschehen, wenn Sie Ihr Konto per Tablet eingerichtet haben.

Einrichtung eines Google-Kontos per Browser am PC

Sollten Sie das Konto per PC/Browser erstellt haben, dann wählen Sie zur Anbindung des Kontos die Option **Vorhandenes Konto**, die im Einrichtungsassistenten auf dem Tablet im zweiten Schritt erscheint. Nun können Sie beliebige Apps aus dem Play Store installieren. Wir beschränken uns dabei zunächst auf kostenlose Apps. Möchten Sie später auch kostenpflichtige Apps installieren, müssen Sie eine Zahlungsmethode in der Play-Store-App vorgeben. Wir werden uns dieser Thematik ausführlich in Kapitel 10, »Apps kaufen und installieren«, widmen.

Eine App suchen und installieren

Lassen Sie uns zunächst eine App installieren, die Sie im weiteren Verlauf noch häufig nutzen werden: einen Barcode-Scanner. Mit diesem können Sie alle im Buch vorgestellten Apps im Handumdrehen installieren.

1. Starten Sie die App **Play Store** aus dem App-Menü.
2. Wechseln Sie im Play Store durch Antippen der entsprechenden Schaltfläche in den Bereich **Apps** ①.

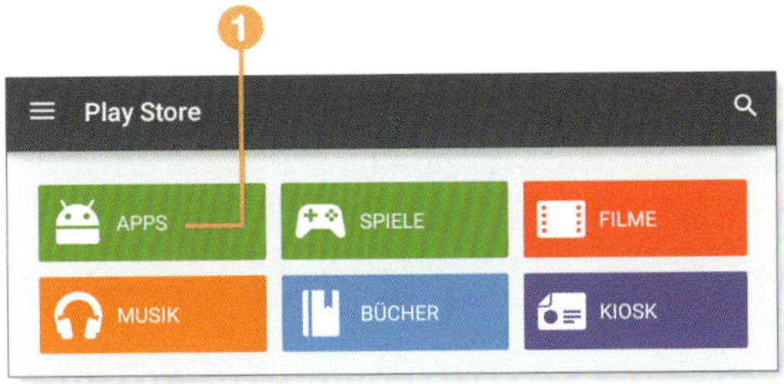

3. Tippen Sie das Suchfeld an (die stilisierte Lupe) ②, und geben Sie dort den Suchbegriff »barcode scanner« ein.
4. Wählen Sie aus den nun erscheinenden Apps den kostenlosen **Barcode Scanner** von ZXing durch Antippen des entsprechenden Symbols ③ aus.

5. Installieren Sie schließlich die App über die Schaltfläche **Installieren** ④. Vor der eigentlichen Installation müssen Sie zunächst die geforderten Berechtigungen für die App über die Schaltfläche **Akzeptieren** ⑤ bestätigen. Damit hätten Sie Ihre erste App installiert! Die werden wir gleich testen.

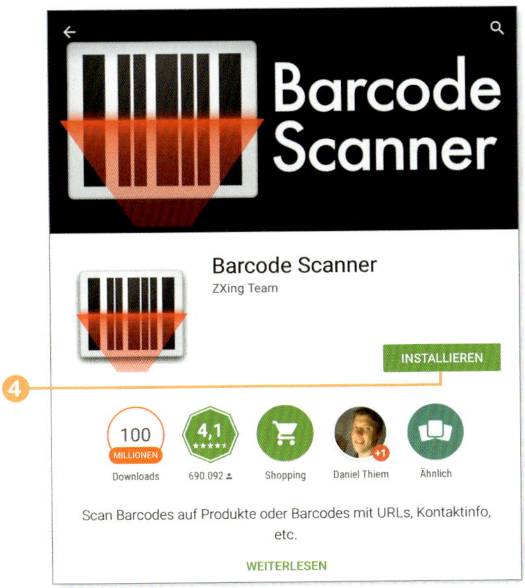

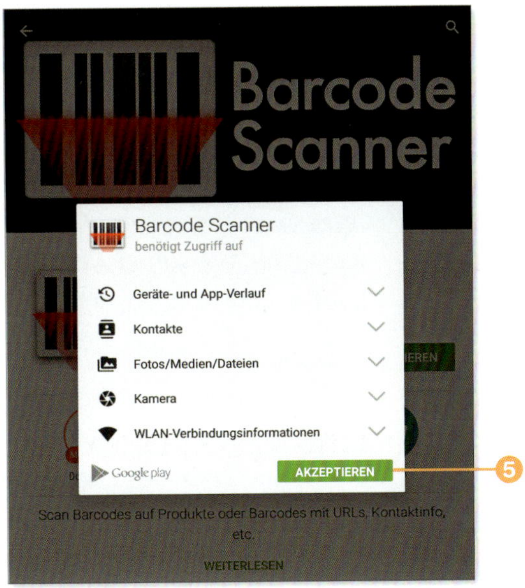

Sie haben sicher beim Durchblättern des Buches schon diese merkwürdigen zerfransten Quadrate entdeckt. Dabei handelt es sich um sogenannte *QR-Codes*. QR steht für *Quick Response* und bietet Ihnen eine einfache Möglichkeit, die im Buch besprochenen zusätzlichen Apps im Handumdrehen zu installieren. Dazu benötigen Sie die soeben installierte App.

Wir installieren damit einen Virenscanner per QR-Code auf Ihrem Tablet (Sie werden später noch sehen, dass Sie diesen brauchen. Mehr dazu erfahren Sie in Kapitel 13, »Sicherung und Synchronisation«.). Das geht folgendermaßen:

Trend Micro

1. Starten Sie den zuvor installierten Barcode-Scanner, und bewegen Sie Ihr Tablet so über den nebenstehenden Code, dass dieser von der eingebauten Kamera des Tablets erfasst werden kann (1). Die App **Barcode Scanner** erkennt den Code automatisch.

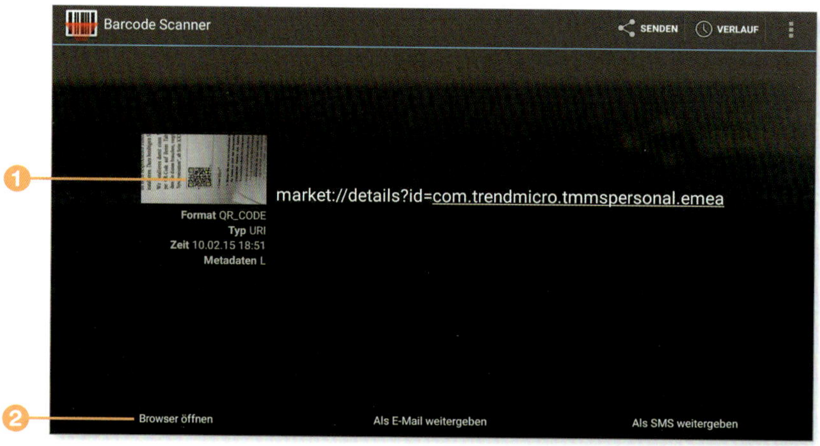

2. Wählen Sie anschließend den Punkt **Browser öffnen** (2). Dadurch werden Sie zum Play Store weitergeleitet.
3. Installieren Sie die App schließlich, wie in der vorhergehenden Schritt-für-Schritt-Anleitung beschrieben. Fertig! So einfach kann das Installieren von Apps sein. Sollten Sie ein günstiges Tablet ohne eingebaute Kamera besitzen, dann können Sie im weiteren Verlauf des Buches Apps alternativ installieren, indem Sie den unter den QR-Codes stehenden Text in die Suchmaske der Play-Store-App eingeben.

Um künftig vor digitalen Schädlingen geschützt zu sein, konfigurieren wir noch schnell den soeben gestarteten Virenscanner und lassen diesen im Hintergrund seinen Dienst verrichten.

1. Starten Sie den gerade installierten Trend-Micro-Virenscanner, und bestätigen Sie die Lizenzvereinbarung.
2. Der Virenscanner beginnt unmittelbar nach dem ersten Start damit, Ihr Gerät auf Bedrohungen hin zu untersuchen. Diese werden gemeldet und können dann genauer analysiert werden.
3. Sie erkennen den aktiven Virenschutz an einem entsprechenden Icon in der Statusleiste ③.
4. Fortgeschrittene Anwender erwerben per In-App-Kauf (also dem Kauf innerhalb der Anwendung) eine verbesserte Version des Scanners. Mehr zum Thema »In-App-Kauf« erfahren Sie in Kapitel 10, »Apps kaufen und installieren«. Normalanwender werden aber auch mit der kostenlosen Version glücklich.

   Damit hätten Sie Ihr Tablet sauber eingerichtet und vor digitalem »Ungeziefer« geschützt.

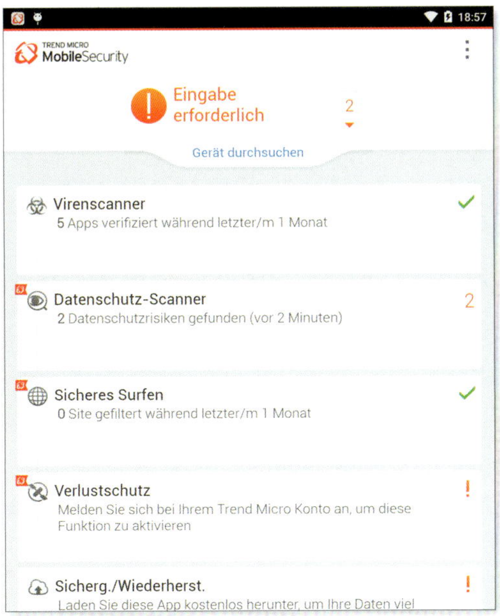

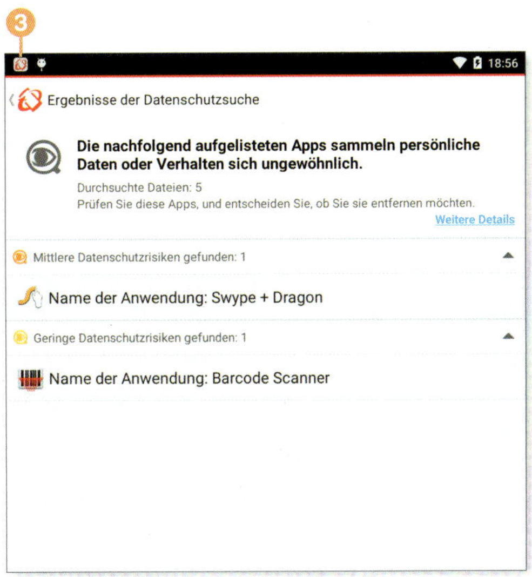

Der Trend-Micro-Virenscanner hat zwei potenzielle Sicherheitsrisiken entdeckt.

Kapitel 2
Online mit dem Tablet

Sämtliche aktuellen Android-Tablets verfügen über einen WLAN-Chip: Mit dessen Hilfe und einem WLAN-Router gelangen Sie in wenigen Sekunden drahtlos ins Internet. Sollte Ihr Tablet darüber hinaus mit einem SIM-Karten-Slot ausgestattet sein, dann können Sie auch per Mobilfunknetz in freier Wildbahn im Netz surfen und Ihre Mails abrufen. Das folgende Kapitel soll Ihnen dabei helfen, den Internetzugang einzurichten.

WLAN aktivieren und einrichten

Während der Einrichtung Ihres Tablets scannt dieses die Umgebung nach drahtlosen Netzwerken ab. Die folgenden Schritte zeigen die manuelle Einrichtung des Netzwerkzugangs, falls es bei der Ersteinrichtung nicht geklappt haben sollte.

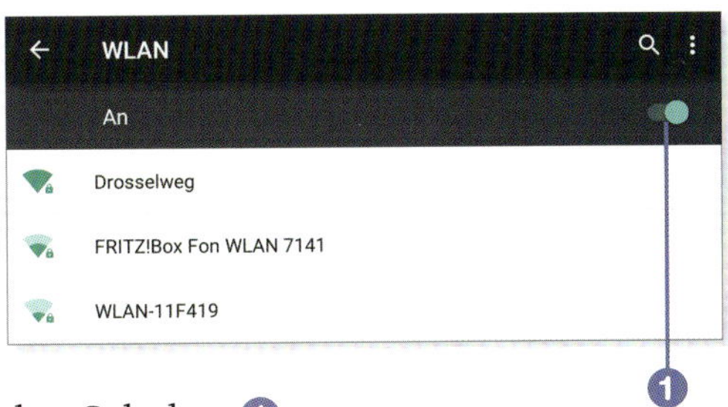

1. Wechseln Sie, wie im Kasten »Die Statusleiste und das Benachrichtigungszentrum« auf Seite 23 beschrieben, in die Einstellungen, und kontrollieren Sie im Bereich **Drahtlos & Netzwerke ▸ WLAN**, ob der WLAN-Empfang aktiviert ist. Das erkennen Sie an einem entsprechenden Schalter ①.
2. Zum Einloggen in ein bestehendes Netz gehen Sie folgendermaßen vor: Tippen Sie in der Übersicht auf das Netz, mit dem Sie Ihr Tablet verbinden möchten. Die Namen der Netze werden übrigens als *SSID* be-

zeichnet. Sollte Ihr WLAN nicht in der Übersicht erscheinen, kann ein erneuter Netzwerkscan jederzeit über die Option **Aktualisieren** im In-App-Menü ❶ angestoßen werden.

3. Nun gilt es, sich in das ausgewählte WLAN einzuloggen: Geben Sie das Passwort für das Netz ein ❷.

   Im gezeigten Beispiel ist das WLAN per WPA2 verschlüsselt und erfordert die Eingabe eines Passworts, des sogenannten *Pre-shared Keys* (PSK). Wird das Häkchen bei **Passwort anzeigen** aktiviert ❸, erscheint das Passwort im Klartext. Das schützt zwar vor Tippfehlern, bietet aber neugierigen Menschen in Ihrer Umgebung auch die Chance, das Passwort auszuspähen.

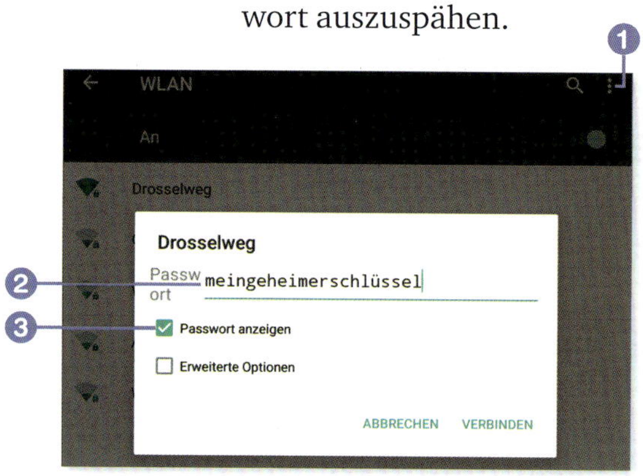

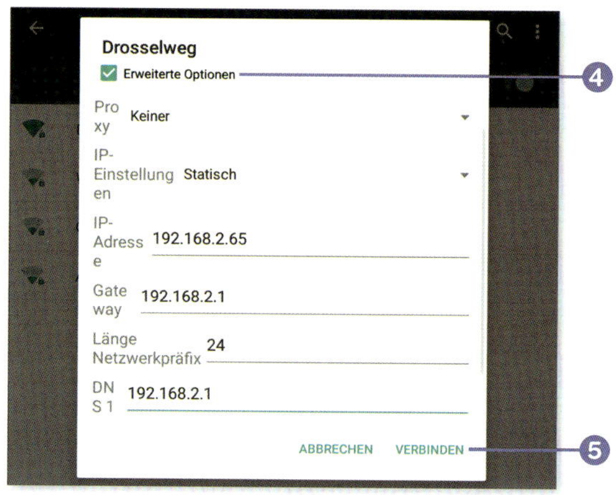

4. Sollten Sie sich mit einem firmeninternen Netz verbinden wollen, kann es sein, dass Sie zur Konfiguration des Netzwerkzugangs erweiterte Optionen eingeben müssen. Diese erreichen Sie, wenn Sie ein Häkchen vor **Erweiterte Optionen** ❹ setzen.

   Im vorliegenden Fall wurden zum Beispiel eine statische IP-Adresse sowie ein Gateway und ein Nameserver (DNS) definiert. Die dazu notwendigen Informationen erhalten Sie von Ihrem Systemadministrator.

5. Zur Herstellung der Verbindung tippen Sie schließlich die Schaltfläche **Verbinden** ❺ an. Kurze Zeit später sollten Sie die Meldung erhalten, dass Ihr Tablet mit dem WLAN verbunden wurde ❻.

Dies ist auch in der Statusleiste an dem nun aktivierten WLAN-Symbol ⑦ zu erkennen.

TIPP

Die MAC-Adresse in Erfahrung bringen

Einige Systemadministratoren binden die Geräte in Firmen über eine eindeutige Gerätekennung, die sogenannte *MAC-Adresse*, ein, was eine erhöhte Sicherheit für die Netzanbindung bedeutet. Die MAC-Adresse bringen Sie in den Einstellungen im Bereich **System ▶ Über das Tablet ▶ Status** in Erfahrung ⑧. Bei einigen Herstellern finden Sie die MAC-Adresse auch unter dem Punkt **Geräteinformation**.

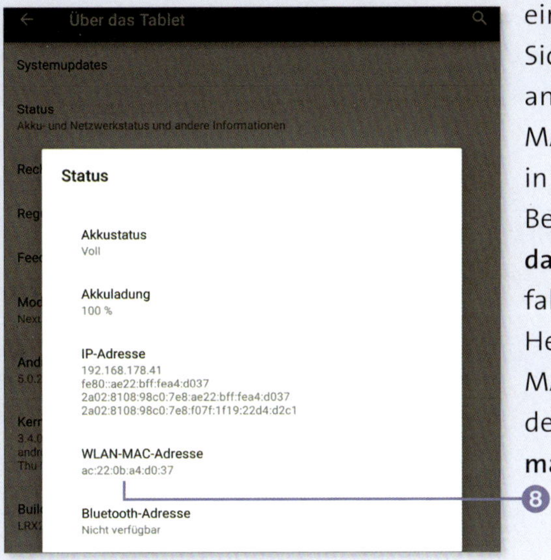

Die Internetverbindung das erste Mal testen

Um sich davon zu überzeugen, dass die Verbindung nun auch wirklich erfolgreich besteht, rufen Sie zunächst einfach mal eine beliebige Seite im Browser Ihres Tablets auf. Diesen finden Sie entweder in Form eines Weltkugelsymbols oder des Chrome-Browsers im App-Menü vor. Ich verwende im Folgenden den Chrome-Browser.

Wie wäre es zum Beispiel mit einem kleinen Test der Verbindungsgeschwindigkeit? Um einen Eindruck davon zu bekommen, wechseln Sie im Browser

durch Eintippen der Adresse *http://www.wieistmeineip.de* auf die beliebte Seite und führen dort den Speedtest durch.

Test des Internetzugangs und der Verbindungsgeschwindigkeit. Beachten Sie, dass Sie mit einer WLAN-Verbindung nie die Spitzenwerte eines Festanschlusses erreichen können.

TIPP

Troubleshooting beim WLAN

Im Normalfall wird sich Ihr Tablet ohne Probleme mit dem heimischen Router verbinden. Sollte trotz aller Bemühungen keine Verbindung zustande kommen, prüfen Sie, ob auf Ihrem Router der sogenannte *DHCP*-Server läuft ❶. Dieser weist den angeschlossenen Endgeräten, im vorliegenden Fall also Ihrem Tablet, eine eindeutige Netzwerkadresse automatisch zu. Die meisten Router werden über ein Browser-Interface konfiguriert. Damit können Sie überprüfen, ob ein DHCP-Server aktiviert wurde. Näheres dazu finden Sie im Handbuch Ihres Routers.

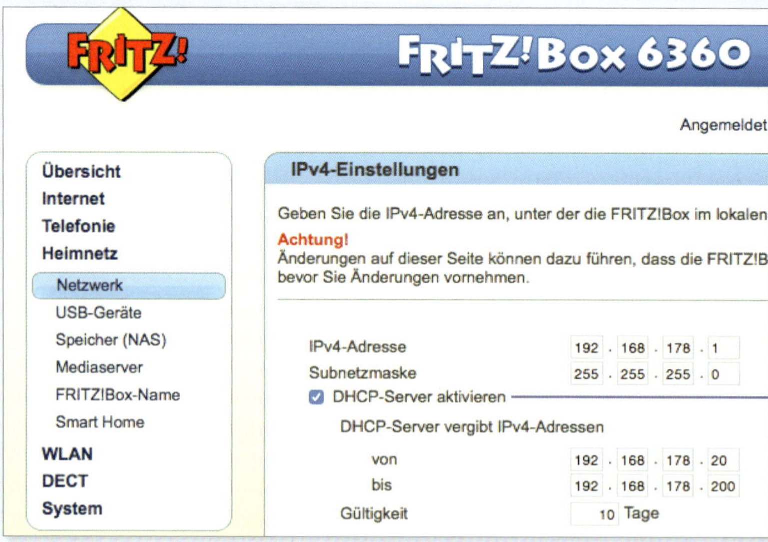

WLAN blitzschnell aktivieren und deaktivieren

Wenn Sie eine längere Zeit den WLAN-Empfang nicht benötigen, ist es empfehlenswert, diesen auszuschalten, um die Akkulaufzeit Ihres Tablets zu schonen. Zum blitzschnellen Aktivieren und Deaktivieren des WLAN-Empfangs verwenden Sie am besten die Schnellschaltflächen. Ziehen Sie dazu die Statusleiste herunter, und tippen Sie die WLAN-Schaltfläche ❷ an. Ob das WLAN deaktiviert ist, erkennen Sie daran, dass das entsprechende Symbol ❸ ausgegraut ist.

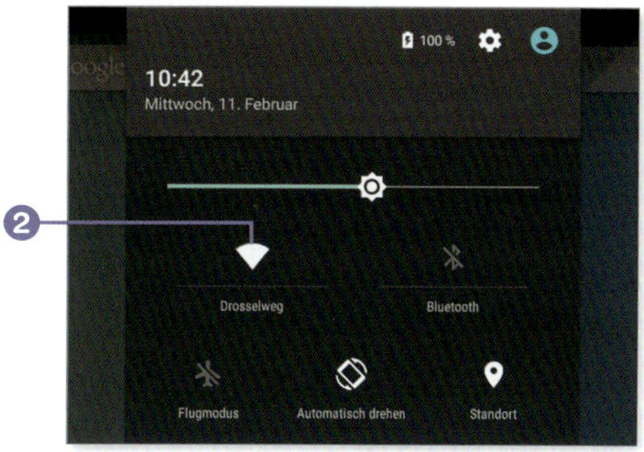

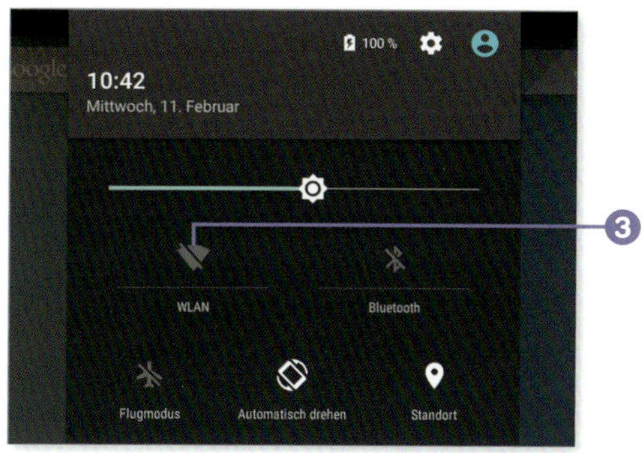

Mittlerweile gibt es bei aktuellen Android-Tablets aber auch die Funktion, dass der WLAN-Empfang auf Wunsch im Stand-by-Modus automatisch deaktiviert wird. Das hat den Nachteil, dass das Tablet im Stand-by-Modus keine Mails mehr checken beziehungsweise empfangen kann. Sie verhindern diesen Stand-by-Modus wie folgt:

1. Wechseln Sie in den Einstellungen in den Bereich **Drahtlos & Netzwerke ▸ WLAN**. Hier wiederum rufen Sie das In-App-Menü durch Antippen der drei Punkte ❹ im rechten oberen Displaybereich auf. Wählen Sie im Menü den Punkt **Erweitert** ❺.

2. Tippen Sie nun den Punkt **WLAN im Ruhemodus aktiviert lassen** an, und achten Sie darauf, dass hier die Option **Immer** ❶ aktiviert wurde.

Auf der anderen Seite können Sie die Akkulaufzeit Ihres Geräts steigern, wenn der Punkt **Nie** beziehungsweise **Nur wenn angeschlossen** voreingestellt ist. Letztere Einstellung bedeutet, dass der WLAN-Empfang im Ruhezustand aktiviert wird, wenn Ihr Gerät am Ladegerät angeschlossen ist. In diesem Fall ist es nicht notwendig, Energie zu sparen.

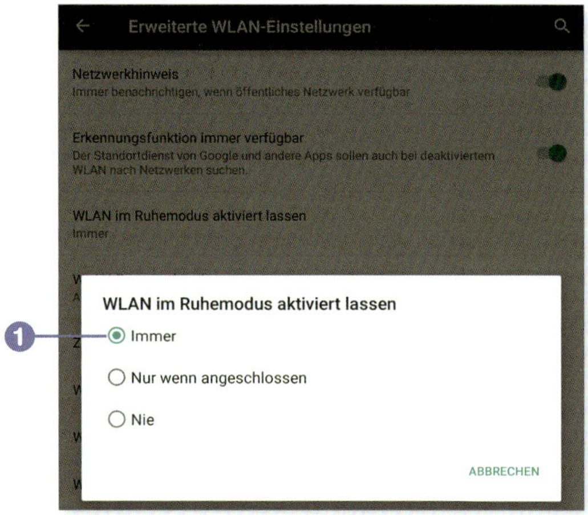

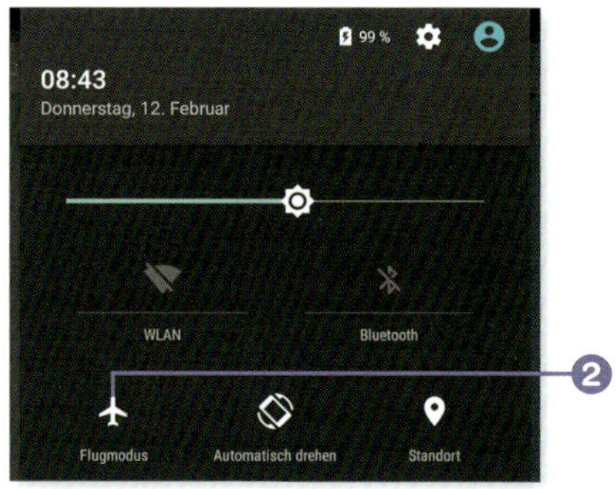

Insbesondere wenn das Tablet längere Zeit (zum Beispiel über Nacht) nicht genutzt wird, bietet es sich an, das Gerät in den stromsparenden Flugmodus zu versetzen. Diesen erreichen Sie über ein Antippen des entsprechenden Symbols ❷ im Bereich der Schnellschaltflächen.

Mobil ins Internet

Tablets im oberen Preissegment sind mit einem Einschub für eine SIM-Karte ausgestattet. Die SIM-Karte kennen Sie von Ihrem Handy: Dabei handelt es sich um das Plastikkärtchen mit aufgedrucktem Chip, das Sie von Ihrem Mobilfunkprovider erhalten. Sollten Sie ein solches Tablet besitzen, richten Sie den mobilen Internetzugang folgendermaßen ein:

1. Legen Sie die SIM-Karte zunächst nach Anleitung des Tablet-Herstellers bei ausgeschaltetem Gerät in Ihr Tablet ein, und starten Sie dieses anschließend.
2. Geben Sie nach dem Hochfahren des Geräts die PIN, die Sie von Ihrem Provider mit der SIM-Karte erhalten haben, über das virtuelle Tastenfeld ein.
3. Im Normalfall sollte sich jetzt Ihr Tablet bereits mit dem Mobilfunknetz verbinden. Die mobile Datenverbindung wird ebenfalls sofort aktiviert, so dass Sie munter drauflossurfen können. Das erkennen Sie an einem der nebenstehenden Symbole, die bei einer mobilen Datenverbindung in der Statusleiste erscheinen.

Die Symbole geben die Geschwindigkeit an, mit der Sie im Datennetz unterwegs sind:

- Der *EDGE*- beziehungsweise *GSM*-Standard genügt in der Regel, wenn es lediglich darum geht, Textnachrichten wie E-Mails zu senden und zu empfangen beziehungsweise über den Eingang neuer Mails informiert zu werden. Außerdem sind Sie in der Lage, auf speziell aufbereiteten mobilen Webseiten zu surfen. »Reines« *UMTS* ist nicht wesentlich schneller als EDGE, so dass Sie im Zweifelsfall EDGE bevorzugen sollten: Dieses Verfahren belastet den Akku Ihres Tablets weniger.

- Das 3G-Symbol signalisiert eine Verbindung über UMTS.

- Wenn es flott gehen soll und Sie größere Datenmengen aus dem Internet herunterladen möchten, ist *HSDPA* das Mittel der Wahl. Diesen Modus erkennen Sie am Symbol H+.

- Mittlerweile steht auch in Deutschland der Datenturbo *LTE* (auch *4G* genannt) großräumig zur Verfügung. Problematisch ist hier die Tatsache, dass Sie bei unbedachter Nutzung Ihr in der Regel limitiertes Datenvolumen binnen kürzester Zeit verbrauchen.

Während der mobile Internetzugang im Normalfall ohne Probleme vom Tablet selbstständig konfiguriert wird, ist es oft viel schwieriger, dem Gerät abzugewöhnen, automatisch eine Internetverbindung herzustellen. Das kann notwendig sein, wenn das limitierte Datenvolumen zur Neige geht oder Sie sich im Ausland befinden. Ausgangspunkt zur Konfiguration der mobilen Datenverbindung ist in den Einstellungen der Bereich **Drahtlos & Netzwerke**. Wählen Sie hier die Option **Mehr ▸ Mobilfunknetze**. Im folgenden Menü können Sie den Datenzugriff zum Mobilfunknetz mit einem Häkchen ❶ aktivieren beziehungsweise deaktivieren.

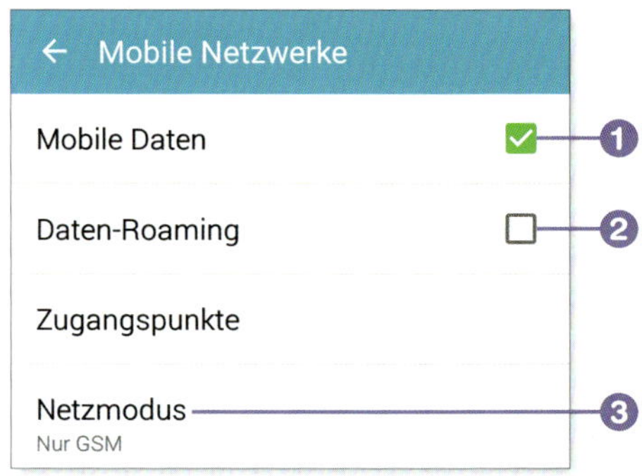

Außerdem können Sie an dieser Stelle die Kostenfalle **Daten-Roaming** ❷ ausschalten – eine wichtige Option, wenn Sie im Ausland sind.

Darüber hinaus können Sie unter **Netzmodus** ❸ auswählen, über welchen Netzwerkstandard die Verbindung erfolgen soll. Die Netzwerkmodi wurden ja bereits auf Seite 53 ausführlich besprochen. Der UMTS-Modus zehrt deutlich stärker am Akku als der EDGE- beziehungsweise GSM-Modus. Wenn Sie sowieso auf dem Land unterwegs sind, sollten Sie Letzteren bevorzugen.

INFO

Manuelle Einrichtung des Zugangspunkts (APN)

Sollte Ihr Tablet sich wider Erwarten nicht automatisch mit dem mobilen Internet verbinden, ist Handarbeit erforderlich. Tragen Sie die von Ihrem Provider vorgegebenen Einstellungen in die entsprechende Maske im Bereich **Drahtlos & Netzwerke ▸ Mehr ▸ Mobilfunknetze ▸ Zugangspunkte** ein. Eine universelle Anleitung ist aufgrund der vorherrschenden Konfigurationsvielfalt bei den unterschiedlichen Providern an dieser Stelle nicht möglich. Am besten führen Sie diesbezüglich eine Google-Recherche mit den Suchbegriffen »<Providername> konfiguration apn android« durch. Der Zugang wird getestet, wie bereits beschrieben.

Die Internetverbindung anderer Geräte nutzen (Tethering)

Mein aktuelles Szenario, um mit dem Tablet ins mobile Internet zu gelangen, sieht folgendermaßen aus: Da mein Tablet nicht über einen SIM-Karten-Einschub verfügt, stelle ich die Internetverbindung über mein Smartphone (ebenfalls ein Android-Gerät) her. Das Smartphone verbindet sich per Mobilfunknetz mit dem Internet und stellt diese Verbindung anschließend dem Tablet per WLAN zur Verfügung. Gehen Sie dazu wie folgt vor, falls Sie auch ein Android-Smartphone besitzen (iPhone-Besitzer googeln nach entsprechenden Alternativkonfigurationen):

1. Stellen Sie mit Ihrem Smartphone eine Datenverbindung zum Mobilfunknetz her.
2. Wechseln Sie auf Ihrem Smartphone in den Bereich **Einstellungen ▸ Drahtlos & Netzwerke ▸ Mehr**, und rufen Sie den Punkt **Tethering & mobiler Hotspot** auf. Aktivieren Sie hier die Option **Mobiler WLAN-Hotspot** ❹.
3. Nun können Sie bereits das Smartphone als Hotspot nutzen. Suchen Sie mit dem zu verbindenden Tablet einfach nach einem drahtlosen Netzwerk namens **AndroidAP**. Das dafür notwendige Passwort sehen Sie auf der Einrichtungsseite des Smartphones.

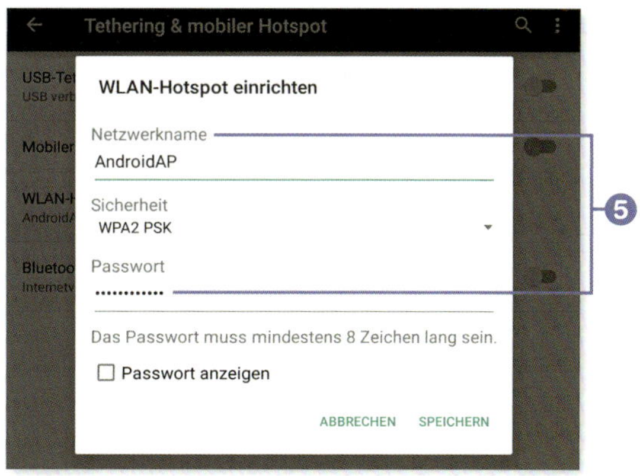

4. Wenn Sie den Tethering-Zugang individuell konfigurieren möchten, dann tippen Sie auf den In-App-Menüpunkt **WLAN-Hotspot einrichten**. Es öffnet sich eine Eingabemaske. Hier können Sie den Access-Point-Namen verändern und das Zugangspasswort definieren ❺.

Nun können Sie sich auf dem Tablet mit Ihrem Smartphone wie mit jedem anderen WLAN-Hotspot verbinden – genauso, wie Sie es bereits im Abschnitt »WLAN aktivieren und einrichten« ab Seite 47 kennengelernt haben.

Die Kosten im Blick behalten

Sollte Ihr Tablet, wie im Abschnitt »Mobil ins Internet« ab Seite 52 beschrieben, über die Möglichkeit verfügen, über das Mobilfunknetz eine Verbindung zum Internet aufzubauen, ist es ziemlich riskant, das Gerät ohne mobile Daten-Flatrate zu betreiben: Zu groß ist die Gefahr, durch unbeabsichtigten Verbindungsaufbau bei einem unlimitierten Tarif in die Kostenfalle zu geraten. Aber auch Flatrate-Inhaber sollten sich darüber im Klaren sein, dass ihr Freivolumen nicht unbegrenzt ist und sie nach dessen Verbrauch im Schneckentempo im Internet unterwegs sind. Grund genug, den Datentransfer zu überwachen.

Bei Ihrem Android-Tablet können Sie Ihren Datenverbrauch direkt in den Systemeinstellungen überprüfen.

1. Wechseln Sie in den Einstellungen in den Bereich **Drahtlos & Netzwerke ▸ Datenverbrauch** ❶. Hier können Sie den Datenverbrauch einsehen, aber auch Limits festlegen.

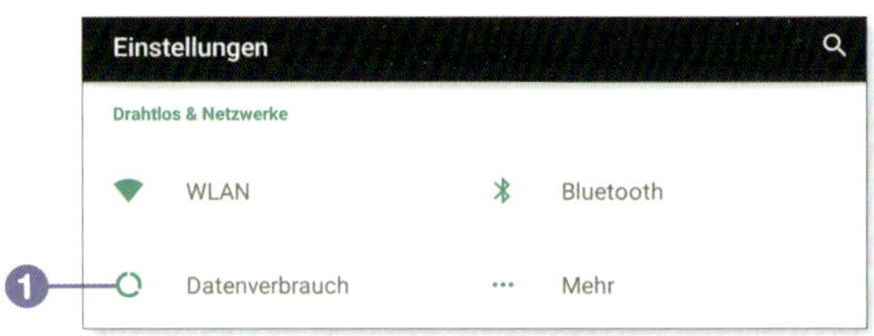

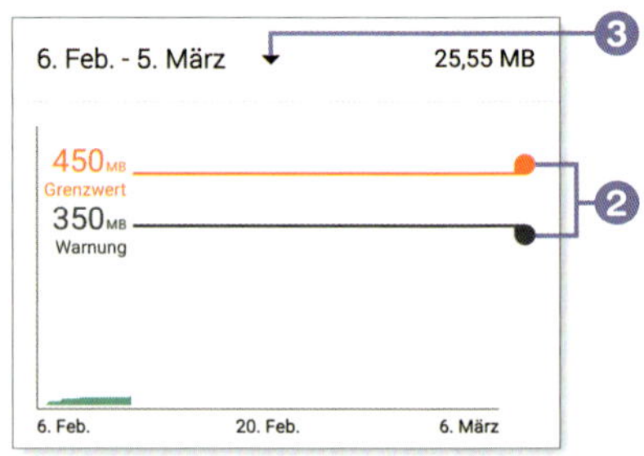

2. Stellen Sie Ihr Datenlimit durch Verändern der Markierungen ein ❷.
3. Passen Sie den Zeitraum der Überprüfung (den Datenverbrauchszyklus) an ❸.

Nach dem Überschreiten eines solchen Limits werden Sie benachrichtigt, und die Onlineverbindung wird gekappt, so dass keine weiteren Kosten anfallen können. Sie können auch überprüfen, welche Apps den meisten Datenverkehr verursacht haben. Scrollen Sie dazu in der App nach unten.

Die Grenze für mein Datenvolumen habe ich auf 450 MB gesetzt, die erste Warnung erhalte ich bereits bei 350 MB Datenverkehr.

TIPP

Kontrolle des verbrauchten Volumens beim Provider

Einige Provider, so zum Beispiel T-Mobile/Congstar, bieten die Möglichkeit, das aktuell verbrauchte Datenvolumen direkt zu kontrollieren, indem Sie per Browser eine Internetseite aufrufen. Im Falle von T-Mobile/Congstar ist das *pass.telekom.de*. Auf dieser Seite können Sie im europäischen Ausland auch Tagestickets zum günstigen mobilen Surfen per Roaming erwerben.

Im Web surfen

Nachdem Sie sich nun einen Zugang zum Internet verschafft und vielleicht auch schon erste Seiten im Browser aufgerufen haben, schauen wir uns diesen etwas genauer an. Ich beschränke mich hier auf Googles Browser Chrome, den Sie (falls noch nicht vorhanden) auf sämtlichen Android-Tablets mit Hilfe des rechts abgebildeten Codes auch noch nachträglich installieren können.

Chrome-Browser

Nach dem ersten Start des Browsers bietet Ihnen ein Assistent an, diesen mit Ihrem Google-Konto zu verknüpfen. Das sollten Sie tun, denn nur so werden Ihre Lesezeichen, die Sie später setzen, systemübergreifend synchronisiert: Wenn Sie Chrome auf einem anderen Gerät (Das kann auch ein PC sein.) verwenden, dann finden Sie Ihre Favoriten auch dort wieder.

Chrome startet zunächst mit zwei geöffneten Tabs und lädt Sie zu einer Tour ein, um die wichtigsten Elemente des Browsers kennenzulernen:

1. Hier geben Sie direkt die URL (= *Uniform Resource Locator*), also die Adresse einer Internetseite, ein. Alternativ können Sie auch Begriffe für eine Google-Suche eingeben.
2. Mit Tabs können Sie unterschiedliche Internetseiten öffnen und bequem zwischen diesen wechseln.
3. Mit dieser Schaltfläche erzeugen Sie einen neuen Tab.
4. Hinter den drei vertikalen Punkten verbirgt sich das Menü des Browsers.
5. Über das Mikrofonsymbol können Sie Suchabfragen auch per Sprache eingeben.
6. Durch Antippen des Sternsymbols legen Sie die aktuelle Seite als Lesezeichen (oft auch als *Favorit* bezeichnet) fest.

Jetzt wird es Zeit für eine kleine Übung:

1. Geben Sie eine Adresse in die Suchleiste ein, z. B. *www.vierfarben.de*.
2. Navigieren Sie innerhalb der Seite durch Antippen von Links, und gehen Sie auf Entdeckungsreise. Sie bewegen sich mit Hilfe der **Vor-/Zurück**-Schaltflächen 7 durch die aufgerufenen Seiten.

Tabs und Lesezeichen verwenden

Das Aufrufen weiterer Seiten erfolgt geschickterweise in verschiedenen Tabs, zwischen denen Sie hin- und herspringen können:

1. Tippen Sie auf die Schaltfläche **Neuer Tab** ⑧, und öffnen Sie einen leeren Tab. Geben Sie eine Internetadresse ein, um die zugehörige Seite aufzurufen. Wiederholen Sie das Verfahren nach Belieben.

2. Sie wechseln zwischen den Tabs, indem Sie diese mittig antippen ⑨.
3. Zum Schließen eines Tabs tippen Sie einfach auf das zugehörige **x** ⑩.
4. Sie setzen einen Favoriten beziehungsweise ein Lesezeichen durch Antippen des Sternsymbols ⑪. Im vorliegenden Fall (gefüllter Stern) wurde die Seite schon als Lesezeichen markiert, sollte sie noch nicht als Lesezeichen gesetzt sein, erscheint der Stern als Umriss.
5. Es gibt zwei Wege, um zur Lesezeichen- beziehungsweise Favoritenverwaltung zu gelangen. Der erste führt über das In-App-Browsermenü ⑫ mit dem Menüpunkt **Lesezeichen**. Alternativ können Sie auch zu Ihren Favoriten gelangen, indem Sie einen neuen Tab öffnen und am unteren Displayrand im Browser auf den Menüpunkt **Lesezeichen** ⑬ wechseln oder bereits besuchte Seiten mit einem Tipp auf die Schaltfläche **Zuletzt geöffnete Tabs** ⑭ einsehen.

Ein großer Vorteil Ihres Android-Tablets gegenüber einem Smartphone ist das wesentlich größere Display. Damit können Sie Internetseiten auch im

Desktop-Modus darstellen und bequem durch diese navigieren. Gehen Sie dazu folgendermaßen vor:

1. Wechseln Sie durch Antippen der senkrechten Punktleiste am rechten oberen Displayrand in das Menü der App, und markieren Sie hier die Option **Desktop-Version** ①. Daraufhin erscheint die Seite so, wie Sie es vom Browser Ihres PCs gewohnt sind.
2. Damit der Lesespaß ungetrübt ist, können Sie nun einzelne Teile der Seite durch Auflegen und Spreizen von Daumen und Zeigefinger auf dem Display vergrößern. Diese Technik nennt man *Pinch-to-Zoom*.

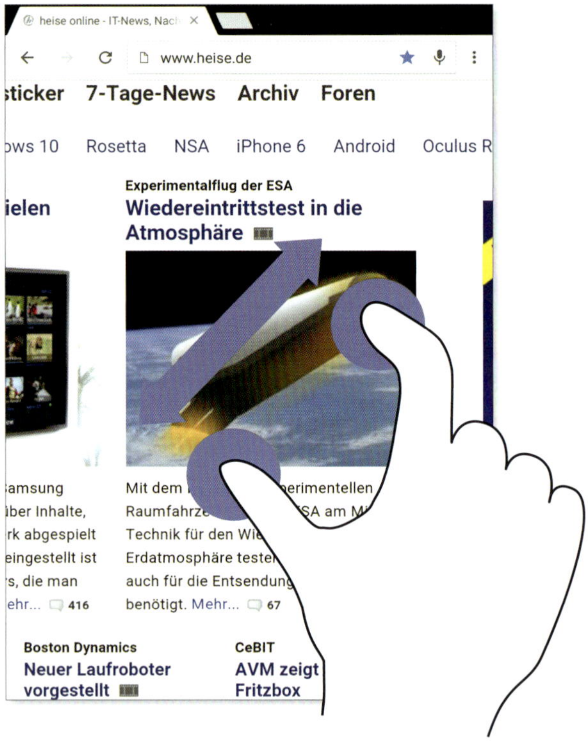

> **TIPP**
>
> **Optimale Displaydarstellung durch Doppeltipp**
>
> Sie erreichen eine optimale Displaydarstellung, indem Sie das Display an der gewünschten Stelle zweimal hintereinander antippen. Das ist vergleichbar mit dem Doppelklick auf den Desktop eines PCs.

Merken Sie sich für das Surfen im Internet mit Ihrem Android-Tablet die folgenden goldenen Regeln:

- Sie folgen einem Link beziehungsweise einem Artikel durch Antippen.
- Sie gelangen durch Antippen der **Zurück**-Schaltfläche Ihres Tablets wieder auf die letzte aufgerufene Seite.
- Die **Vorwärts**- und **Zurück**-Tasten finden Sie am linken oberen Browserrand.
- Sie erhalten eine optimal vergrößerte Ansicht eines Webseitenbereichs durch doppeltes Antippen.
- Wechseln Sie je nach Seitengröße durch Drehen Ihres Tablets in einen geeigneten Lesemodus: Tabellen liest man am besten im Querformat, längere Texte eher hochkant. Falls die Displaydrehung nicht funktioniert, prüfen Sie per Schnellschaltfläche, ob diese aktiviert wurde. Ziehen Sie dazu die Statusleiste am oberen Displayrand herunter, und tippen Sie kurz darauf.

Anonym unterwegs im Internet

NSA & Co. haben ihre Spuren im Sicherheitsbewusstsein der Netzbürger hinterlassen: Jeder möchte möglichst unerkannt unterwegs sein. Das lässt sich zumindest im privaten Bereich einigermaßen einrichten.

Wenn Sie Ihr Google-Konto mit Ihrem Browser verknüpft haben, werden sämtliche Seitenaufrufe und Suchabfragen protokolliert. Das mag bequem sein, falls man einmal das Gerät wechselt, kann aber auch stören, wenn jemand anders Zugriff auf Ihr Gerät hat und so Ihr Surfverhalten nachvollziehen kann. Zu diesem Zweck bietet der Chrome-Browser einen »Tarnkappenmodus«, der folgendermaßen aktiviert wird:

1. Rufen Sie das Browsermenü auf, und tippen Sie den Punkt **Neuer Inkognito-Tab** an.
2. Geben Sie eine beliebige Adresse in die Suchleiste ein. Diese und jede weitere Seite, die Sie im Inkognito-Modus aufrufen, werden nun nicht

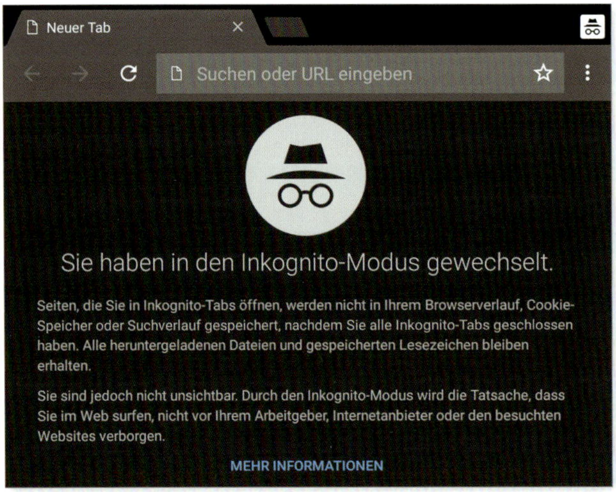

vom Google-Server gespeichert und sind auch nicht im Verlauf aufgezeichnet. Beachten Sie bitte, dass es sich dabei um eine lokale Maßnahme handelt. Der Browser hat keinen Einfluss darauf, ob der Datenstrom anderweitig im Internet abgefangen und kontrolliert wird.

Um bereits durchgeführte Such- oder Seitenabfragen aus Ihrem Google-Verlauf zu löschen, gehen Sie folgendermaßen vor:

1. Starten Sie im App-Menü die App **Google Einstellungen**, und wählen Sie hier den Punkt **Suche & Google Now** ①.

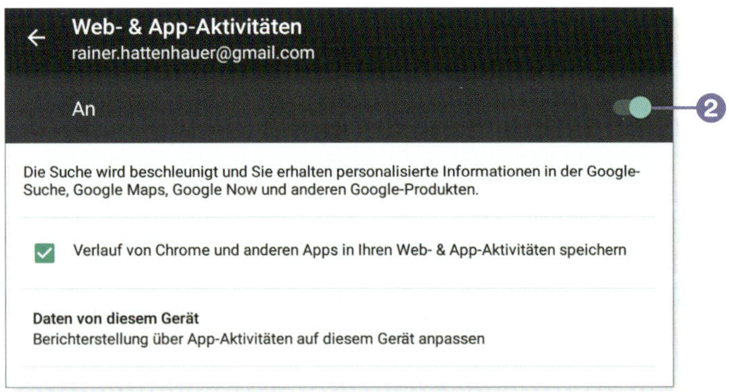

2. Tippen Sie im nächsten Menü den Punkt **Konten & Datenschutz** an. Tippen Sie anschließend auf **Google-Kontoverlauf**, und wechseln Sie in den Bereich **Web- & App-Aktivitäten**. Per Schalter ② können Sie hier die Protokollierung ein- und ausschalten.

3. Ganz unten im Menü befindet sich eine Schaltfläche **Verlauf verwalten**. Wenn Sie diese antippen, werden Sie per Chrome-Browser auf eine Seite

innerhalb Ihres Google-Kontos weitergeleitet, auf der Sie nun bequem und selektiv Ihr Suchprotokoll einsehen und löschen können.

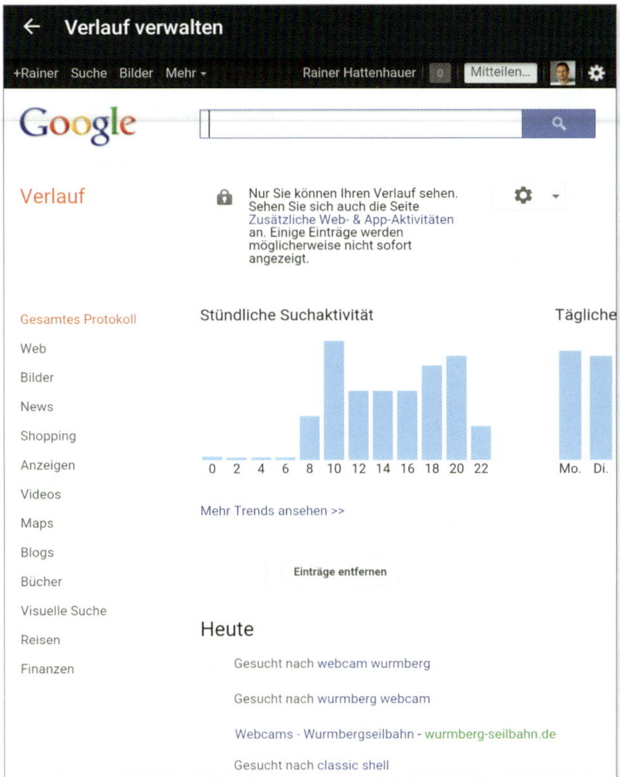

Selektives Löschen von Suchanfragen

Google Now – Suchen für Fortgeschrittene

Mit *Google Now* definiert Google die Suche nach Themen im Internet neu. Genau genommen, liefert das System mit Hilfe des sogenannten *Knowledge Graph* Antworten auf umgangssprachlich gestellte Fragen. Apple-iPhone-Besitzer kennen das von Siri, der beliebten Sprachassistentin. Grund genug, Ihnen dieses fantastische Android-Feature vorzustellen.

Die folgenden Wege führen bei aktuellen Android-Systemen zur Google-Now-Eingabemaske:

- Tippen Sie auf das Suchwidget ❶, das sich in der Standardkonfiguration am oberen Bildschirmrand befindet.

- Eine Wischgeste von der **Home**-Schaltfläche im unteren Bildschirmteil mit einem Finger in die Mitte öffnet bei aktuellen Geräten ebenfalls die Google-Now-Suche ❷.

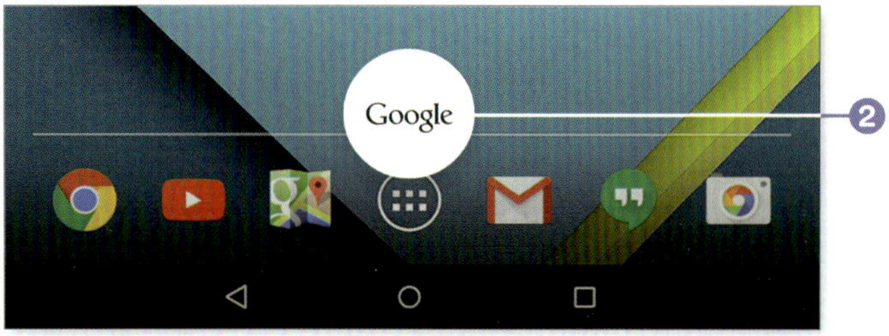

- Der Sprachbefehl »OK, Google« führt Sie bei aktuellen Geräten ebenfalls direkt zu Google Now.

Ihr Tablet gehorcht Ihnen nun auf's Wort. Das soll Ihnen das folgende Beispiel verdeutlichen:

1. Rufen Sie **Google Now** durch eine Wischgeste mit dem Zeigefinger von der **Home**-Schaltfläche zur Bildschirmmitte auf. Das funktioniert ab Android-Version 4.4 (KitKat). Benutzer älterer Android-Versionen nutzen einfach das Google-Suchwidget.
2. Beim ersten Start müssen noch einige Daten aus dem Internet heruntergeladen werden, damit Google Now voll funktionsfähig ist.
3. Aktivieren Sie in jedem Fall – wie in Schritt 2 auf Seite 62 beschrieben – das Protokoll, damit Google Now sein ganzes Potenzial entfalten kann.

Google Now bietet personalisierte Informationen abhängig von der aktuellen Situation. Mit Hilfe des Menüpunkts **Anpassen** ❸ im Hauptmenü der App (zu erreichen über die drei waagerechten Striche ❹) können Sie nun interessante Karten beziehungsweise Informationen auf Ihrem Google-Now-Startbildschirm ergänzen.

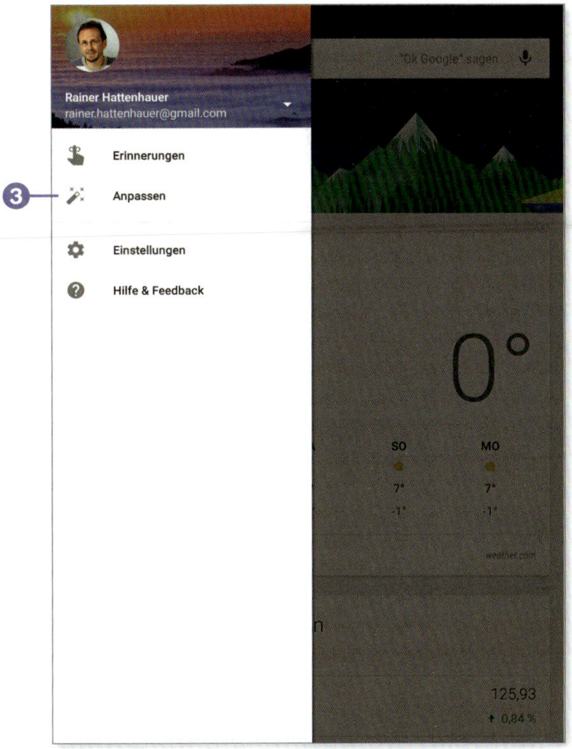

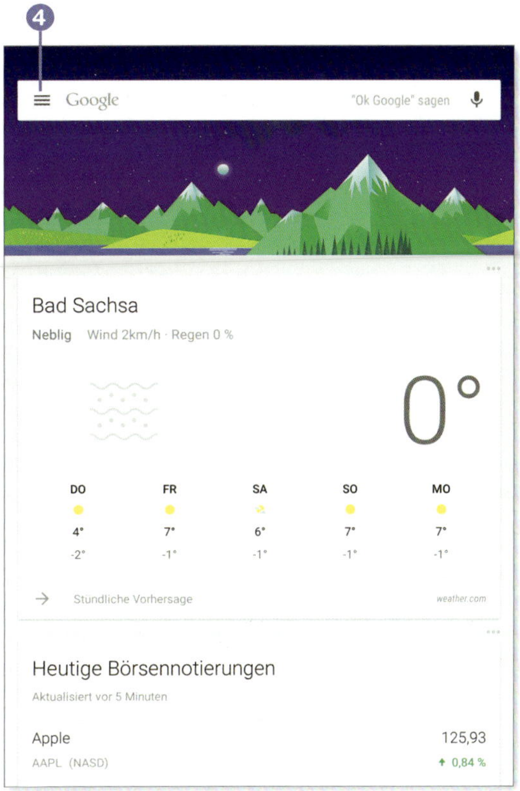

Dazu zählen das Wetter, lokale Verkehrsinformationen, Aktienkurse oder Reiseinformationen zu kürzlich gesuchten Orten. Aktivieren Sie nach Belieben Informationskarten. Diese können Sie über ein eigenes Menü konfigurieren. Karten, die Ihnen später nicht mehr zusagen, wischen Sie per Fingerstreich einfach aus dem Display heraus.

TIPP

OK, Google

Mit dem gesprochenen Kommando »OK, Google« lässt sich Google Now zu einer erneuten Suche per Spracheingabe bewegen.

Äußerst interessant innerhalb der Google-Now-Umgebung ist die Vernetzung von Informationen mit Hilfe von Knowledge Graph. Dank dieser Technik versteht die Suchmaschine gesprochene Suchabfragen oder Kommandos, die in Umgangssprache formuliert werden, und versucht nach Möglichkeit, diese mit weiteren Informationen über Google-Now-Karten zu vernetzen. Testen Sie dazu einmal ein paar Beispiele, indem Sie das Mikrofonsymbol antippen und die folgenden Fragen einsprechen:

- »Wie alt ist Mick Jagger?«
- »Wer schrieb den Schimmelreiter?«
- »Wie wird das Wetter in Göttingen?«
- »Zeige mir Bilder von Picasso!«
- »Wie ist die aktuelle Verkehrslage um Hamburg?«

Google-Suchabfragen werden per Knowledge Graph ausgewertet und – sofern möglich – auch mit weiteren Informationen oder sogar den Informationskarten von Google Now verknüpft. Die Antworten werden sogar per Sprachausgabe übermittelt.

Interessant ist, das Google Now kontextsensitiv arbeitet. Eine Fragenkette im Stil von »Wie hoch ist der Eiffelturm? Und wann wurde er erbaut?« wird ebenfalls korrekt abgearbeitet.

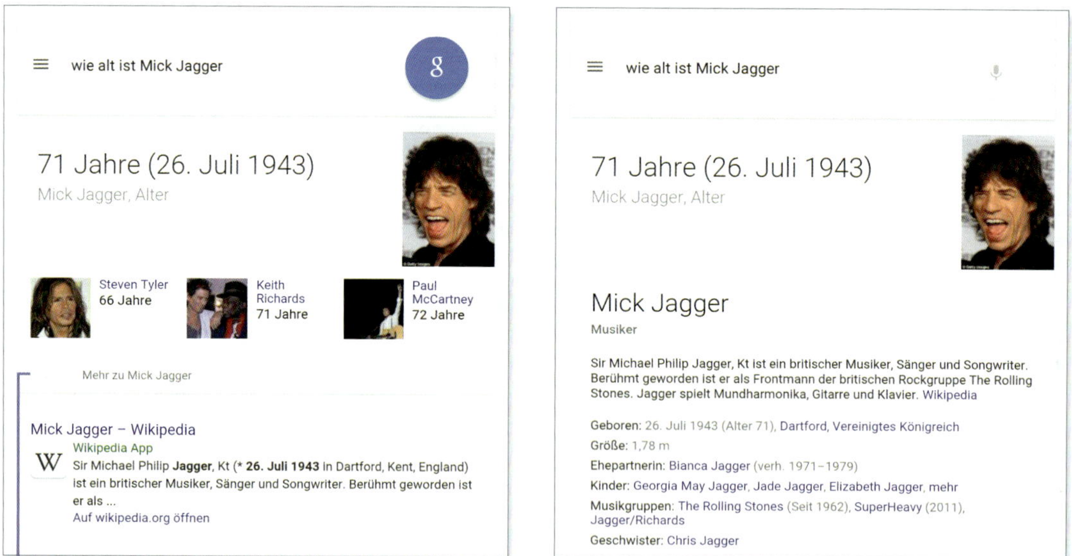

1

Google Now verknüpft Informationen. Ein Tipp auf den Pfeil 1 *im linken Bildteil führt zu weiteren Details.*

TIPP

Google-Now-Sprachbefehle

Eine schöne Übersicht über häufig genutzte Sprachbefehle für Google Now finden Sie hier: *http://bit.ly/1o8ahV2*.

Soziale Netze: Facebook, Twitter, Google+

Facebook

Spätestens seit sich Hollywood mit dem Blockbuster *The Social Network* der Thematik gewidmet hat, sind sie in aller Munde: die sozialen Geflechte des Web 2.0, allen voran Facebook. Ein Tablet ist ideal, um nach Feierabend bequem vom Sofa aus am bewegten Leben der virtuellen Communitys teilzuhaben. Dabei erfolgt die Kontaktaufnahme zu Ihren virtuellen Freunden nicht per Browser, das wäre zu umständlich. Vielmehr gibt es für jede populäre soziale Plattform eine geeignete App.

Im Folgenden möchte ich Ihnen die beliebtesten Android-Apps im Bereich des sozialen Netzwerkens vorstellen. Beginnen wir mit dem Platzhirsch. Facebook ist in aller Munde und ersetzt den Kaffeeklatsch unserer Großeltern. Man tauscht sich untereinander mit Statusmeldungen, Bildern, Videos und Links zu interessanten Materialien aus dem Internet aus.

Nach der Installation des Programms fragt die App beim ersten Start Ihre Zugangsdaten ab. Geben Sie diese ein, und schon können Sie am bewegten Treiben teilnehmen. Sie wechseln per Fingerwisch nach links durch folgende Bereiche:

Neuigkeiten ❷, Freundschaftsanfragen ❸, Nachrichten ❹, Benachrichtigungen ❺, Mehr ❻

Google+

Google+, Googles Antwort auf Facebook, erfreut sich bei Weitem nicht der Beliebtheit seines großen Vorbildes. Anfang 2014 wurde sogar gemunkelt, Google wolle das eigene soziale Netzwerk sterben lassen. Daher wird Googles natives Netzwerk in diesem Buch auch erst an zweiter Stelle beschrieben. Da Sie Ihr Tablet im Rahmen der Einrichtung bereits mit Ihrem Google-Konto verknüpft haben, steht Ihnen Google+ automatisch zur Verfügung. Beachten Sie: Viele Apps (zum Beispiel die Fotos-App) arbeiten eng mit Google+ zusammen beziehungsweise greifen auf Ihren Google+-Bereich zu, so dass es sich empfiehlt, Ihr Tablet entsprechend mit Google+ zu verbinden.

1. Starten Sie die **Google+**-App aus dem App-Menü. Kurze Zeit später werden Sie automatisch mit Ihren Daten auf Ihrem Google-Konto eingeloggt.

2. Ein Assistent führt Sie durch die Ersteinrichtung. Google+ ist eng mit der App **Fotos** verknüpft, mit der Sie Ihre auf dem Tablet befindlichen Fotos verwalten. Innerhalb der Einstellungen von Google+ können Sie daher auch festlegen, ob alle Ihre Fotos automatisch in der Google Cloud gesichert werden sollen. Mehr dazu erfahren Sie im Abschnitt »Bilder in Alben sortieren« ab Seite 151.

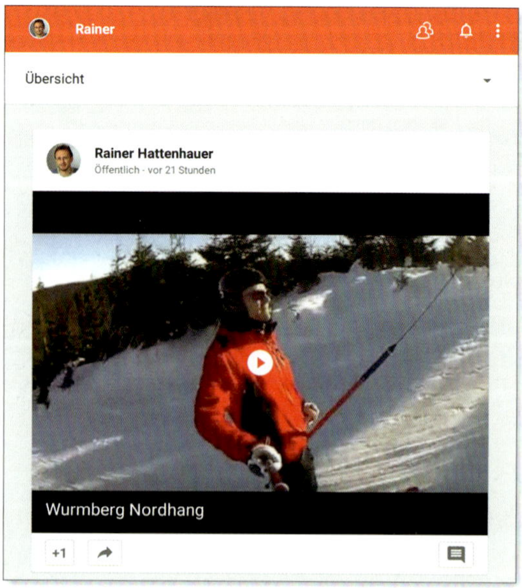

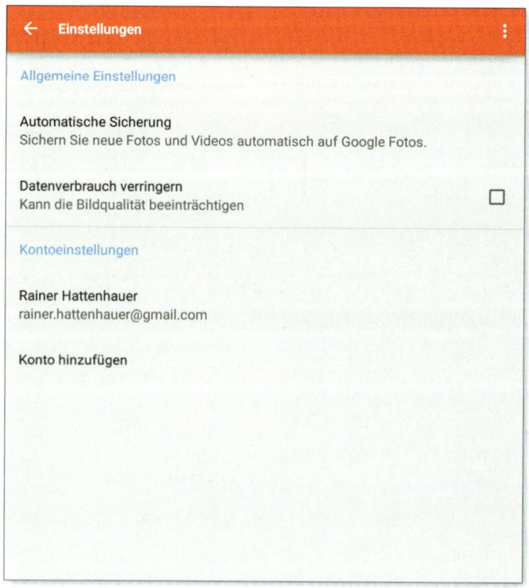

Ein Vorteil gegenüber Facebook besteht darin, dass Sie in Google+ sogenannte *Circles* (Kreise) definieren und damit den Empfängerkreis einer Statusmeldung begrenzen können. Dadurch verhindern Sie zum Beispiel, dass das unüberlegt geschossene exzessive Partyfoto via Google+ auf dem Tablet Ihres Chefs landet.

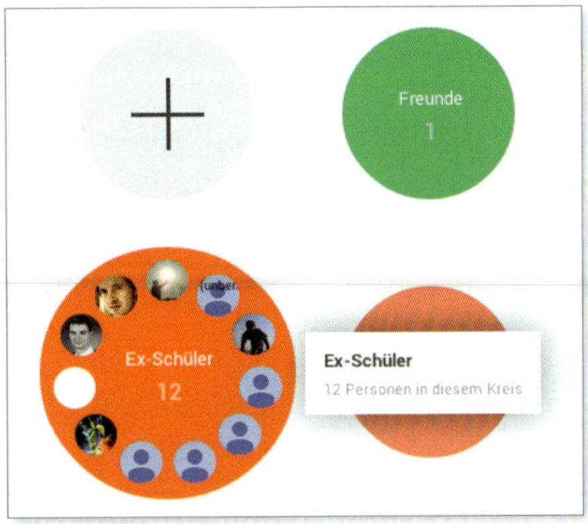

Organisation von Personengruppen in Circles

ACHTUNG

Vorsicht, vertrauliche Daten!

Gehen Sie im Zusammenhang mit sozialen Netzwerken äußerst behutsam mit Ihren vertraulichen Daten um. Die Apps sind so konzipiert, dass sie schnellen Zugriff auf die Netze gestatten und das Login nur einmal vorgenommen werden muss. Das birgt eine große Gefahr: Sollten Sie Ihr Tablet einmal verlieren, beziehungsweise sollte Ihnen das Gerät gestohlen werden, ist der Finder beziehungsweise Dieb im Besitz all Ihrer Zugangsdaten. Abhilfe schafft ein sogenannter *Remote-Wipe* des Geräts, also das Löschen von einem PC aus der Ferne. Mehr dazu erfahren Sie im Abschnitt »Ihr Tablet wiederfinden und aus der Ferne sperren« ab Seite 330.

Kommen wir schließlich zu *Twitter* – der SMS des Internets. Bei Twitter sondern Sie mit maximal 140 Zeichen Ihre persönliche Sicht der Dinge ab. Denken Sie im Zweifelsfall immer daran, dass die ganze Welt an Ihren Geistesblitzen teilhaben kann. Natürlich finden Sie im Play Store die passende App für Ihr Tablet:

Twitter

1. Nach dem Start der App müssen Sie sich, falls Sie noch kein Konto bei Twitter besitzen, zunächst registrieren.
2. Das optional angebotene Hochladen Ihres Adressbuches sollten Sie aus Datenschutzgründen besser unterlassen beziehungsweise zumindest überdenken.

3. In einer Übersicht erscheinen nun Personen, denen Sie folgen können. Tippen Sie dazu das +-Zeichen hinter deren Namen an. Schließlich können Sie loslegen und Ihren ersten Tweet in der Eingabezeile am unteren Bildschirmrand verfassen.

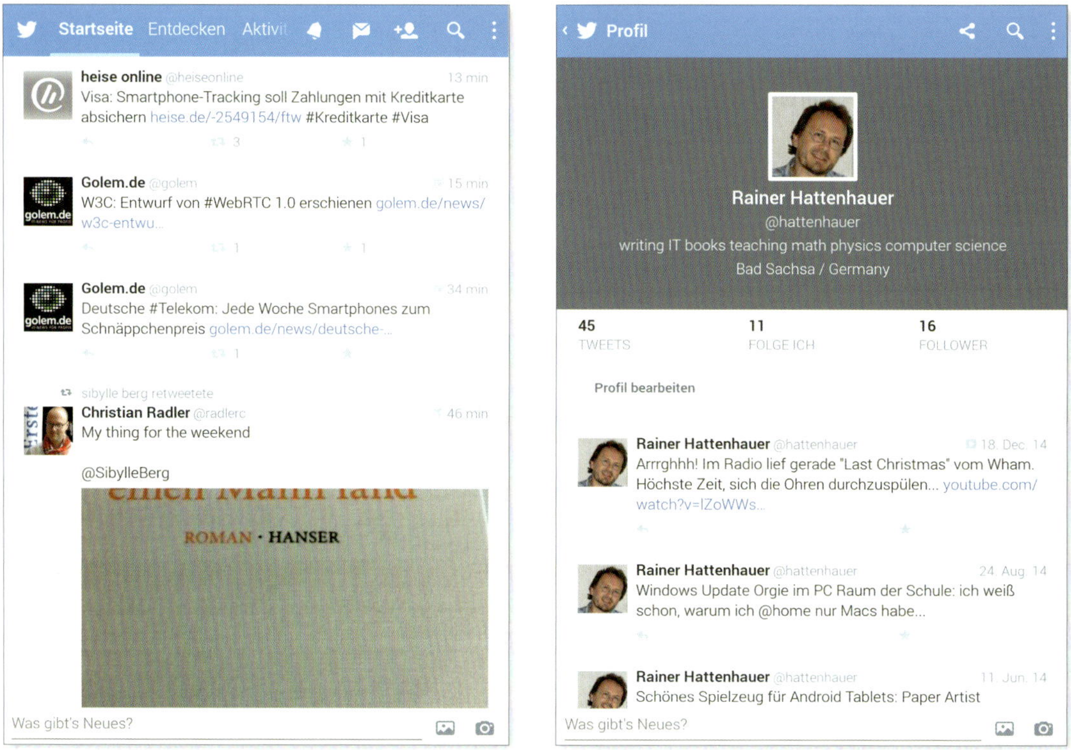

Ja, ich geb's zu: Twitter steht nicht unbedingt auf Platz 1 meiner alltäglichen Aktivitäten.

Wetter zum Mitnehmen

Ihr Tablet ist ein treuer Begleiter für die schönsten Wochen des Jahres: Recherchieren Sie im Urlaub vom Hotelzimmer aus die aktuelle Wettervorhersage. Und checken Sie damit auch die nächstgelegene Webcam, um das Wander- oder Skiwetter auf dem Berggipfel zu erkunden.

Der Play Store ist voll von Apps, die eine kurzfristige Wetterprognose liefern. Mein persönlicher Favorit ist die Wetter-App **WeatherPro** der MeteoGroup, die eine Vielzahl aktueller Wetterdaten auswertet. Während die Smartphone-Variante der App kostenlos ist, werden für die Tablet-Version 2,99 € fällig – die Langfrist-Wetterprognose kann per In-App-Bezahlung nachgerüstet werden. Die *In-App-Bezahlung* bezeichnet die Möglichkeit, innerhalb der eigentlichen App weitere Features freischalten zu lassen. Dabei wird dann Ihr Play-Store-Konto belastet. Mehr zu diesem Thema erfahren Sie im Abschnitt »Eine App kaufen« ab Seite 251.

WeatherPro HD

Über das Hauptmenü der App können Sie verschiedene Orte ergänzen, deren Wetter Ihnen dann per Knopfdruck angezeigt wird. Das Schöne an WeatherPro ist die integrierte Möglichkeit, dass man auch die Wolkenbedeckung beziehungsweise das Niederschlagsradar direkt aus der App heraus aufrufen kann.

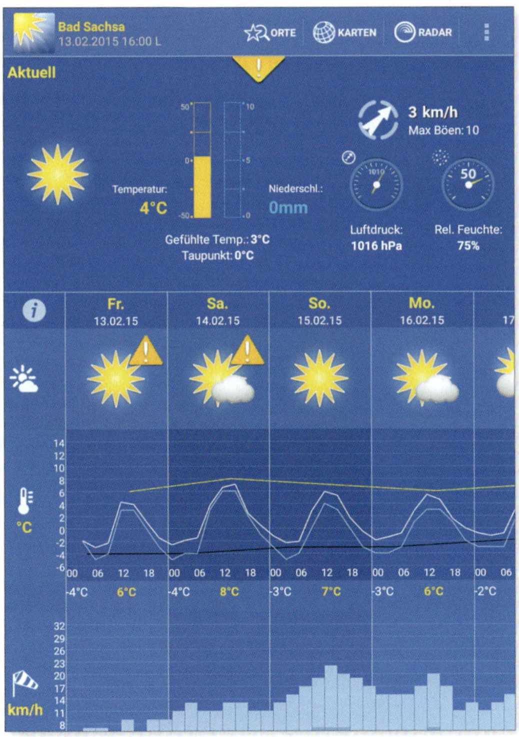

Bestes Urlaubswetter – so soll's sein

Das Menü der App bietet folgende Funktionen:

- **Orte**: Suchfunktion für Orte, Favoritenliste
- **Karten**: Anzeige des Regenradars sowie des Satellitenbildes im MeteoEarth-Modus mit verschiedenen Overlays
- **Radar**: Darstellung des aktuellen Regenradars

> **TIPP**
>
> **Wetter-App-Alternativen**
>
> Natürlich gibt es eine Reihe weiterer Wetter-Apps, die Sie alternativ nutzen können, zum Beispiel:
>
> - *wetter.info* – Möglichkeit um kurze Wetterfilme abzuspielen
> - *wetter.com* – eine weitere kostenlose Wetter-App

Fehlt noch eine App, um sich von der Wetterlage direkt am Urlaubsort per Livebild zu überzeugen: Hier hat sich die App **Worldscope Webcams** bewährt. Die App beinhaltet ein Widget, das nach der Installation im Bereich **Widgets** auftaucht.

Worldscope Webcams

Damit können Sie Ihre Lieblingswebcam als sich ständig aktualisierendes Hintergrundbild auf den Desktop platzieren. Mit dem Worldscope-Webcams-Browser haben Sie Zugriff auf fast alle Webcams dieser Welt. Auch als Widget auf dem Home-Bildschirm ist das praktisch – das Bild wiederholt sich dann in vorgegebenen Intervallen.

Nachrichten

Jedes Nachrichtenmagazin, das etwas auf sich hält, bietet mittlerweile eine eigene News-App an. Besser noch: Sie können sich sogar Ihr eigenes Nachrichtenmagazin zusammenstellen, indem Sie eine App nutzen, die Zugriff auf mehrere Nachrichtenkanäle bietet.

Spiegel Online

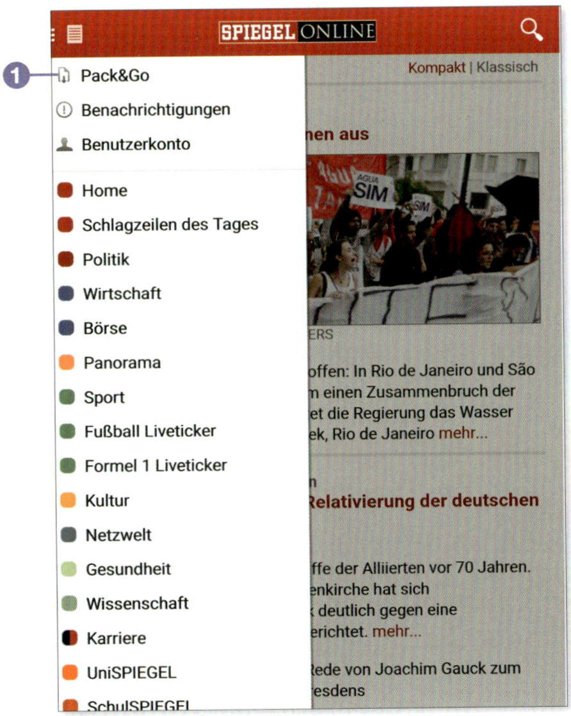

Beginnen wir mit den Klassikern: Die App **Spiegel Online** liefert tagesaktuelle Meldungen, die es (noch) nicht in die aktuelle Printausgabe geschafft haben.

Über die **Pack&Go**-Schaltfläche **1** können Sie jeden Artikel zum Offlinelesen auf Ihrem Tablet speichern – falls Sie einmal per Bus, Bahn oder Flugzeug in Gebieten ohne Internet unterwegs sind.

ZDF heute

Als Vertreter der multimedialen Zunft empfehle ich zunächst die App **heute**. Hier liefert das ZDF ergänzende Informationen zu seinen aktuellen Nachrichtensendungen – mittlerweile schaue ich kein *heute journal* mehr, ohne das Tablet als ergänzende Informationsquelle auf dem Schoß liegen zu haben. Selbstverständlich stehen die Kollegen der ARD mit der **Tagesschau-App** hier in nichts nach.

Tagesschau

Links: Die heute-App läuft prinzipiell nur im Querformat. Rechts: Die Tagesschau-App besitzt ein ausklappbares Menü auf der linken Seite.

Möchten Sie mehrere Nachrichtenkanäle bündeln, dann bietet sich **Flipboard** an. Mit dieser App basteln Sie sich Ihr eigenes Nachrichtenmagazin zusammen.

Nach dem Start melden Sie sich entweder mit Ihrem Google+- oder Facebook-Konto an und stellen dann Ihre persönliche Nachrichtenübersicht aus einer Vielzahl von Kanälen zusammen.

Flipboard

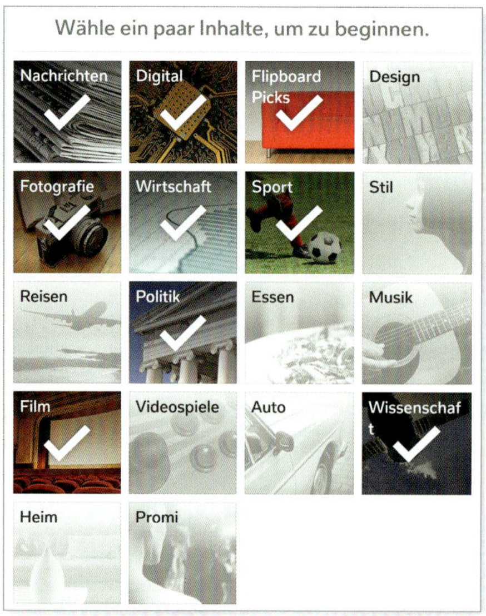

Ganz ähnlich funktioniert Googles Angebot **Play Kiosk**. Dieser Kanal dient zwar in erster Linie zum Erwerb von Printmedien (Schauen Sie sich dazu auch den Abschnitt »Zeitschriften im Play Kiosk erwerben« ab Seite 283 an.), bietet aber direkt nach dem Start auch einen Nachrichtenüberblick.

Play Kiosk

Der Play Kiosk bietet Nachrichten aus unterschiedlichen Bereichen. Darüber hinaus können Sie diverse Magazine und Zeitschriften wie hier den Spiegel abonnieren.

Onlinebanking und Finanzen

Per Tablet in die Bankfiliale: Führen Sie vom heimischen Sofa bequem Überweisungen aus, oder behalten Sie den Aktienmarkt im Auge.

Um Onlinebanking frustfrei durchführen zu können, halten Sie im Play Store am besten Ausschau nach einer speziellen App Ihres persönlichen Kreditinstituts. Dazu geben Sie den Namen der Bank einfach in die Suchmaske ein. Die Bedienung der App ist von Bank zu Bank unterschiedlich, so dass an dieser Stelle keine allgemeingültige Anleitung gegeben werden kann. Beachten Sie dennoch die folgenden allgemeinen Sicherheitshinweise:

- Erledigen Sie Ihr Onlinebanking niemals über unverschlüsselte, öffentliche WLANs.
- Sollten Sie das mTAN-Verfahren für Überweisungen einsetzen, lassen Sie sich die mobile TAN niemals auf das gleiche Gerät schicken, mit dem Sie das Onlinebanking betreiben. Zu groß ist hier die Gefahr, dass die TANs durch Trojaner, die im Hintergrund laufen, weitergegeben werden.
- Beschränken Sie sich unterwegs nach Möglichkeit nur auf das Studium Ihrer Kontoauszüge, und nehmen Sie Überweisungen nur im heimischen WLAN vor.

Auch Börsenfreunde kommen unter Android auf ihre Kosten. So bietet der Platzhirsch der elektronischen Broker, **Cortal Consors**, eine geeignete App, mit der Sie nicht nur Ihr persönliches Depot verwalten können, sondern auch interessante Investitionstipps erhalten.

Consors-bank

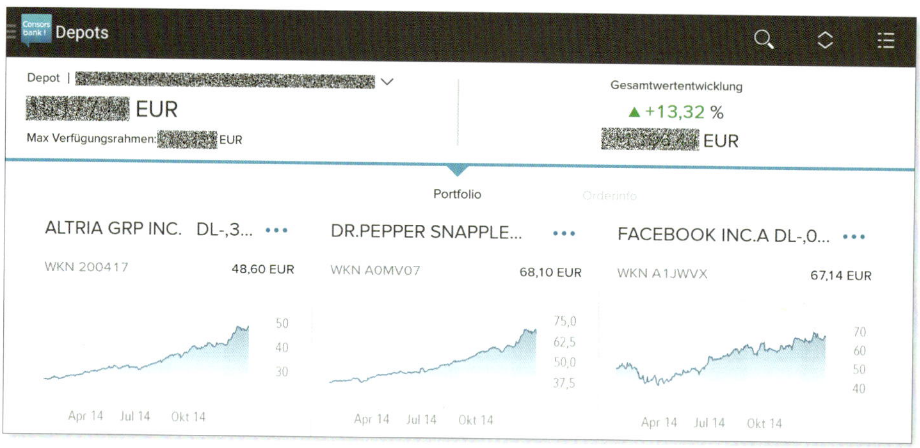

Kultur & Co.

Nahezu jede bekannte Kulturinstitution oder Stadt bietet mittlerweile eine eigene App, um über aktuelle und bevorstehende Ereignisse zu informieren. Geben Sie einfach im Play Store eine Suchabfrage in der Form »kultur

<Stadt/Objektname>« ein, und Sie werden zu einer mehr oder weniger reichhaltigen Auswahl von Apps im Bereich Kultur geführt.

Hungrig nach der Museumsbesichtigung oder dem Zoobesuch? Mit **Restaurantfinder** entdecken Sie in kürzester Zeit Restaurants in Ihrer unmittelbaren Umgebung – die Navigation dorthin erfolgt per eingebautem GPS. In der Pro-Version (Upgrade für 1,99 € per In-App-Bezahlung) können Sie sogar die Speisekarten ausgewählter Häuser einsehen. Die Kritiken der Restaurantbesucher lassen im Vorfeld erahnen, was auf Sie zukommt.

Wählen Sie aus einer Vielzahl von Restaurants das passende aus.

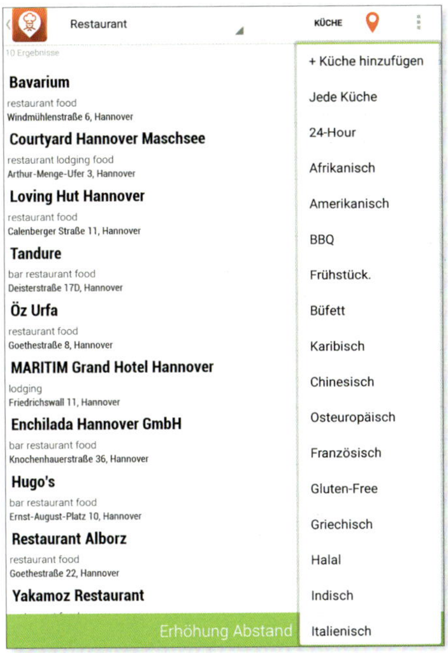

Restaurantfinder

Rund um die Gesundheit

Das Internet bietet eine Fülle an Informationen rund um das Thema Gesundheit. Das Schwierige dabei ist, die Spreu vom Weizen zu trennen. Wenn Sie sich spezialisierte Apps aus dem Play Store besorgen, ist der erste Schritt dazu getan. Im Folgenden greife ich einige Apps heraus, die mir besonders gut gefallen haben.

Beginnen möchte ich mit **Arznei aktuell**. Diese App gibt Ihnen einen Überblick über die meisten Medikamente, die den Markt bevölkern. Überdies enthält die App den optionalen Medikamentenscanner **MedScan** (In-App-Bezahlung, Preis: 1,79 €), mit dem Sie den Barcode der Verpackung eines Medikaments einscannen können und so mehr zu den möglichen Nebenwirkungen erfahren.

Nach dem ersten Start der App muss zunächst eine umfangreiche Datenbank aus dem Internet geladen werden. Anschließend können Sie über die Suchleiste entweder Medikamente suchen oder über das Feld **Krankheiten** geeignete Medikamente zur Behandlung finden.

Arznei aktuell

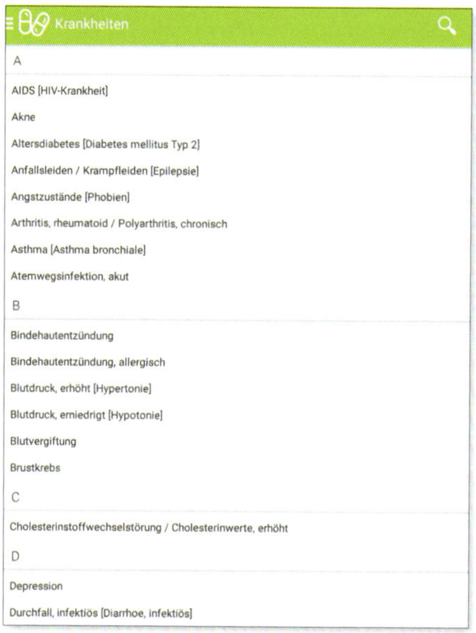

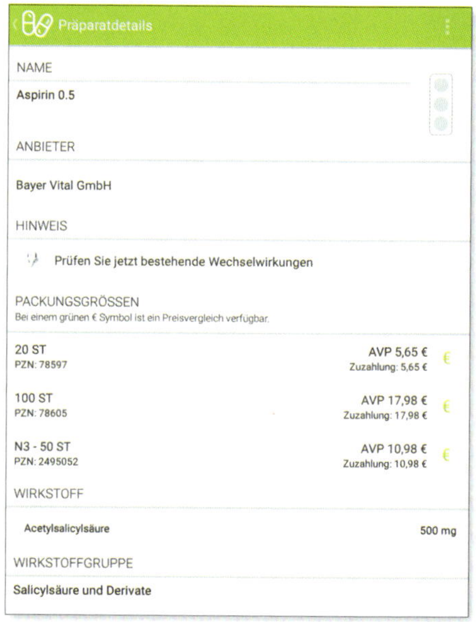

Eine Diagnose gefällig? Hier bietet sich die App **Symptom – Diagnose – Krankheit** an. Die Seite *androidwelt.de* schrieb dazu recht passend: »Hypochonder werden diese App lieben, Kranke können damit zumindest ihre Beschwerden eingrenzen. Den Arztbesuch ersetzt die App auf keinen Fall.«

Nach der Installation der App müssen Sie zunächst beim Vertreiber *enpevita* einen Account einrichten. Anschließend können Sie mit der Diagnose loslegen. Interessant ist die Möglichkeit, dass man dem Alter entsprechend dazu aufgefordert wird, entsprechende Vorsorgeuntersuchungen vornehmen zu lassen.

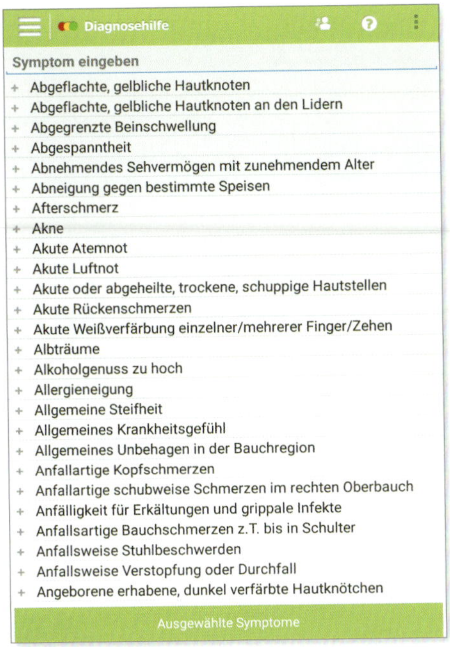

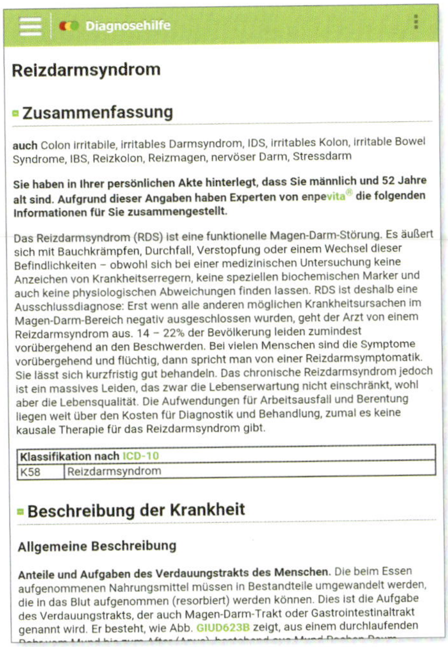

Symptom – Diagnose – Krankheit

Geben Sie Ihre speziellen Symptome in die Suchmaske ein, und begutachten Sie Ihre Diagnose.

Rezepte finden und verwalten

Wer seine Lieben mit einem opulenten 5-Gänge-Menü überraschen will, benötigt ein gutes Kochbuch. In digitalen Zeiten nimmt man natürlich eine entsprechende App. Besonders gut gefallen hat mir in diesem Zusammenhang **My CookBook**. Mit dieser App können Sie eigene oder auch im Internet gefundene Rezepte verwalten. Interessant ist die Möglichkeit, zu jedem Rezept gleich eine passende Einkaufsliste zu generieren. So sind die Vorbereitungen fürs Abendessen schnell erledigt.

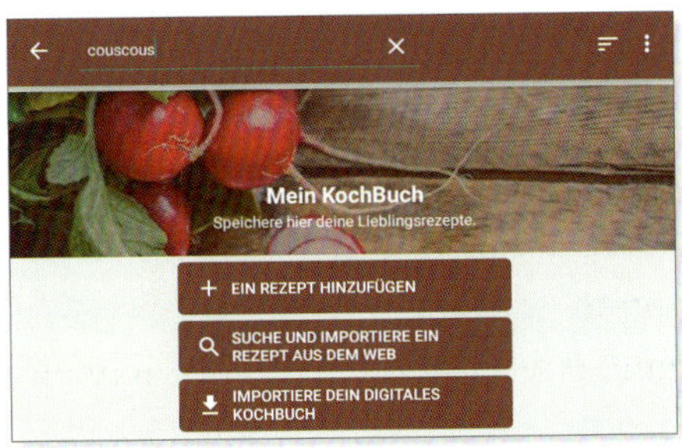

My CookBook

Kapitel 3
E-Mails senden und empfangen

Bei Jugendlichen erzeugt sie mittlerweile ein Naserümpfen, weil sie einfach nicht »hip« genug ist, und teilweise vermiest einem das hohe Spamaufkommen den Spaß. Dennoch ist sie immer noch ein wichtiger Kommunikationskanal des Internets: die gute alte E-Mail. Dreh- und Angelpunkt für die Kommunikation per elektronischer Post unter Android ist das Programm Gmail.

Gmail auf dem Tablet nutzen

Die **Gmail**-App zählt zur Standardausrüstung eines Android-Tablets. Das Gmail-Konto steht Ihnen sofort nach der Aktivierung Ihres Tablets bei Google zur Verfügung. Zur Anmeldung bei Google können Sie Ihre Gmail-Adresse in der Form *<Vorname.Nachname>@gmail.com* oder Ihre Mailadresse bei einem anderen Provider, etwa *gmx.de* oder *web.de*, nutzen.

INFO

Gmail – die Google-Mailadresse

Ihre Gmail-Adresse ist der Dreh- und Angelpunkt Ihres Google-Kontos – damit werden Sie eindeutig im Google-System identifiziert. In früheren Zeiten endeten Googles Mailadressen übrigens auf *@googlemail.com*.

Starten wir einmal die Gmail-App, und sehen wir uns ein wenig um. Stellen Sie zuvor sicher, dass Ihr Tablet per WLAN oder Mobilfunknetz mit dem Internet verbunden ist. Dies benötigen wir später für den Test des Mailempfangs.

1. Starten Sie Gmail entweder aus dem App-Menü oder direkt aus der Leiste am unteren Bildschirmrand durch Antippen des Gmail-Symbols. Sie landen beim ersten Start meist auf einer selbsterklärenden Startseite oder, falls Sie Gmail auf einem anderen Gerät schon einmal benutzt haben, direkt im Posteingang. Voraussetzung ist, dass Ihr Gerät mit Ihrem Google-Konto verknüpft ist. Testen wir zunächst, ob Ihr Gmail-Account funktioniert.
2. Schicken Sie sich vom PC oder einem weiteren Mobilgerät aus von Ihrem bisherigen Mail-Account eine E-Mail an Ihre Gmail-Adresse. Die Google-Mailadresse hat die Form *<Vorname.Nachname>@gmail.com*, siehe dazu auch den Abschnitt »Der Konfigurationsassistent« ab Seite 17.
3. Achten Sie auf den Benachrichtigungsbereich Ihres Tablets beziehungsweise den Gmail-Posteingang: Nach kurzer Zeit sollte der Eingang einer neuen E-Mail angezeigt werden ❶.

4. Lesen Sie die E-Mail, indem Sie entweder die Statuszeile herunterziehen und die Benachrichtigung antippen oder alternativ die Nachricht direkt in der Gmail-App auswählen ❷.

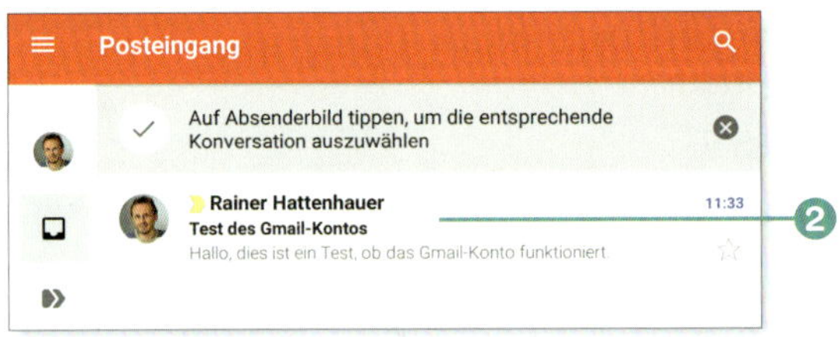

5. Beantworten Sie nun die E-Mail durch Antippen des nach links zeigenden Antworten-Pfeils ❸, und versenden Sie Ihre Antwort später über die Schaltfläche ❹, die die Form eines stilisierten Papierfliegers hat. Standardmäßig wird die Originalmail als Zitat am Ende der Mail eingefügt. Das können Sie verhindern, indem Sie das blaue Häkchen ❺ vor **Zitierter Text** entfernen.

Über den Link **Inline antworten** 6 haben Sie die Möglichkeit, den zitierten Text in die Antwort zu integrieren und gezielt auf einzelne Abschnitte des Zitats einzugehen.

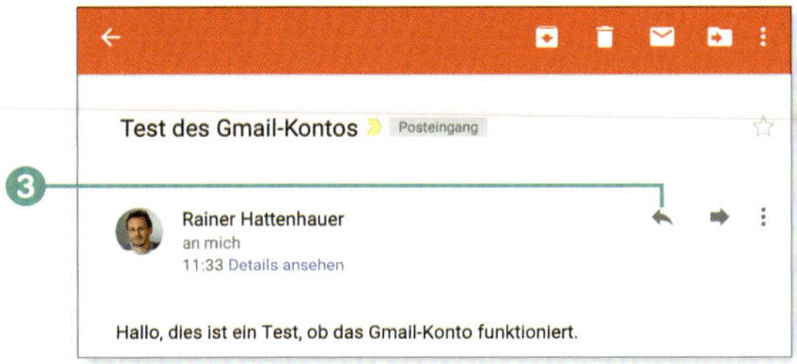

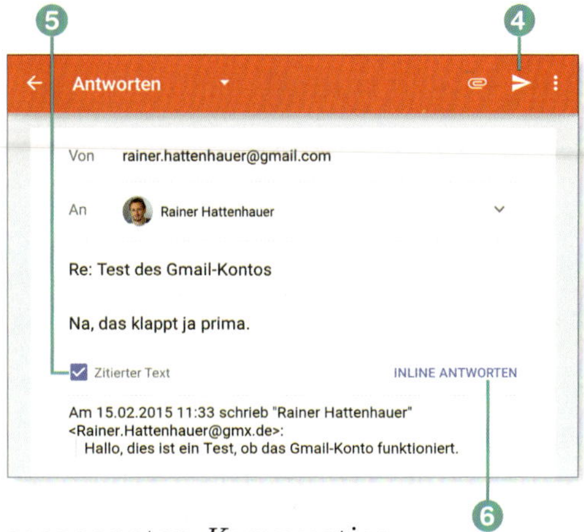

Die E-Mail wird nun gesendet, was Ihnen Gmail noch einmal bestätigt. Innerhalb von Gmail erscheint die soeben versendete Mail direkt unter der empfangenen als Teil einer sogenannten *Konversation*. Dadurch behalten Sie einen optimalen Überblick über Ihre E-Mails.

TIPP

Tooltips erleichtern die Orientierung

Sollten Sie einmal die Bedeutung eines Symbols vergessen haben, gehen Sie folgendermaßen vor: Halten Sie einen Finger über dem entsprechenden Symbol ein paar Sekunden land gedrückt. Nach kurzer Zeit erscheint ein kleiner Tooltip, der die Bedeutung des Symbols erläutert.

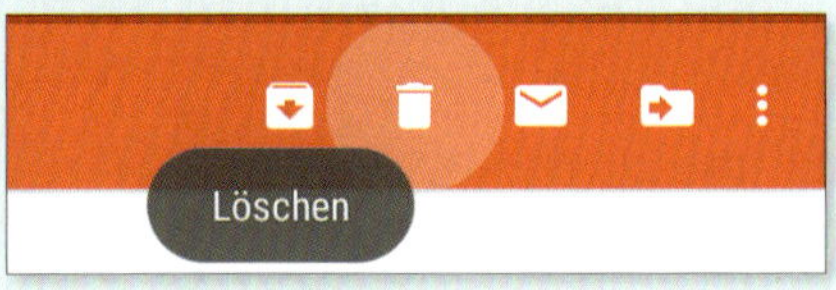

Die Gmail-App im Überblick

Schauen wir uns die Gmail-App etwas genauer an. Dazu verlassen Sie die App per **Zurück**-Taste und starten sie erneut. Nach dem Neustart gelangen Sie stets in den Posteingang.

Hier ein Überblick über die Schaltflächen und Elemente, die Ihnen an dieser Stelle zur Verfügung stehen:

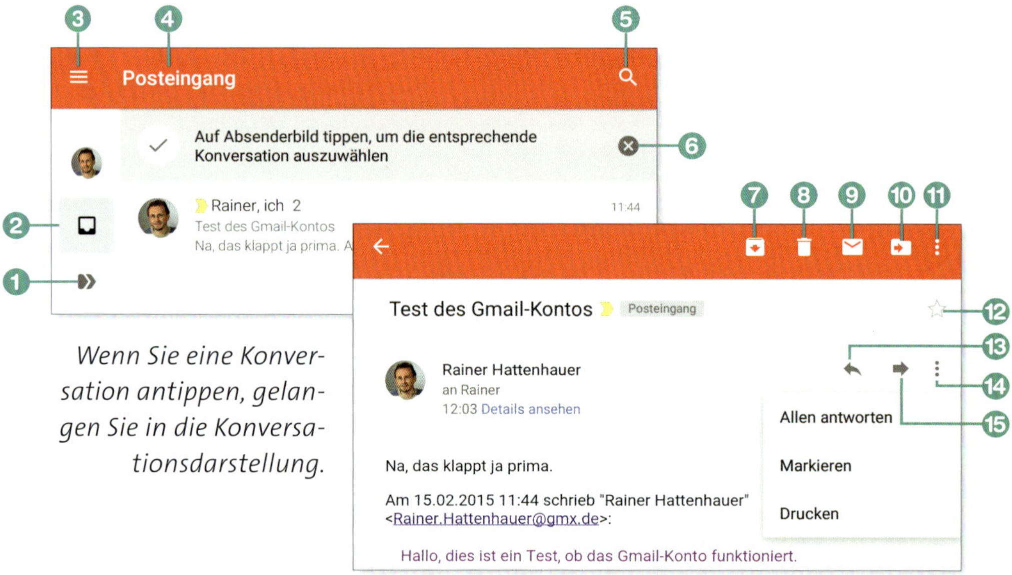

Wenn Sie eine Konversation antippen, gelangen Sie in die Konversationsdarstellung.

1. Übersicht der aktuellen Konversationen
2. Schaltfläche **Sortierter Eingang**. Darin versucht das System, wichtige Nachrichten zu erkennen, zum Beispiel von Absendern, die zuvor markiert wurden.
3. Hauptmenü
4. **Posteingang**
5. Lupensymbol: E-Mail suchen
6. Schaltfläche **×**: Kontextmeldung verbergen
7. E-Mail archivieren
8. E-Mail löschen
9. E-Mail als ungelesen markieren
10. E-Mail verschieben nach Ordner beziehungsweise Label
11. Menü der aktuellen Ansicht, auch *In-App-Menü* genannt
12. E-Mail als Favorit markieren
13. E-Mail beantworten
14. weitere Menüpunkte im Bereich **Konversation**
15. E-Mail weiterleiten

Eine E-Mail schreiben

Es ist wirklich ganz einfach, eine E-Mail mit Gmail zu versenden. Dazu sind zwei kleine Schritte nötig:

1. Zum Schreiben einer neuen E-Mail wechseln Sie zunächst in den Posteingang und tippen dort auf das Stiftsymbol im rechten unteren Displaybereich.

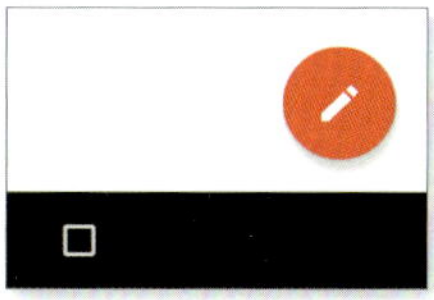

2. Die Schaltfläche zum Versenden der Mail ist der stilisierte Papierflieger ⑯. Den kennen Sie schon aus dem Eingangsbeispiel.

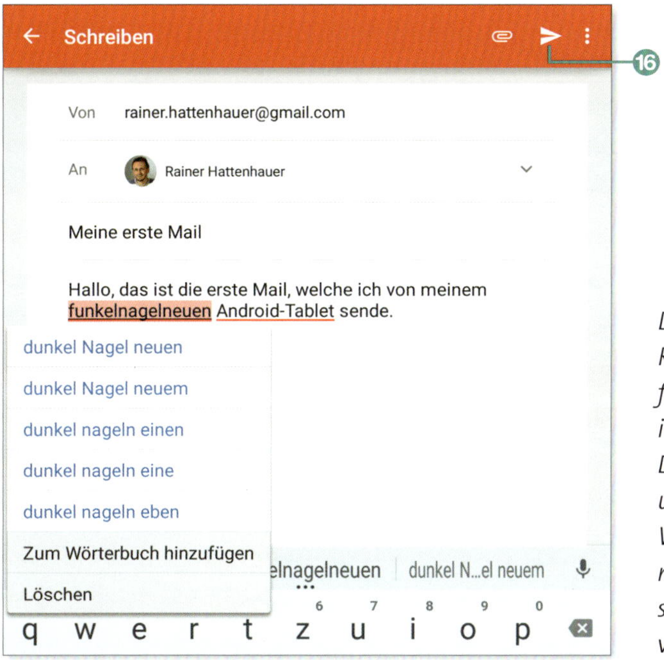

Die integrierte Rechtschreibprüfung greift auch im Mailprogramm. Durch Antippen des unterstrichenen Wortes erhalten Sie mehr oder weniger sinnvolle Korrekturvorschläge.

E-Mails verwalten, ordnen und sortieren

Nicht jeder kommt mit der Art und Weise klar, in der Gmail bestehende E-Mail-Korrespondenz verwaltet: Die E-Mails werden, wie bereits erwähnt, in sogenannten *Konversationen* angeordnet. Dabei werden Mails, die zum Beispiel denselben Betreff haben oder zwischen denselben Leuten ausgetauscht wurden, gesammelt dargestellt. Dies bezeichnet man als *Thread*. Die einzelnen Mails lassen sich durch Antippen der Statuszeile separat lesen.

Wenn Sie schon einige Mails bekommen haben, fragen Sie sich sicherlich, wie Sie Ordnung in die scheinbar willkürliche Folge von Konversationen bekommen. Die Lösung lautet: mit Labels! Das Ganze können Sie sich in etwa so vorstellen, als würden Sie Etiketten an jede Mail heften. Die E-Mail von Ihrem Bruder bekommt zum Beispiel das Etikett **Privat**, die Bestellbestätigung von Amazon das Etikett **Einkäufe**. Das kennen Sie bestimmt schon, denn das funktioniert so wie das alte Ordnerprinzip: Jede Mail wird in einen Ordner verschoben. Labels können aber noch mehr. Sie können einer E-Mail auch mehrere Labels zuweisen; zum Beispiel bekommt die E-Mail von Ihrem Bruder zusätzlich das Label **Familie** oder die Bestellbestätigung zusätzlich das Label **Amazon**. So können Sie geschickter sortieren und behalten viel besser den Überblick über Ihre Mails.

Zu den Labels gelangen Sie innerhalb der Gmail-App, indem Sie das Hauptmenü per Symbol in der linken oberen Ecke aufrufen. Tippen Sie danach ein vorhandenes Label an.

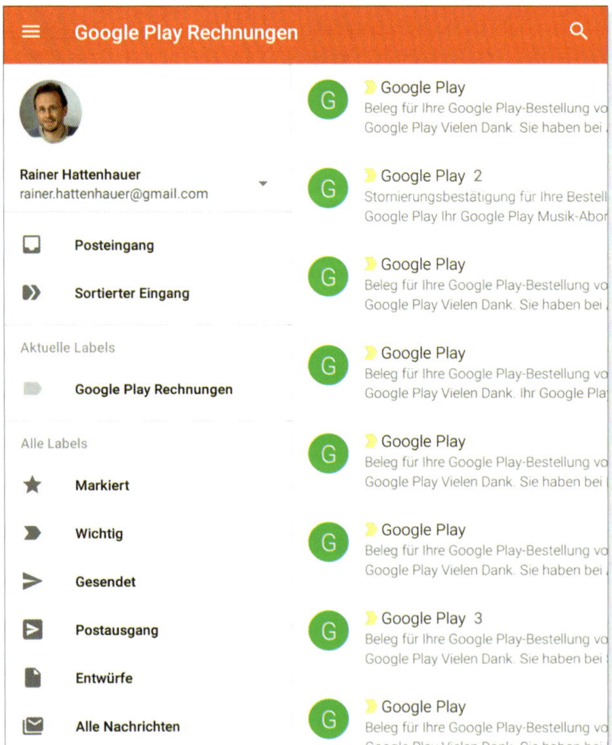

Im vorliegenden Fall habe ich meine Google-Play-Rechnungen mit dem Label »Google Play Rechnungen« versehen und geordnet abgelegt.

1. Um eine E-Mail oder einen Thread mit einem Label zu versehen, tippen Sie länger auf die Mail und wählen dann aus dem Gmail-In-App-Menü den Punkt **Labels ändern** ❶.

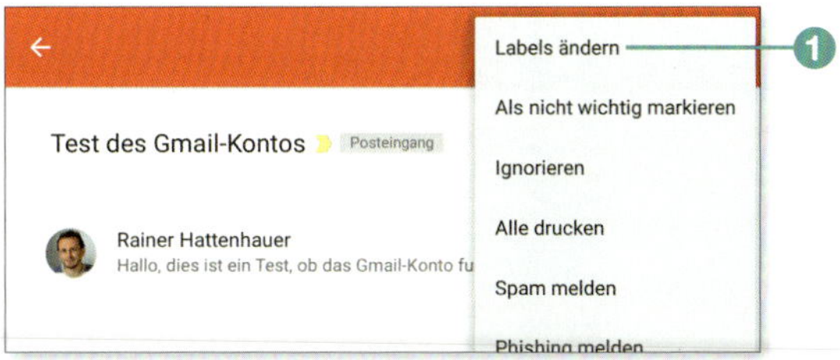

2. Es öffnet sich ein weiteres Fenster, in dem Sie ein oder mehrere vordefinierte Labels per Häkchen auswählen können ❷. Im vorliegenden Fall habe ich bereits eigene Labels ergänzt.

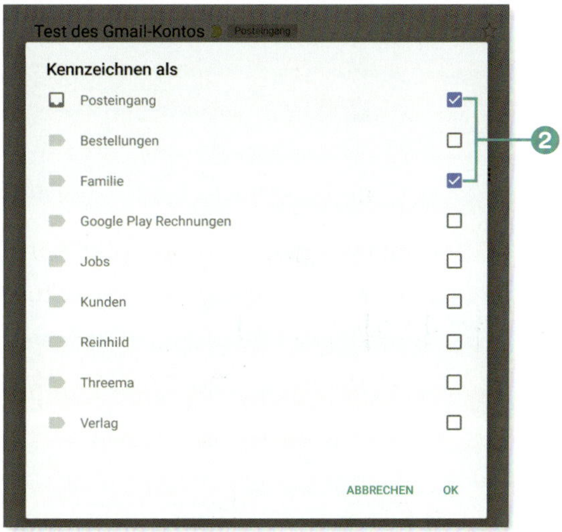

3. Die Labels definieren Sie am einfachsten über Gmail per PC-Browser. Dazu öffnen Sie die Seite *www.google.de*, loggen sich mit Ihren Google-Kontodaten ein und wechseln zu Gmail. Hier können Sie Ihre Mails im Browser betrachten, bearbeiten und verwalten.

4. Über den Menüpunkt **Labels verwalten** ❸ können Sie für eine bessere Übersicht neue Labels anlegen oder nicht verwendete löschen.

TIPP

Eingegangene E-Mails schnell archivieren

Möchten Sie eine eingegangene E-Mail schnell aus dem Posteingang ins Archiv befördern, wischen Sie sie einfach aus dem Displaybereich zur Seite heraus.

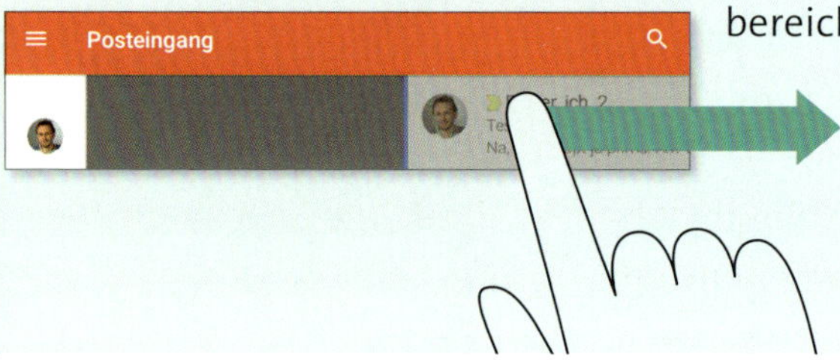

Bilder und andere Dokumente an E-Mails anhängen

Bilder oder andere Dokumente fügen Sie wie folgt zu einer Mail hinzu:

1. Schreiben Sie eine Mail, wie im Abschnitt »Eine E-Mail schreiben« ab Seite 84 beschrieben.
2. Tippen Sie auf das Büroklammersymbol ❶, und wählen Sie anschließend den Menüpunkt **Datei anhängen** ❷.

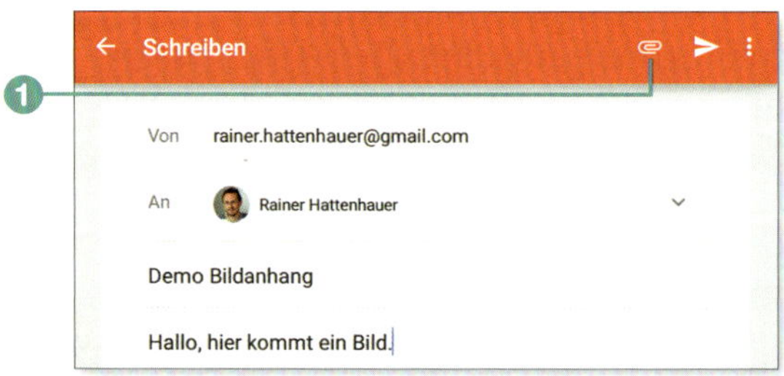

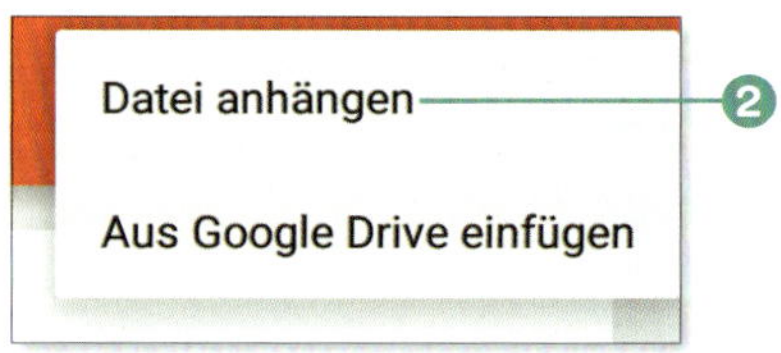

Es öffnet sich ein Menü, das verschiedene Orte anzeigt, an denen sich Bilder oder Dokumente befinden können. Im Folgenden möchte ich ein Bild aus der Fotoverwaltung des Tablets verschicken. Mehr zur Bildverwaltung unter Android erfahren Sie im Abschnitt »Bilder in Alben sortieren« ab Seite 151.

3. Navigieren Sie nun durch Antippen des Links **Fotos** ❸ zum gewünschten Bild. Wählen Sie dieses aus.

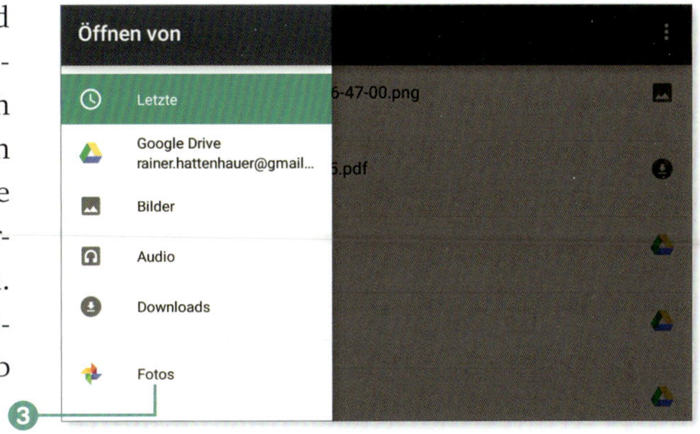

Wenn es sich um ein Originalbild der eingebauten Kamera handelt, sollten Sie das Bild nach Möglichkeit vor dem Versenden komprimieren. Das können Sie mit der integrierten Bildbearbeitung der **Fotos**-App erledigen. Mehr dazu erfahren Sie im Abschnitt »Bilder bearbeiten« ab Seite 159.

4. Verschicken Sie die E-Mail anschließend wie gewohnt durch Antippen der **Senden**-Schaltfläche (stilisierter Papierflieger).

Auf die gleiche Weise können Sie auch andere Anhänge als Bilder versenden. Sollte sich die gewünschte zu übertragende Datei direkt auf dem Tablet befinden, bietet sich ein anderer Weg an: Installieren Sie einen der zahlreichen Dateimanager, die es für Android gibt. Dieser taucht dann ebenfalls in der Übersicht auf. Ich empfehle an dieser Stelle den **ASTRO-Dateimanager**.

1. Installieren Sie zunächst den ASTRO-Dateimanager über den nebenstehenden QR-Code.

ASTRO-Datei-manager

2. Schreiben Sie erneut eine Mail. Wählen Sie ebenfalls den Punkt **Datei anhängen** (das Büroklammersymbol), nun aber die Option **ASTRO-Dateimanager** 4.
3. Navigieren Sie mit dem Dateimanager zur gewünschten Datei 5, und wählen Sie diese durch Antippen aus.
4. Verschicken Sie die Mail wie gewohnt über die Schaltfläche **Senden**.

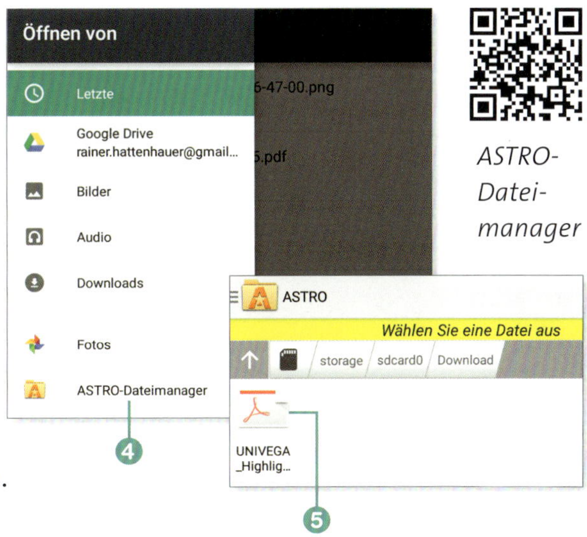

E-Mail mit GMX, WEB.DE, Yahoo! & Co.

Die meisten Leser besitzen sicher noch einen anderen E-Mail-Account als die eingebaute Gmail-Version bei Google. Möchten Sie Ihren gewohnten E-Mail-Provider auf Ihrem Android-Tablet nutzen, dann können Sie dessen Konto in die Gmail-App integrieren. Bei älteren Geräten beziehungsweise Android-Systemen war zu diesem Zweck eine spezielle Mail-App notwendig.

1. Starten Sie die **Gmail**-App, wechseln Sie in das Hauptmenü, und tippen Sie auf den kleinen grauen Pfeil ❶ neben Ihrem Gmail-Kontonamen. Es öffnet sich ein kleines Menü. Wählen Sie hier den Punkt **Konto hinzufügen** ❷.
2. Ein Assistent führt Sie nun durch die Konfiguration Ihres neuen Kontos. Zunächst müssen Sie den Kontotyp definieren. Idealerweise unterstützt Ihr Provider den Mailzugang per POP3- oder IMAP-Protokoll. Markieren Sie die Option ❸, und bestätigen Sie die Auswahl per **OK**-Schaltfläche ❹.

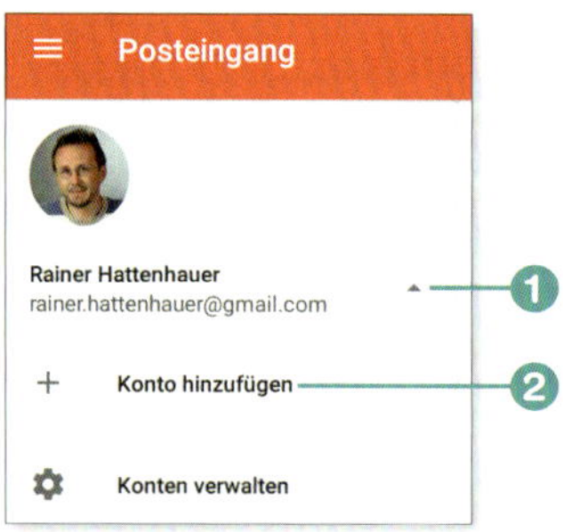

3. Geben Sie nun Ihre **E-Mail-Adresse** ❺ an. Anschließend gelangen Sie über die Schaltfläche **Weiter** ❻ zu einem Dialog, in dem Sie Ihr Mailpasswort angeben müssen. Das genügt in der Regel schon für eine automatische Konfiguration, bei der Ihre Mails später mit dem sogenannten *POP3-Verfahren* abgerufen werden.

Die automatische Kontoeinrichtung per Assistent und somit das Nutzen des POP-Verfahrens birgt einen Nachteil: Dabei werden (sofern nicht anders konfiguriert) sämtliche Mails beim Mailabruf komplett vom Server heruntergeladen und gelöscht. Schlecht, wenn Ihr Chef auf die Idee gekommen ist, ein 20-MB-großes PDF-Dokument per E-Mail an Sie zu verschicken, das jetzt auf Ihrem Tablet Speicherplatz verbraucht.

Günstiger ist in jedem Fall der Abruf der E-Mail über eine verschlüsselte IMAP-Verbindung. Dabei greift das Tablet auf eine zuvor auf dem Mailserver erstellte Ordnerstruktur zu, und die abgerufenen Mails bleiben so lange auf dem Server, bis sie explizit gelöscht werden.

Um Ihr Mailkonto auf IMAP umzustellen, müssen Sie lediglich den Namen des (möglichst verschlüsselnden) IMAP-Servers herausfinden, den Ihr Mailprovider anbietet. Das ist am schnellsten durch eine Google-Recherche nach »imap« und dem Namen Ihres Providers möglich. Bei WEB.de lautet der Name des IMAP-Servers mit Verschlüsselung zum Beispiel *imap.web.net*, T-Online verwendet *secureimap.t-online.de*.

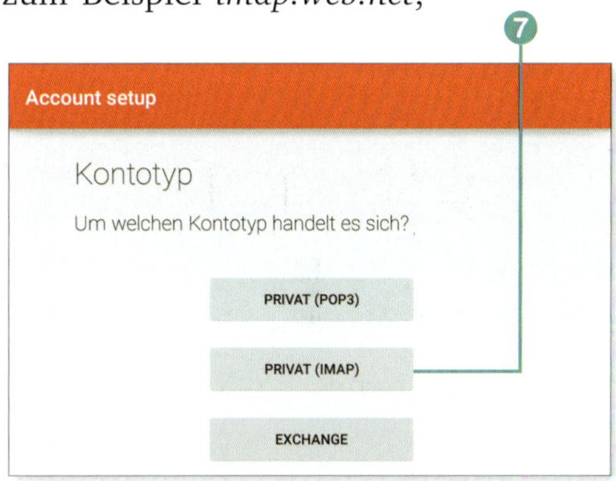

1. Anders als in Schritt 3 der vorangegangenen Anleitung wählen Sie in diesem Fall nach Eingabe der eigenen Mailadresse den Punkt **Manuell einrichten**. Das Programm bietet im folgenden Dialog eine Auswahl verschiedener Kontotypen an, unter anderem IMAP. Wählen Sie die Option **Privat (IMAP)** 7 aus.

2. Im nächsten Schritt werden Sie zunächst nach Ihrem Passwort für den Mailserver gefragt. Geben Sie dieses ein.
3. Geben Sie in der folgenden Eingabemaske die Daten des Posteingangsservers Ihres Providers ein. Achten Sie darauf, dass der Server eine verschlüsselte Verbindung anbietet. Das stellen Sie mit der Option **Sicherheitstyp** 8 ein.

Im vorliegenden Fall wird eine verschlüsselte Übertragung der E-Mail per SSL verwendet.

4. Nach dem Eintragen der Daten bestätigen Sie die vorgenommenen Eingaben mit **Weiter**. Daraufhin wird der Zugang zum Server geprüft.

5. Schließlich müssen Sie noch den Postausgangsserver konfigurieren. Auch diese Daten erhalten Sie von der Website Ihres Mailproviders.

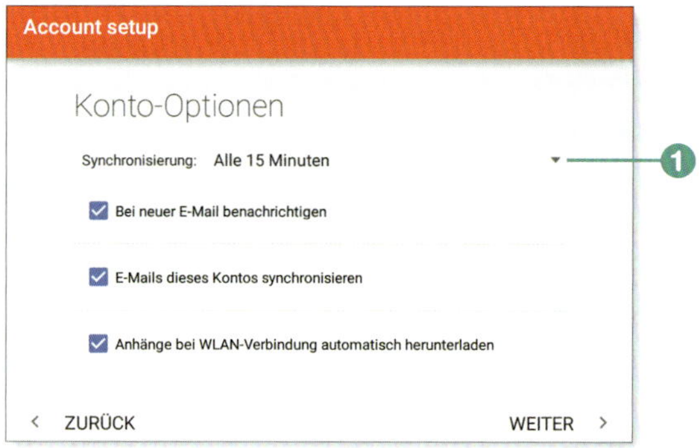

6. Im nächsten Dialog konfigurieren Sie schließlich noch die Abruffrequenz ❶ für Ihre E-Mails.

Abschließend müssen Sie das Konto benennen ❷ und die manuelle Einrichtung des IMAP-Kontos mit **Weiter** beenden. Das Konto erscheint nun in der Übersicht im Hauptmenü ❸. Wenn Sie eine Mail von diesem Konto aus schreiben möchten, tippen Sie es einfach in der Übersicht an.

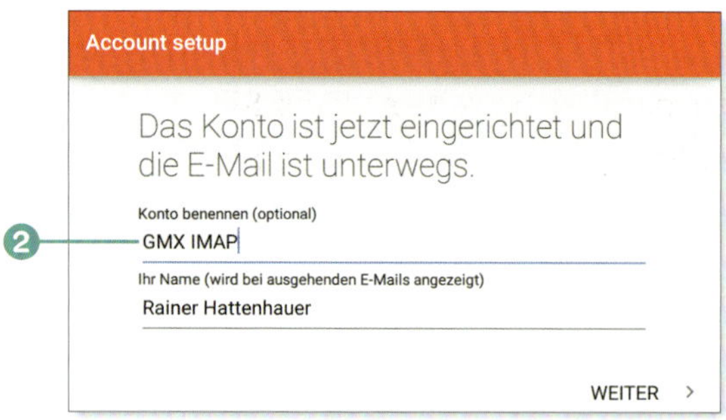

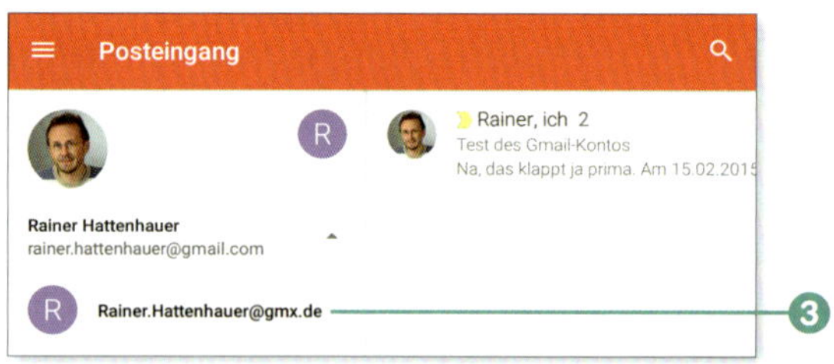

Um die Ordnerstruktur eines IMAP-E-Mail-Kontos sichtbar zu machen, tippen Sie das Konto wie beschrieben in der Übersicht an. Dadurch erscheint die IMAP-Struktur. Wenn unterschiedliche Endgeräte auf das gleiche IMAP-

Konto zugreifen, kann es zu Dubletten beziehungsweise gleichartigen Ordnern kommen. Im vorliegenden Fall wären das die Ordner **Archiv** und **Archive**. In besseren (kostenpflichtigen) Mailprogrammen können Sie Abhilfe schaffen, indem Sie die IMAP-Ordner gezielt lokalen Verzeichnissen auf dem Tablet zuordnen, anderenfalls hilft es, doppelte Einträge einfach zu ignorieren.

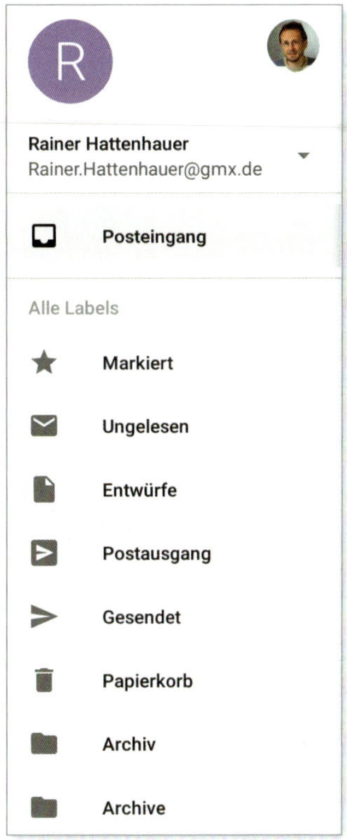

INFO

Alternative Mailprogramme

Sie können natürlich auch eines der zahlreichen alternativen Mailprogramme anstelle der im letzten Abschnitt vorgestellten integrierten Lösung verwenden. Ich persönlich habe sehr gute Erfahrungen mit dem Mailprogramm **AquaMail** gemacht. Sie finden es im Play Store und installieren es über den hier abgebildeten QR-Code. Ein Vorteil von AquaMail ist die Vielfalt der Konfigurationsmöglichkeiten. So lassen sich damit, wie bereits erwähnt, IMAP-Ordner auf lokalen Verzeichnissen innerhalb der App abbilden.

Mehrere E-Mail-Konten parallel nutzen

Sie können problemlos mehrere Mailkonten parallel betreiben. Falls Sie also noch weitere Mailadressen bei anderen Providern nutzen, gehen Sie folgendermaßen vor:

1. Richten Sie nach der im letzten Abschnitt beschriebenen Anleitung ein weiteres IMAP-Mailkonto ein. Das können Sie übrigens auch über die Einstellungen im Bereich **Konten** über **Konto hinzufügen** erledigen.
2. Starten Sie die **Gmail**-App, und öffnen Sie wie beschrieben das Hauptmenü.

3. Wählen Sie in der nun erscheinenden Übersicht den gewünschten Account durch Antippen des Konto-Icons oder Eintrags aus. Eingehende neue E-Mails erscheinen stets auf der rechten Seite im kombinierten Posteingang.

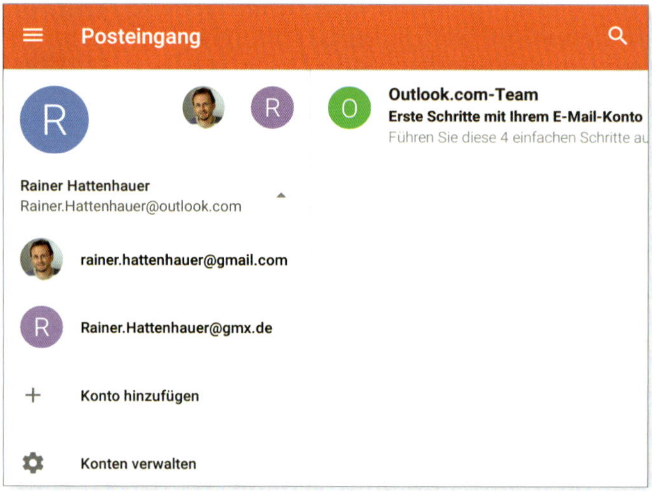

Mit Gmail können Sie auch problemlos auf ein Outlook-Konto zugreifen.

Eine Signatur anlegen

Die Gmail-App bietet Ihnen selbstverständlich die Möglichkeit, Ihre Mails mit einer Signatur zu versehen. Mehr noch: Für unterschiedliche Mailkonten können Sie unterschiedliche Signaturen festlegen.

1. Starten Sie die **Gmail**-App, und wählen Sie im Hauptmenü den Punkt **Konten verwalten** aus. Alternativ gelangen Sie zu den im Folgenden beschriebenen Dialogen auch über **Einstellungen ▸ Nutzer ▸ Konten**.

2. Wählen Sie in der Kontenübersicht zunächst den zu konfigurierende Mailkontotyp aus. In meinem Fall möchte ich mein GMX-IMAP-Mailkonto bearbeiten, demzufolge wähle ich hier den Typ **Privat (IMAP)** ❶.

3. Es erscheint nun eine Übersicht Ihrer IMAP-Konten. Tippen Sie hier den Punkt **Kontoeinstellungen** ② an.
4. Sie gelangen erneut zu einer Kontoübersicht. Tippen Sie hier das Konto an, dessen Signatur Sie ändern möchten. In meinem Fall wäre das **GMX IMAP** ③.

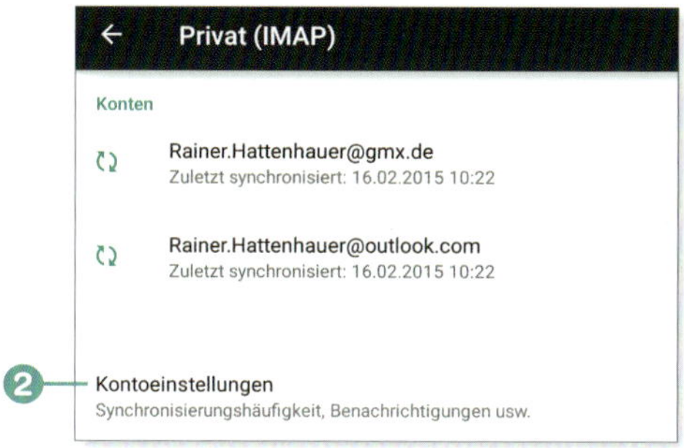

5. Wählen Sie anschließend das Feld **Signatur** aus, und geben Sie eine Signatur ein ④. Bestätigen Sie die Eingabe über die Schaltfläche **OK** ⑤.

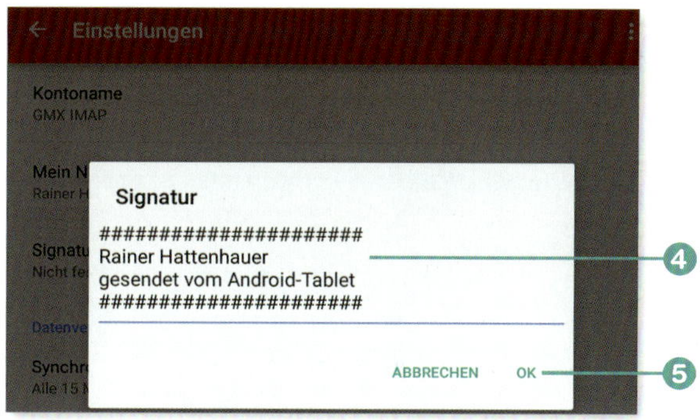

Auf die gleiche Weise können Sie auch für Ihre übrigen Mailkonten eine Signatur definieren.

E-Mails an Kontakte aus dem Adressbuch schicken

Wenn Sie es sich sparen möchten, in der Mail-App nach Adressen zu suchen, gibt es eine weitere Möglichkeit: Eine E-Mail lässt sich auch direkt aus Ihrem Kontakte-Verzeichnis versenden:

1. Starten Sie die **Kontakte**-App (siehe auch den Abschnitt »Kontakte verwalten« ab Seite 127), und wählen Sie einen Kontakt aus, an den Sie eine E-Mail verschicken möchten.

2. Tippen Sie auf das E-Mail-Symbol neben der Mailadresse ❶. Gegebenenfalls erhalten Sie in der Kontakte-App eine Auswahl mehrerer Mailadressen.

3. Falls Sie mehrere Mail-Apps installiert haben: Wählen Sie im nächsten Schritt die Mail-App aus, die Sie verwenden möchten. Durch Auswahl der Schaltfläche **Immer** ❷ wird diese Mail-App in Zukunft standardmäßig für den Versand verwendet. Wenn Sie das nicht wünschen, wählen Sie an dieser Stelle **Nur diesmal** ❸ aus.

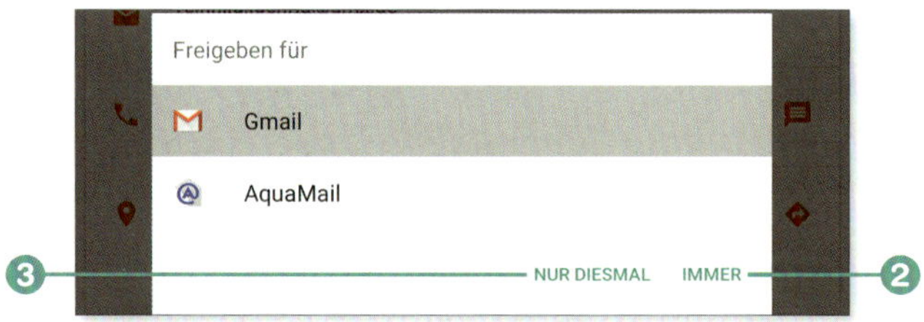

4. Legen Sie los, schreiben Sie die E-Mail, und verschicken Sie diese mit Druck auf die Schaltfläche in Form eines Papierfliegers oben rechts.

TIPP

Adressbuch direkt in der Gmail-App nutzen

Alternativ zur beschriebenen Vorgehensweise können Sie natürlich auch in Gmail direkt auf Ihr Adressbuch zugreifen. Geben Sie dazu in das **An**-Feld einfach die ersten Buchstaben Ihres Kontakts ein. Dadurch wird eine Suche im Adressbuch gestartet, beziehungsweise es werden Ihnen bereits bekannte Mailadressen, die die eingegebene Zeichenkette enthalten, vorgeschlagen.

E-Mails synchronisieren und durchsuchen

Wie gelingt es Ihnen, Mails auf verschiedenen Geräten synchron zu halten? Bei Gmail ist das kein Problem, da sämtlicher Mailverkehr auf den Google-Servern vorgehalten wird und für jedes Android-Gerät bei Bedarf eine lokale Kopie der aktuell betrachteten Konversation erstellt wird. Zum Abgleich der Mails ist es in jedem Fall erforderlich, die Synchronisation mit dem Google-Konto zu aktivieren.

Das überprüfen Sie in den Einstellungen im Bereich **Nutzer ▸ Konten ▸ Google**, indem Sie dort Ihr angebundenes Google-Konto antippen. Achten Sie darauf, dass das Häkchen hinter **Gmail** gesetzt wurde ④.

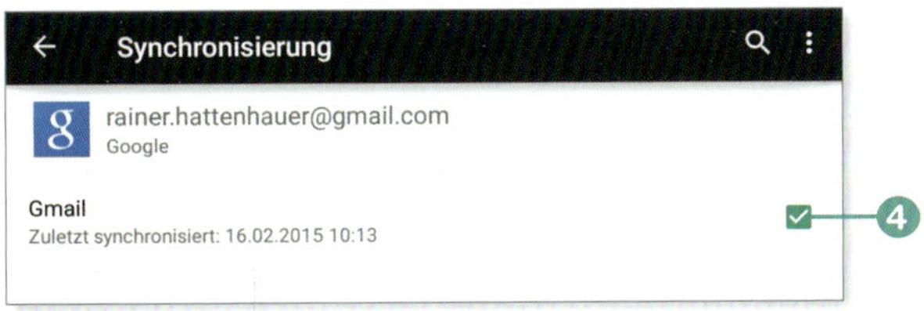

Zur Überprüfung der Synchronisation Ihrer IMAP-Konten wechseln Sie in die Einstellungen zum Bereich **Nutzer ▸ Konten** und wählen dort die Option **IMAP** aus. Hier sollte ebenfalls ein entsprechendes Häkchen gesetzt sein.

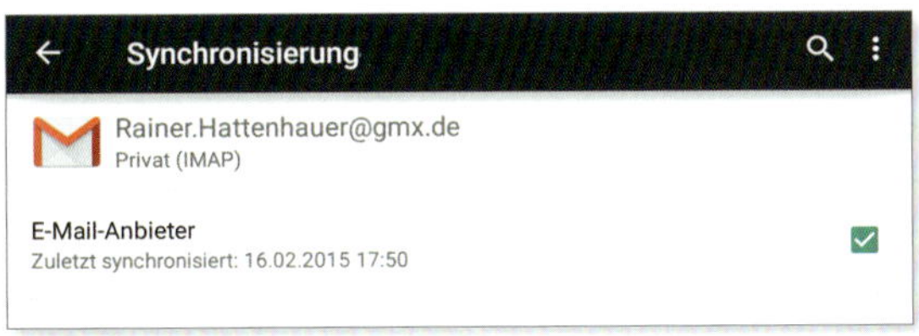

Sofern die Synchronisation aktiviert wurde, können Sie von Ihrem Tablet aus sogar sämtliche auf dem Server befindlichen Mails nach Stichworten durchsuchen. Dazu müssen Sie allerdings online sein. Tippen Sie innerhalb von Gmail auf das Lupensymbol ⑤, und geben Sie einen zu suchenden Begriff ein, der in der Mail enthalten ist.

Gmail nach eigenen Vorlieben anpassen

Gmail bietet die Möglichkeit, die App nach eigenen Vorlieben anzupassen. So können Sie den Benachrichtigungston für den Maileingang Ihren persönlichen Vorlieben gemäß einstellen, aber Sie können auch vorgeben, in welcher Zeitspanne die Mails auf Ihrem Tablet gespeichert werden sollen.

1. Zur Konfiguration der **Gmail**-App öffnen Sie zunächst das Hauptmenü und wählen dort den Punkt **Einstellungen** ➊. Dieser befindet sich relativ weit unten in der Liste.

2. Im folgenden Menü können Sie nun entweder über den Punkt **Allgemeine Einstellungen** ➋ grundlegende Dinge konfigurieren, oder Sie tippen an dieser Stelle explizit den Eintrag des gewünschten Mailkontos ➌ an, um dieses anzupassen.

Die Optionen sind weitgehend selbsterklärend, und Sie haben sie zum Teil auch schon in vorangegangenen Abschnitten verwendet. Auf der folgenden Seite sehen Sie links die **Allgemeinen Einstellungen**, rechts das spezielle Konfigurationsmenü für Ihr Gmail-Konto.

Auch für die IMAP-Konten anderer Provider finden Sie nach dem Antippen des Kontoeintrags ähnliche Konfigurationsoptionen vor, die sich leicht von denen in Gmail unterscheiden.

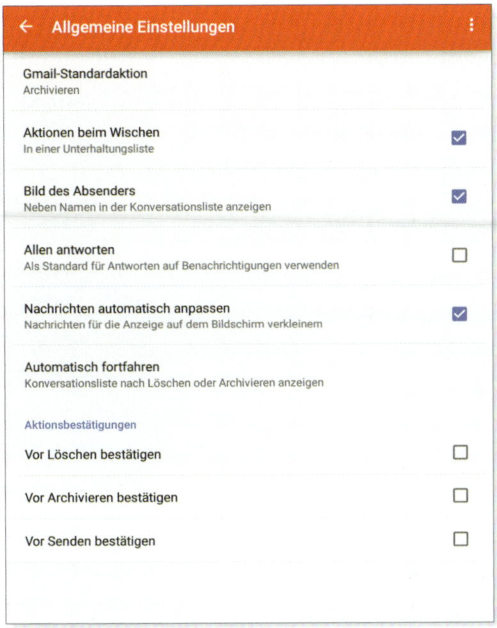

3. Sie haben im Konfigurationsmenü zum Beispiel die Möglichkeit, für das Eintreffen einer E-Mail einen speziellen Klingelton auszuwählen. Tippen Sie dazu einfach die Schaltfläche **Ton für Posteingang** 4 an, und suchen Sie sich einen Klingelton aus.

Den Spamfilter einrichten

Ein wahres Trauerspiel ist die Tatsache, dass die Anzahl der nutzlosen Werbe- beziehungsweise Spam-Mails, die Sie alltäglich erhalten, exponentiell zunimmt. Jeder Provider ist daher bemüht, diesem digitalen Müll bereits an der Wurzel des Übels den Garaus zu machen, die Spam-Mails also bereits auf dem Server auszusortieren. Das klappt mal mehr und mal weniger gut, so dass von Zeit zu Zeit Handarbeit angesagt ist.

Google legt Mails, die unter Spamverdacht stehen, stets im Verzeichnis **Spam** ab. Im Gegensatz zu den meisten Providern verwendet Google keine Black- und Whitelists, die eine explizite Zuordnung erwünschter und unerwünschter Mails anhand ihrer Mailadressen erlauben. In einer Whitelist stehen dann die Mailadressen aller Absender, die Sie unbedingt empfangen möchten. Die Blacklist sorgt dafür, dass Mails der betreffenden Absender sofort ins Spamverzeichnis befördert werden. Sollte dennoch eine unerwünschte Mail im Posteingang landen, gehen Sie folgendermaßen vor:

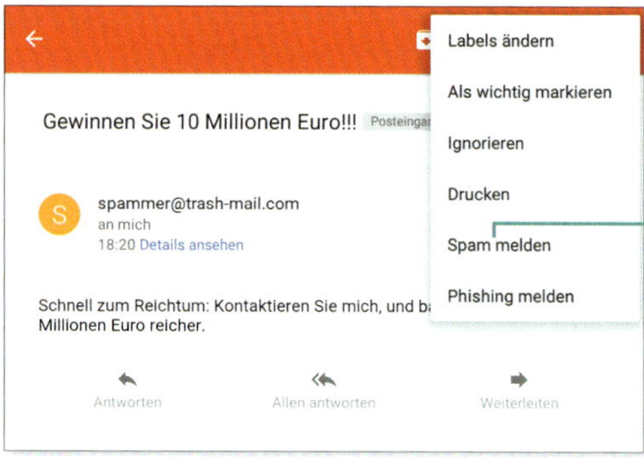

1. Rufen Sie die Mail durch Antippen im Posteingang auf.
2. Wählen Sie aus dem In-App-Menü den Punkt **Spam melden** ①.

Beim nächsten Maileingang sollte eine Mail desselben Absenders ordnungsgemäß in das Verzeichnis **Spam** Ihres Gmail-Accounts verschoben werden.

Wenn Sie andere Mailprovider (zum Beispiel GMX oder WEB.DE) verwenden, dann haben Sie stets die Möglichkeit, nachdem Sie sich auf der Website des jeweiligen Anbieters eingeloggt haben, die Black- und Whitelists zu definieren und gegebenenfalls auch neue Spamschleudern beim Provider zu melden. Mehr dazu entnehmen Sie bitte der Anleitung Ihres Mailproviders zur Konfiguration Ihrer Mailbox.

Konfiguration des Spamfilters bei GMX via Browser

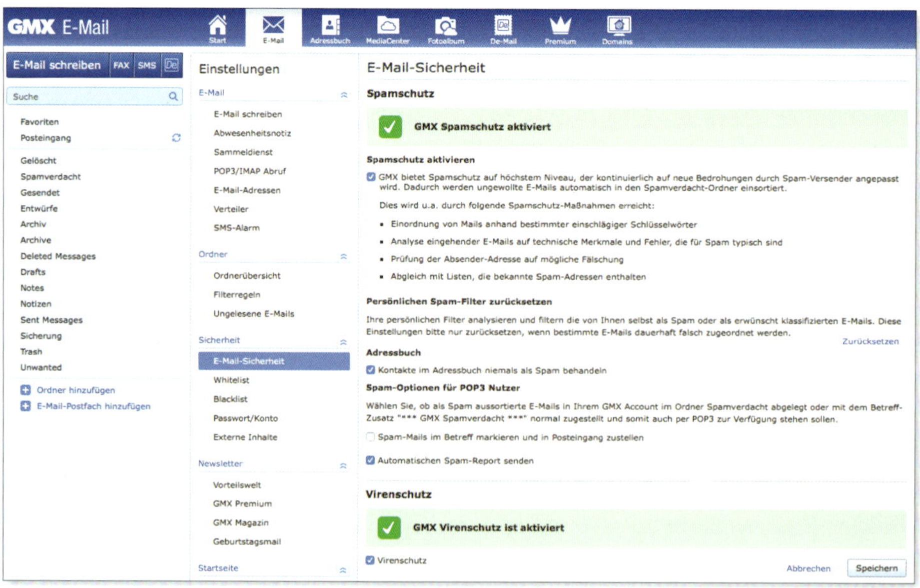

Kapitel 4
Messenger und Videokonferenzen

Die *Always-on*-Gesellschaft ist ständig erreichbar: Gegenüber den Möglichkeiten, die Android zur Echtzeitkommunikation bietet, wirkt der im letzten Kapitel vorgestellte Informationsaustausch per E-Mail fast schon antiquiert. Treten Sie mit Ihren Freunden per Chat, Bild und Ton in Verbindung. Wie das funktioniert, zeigt das folgende Kapitel.

Hangouts – der eingebaute Messenger

Die Mutter der Sofortnachrichten auf Android-Geräten verbirgt sich hinter der App **Hangouts**, die Sie in der Standardeinstellung in der Leiste der fixen Anwendungen am unteren Displayrand finden. Zur Nutzung von Hangouts benötigen Sie und Ihr Gegenüber ein Google-Konto, was in jedem Fall dann gegeben ist, wenn beide Kommunikationspartner ein aktiviertes Android-Tablet oder -Smartphone verwenden.

INFO

SMS per Hangouts

Sollte Ihr Tablet mit einer SIM-Karte ausgestattet sein, können Sie per Hangouts auch ganz klassische SMS versenden.

Aber auch die Verbindung zwischen Tablet und einem Browser, der auf einem beliebigen PC mit beliebigem Betriebssystem läuft, gestaltet sich problemlos. Alles funktioniert direkt aus dem Browser heraus. Idealerweise verwendet Ihr Kommunikationspartner dafür den Google-eigenen Browser Chrome.

Im folgenden Beispiel verbindet sich ein Android-Tablet per Hangouts mit einem Nutzer, der per Android-Smartphone auf seinem Google-Konto eingeloggt ist.

1. Starten Sie **Hangouts** auf dem Tablet durch Antippen des Icons im App-Menü oder in der Leiste am unteren Bildschirmrand. Sie werden automatisch mit Ihren Login-Daten am Google-Server angemeldet. Beim ersten Start der App informiert Sie der Konfigurationsassistent über Neuigkeiten.

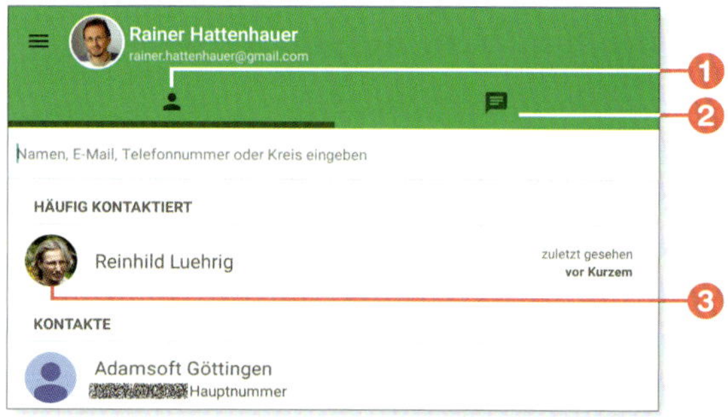

2. Die Hangouts-App ist in zwei Hauptbereiche unterteilt: Durch Antippen des linken Reiters ❶ gelangen Sie zu einer Übersicht all Ihrer Kontaktdaten. Der rechte Reiter ❷ führt zu Ihren bisherigen Hangouts-Kommunikationen.

3. Starten Sie einen Hangout durch Antippen eines (kommunikationsbereiten) Kontakts ❸ im Kontaktebereich oder über das Pluszeichen ❹ im Kommunikationsbereich.

4. Der Partner erscheint darauf per Name am oberen Bildschirmrand. Über die Schaltfläche **Noch jemand?** ❺ können Sie weitere Kommunikationspartner ergänzen, die an dem Chat teilnehmen sollen. Dadurch lassen sich auch kleine Konferenzen abhalten.

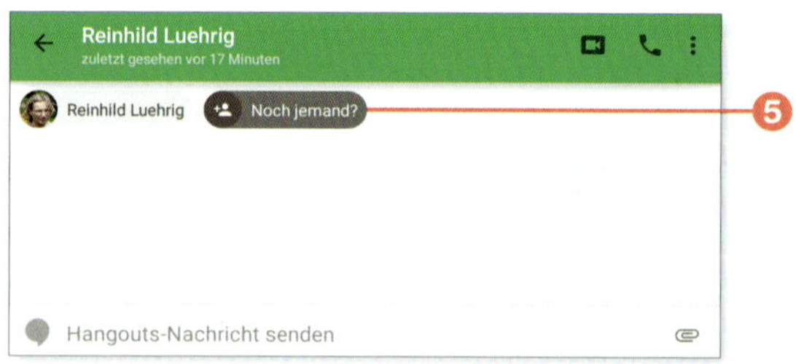

5. Geben Sie Ihre Botschaft in das Feld ❻ am unteren Bildrand ein, tippen Sie auf die **Senden**-Schaltfläche ❼, und warten Sie auf die Antwort Ihres Gegenübers.

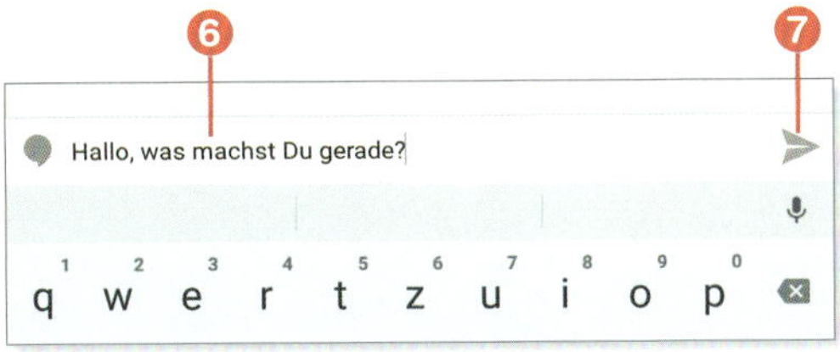

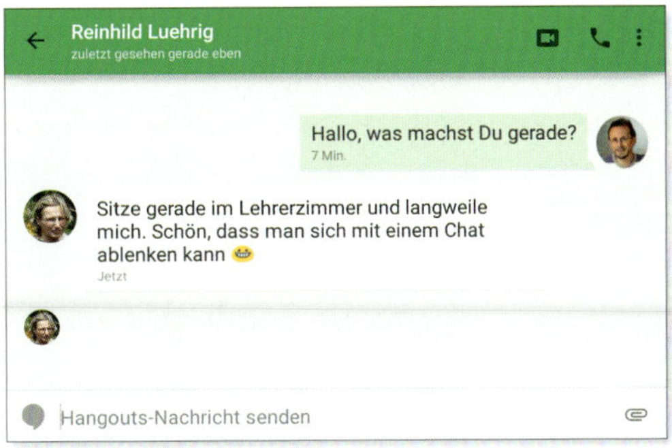

6. Sie können durch Antippen des Emoticon-Symbols im unteren Tastaturbereich **8** auch kleine Smileys oder Symbole in Ihre Botschaft einfügen. Dadurch wird eine Emoji-Tastatur eingeblendet, in der Sie per Finger nach rechts/links beziehungsweise oben/unten scrollen können. Zurück zur normalen Tastatur geht's ganz einfach über das Tastatur-Icon **9**.

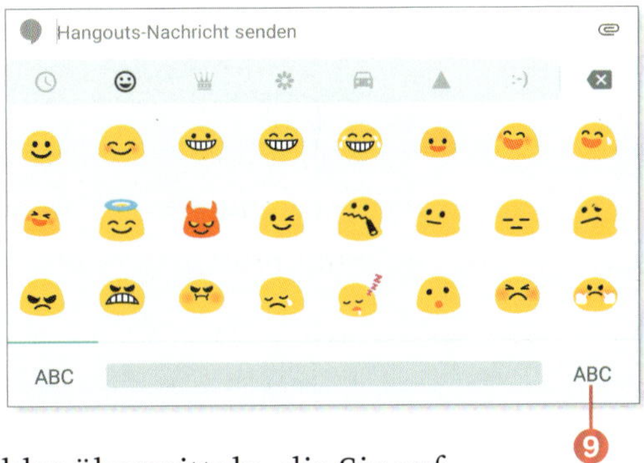

7. Selbstverständlich können Sie auch reale Bilder übermitteln, die Sie auf Ihrem Tablet gespeichert haben. Tippen Sie dazu einfach die **Büroklammer**-Schaltfläche **10** an, und suchen Sie sich ein Bild aus der Fotos-App aus – das kennen Sie schon aus dem letzten Kapitel. Mehr noch: Sie können auch Bilder, die in Cloudalben gespeichert sind, verwenden. Mehr dazu erfahren Sie im Abschnitt »Fotos betrachten« ab Seite 148.

Bilder werden über das Büroklammersymbol eingefügt.

Wie eingangs bereits erwähnt: Der Chat per Hangouts funktioniert auch plattformübergreifend. Für Windows, OS X und Linux benötigen Sie lediglich einen aktuellen Browser (idealerweise Googles Chrome-Browser), und schon kann's losgehen. Dort können Sie auch alte Kommunikationsfäden, sogenannte *Threads*, einsehen und wiederbeleben.

Loggen Sie sich zum Sichten eines Chats auf *www.google.de* ein. Im Bereich **Gmail** wählen Sie dann einen Kontakt auf der linken Seite durch Antippen aus. Sie erhalten Zugriff auf alle bislang mit dem Kontakt geführten Kommunikationen.

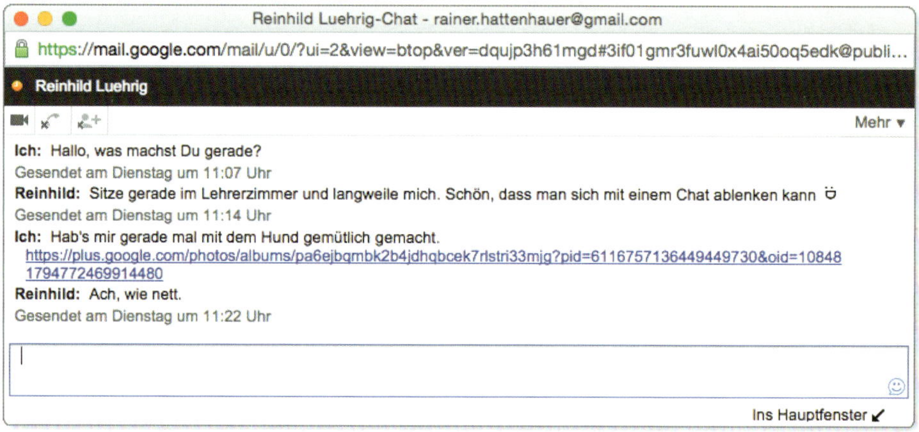

Verwenden beide Kommunikationspartner ein Android-Gerät, müssen diese für einen schnellen Chat noch nicht einmal die Hangouts-App explizit starten: Der Statusbereich informiert Sie über Chatanfragen, vorausgesetzt, Sie sind online. Um auf eine Anfrage antworten zu können, ziehen Sie die Statusleiste herunter und tippen die Anfrage an. Sie landen dann in Hangouts und können sich in den Chat einklinken.

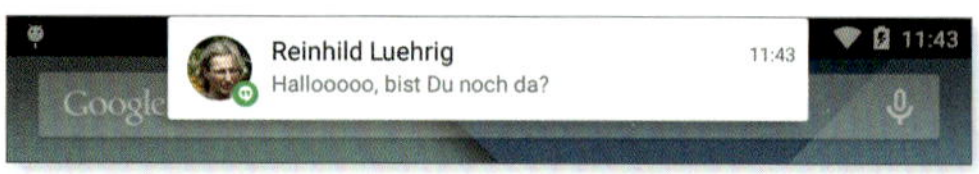

Alternative Messenger verwenden

»Aber was ist mit ICQ, AIM, MSN oder dem Facebook Messenger?«, werden Sie sich fragen. Keine Sorge: Auch hier stellen spezielle Apps die Verbindung zum jeweiligen Mikrokosmos her. Facebook bietet etwa die folgende eigenständige Messenger-Anwendung:

Loggen Sie sich nach dem ersten Start der App in Ihr Facebook-Konto ein. Dabei haben Sie die Möglichkeit zu prüfen, welche Ihrer Kontakte bereits per **Facebook Messenger** direkt erreichbar sind. Chatten Sie nun mit Ihren Facebook-Freunden. Immer wenn eine Chatanfrage über Facebook hereinkommt, erscheint ein kleines Symbol mit dem Profilbild Ihres Gesprächspartners. Tippen Sie das Symbol auf dem Bildschirm an, und schon kann die Konversation beginnen.

Facebook Messenger

TIPP

Internettelefonie via Facebook Messenger

Analog zu WhatsApp, dem Konkurrenten aus dem eigenen Haus, verfügt der Facebook Messenger mittlerweile auch über die Möglichkeit, per Internetzugang kostenlos zu telefonieren. Dazu müssen beide Gesprächspartner den Messenger installiert haben und über eine Onlineverbindung (am besten per WLAN) verfügen. Das Antippen des Hörersymbols ❶ leitet das Telefonat ein.

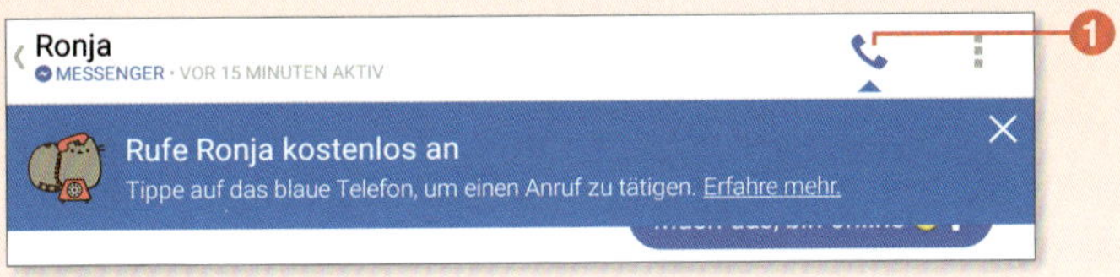

Am unteren Bildrand befindet sich eine Funktionsleiste mit folgenden Optionen:

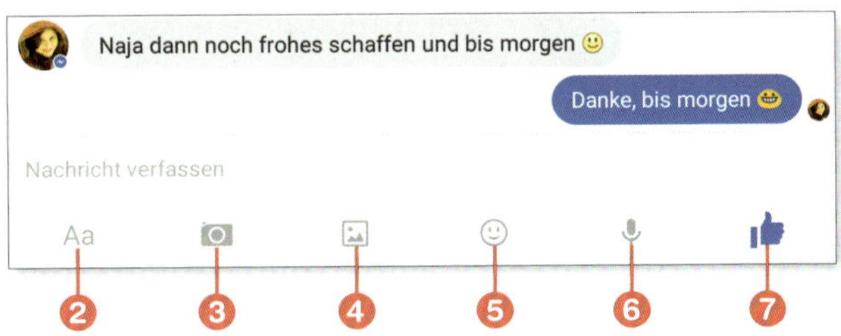

- ❷ reguläre Texteingabe
- ❸ Bild über Kamera aufnehmen und senden
- ❹ Bild aus der Galerie versenden
- ❺ Sticker verschicken (Das sind kleine Bildchen, die kostenlos aus dem Sticker Store von Facebook heruntergeladen werden können.)
- ❻ Mikrofon zum Diktieren
- ❼ Facebook-typischer Like-Button

Ansonsten funktioniert ein Facebook-Chat exakt wie der im vorangegangenen Teilabschnitt beschriebene Chat über Hangouts. Wahrscheinlich werden Sie aber mehr Freunde bei Facebook antreffen, da die Wenigsten wissen, wie universell und einfach die Kommunikation via Hangouts ist.

INFO

Weitere Messenger für Android

Im Play Store finden Sie mit der Suchfunktion schnell weitere Alternativen:

- Yahoo! Messenger
- ICQ: der Klassiker unter den Messenger-Apps
- ... und schließlich können Sie natürlich auch die aktuell sehr beliebte Alternative WhatsApp verwenden, sofern Ihr Tablet mit einem SIM-Karten-Slot ausgestattet ist.

Videotelefonieren mit Hangouts

Spannender und bei Weitem nicht so mühsam wie die Kommunikation per Tastatur ist die Möglichkeit, einen Videochat oder sogar eine Videokonferenz mit mehreren Teilnehmern abzuhalten. Bedingte dies im PC-Zeitalter noch den Erwerb kostenintensiver Zusatzhardware wie Webcam und Headset, ist Ihr Android-Tablet schon von Haus aus mit den notwendigen Dingen ausgestattet:

- Das eingebaute Mikrofon sorgt für die Übertragung des Tons.
- Mit Hilfe der Frontkamera, die mittlerweile in jedem Tablet zu finden ist, können Sie Ihrem Gegenüber sogar zulächeln oder per rückseitiger Kamera Ihre aktuelle Umgebung vorstellen.

Im Folgenden wird eine Videoverbindung zwischen einem Android-Tablet und einem Android-Smartphone aufgebaut. Gehen Sie dazu folgendermaßen vor:

1. Starten Sie **Hangouts**, und wählen Sie einen Kontakt aus, von dem Sie wissen, dass er per Android-Smartphone oder -Tablet erreichbar ist.
2. Starten Sie, wie im Abschnitt »Hangouts – der eingebaute Messenger« ab Seite 101 beschrieben, einen »normalen« Hangouts-Chat.
3. Tippen Sie das Kamerasymbol ❶ am oberen Bildrand an. Nun wird versucht, eine Videoschaltung zu Ihrem Kommunikationspartner aufzubauen. Alternativ können Sie sich auch selbst von Ihrem Gegenüber anrufen lassen.

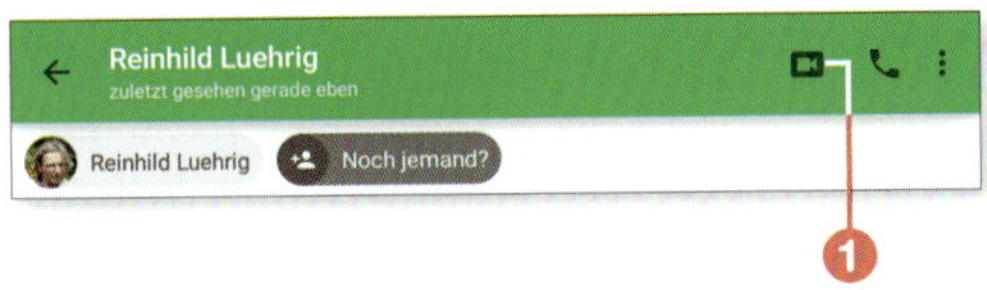

4. Die Seite, die angerufen wird, muss nun das Kamerasymbol ❷ antippen und zur Seite ziehen.
5. Ist die Verbindung hergestellt, können Sie sich normal mit Ihrem Gegenüber unterhalten. Das Bild der Frontkamera Ihres Tablets wird parallel dazu übertragen. Während des Videotelefonats sehen Sie Ihr eigenes Bild als Miniatur in der rechten unteren Ecke des Displays.
6. Wenn Sie das Gespräch beenden möchten, tippen Sie zunächst mittig auf das Display und anschließend auf die nun erscheinende rote Schaltfläche mit dem Hörer.

Das wären bereits die Grundlagen für ein Videotelefonat. Sehen wir uns nun einmal die Optionen für Fortgeschrittene an. Diese finden Sie zunächst am unteren Ende des Bildschirms. Sollten die Optionen während des Videotelefonats nicht sichtbar sein, tippen Sie einfach auf die Mitte des Bildschirms, und das folgende Menü erscheint:

1. Mikrofon aus-/einschalten
2. Gespräch beenden
3. Kamera aus-/einschalten
4. Wechsel von Front- auf Rückkamera und umgekehrt
5. weitere Personen zum Videochat einladen

Praktisch ist die Möglichkeit, Videokonferenzen mit mehreren Personen durchzuführen: Nach Antippen der Einladungsschaltfläche 5 suchen Sie sich zusätzliche Teilnehmer aus Ihrem Adressbuch aus, und schon kann die Videokonferenz beginnen.

Aber auch die Verbindung zu einem PC, der mit einer Webcam ausgestattet ist, gelingt problemlos. Die meisten aktuellen Laptops, so zum Beispiel mein MacBook, verfügen über eingebaute Audio-/Videohardware. Um einen Videochat per Hangouts zu einem stationären Computer aufzubauen, gehen Sie folgendermaßen vor:

1. Bitten Sie Ihr Gegenüber, Googles Browser **Chrome** zu installieren.
2. Der PC-Anwender muss sich anschließend mit seinen Kontodaten bei Google einloggen und in den Bereich **Gmail** wechseln. Hier findet man die aktuell zur Verfügung stehenden potenziellen Kommunikationspartner. Ein grüner Punkt 6 signalisiert, dass der Kontakt online und somit gesprächsbereit ist.

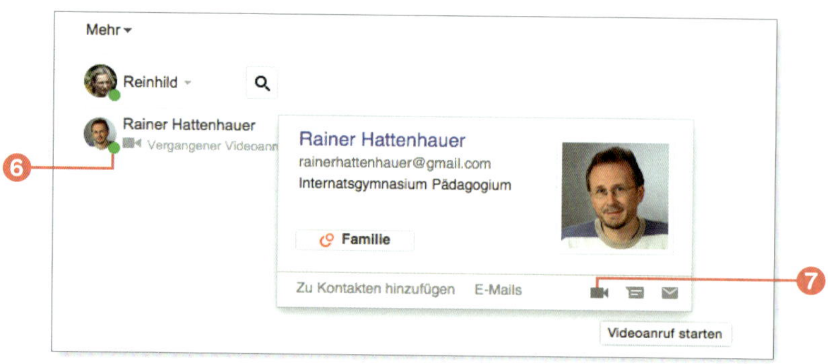

3. Fährt man mit der Maus über den Kontakt, öffnet sich ein kleines Fenster. Hier muss nun das Kamerasymbol ⑦ angetippt werden, und schon kann das Videotelefonat per Browser starten. Bei einigen Installationen muss gegebenenfalls noch ein Browser-Plug-in installiert werden.

Google bietet mit dem Hangouts-Browser-Plug-in diverse Verknüpfungen zu weiteren Google-Apps an. So können Sie zum Beispiel mehr oder weniger lustige Effekte zum Livebild ergänzen oder eine Datei auf Google Drive während der Konferenz gemeinsam betrachten und verändern.

Videochat per Hangouts-Plug-in im Chrome-Browser. Am linken Rand befinden sich Google-Apps, die direkt von der Hangouts-App gestartet werden können.

> **TIPP**
>
> **VOIP – Telefonate per Hangouts**
>
> Selbstverständlich lassen sich per Hangouts auch ganz gewöhnliche Internettelefonate via *VOIP* (= *Voice Over Internet Protocol*) durchführen. Schalten Sie bei einer langsamen Internetverbindung dazu einfach die Kameraübertragung mit Hilfe der entsprechenden Schaltfläche aus ③.

Die Alternative: Videotelefonieren mit Skype

Skype ist der Quasistandard, wenn es um das Thema VOIP beziehungsweise Videotelefonie geht. Wer Kommunikationspartner jenseits des Google-Universums kontaktieren möchte, kommt somit um Skype nicht herum. Skype ist mittlerweile im Besitz von Microsoft. Glücklicherweise bietet das Unternehmen auch einen Client für Android an. Die Kommunikation über Skype ist kinderleicht, ein Account schnell eingerichtet:

Skype

1. Legen Sie sich zunächst (falls noch nicht vorhanden) einen Skype-Account unter *http://www.skype.com/de* an.
2. Laden Sie die **Skype**-App aus dem Play Store auf Ihr Tablet, und installieren Sie diese.
3. Starten Sie die **Skype**-App auf Ihrem Tablet. Ein Einrichtungsassistent führt Sie durch die Konfiguration der App. Dabei müssen Sie lediglich Ihren **Skype-Namen** ❶ und Ihr Skype-Kennwort eingeben. Sollten Sie ein **Microsoft-Konto** ❷ besitzen, können Sie sich auch mit dessen Zugangsdaten anmelden.

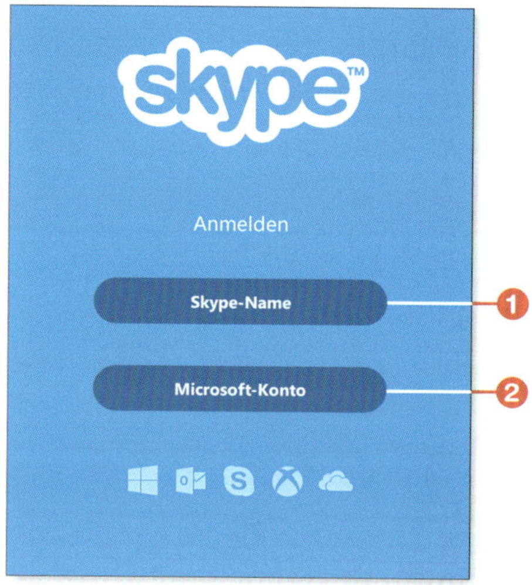

4. Nach dem Start begrüßt Sie eine relativ aufgeräumte Oberfläche. Sie können nun einen Skype-Anruf direkt zu einem Ihrer Kontakte starten oder die App an dieser Stelle verlassen. Keine Angst, Sie verpassen nichts: Skype läuft dabei diskret im Hintergrund.

ACHTUNG

Vorsicht, Energiefresser!

Skype hat nicht zu Unrecht den schlechten Ruf, beträchtlich am Akku zu nagen. Ich empfehle Ihnen daher, die App nur bei Bedarf zu starten und notfalls nach Beenden des Anrufs aus der Liste der zuletzt geöffneten Apps durch Herauswischen zu entfernen.

Ein Skype-Anruf funktioniert nun folgendermaßen:

1. Halten Sie Ausschau nach einem Partner, der ebenfalls im Skype-Netz eingeloggt ist. Das erkennen Sie am grünen Punkt vor dem Namen des Kontakts.
2. Alternativ können Sie an dieser Stelle auch einen Anruf an den stets vorhandenen Kontakt **Skype Test Call** ❸ starten, um die Funktion Ihrer Hardware zu testen.

3. Tippen Sie das Kontaktbild an, um mit dem Kontakt in Verbindung zu treten. Es erscheint eine Auswahlliste mit den drei Optionen **Chat** ④, **Videotelefonat** ⑤ und **Telefonat** ⑥. Der gewöhnliche Chat ist bereits voreingestellt und kann durch direkte Eingabe eines Textes im Textfeld ⑦ begonnen werden. Per In-App-Menü haben Sie auch die Möglichkeit, unerwünschte Kontaktversuche zu blockieren ⑧.

4. Tippen Sie zur Durchführung eines Videotelefonats auf das Kamerasymbol ⑤. Ihr Gegenüber erhält nun einen Anruf und muss diesen für das Telefonat nur noch entgegennehmen.

5. Während des Telefonats müssen Sie auf das Display tippen, um Zugang zu den weiteren Optionen zu erhalten beziehungsweise das Telefonat zu beenden. Das kennen Sie bereits von Hangouts. Sie finden hier folgende Symbole vor:

   ⑨ Kamera wechseln/deaktivieren

   ⑩ Mikrofon ein-/ausschalten

   ⑪ zum Chat wechseln

   ⑫ Videotelefonat beenden

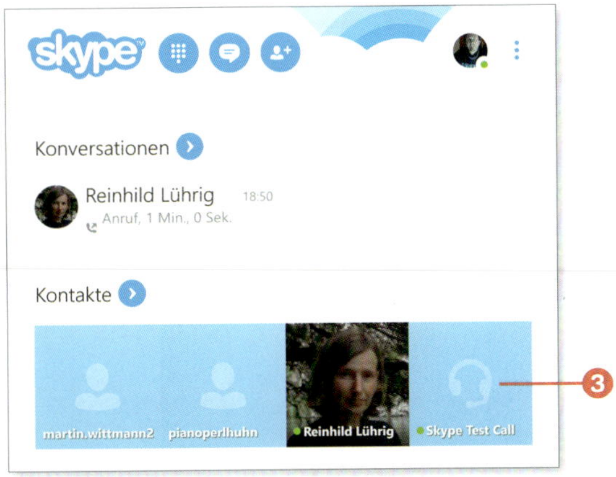

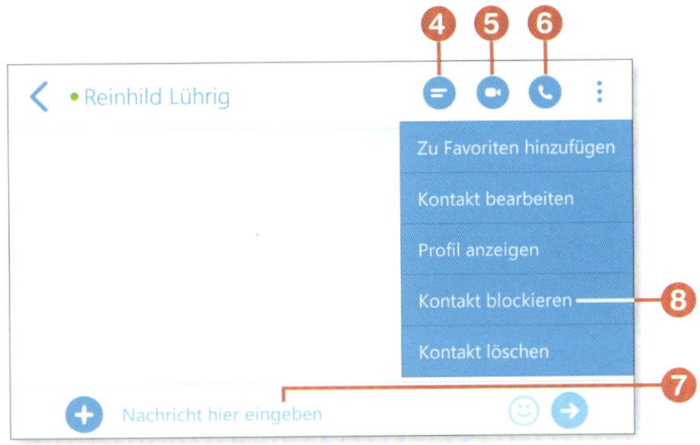

Die Oberfläche der Skype-App erinnert an Hangouts.

INFO

Einen Kontakt hinzufügen

Wenn Sie einen neuen Kontakt zu Ihren bestehenden Kontakten hinzufügen möchten, folgen Sie auf der Startseite dem Link **Kontakte** und ergänzen den neuen Kontakt durch Antippen der Schaltfläche ❶ am rechten oberen Bildrand.

❶

Hilfe von außen: der TeamViewer

TeamViewer

Abschließend möchte ich Ihnen noch eine äußerst interessante Anwendung vorstellen, die indirekt mit dem Thema »Kommunikation« zusammenhängt und eher für fortgeschrittene Nutzer geeignet ist. Das Szenario: Ein guter Bekannter hat mal wieder Probleme mit dem PC. Bevor Sie nun langatmige Erklärungen ins Telefon sprechen, wäre es wohl besser, Sie könnten direkt vor dem PC sitzen und sich des Problems annehmen. Nichts einfacher als das: Die Lösung heißt *TeamViewer*. Mit diesem Programm exportieren Sie den Desktop Ihres Bekannten direkt auf Ihr Tablet und können ihn wie von Geisterhand fernsteuern. Dabei ist es gleichgültig, ob Ihr Gegenüber vor einem Windows- oder Mac-Rechner sitzt, Voraussetzung ist lediglich, dass beide Partner online sind. Sie finden das Programm unter *http://www.teamviewer.com/de/*. Die Anwendung ist für Privatnutzer kostenlos.

1. Bitten Sie Ihren Bekannten, das Programm TeamViewer von *http://www.teamviewer.com/de/* herunterzuladen und auf seinem PC oder Mac zu installieren.

2. Installieren Sie die zugehörige Android-App aus dem Play Store auf Ihrem Tablet.

3. Der Bekannte muss nun den TeamViewer auf seinem PC oder Mac starten. Die im linken Fensterteil ersichtliche ID ❷ und das Kennwort ❸ müssen dem Helfer (also Ihnen) später mitgeteilt werden.

4. Starten Sie Ihrerseits die Android-TeamViewer-Software, und geben Sie die ID Ihres Gegenübers in das entsprechende Feld **4** ein. Aktivieren Sie anschließend die Schaltfläche **Fernsteuerung** **5**.

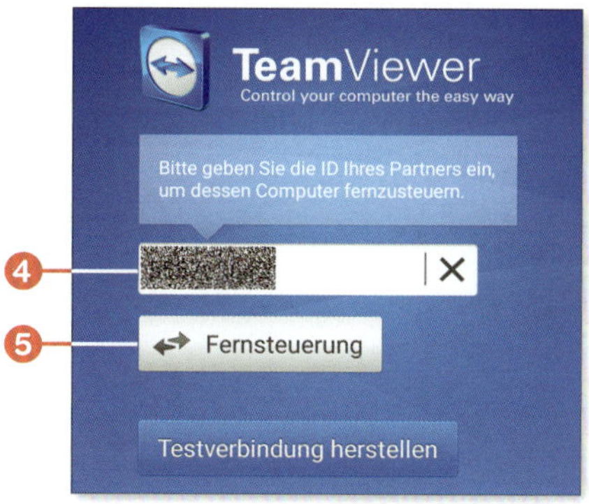

5. Nun werden Sie aufgefordert, das Passwort für die Fernsteuerung einzugeben **6**. Auch dieses müssen Sie sich von Ihrem Kommunikationspartner mitteilen lassen.

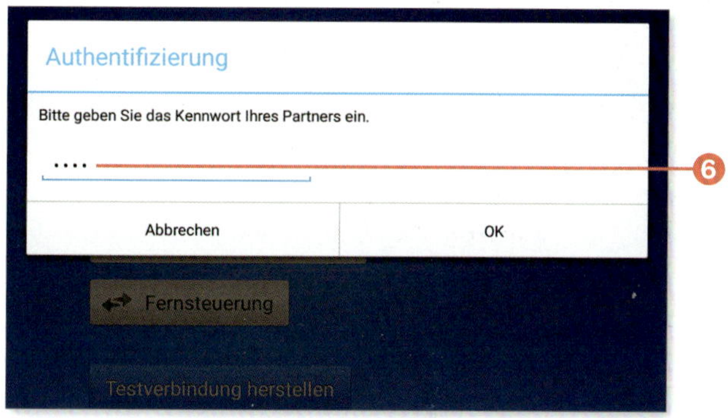

6. Ein Assistent erklärt Ihnen nun die Optionen zur Steuerung des entfernten Desktops. Sie sind Ihnen sicherlich schon von der Bedienung Ihres Tablets bekannt.

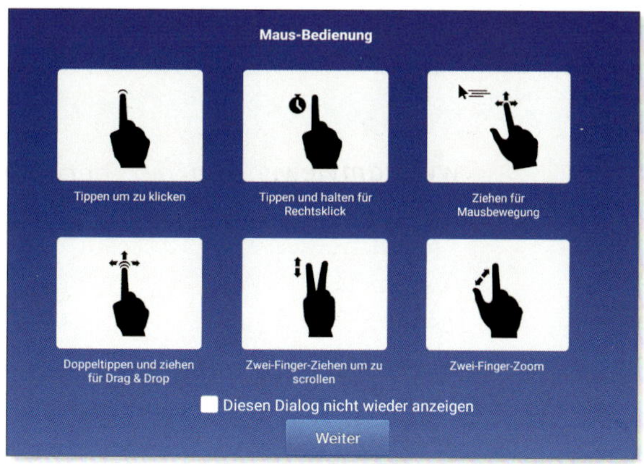

7. Steuern Sie schließlich den Desktop Ihres Partners mit Hilfe Ihres Android-Tablets.

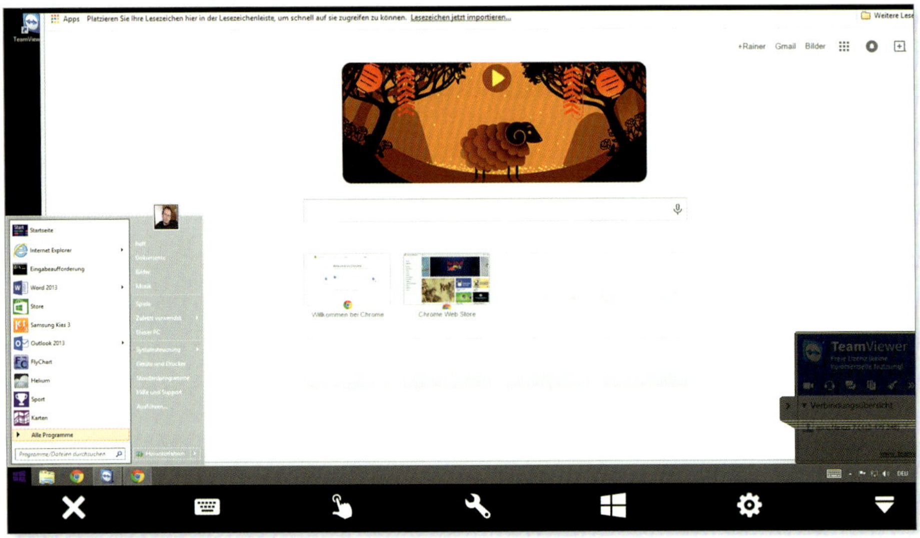

Fernsteuerung eines Windows-PCs mit dem TeamViewer – der Desktop-Hintergrund erscheint dabei stets schwarz.

TeamViewer QS

TIPP

Hilfe für Android-Geräte vom Experten

Mittlerweile ist es per TeamViewer sogar möglich, Android-Geräte fernzusteuern. Dazu muss sich der Hilfeleistende an einem PC befinden, auf dem die TeamViewer-Software installiert ist. Der Hilfsbedürftige hingegen muss auf seinem Android-Gerät die App **TeamViewer QS** sowie eine weitere gerätespezifische App installieren. Auf diese Weise kann dann per PC auf das Android-Gerät zugegriffen werden. Diese Art der Fernwartung ist in meiner Verwandtschaft äußerst beliebt: Falls wieder einmal jemand sein Tablet »verkonfiguriert« hat, und ich mir langwierige Erklärungen am Telefon ersparen möchte, greife ich auf TeamViewer zurück.

Kapitel 5
Termine, Kontakte und Erinnerungen

Jedes moderne Computerbetriebssystem besitzt Apps, die in Gestalt eines Terminkalenders Ihre Berufs- und Alltagsplanung übernehmen. Dieses Gebiet bezeichnet man im Englischen als *Personal Information Management* (kurz: PIM, auf Deutsch sinngemäß *persönliche Informationsverwaltung*), und in der Tat sind heute Managementfähigkeiten gefragt, um den digitalen (Berufs-)Alltag zu bewältigen. Wie Ihnen Ihr Android-Tablet dabei helfen kann, zeigt das folgende Kapitel.

Die Kalender-App

Beginnen wir mit dem Herzstück der Terminverwaltung auf Ihrem Tablet: der **Kalender**-App. Diese finden Sie im App-Menü. Sollten Sie die beschriebene App nicht bereits auf Ihrem Tablet vorinstalliert finden, dann können Sie diese noch nachträglich mit dem nebenstehenden QR-Code installieren. Bei Samsung-Geräten heißt die bereits integrierte Kalender-App **S-Planner**. Diese unterscheidet sich leicht von der original Google Kalender-App, die ich Ihnen im Folgenden vorstellen werde.

Kalender

Starten Sie die **Kalender**-App, und schauen Sie sich zunächst einmal auf der Oberfläche um. Sie können folgende Elemente entdecken. Sicher erscheinen in Ihrem Kalender im Gegensatz zu meinem, den Sie auf der folgenden Seite einsehen können, noch keine Termine: Das lässt sich aber sehr schnell ändern!

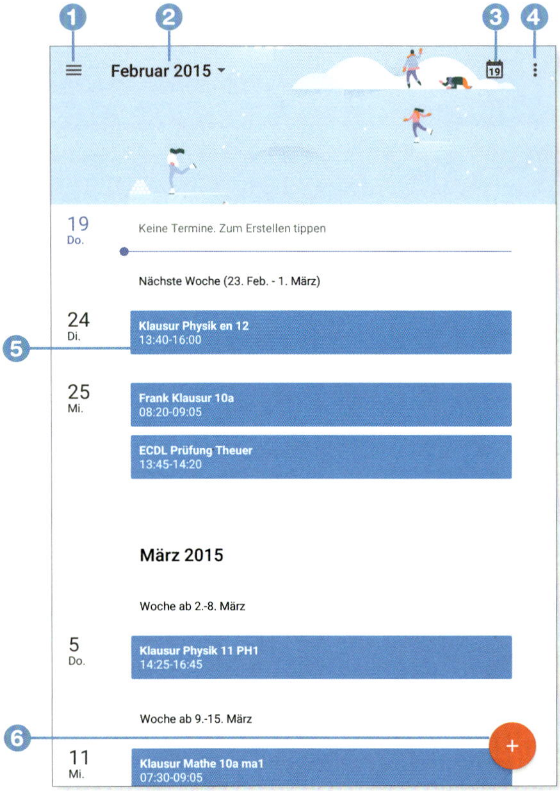

1. Hauptmenü der App
2. aktueller Monat
3. Schaltfläche **Heute**: Ein Antippen führt zum aktuellen Datum.
4. In-App-Menü: Hier lässt sich unter anderem die Kalenderansicht wechseln.
5. ein bestehender Termin
6. Schaltfläche **Neuer Termin**: Damit können Sie einen neuen Termin erstellen.

Sollte Ihnen die aktuelle Ansicht, in der Ihre Termine in Listenform (= Agenda-Ansicht) dargestellt werden, nicht zusagen, öffnen Sie das In-App-Menü und wählen eine andere Darstellungsform aus. In der Wochenansicht (7) können Sie durch die Wochen per Wischgeste von links nach rechts und umgekehrt navigieren. Durch die Agenda-Ansicht scrollen Sie per senkrechter Wischgeste.

INFO

Daten in der Wolke: die Google Cloud

Wenn Daten auf einem Server im Internet abgespeichert sind und Sie von beliebigen Endgeräten darauf zugreifen können, dann spricht man von *Cloud Computing*, sinngemäß etwa »Rechnen in der Wolke«. Das ist nicht jedermanns Sache, schließlich ist der Gedanke in Zeiten von NSA, Bundestrojanern & Co. auch nicht gerade angenehm, da Sie dort ja auch persönliche Daten lagern. Hier müssen Sie selbst abwägen, welche Daten Sie in welchem Umfang dem »großen Bruder« Google anvertrauen wollen. Im vorliegenden Fall ist es zum Beispiel so, dass alle Ihre Termine bei Google gespeichert werden – Dienstgeheimnisse sind hier also nicht besonders gut aufgehoben.

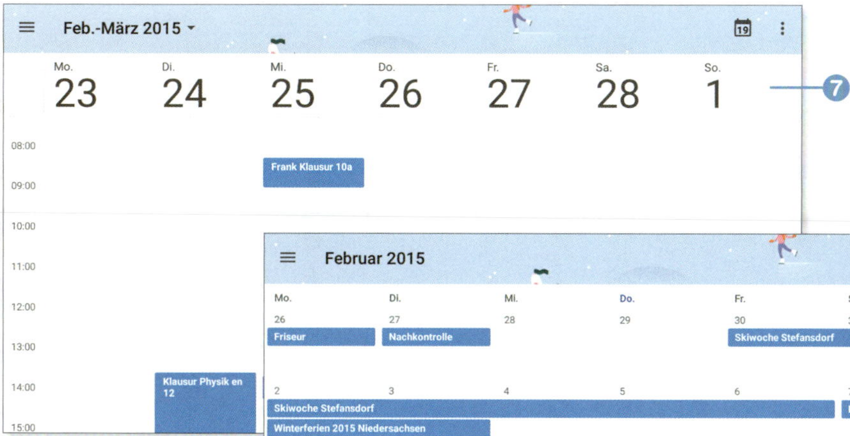

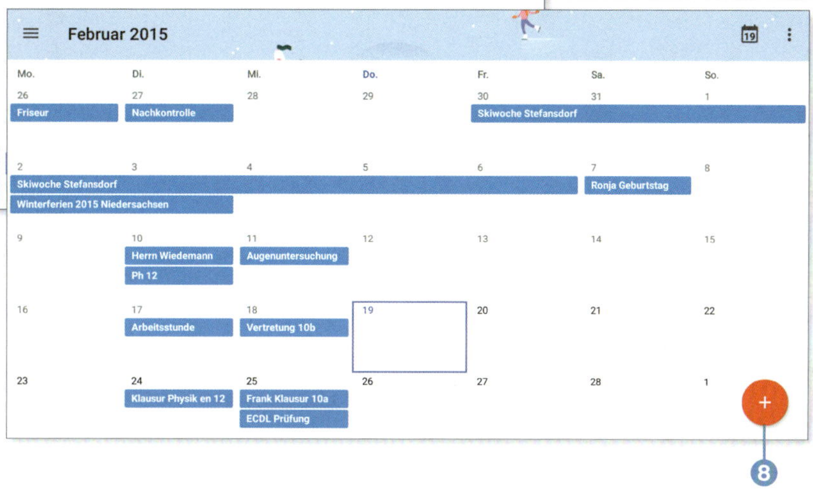

Wochen- und Monatsansicht der Kalender-App: Dazu bietet es sich an, das Tablet ins Querformat zu drehen.

Lassen Sie uns einen neuen Termin in die Kalender-App eintragen. Dazu haben Sie zwei Möglichkeiten: Entweder tippen Sie direkt auf die Schaltfläche **Neuer Termin** ⑧. Oder Sie wählen zunächst eine geeignete Kalenderansicht aus und tippen auf den gewünschten Tag beziehungsweise die gewünschte Tageszeit. Es erscheint ein Pluszeichen, das Sie erneut antippen müssen.

Ich wähle im Folgenden die erste Methode:

1. Tippen Sie auf die Schaltfläche **Neuer Termin**, und füllen Sie die Eingabemaske gemäß Ihren Vorgaben aus. In der Grundeinstellung wird der Termin automatisch mit Ihrem Gmail-Konto verknüpft und so mit Googles Datenwolke abgeglichen. Geben Sie dem Termin zunächst einen Namen ① (Seite 118).
2. Zur Einstellung der Uhrzeit tippen Sie auf das entsprechende Zeitfeld und stellen die Zeit über die Drehregler ② ein.
3. Möchten Sie an den Termin erinnert werden, können Sie an dieser Stelle gleich einen Alarm programmieren. Dazu tippen Sie das Feld **Benachrichtigung hinzufügen** ③ an.

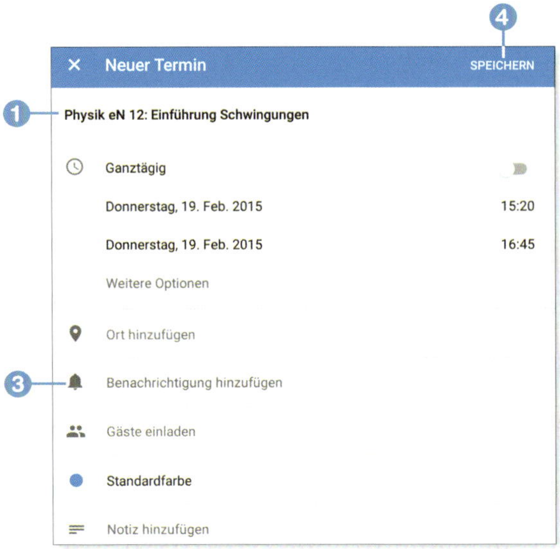

4. Wenn Sie die Eingabe beendet haben, speichern Sie den Termin mit der Schaltfläche **Speichern** 4 ab.

5. Nach dem Verlassen der Eingabemaske sollten Sie stets prüfen, ob der Termin korrekt in die Kalender-App übernommen wurde.

6. Um einen Termin nachträglich zu ändern, tippen Sie diesen einfach in der Kalender-App an. Es öffnet sich ein kleines Fenster. Durch Antippen des Stiftsymbols 5 gelangen Sie wieder in den Bearbeitungsmodus. Dort können Sie den Termin unter anderem auch löschen 6.

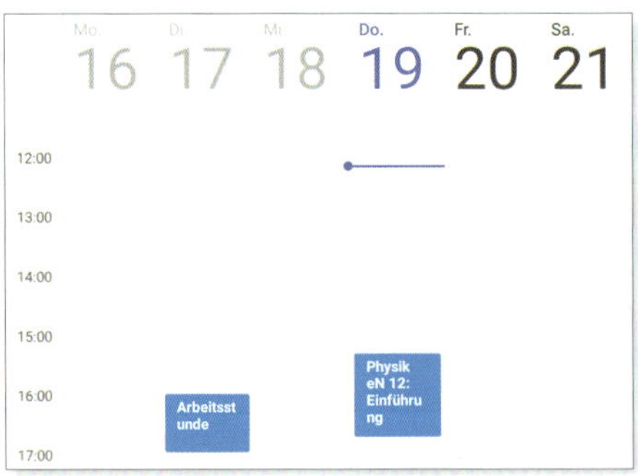

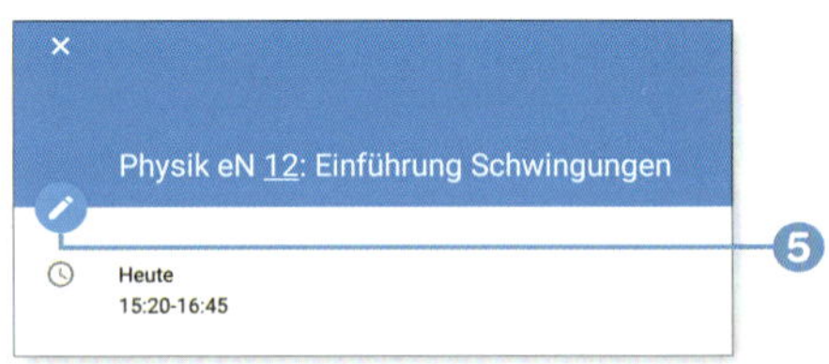

7. Sollte Ihnen die Farbe des Termins in der Kalenderansicht nicht gefallen beziehungsweise möchten Sie den Termin auffälliger gestalten, können Sie dies durch Antippen des Farbpalettensymbols 7 tun.

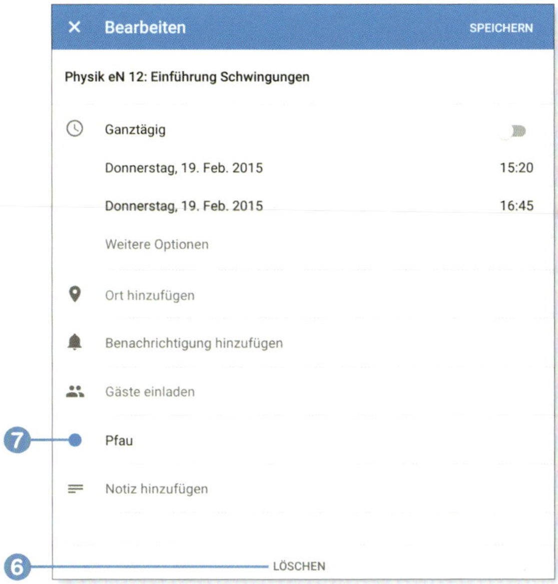

Damit wären Sie schon einmal gut gerüstet, um erste Termine in den Kalender einzutragen. Aber wo genau werden diese eigentlich gespeichert, und wie schaffen Sie es, Ihre Terminverwaltung mit anderen Geräten synchron zu halten? Diese Fragen sollen im nächsten Abschnitt beantwortet werden.

Gestalten Sie Ihren Kalender mit unterschiedlichen Farben übersichtlich.

TIPP

aCalendar – die Alternative

Natürlich gibt es im Play Store diverse Alternativen zur eingebauten Google-App. Mein persönlicher Favorit ist **aCalendar**. Mit dieser grafisch exzellent umgesetzten Kalender-App können Sie zwischen den Ansichten Tag/Woche/Monat einfach per Wischgeste wechseln.

aCalendar+

Synchronisierung mit dem Google-Konto

Sämtliche eingetragenen Termine werden mit Ihrem Google-Konto abgeglichen. Um sicherzustellen, dass die Synchronisation reibungslos funktioniert, gehen Sie folgendermaßen vor:

1. Wechseln Sie in den Einstellungen in den Bereich **Nutzer ▸ Konten**, und tippen Sie dort auf den Google-Kontoeintrag. Im folgenden Bild sollte ein Synchronisationszeichen 8 vor Ihrem Konto erscheinen.

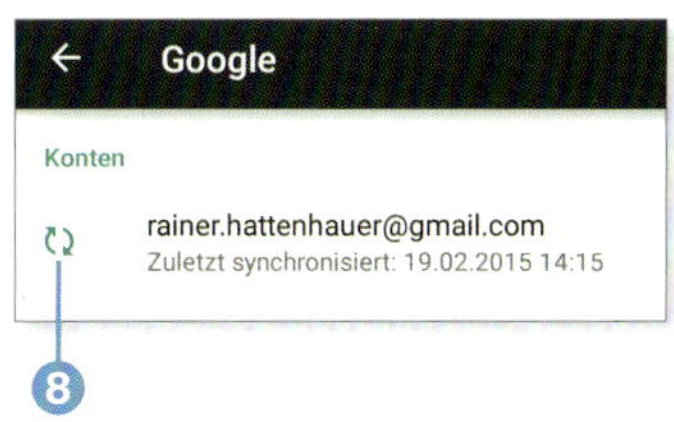

2. Schauen Sie durch Antippen Ihres Google-Kontos ① nach, ob die Synchronisation des Kalenders aktiviert wurde ②. Das erkennen Sie an dem Häkchen hinter dem Eintrag.

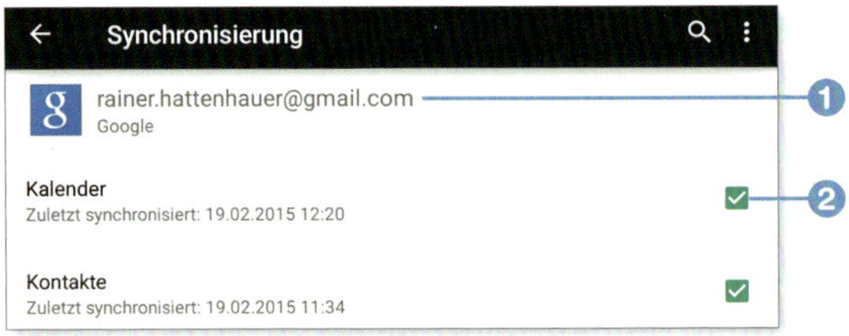

TIPP

Schnelltest der Synchronisierung

In der Regel können Sie auch per Energiesteuerungswidget überprüfen, ob die Synchronisierung Ihres Android-Tablets aktiv ist: Legen Sie das Widget einfach auf einem freien Bildschirm ab. Ist die Synchronisierung aktiv, ist das entsprechende Symbol ③ aktiviert.

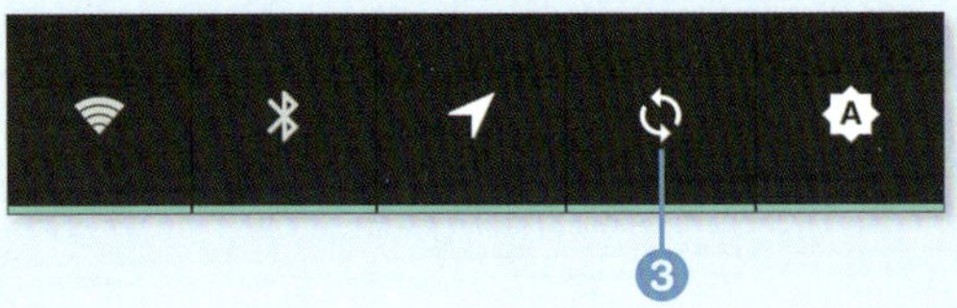

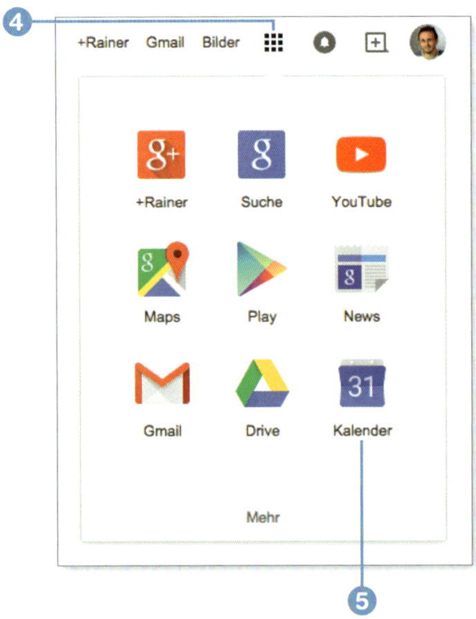

Jedes Gerät, das mit Ihrem persönlichen Google-Konto verknüpft ist, sollte nun die auf dem Tablet erstellten Termine ebenfalls wiedergeben. Besitzen Sie kein weiteres Android-Gerät (zum Beispiel ein Android-Smartphone), können Sie die Termine beziehungsweise deren Abgleich auch am PC per Browser überprüfen. Idealerweise nehmen Sie dafür wieder den Chrome-Browser.

1. Starten Sie den Chrome-Browser auf dem PC, und loggen Sie sich bei Google mit Ihren Kontodaten ein.

2. Wechseln Sie durch Anklicken der schachbrettförmigen Schaltfläche ④ oben rechts im Browser und anschließend durch Anklicken des **Kalender**-Symbols ⑤ in den gleichnamigen Bereich.

3. Halten Sie Ausschau nach einem Termin, den Sie auf dem Tablet in der Kalender-App erstellt haben. Taucht dieser ordnungsgemäß auf ⑥, dann hat die Synchronisation geklappt.

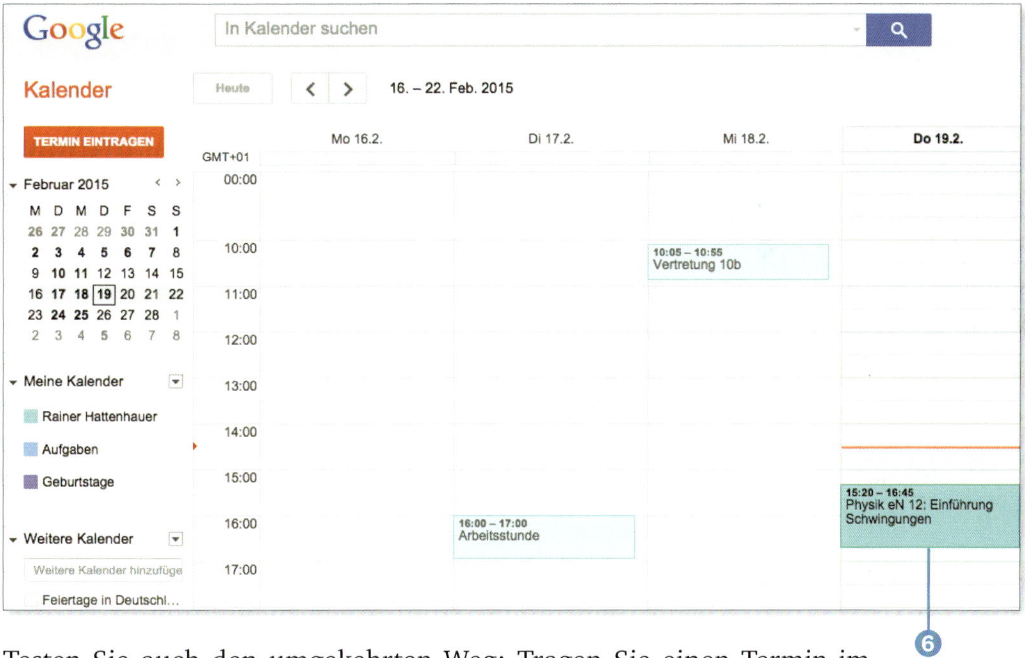

4. Testen Sie auch den umgekehrten Weg: Tragen Sie einen Termin im Browser ein. Zum Eintragen des Termins klicken Sie einfach in der Browseransicht auf ein entsprechendes Zeitfeld. Geben Sie dem Termin einen prägnanten Namen.

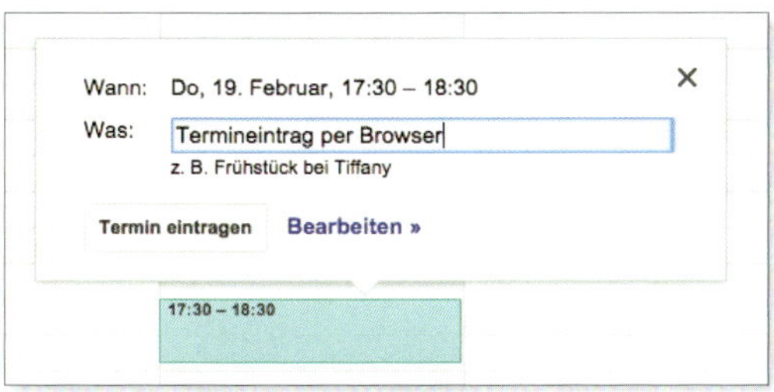

5. Über die Schaltfläche **Bearbeiten** ❶ kann der Termin noch »feinjustiert« werden. Wählen Sie hier zum Beispiel eine andere Farbe für den Termin ❷ (hier: Grün). Bestätigen Sie den Termin, indem Sie die Schaltfläche **Speichern** ❸ anklicken.

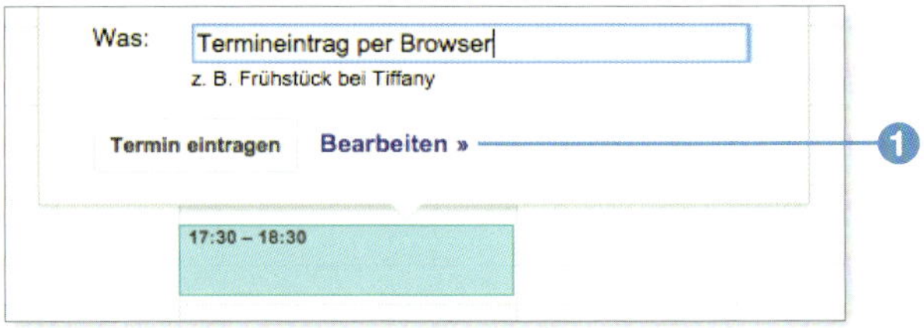

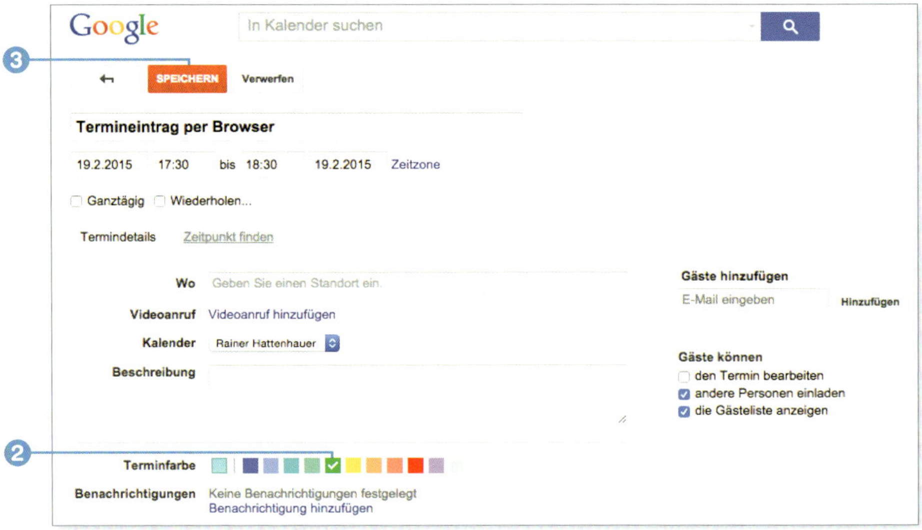

6. Überprüfen Sie schließlich, ob der Termin ordnungsgemäß mit Ihrem Tablet synchronisiert wurde. Sollte der Termin in der Kalender-App noch nicht zu sehen sein, wählen Sie aus dem In-App-Menü den Punkt **Aktualisieren** ❹ aus, und schauen Sie dann noch einmal im Kalender nach. Im Normalfall wird der Termin aber unmittelbar übernommen.

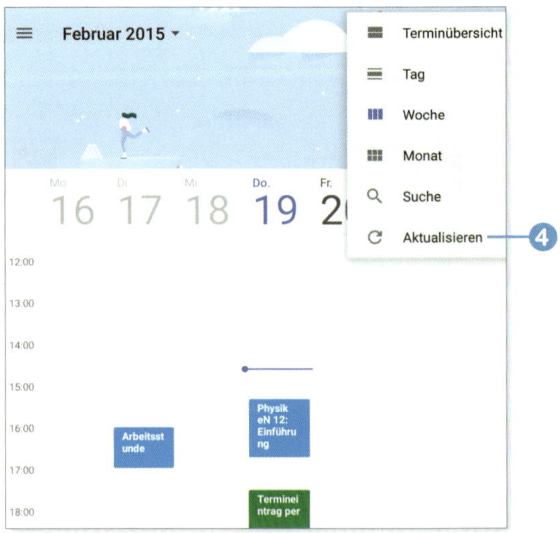

Besondere Termine

Sie haben bereits gelernt, wie man punktuell Termine einträgt. Nun zeige ich Ihnen, wie Sie zwei besondere Termingattungen im Google-Kalender anlegen.

Zunächst geht es um eine Serie von Terminen beziehungsweise einen wiederkehrenden Termin. Ein Beispiel dafür wäre eine wöchentlich wiederkehrende Sportveranstaltung. Darüber hinaus können Sie es mit Terminen zu tun haben, die sich über einen längeren Zeitraum erstrecken. Das wären in meinem Fall die Schulferien.

1. Um einen wiederkehrenden Termin zu erstellen, tippen Sie in der Kalender-App einfach auf das Zeitfeld des ersten Vorkommens. Es erscheint ein kleines Pluszeichen, das noch einmal angetippt werden muss. Erstellen Sie nun, wie bereits gezeigt, eine Beschreibung für den Termin.
2. Tippen Sie das Feld **Weitere Optionen** und anschließend die Schaltfläche **Einmalig** an. Definieren Sie hier die Wiederholungsfrequenz des Termins. Sie können auch einen Endtermin 5 für das wiederkehrende Ereignis definieren. Dazu wechseln Sie in den Bereich **Benutzerdefiniert**.

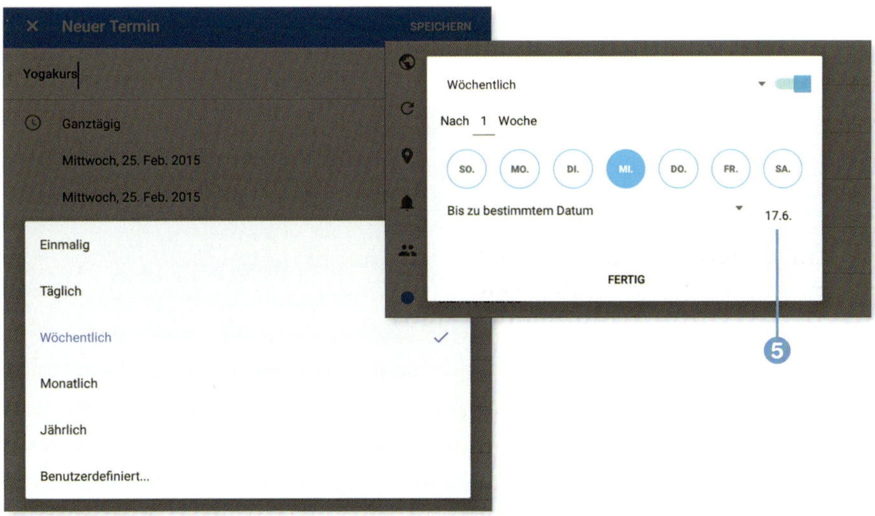

Das war's auch schon. Prüfen Sie, ob sich Ihr Termin nun wie gewünscht im Kalender wiederholt.

Die zweite Kategorie, ein mehrere Tage umfassendes Ereignis, lässt sich genauso leicht erstellen, wie die folgende Anleitung zeigt.

1. Navigieren Sie in der Kalender-App zum ersten Tag des Ereignisses.
2. Tippen Sie ein beliebiges Zeitfeld oder das obere Feld des Tages zweimal an, und geben Sie den Namen des Termins in das entsprechende Feld ein.
3. Markieren Sie die Option **Ganztägig** ①, und legen Sie zusätzlich das Enddatum des Termins ② fest. Bestätigen Sie die Änderungen wieder über die Schaltfläche **Speichern** ③.

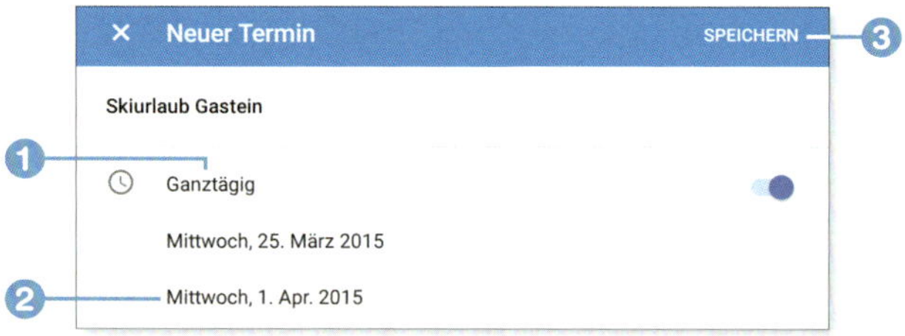

4. Kontrollieren Sie in der Kalender-App, ob Ihr Termin korrekt übernommen wurde.

Einen neuen Kalender anlegen

Ein großer Vorteil, den der Google-Kalender bietet, ist die Möglichkeit, eigene Kalender zu speziellen Zwecken beziehungsweise Projekten zu erstellen. Mögliche Anwendungsbereiche wären hier ein spezieller Geburtstags- oder Jubiläumskalender oder ein Projektkalender, der die Meilensteine eines Projekts enthält. Dieser kann dann der Gruppe, die an dem Projekt arbeitet, zugänglich gemacht werden. Gehen Sie zum Erstellen eines eigenen Kalenders folgendermaßen vor:

1. Wechseln Sie per Chrome-Browser in den Google-Kalender-Bereich. Steht Ihnen dafür kein PC zur Verfügung, können Sie dazu auch den Chrome-Browser Ihres Tablets verwenden.

2. Tippen beziehungsweise klicken Sie auf den Pfeil hinter **Meine Kalender** ④, und wählen Sie in dem nun erscheinenden Menü den Punkt **Neuen Kalender erstellen** ⑤.

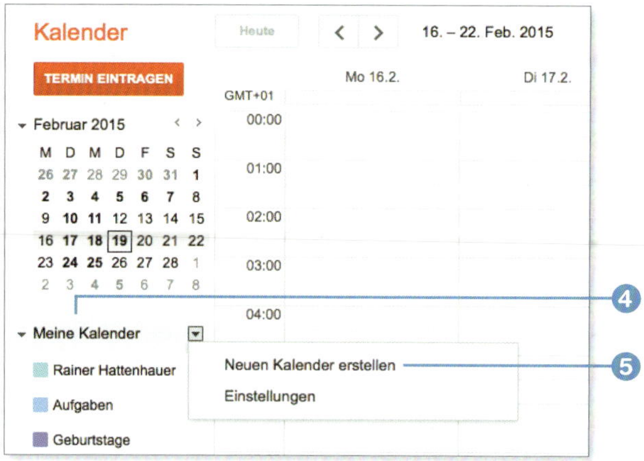

3. Füllen Sie die erscheinende Eingabemaske aus. Sie können an dieser Stelle weitere Personen per Mail einladen, die Zugriff auf den Kalender haben sollen. Dazu müssen Sie die Mailadresse ⑥ eintragen, die Berechtigungen festlegen und den Vorgang über die Schaltfläche **Person hinzufügen** ⑦ abschließen. Darüber hinaus können Sie den Kalender durch Markieren der entsprechenden Optionsschaltfläche ⑧ auch öffentlich machen.

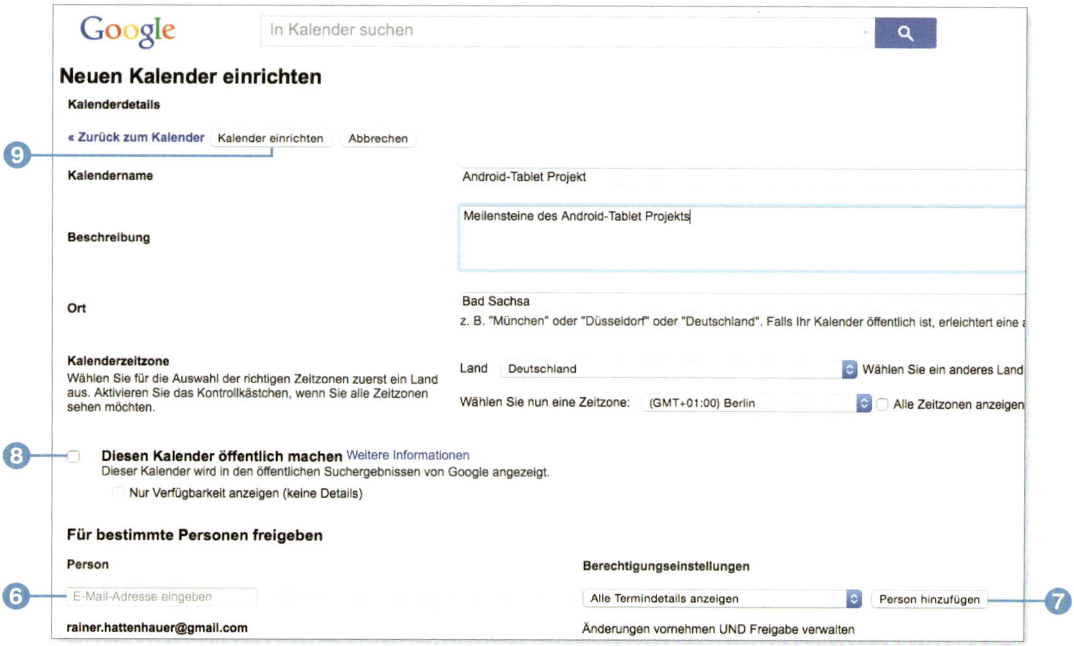

4. Schließen Sie die Einrichtung des Kalenders über die Schaltfläche **Kalender einrichten** ⑨ ab.

5. Nach der Einrichtung taucht der Kalender in der Kalenderübersicht auf. Hier können Sie ihm über die Optionen, die Sie wieder durch Anklicken des Pfeils erreichen, eine andere Farbe zuordnen ①.

6. Nun muss der Kalender noch mit Leben beziehungsweise Terminen gefüllt werden. Wählen Sie dazu aus dem Kontextmenü die Option **Nur diesen Kalender anzeigen** ②, und tragen Sie Ihre Termine beziehungsweise Projektmeilensteine ein. Nach der Einrichtung des Kalenders per Chrome-Browser können Sie das übrigens auch bequem in der Kalender-App auf dem Tablet erledigen.

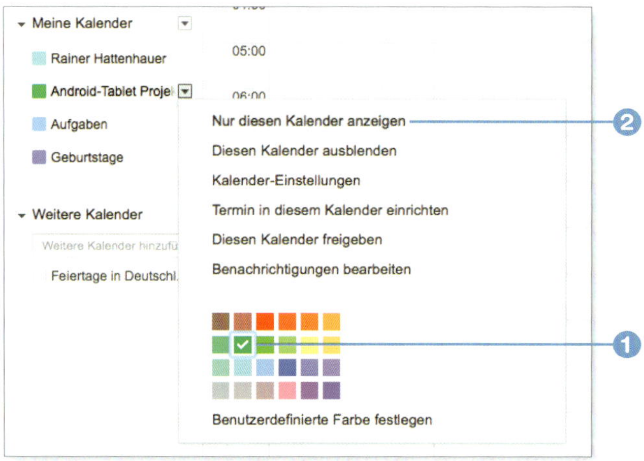

7. Kontrollieren Sie dort anschließend, ob alle Termine korrekt übernommen worden sind.

Um den neu erstellten Kalender mit allen Terminen auf Ihrem Tablet anzuzeigen, gehen Sie folgendermaßen vor:

1. Starten Sie die Kalender-App auf dem Tablet, und wählen Sie im Hauptmenü der App den Punkt **Einstellungen**.

2. Tippen Sie in der Übersicht in Ihrem Google-Konto auf den Link **Weitere anzeigen** ③ und anschließend auf den Eintrag des neu erstellten Kalenders.

3. Aktivieren Sie die Synchronisation für Ihren neuen Kalender über den entsprechenden Schalter ④.

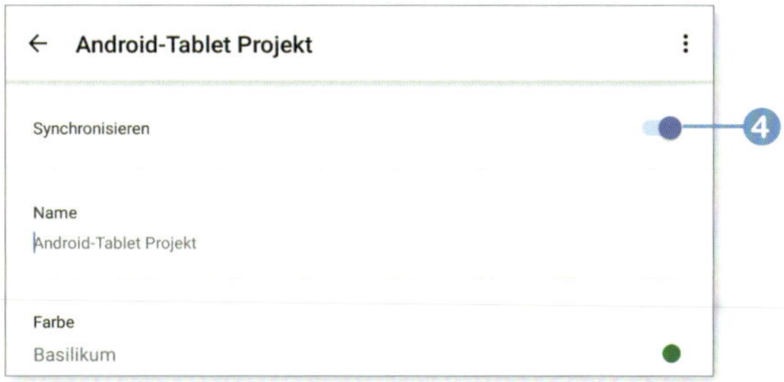

4. Wechseln Sie zurück in den Hauptbereich der Kalender-App. Hier sollten nun die Termine Ihres neu definierten Kalenders erscheinen. Möchten Sie ausschließlich die Termine dieses Kalenders anzeigen lassen, tippen Sie einfach auf das farbige Feld vor dem Hauptkalender 5. Auf die gleiche Weise aktivieren beziehungsweise deaktivieren Sie weitere Kalender.

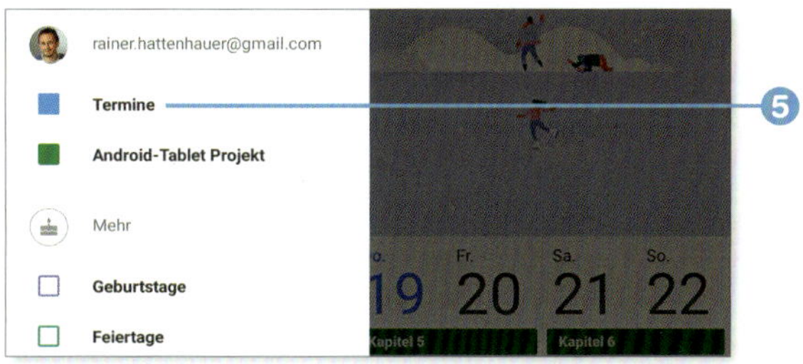

> **TIPP**
>
> **Fremde Kalender importieren**
>
> Sollten Sie bislang ein anderes Kalendersystem verwendet haben, zum Beispiel Microsoft Outlook, können Sie Ihren bestehenden Kalender im sogenannten *iCal-Format* exportieren und in Ihr Google-Kalendersystem importieren. Die Anleitungen dazu unterscheiden sich je nach Outlook- beziehungsweise Kalendersystem-Variante. Googeln Sie dazu einfach nach »<Kalendersystem> import google«.

Kontakte verwalten

Die Adressen Ihrer Freunde und Geschäftskontakte werden in der App **Kontakte** zentral verwaltet. Diese stelle ich Ihnen in diesem Abschnitt vor. Sollte der Hersteller Ihres Tablets kein »pures« Android verwenden, kann es bei der folgenden Beschreibung auch zu leichten Abweichungen kommen.

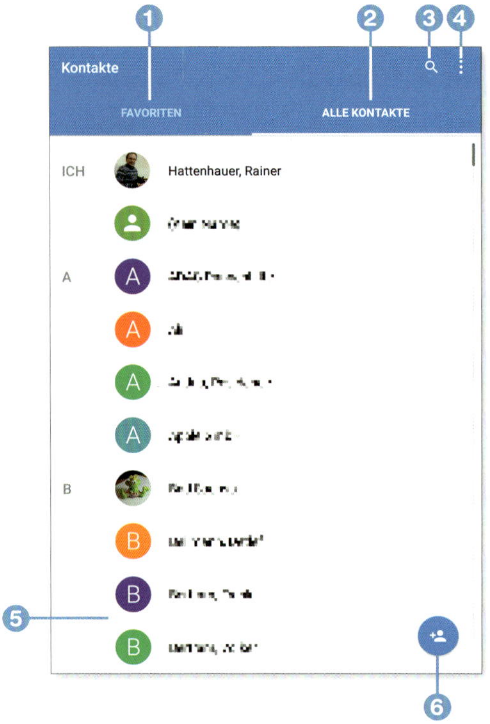

Die Kontakte, auf die die App zugreift, werden wieder in Ihrem Google-Konto gespeichert. Sollten Sie zuvor eine andere Kontaktverwaltung, zum Beispiel Outlook, verwendet haben, zeige ich Ihnen in einem späteren Abschnitt, wie Sie diese Kontakte ins Google-System importieren. Sehen wir uns zunächst die Oberfläche der App an.

Starten Sie die Kontakte-Anwendung. Sie finden folgende Elemente:

1. Die Ansicht **Favoriten**: Hier finden Sie diejenigen Kontakte, mit denen Sie häufig kommunizieren.
2. Die Ansicht **Alle Kontakte**: In der Kontaktsammlung werden sämtliche Kontakte zusammengefasst. Scrollen Sie durch die Kontaktsammlung, indem Sie den Finger an der linken Bildschirmseite auf- oder abbewegen. Ein während des Scrollens erscheinender Buchstabe im rechten Bereich erleichtert die Navigation.
3. Suchfunktion
4. In-App-Menü
5. Liste aller Kontakte
6. Schaltfläche **Neuer Kontakt**

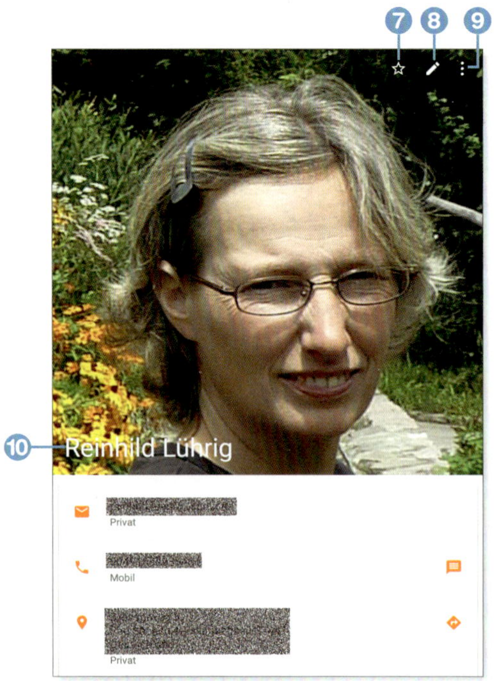

Wenn Sie einen der aufgelisteten Kontakte antippen, finden Sie folgende Elemente:

7. Kontakt zu **Favoriten** hinzufügen
8. aktuellen **Kontakt bearbeiten**
9. Menü des Kontakts
10. aktueller Kontakt mit Kontaktdaten

TIPP

Kontakte nach Nachnamen sortieren

Die Kontakte-App ordnet die Namen alphabetisch nach Vornamen. Möchten Sie die übliche Ordnung per Nachnamen, wechseln Sie ins In-App-Menü und wählen bei **Einstellungen** den Punkt **Liste sortieren nach** die Option **Nachname** sowie bei **Kontaktnamen anzeigen** die Option **Nachname zuerst**.

Gehen Sie folgendermaßen vor, um einen neuen Kontakt zu erstellen:

1. Tippen Sie auf die Schaltfläche **Neuer Kontakt**, die Sie rechts unten in der Kontakte-App finden.
2. Bei der erstmaligen Eingabe eines Kontakts müssen Sie zunächst das Konto auswählen, mit dem der aktuelle Kontakt und nachfolgende Kontakte verknüpft werden sollen. Ich empfehle Ihnen an dieser Stelle die Verwendung des Google-Kontos. Sie können auch später den Abgleich mit einem anderen Konto über die Einstellungen der App definieren.
3. Geben Sie die Kontaktdaten ⑪ ein. Durch Antippen des Fotosymbols ⑫ können Sie von Ihrem Kontakt auch ein Foto machen beziehungsweise eines aus der Fotos-App auswählen und mit dem aktuellen Kontakt verknüpfen.
4. Weitere Optionen, zum Beispiel zum Eintragen eines Geburtstags, finden Sie, wenn Sie auf **Weiteres Feld hinzufügen** ⑬ tippen. Nutzen Sie dort das Feld **Besondere Termine**.

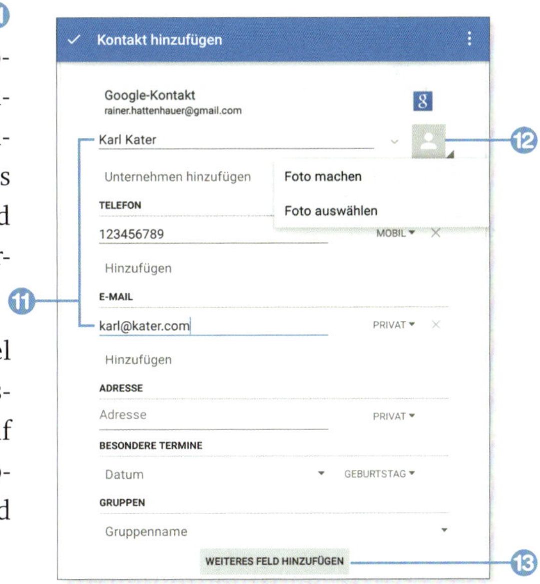

5. Bestätigen Sie die Änderungen schließlich durch Antippen der Schaltfläche **Fertig** ❶. Kontrollieren Sie, ob der Eintrag im Adressbuch erscheint.

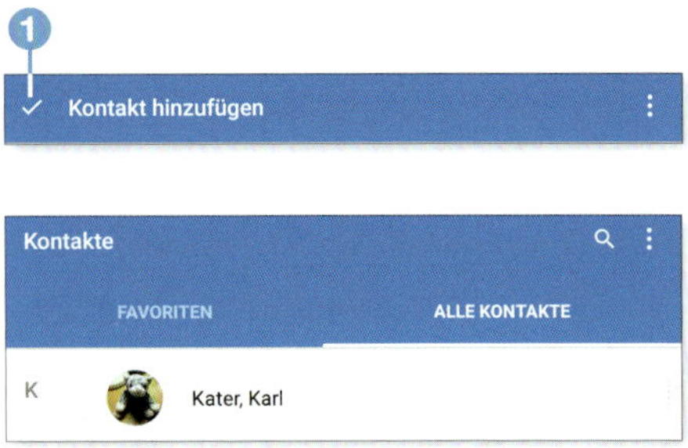

Ein neu erstellter Kontakt in Ihrem Adressbuch

Mit einem Kontakt in Verbindung treten

Die Kommunikation mit den gespeicherten Kontakten ist einfach:

1. Tippen Sie einen Kontakt aus dem Adressbuch an, oder suchen Sie ihn per Eingabe in das Suchfeld. Dabei genügt die Eingabe einiger weniger Zeichen, um eine Auswahl zum Vorschein zu bringen.
2. Unter dem Bild des Kontakts erscheinen nun die Kontaktdaten, und es werden Ihnen entsprechend den Kontaktinformationen diverse Kommunikationsmöglichkeiten in Form orangefarbener Symbole angeboten, um mit dem gewählten Kontakt in Verbindung zu treten. Im vorliegenden Fall sind dies: **Mail** ❷, **Telefonieren** ❸ und **Nachricht schreiben** ❹. Die beiden übrigen Symbole bedeuten: **Wohnort auf Maps** anzeigen ❺ und **Zu Kontakt navigieren** ❻.

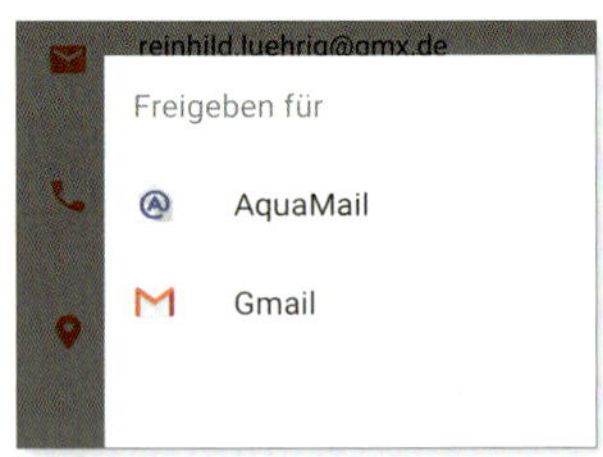

3. Hier wähle ich die E-Mail-Adresse des Kontakts aus. Zur Wahl stehen bei mir zwei Mail-Apps, die auf dem Tablet installiert sind.
4. Wählen Sie die gewünschte Möglichkeit durch Antippen aus, und die Verbindung wird aufgebaut. In diesem Fall öffnet sich die gewünschte App zum Schreiben der E-Mail.

Das In-App-Menü der Kontakte-App

Durch Antippen der In-App-Menü-Schaltfläche gelangen Sie in das Menü der App. Hier finden Sie die folgenden Menüpunkte:

7 **Kontakte zum Anzeigen**: Wählt aus, welche Kontakte angezeigt werden sollen. Sie können hier die Anzeige zum Beispiel auf spezielle Kreise bei Google+ beschränken.

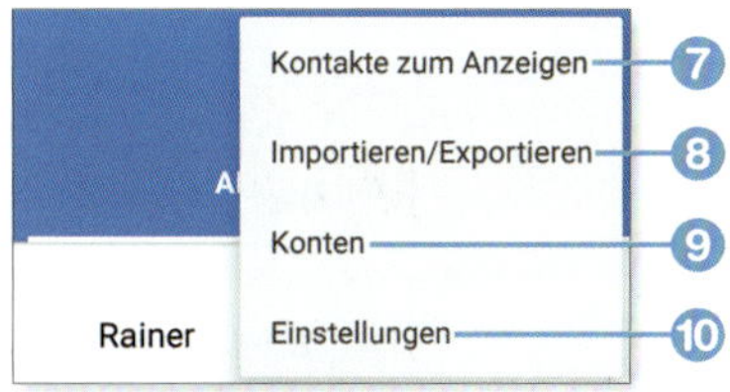

8 **Importieren/Exportieren**: Über diesen Menüpunkt lassen sich Kontaktdaten als eigenständige Dateien in den SD-Speicher Ihres Tablets auslagern. Das ist zum Beispiel für Sicherungen interessant.

9 **Konten**: Dieses Menü zeigt an, aus welchen Konten die verwendeten Kontakte stammen. Auf einem frischen Android-Smartphone wäre dies das Google-Konto. Sie können hier aber auch den Abgleich mit anderen Kontaktdatenbanken herstellen, etwa mit Ihren Facebook-Kontakten.

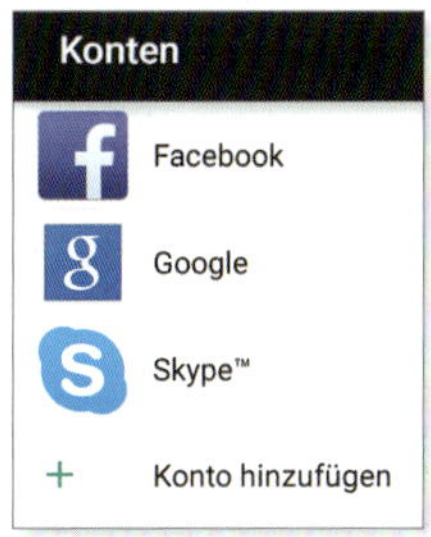

10 **Einstellungen**: Hier definieren Sie unter anderem die Anzeigeoptionen.

ACHTUNG

Facebook und der Datenschutz

An dieser Stelle wird wieder einmal klar, dass Facebook recht lax mit den anvertrauten Daten umgeht. In Nullkommanix landen sensible Adressdaten im Android-Kontaktverzeichnis. Ob Ihren Freunden das so recht und klar ist?

Wenn Sie einen bestimmten Kontakt aufgerufen haben, finden Sie in dessen In-App-Menü 11 die folgenden Optionen:

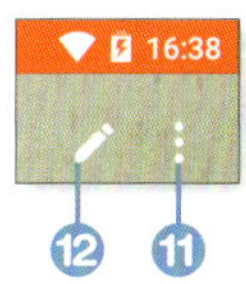

- **Teilen**: Damit können Sie den angezeigten Kontakt zum Beispiel per Mail oder an ein soziales Netzwerk weiterleiten.
- **Auf Startbildschirm platzieren**: Erstellt ein kleines Icon des aktuellen Kontakts auf dem Startbildschirm, um diesen schneller aufrufen zu können.

Tippen Sie nun das Bearbeitungssymbol ⑫ (Seite 131) am oberen Bildrand an. Dadurch gelangen Sie in den Bearbeitungsmodus und können bei Bedarf den ausgewählten Kontakt auch wieder löschen.

Von überall auf die Kontakte zugreifen

Die nahtlose Integration des Android-Systems in die Google Cloud wird auch bei den Kontakten deutlich: Sie können auf Ihre Kontakte von jedem PC oder Mac per Browser zugreifen.

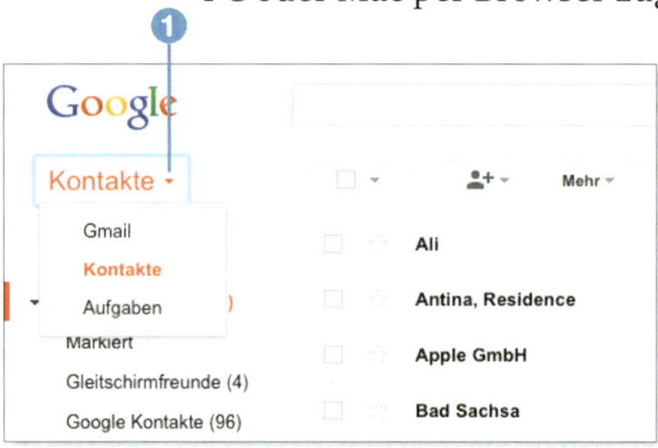

Loggen Sie sich mit Ihrem Google-Account per Browser (zum Beispiel Chrome) ein, öffnen Sie mit einem Klick auf den kleinen Pfeil ① das Dropdown-Menü, und wählen Sie den Eintrag **Kontakte**. Es öffnet sich eine Liste mit allen Kontakten Ihres Google-Kontos, die auch mit Ihrem Android-Tablet synchronisiert wurden.

Kontakte aus anderen Anwendungen importieren

Prinzipiell gibt es zwei Möglichkeiten, Kontakte aus einer anderen Anwendung in die Kontakte-App zu übertragen:

- Die Kontakte werden aus dem ursprünglichen Programm als CSV-Datei exportiert, und diese wird anschließend auf den SD-Speicher des Tablets übertragen. In der Kontakte-App verwenden Sie dann den Menüpunkt **Importieren/Exportieren**, um die im Speicher befindlichen Kontakte mit der App zu verbinden.
- Der Kontakte-Bereich in Ihrem Google-Konto wird zunächst per Browser aufgerufen. Hier haben Sie erweiterte Möglichkeiten zum Import von Kontakten und können darüber hinaus die zu importierenden Kontakte einer neuen Gruppe zuordnen, die, falls etwas schiefläuft, auch wieder gelöscht werden kann.

Exemplarisch zeige ich Ihnen hier den Export/Import von Kontakten aus Microsoft Outlook 365, das lokal auf einem PC installiert ist. Bei anderen Outlook-Versionen können sich gegebenenfalls Abweichungen ergeben. In jedem Fall erfolgt der Kontaktabgleich über den Export einer CSV-Datei.

1. Starten Sie Outlook, und wechseln Sie in den Bereich **Personen** ②. Bei älteren Outlook-Versionen sind die Adressen im Bereich **Kontakte** gespeichert.

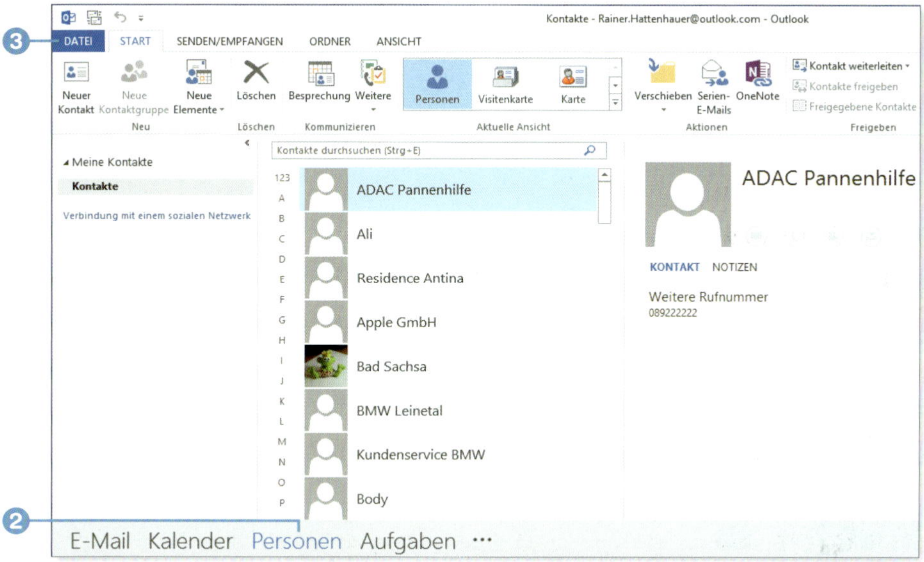

2. Wählen Sie aus dem Menü in der oberen Zeile den Reiter **Datei** ③ sowie aus der nun erscheinenden Leiste den Punkt **Öffnen und exportieren** ④.

3. Wählen Sie den Punkt **Importieren/Exportieren** ⑤, worauf ein entsprechender Assistent geöffnet wird. Hier tippen Sie die Option **In Datei exportieren** ⑥ (Seite 134) an. Anschließend tippen Sie auf die Schaltfläche **Weiter** ⑦, um mit dem Import fortzufahren.

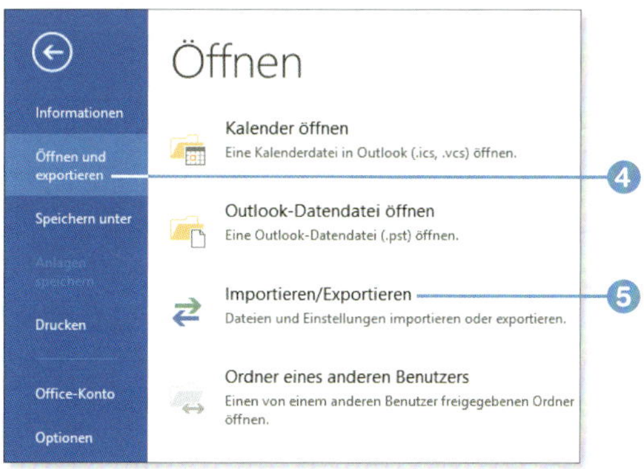

4. Markieren Sie im folgenden Dialog den Dateityp **Durch Trennzeichen getrennte Werte** 1, und fahren Sie mit einem Klick auf **Weiter** fort.

5. Im folgenden Schritt wählen Sie das Verzeichnis **Kontakte** aus und bestätigen die Auswahl erneut mit **Weiter**.

6. Nach Festlegung eines Exportnamens und -ortes wird die Datei schließlich erstellt.

Zum Import der Kontakte in die Google-Kontaktanwendung gehen Sie folgendermaßen vor:

1. Öffnen Sie **Gmail** in Ihrem Browser, und wechseln Sie in den Bereich **Kontakte** (siehe den Abschnitt »Kontakte verwalten« ab Seite 127).
2. Wählen Sie aus dem Menü **Mehr** ② den Punkt **Importieren** ③. Geben Sie für den Import über **Datei auswählen** ④ die soeben erstellte CSV-Datei an, und bestätigen Sie den Import durch Antippen der Schaltfläche **Importieren** ⑤.

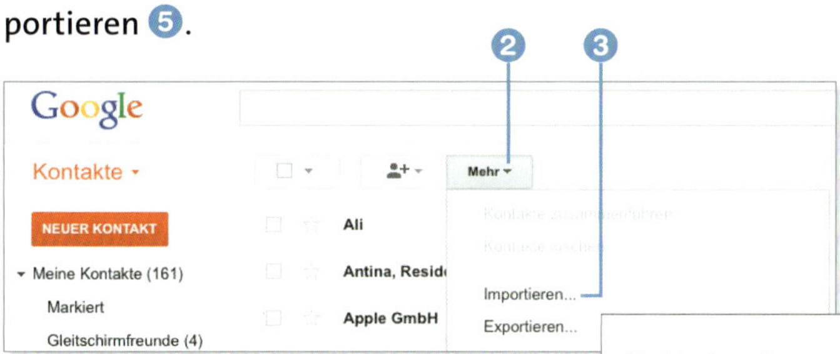

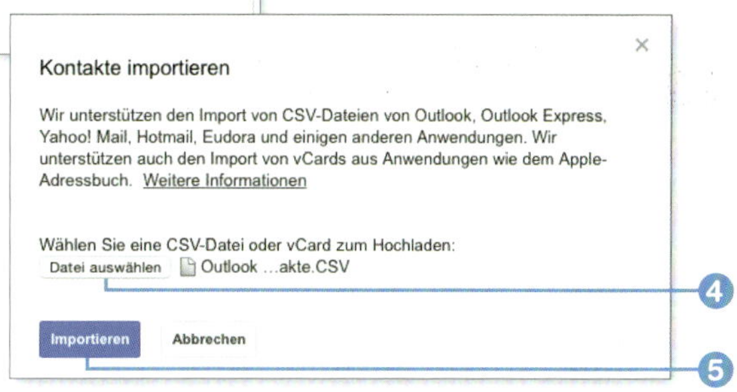

3. Die Kontakte erscheinen nun mit aktuellem Importdatum im Ordner **Importiert am [...]** ⑥ im Bereich **Meine Kontakte** von Gmail. Bei Bedarf können Sie das System durch Antippen des entsprechenden Links ⑦ anweisen, nach doppelten Kontakten zu suchen und die importierten Kontakte mit Ihrer bestehenden Kontaktdatenbank zu vereinen.

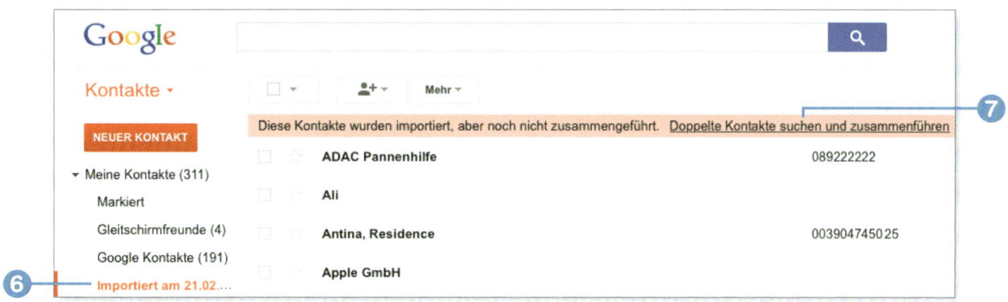

Das Ganze klappt auch mit anderen Adressbuchanwendungen, sofern diese den Export ins CSV-Format beherrschen.

TIPP

Synchronisation von Outlook und Android

Das beschriebene Verfahren eignet sich für eine einmalige Synchronisation Ihrer Outlook-Kontakte mit Ihrem Google-/Android- Konto. Möchten Sie Android und Outlook permanent synchron halten, dann sollten Sie sich nach spezieller Software von Drittanbietern umschauen (Bei Samsung-Geräten zum Beispiel *Kies* oder bei HTC *Sync Manager*).

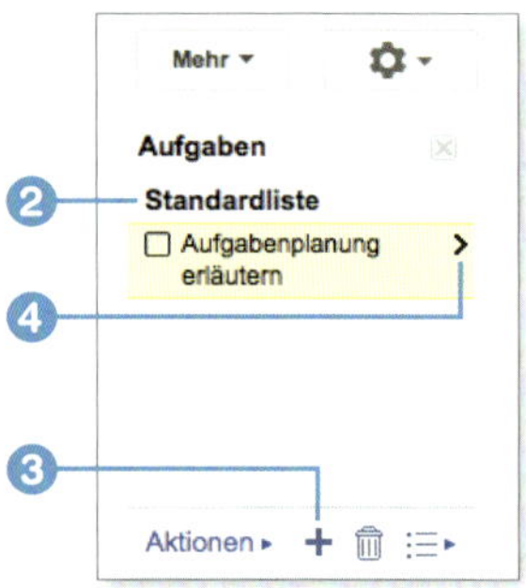

Aufgaben organisieren und verwalten

Ihr Google-Konto verfügt zwar über eine Aufgabenplanung, diese lässt sich aber bislang nur mit Hilfe von Drittanbieter-Apps mit Ihrem Tablet synchronisieren beziehungsweise sich dort bequem nutzen.

Sehen wir uns zunächst die Aufgabenverwaltung direkt in Ihrem Google-Konto an.

1. Loggen Sie sich per Browser auf Ihrem Google-Konto ein, und wechseln Sie in den Bereich **Kalender**.

   Achten Sie hier darauf, dass in der Liste **Meine Kalender** der Aufgaben-Kalender aktiviert wurde. Das erreichen Sie durch Antippen des farbigen Feldes ❶ vor **Aufgaben**. Die Aufgabenliste selbst erscheint auf der rechten Seite im Browserfenster als Standardliste ❷.

2. Um eine neue Aufgabe zu erstellen, tippen Sie das Pluszeichen ❸ an und geben eine Beschreibung für die Aufgabe ein.

3. Durch Antippen des Pfeilsymbols ❹ neben der Aufgabe können Sie die Beschreibung verfeinern oder auch einen Termin für die Aufgabe setzen.

Zur Verwaltung der Aufgaben auf Ihrem Tablet, die mit dem Google-Aufgabenplaner erstellt wurden, empfehle ich Ihnen die App **GTasks**. Installieren Sie diese mit dem nebenstehenden QR-Code.

GTasks

1. Starten Sie **GTasks**. Beim ersten Start müssen Sie der App explizit erlauben, auf Ihre Google-Aufgabenplanung zuzugreifen.
2. Anschließend können Sie auf Ihre bislang erstellten Aufgaben zugreifen und über das **+**-Symbol ⑤ neue Aufgaben erstellen.
3. Bestätigen Sie die Eingabe mit Ihrer virtuellen Tastatur, und wechseln Sie mit der Rücktaste wieder in die Übersicht. Haben Sie eine Aufgabe erledigt, tippen Sie einfach das Kästchen ⑥ vor der Aufgabe an, und die Aufgabe wird aus Ihrer Liste gestrichen.

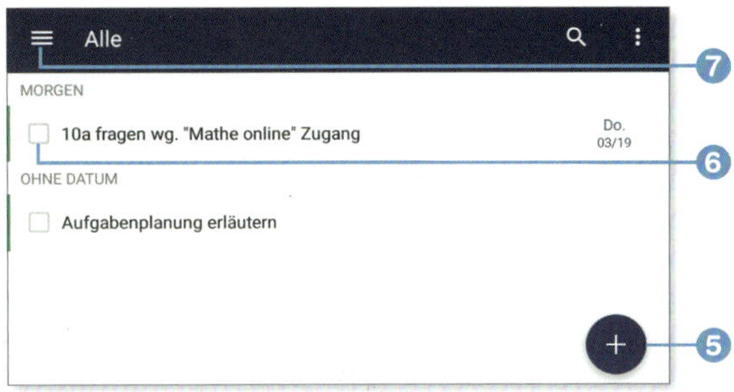

4. Kontrollieren Sie per Browser, ob die Aufgabe in Ihrem Google-Kalender im Bereich **Aufgaben** zu finden ist. Dazu müssen Sie sicherstellen, dass der Aufgaben-Kalender aktiviert ist ①.
5. Über das Hauptmenü der App ⑦ haben Sie die Möglichkeit, weitere spezialisierte Aufgabengruppen zu definieren und diese auch entsprechend zu bearbeiten.

TIPP

Notizen- und Memo-Apps

Enge Verwandte von GTasks sind Notizen- beziehungsweise Memo-Apps. Diesbezüglich haben Sie ja bereits die App **Notizen** in Kapitel 1, »Start mit dem Android-Tablet«, kennengelernt. Die App **Wunderlist** eignet sich hervorragend, um Aufgaben und To-do-Listen zu verwalten. Wollen Sie Einkaufslisten anlegen, können Sie auf die App **Mighty Grocery** zurückgreifen. Der König der Onlinenotizbücher ist aber zweifelsohne **Evernote**. Wir werden auf diese App noch in Kapitel 12, »Das Tablet als mobiles Büro verwenden«, näher eingehen.

Kapitel 6
Fotografieren und Bilder bearbeiten

Zugegeben: Es mutet oft unfreiwillig komisch an, wenn glückliche Tablet-Besitzer ihr gutes Stück als Kameraersatz vor touristischen Highlights wie etwa der Mona Lisa im Louvre in die Luft halten. Andererseits: Wenn Sie das Teil schon ständig dabeihaben, dann können Sie es auch als Ersatz für die gute alte Knipse verwenden. Die fotografischen Talente der aktuellen Android-Tablets sind mittlerweile durchaus brauchbar.

Einen ersten Schnappschuss machen

Ihr Android-Tablet ist in der Regel mit zwei verschiedenen Optiken ausgestattet: der Frontkamera 1 und der rückwärtigen Kamera 2.

1. Die Frontkamera verfügt über eine schwächere Bildauflösung. Üblich sind hier Kameraoptiken im Bereich von einem bis zwei Megapixeln. Die Frontkamera wird im Normalfall für Videokonferenzen verwendet, die Sie ja bereits in Kapitel 4, »Messenger und Videokonferenzen«, ab Seite 101 kennengelernt haben, kann aber auch als Quelle für »Selfies«, die im Internet höchst populären Selbstporträts, dienen.
2. Die rückwärtige Kamera ist diejenige Optik, die für klassische Fotos verwendet wird. Bei Tablets sind mittlerweile Auflösungen von drei bis acht Megapixeln üblich. Dadurch wird klar, dass damit geschossene Fotos sicher nicht allerhöchsten Ansprüchen genügen werden.

Kamera

Dennoch erfahren Sie in diesem Abschnitt, wie Sie die eingebauten Kameras für Schnappschüsse nutzen. Ich verwende hier die Google-eigene Kamera-App. Sollte diese nicht auf Ihrem Tablet vorinstalliert sein, können Sie sie bequem aus dem Play Store nachinstallieren. Sollte das aus Kompatibilitätsgründen auf Ihrem Tablet nicht funktionieren, seien Sie unbesorgt: Die im Folgenden beschriebenen Schritte lassen sich in ähnlicher Weise auch mit alternativen Kamera-Apps nachvollziehen.

1. Starten Sie die **Kamera**-App. In der Standardeinstellung finden Sie diese in der Leiste der häufig benutzten Apps am unteren Bildrand, in jedem Fall aber im App-Menü. Beim ersten Start werden Sie gefragt, ob Sie den Aufnahmeort des Bildes abspeichern möchten (Geotagging). Dazu muss die GPS-Ortung Ihres Tablets aktiviert sein.

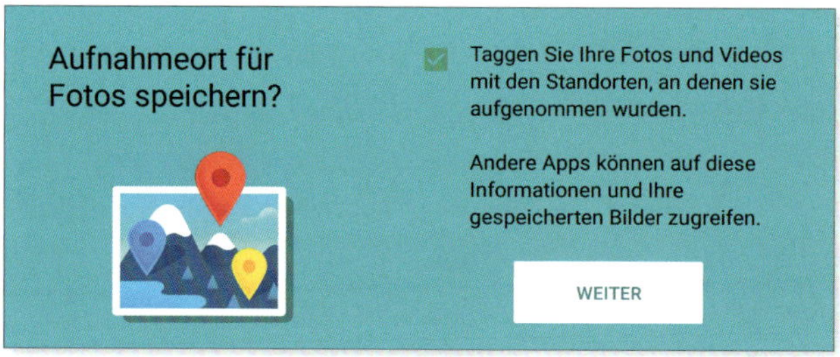

2. Halten Sie die Kamera auf ein Motiv, das Sie über das Display auswählen. Die Fokussierung erfolgt automatisch.

3. Tippen Sie auf das Auslösersymbol ①. Daraufhin wird ein Foto geschossen.

Die Oberfläche der Kamera-App erscheint spartanisch.

Kinderleicht, nicht wahr? Insbesondere der Autofokus verrichtet im Hintergrund unbemerkt seinen Dienst und führt zu ansprechenden Ergebnissen.

Die Kamera-App kennenlernen

Auch anspruchsvolle Anwender kommen mit der Kamera-App auf ihre Kosten. Sicher haben Sie beim ersten Start der App bemerkt, dass für ca. eine Sekunde weitere Schaltflächen auf dem Display erscheinen. Diese stelle ich Ihnen nun vor:

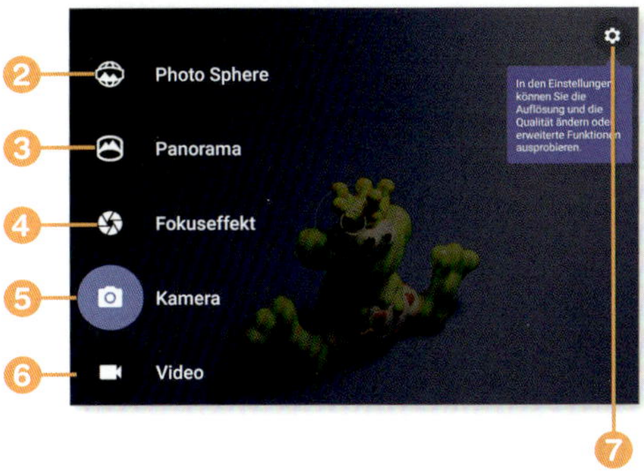

Wischen Sie mit einem Finger auf dem Display von links nach rechts. Sie sehen folgende Schaltflächen, die sich dynamisch über den aktuellen Bildausschnitt legen:

- ❷ **Photo Sphere**: Mit dieser Funktion erstellen Sie kugelförmige Panoramen, die ein wenig an Google Street View erinnern.
- ❸ **Panorama**: Hiermit können Sie mit einem Dreh um die eigene Achse klassische 360-Grad-Panoramen erstellen.
- ❹ **Fokuseffekt**: Damit wird eine Serie von Bildern mit unterschiedlichem Fokus geschossen. Dadurch werden in der Nähe befindliche Objekte hervorgehoben dargestellt.
- ❺ **Kamera**: In diesem Modus schießen Sie normale Fotos, also Standbilder.
- ❻ **Video**: Über diese Schaltfläche wechseln Sie in den Videomodus und können anschließend kleine Filme aufzeichnen – je nach Hardware sogar in HD-Qualität.
- ❼ Weitere Optionen des Programms erreichen Sie über das Zahnradsymbol am rechten oberen Bildrand.

Die einzelnen Möglichkeiten werde ich Ihnen in späteren Abschnitten noch ausführlich erläutern.

Im Fotomodus erscheinen zudem drei Punkte ❶ im oberen rechten Bildteil. Diese führen nach Antippen zu Schnellschaltflächen, mit denen bestimmte Kamerafunktionen direkt vor der Aufnahme aktiviert werden können.

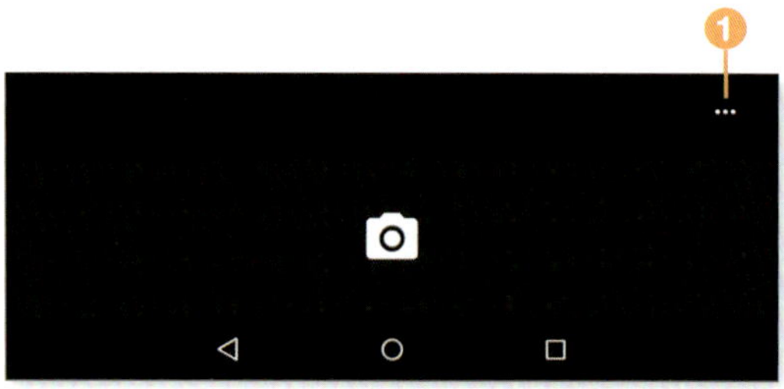

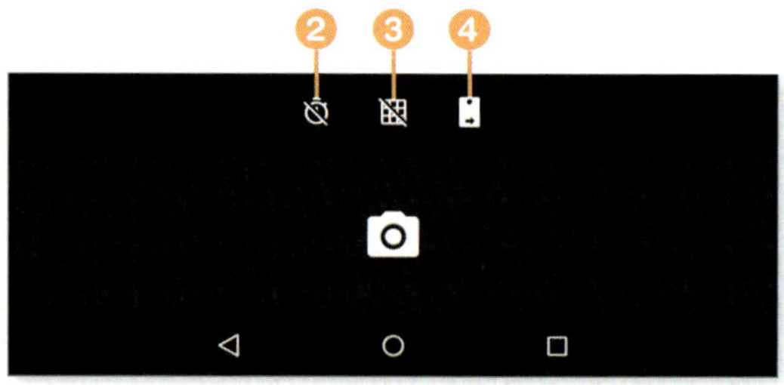

Im vorliegenden Fall finden Sie etwa die folgenden Optionen:

❷ Aktivieren der Timerfunktion (Selbstauslöser)

❸ Einblenden eines Rasters (hilfreich für den Bildaufbau)

❹ Wechsel von Rück- auf Frontkamera und umgekehrt

INFO

Blitzlampe

Einige Tablets sind mit einer Blitz-LED ausgestattet. In diesem Fall finden Sie ein entsprechendes Symbol ❺.

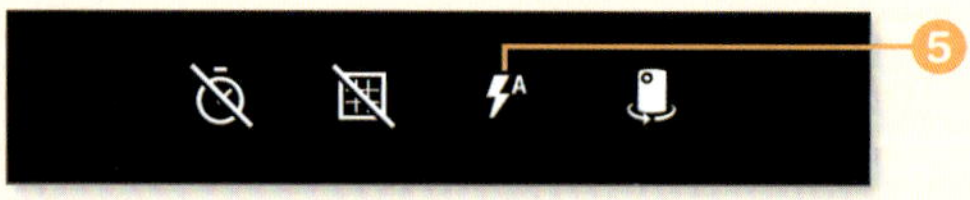

Wenn Sie die Bildauflösung und andere Details im Foto ändern möchten, dann müssen Sie in die Einstellungen der Kamera-App wechseln. Tippen Sie dazu auf das Zahnradsymbol in der rechten oberen Ecke.

❻ **Auflösung & Qualität:** An dieser Stelle lässt sich die Auflösung der Aufnahmen einstellen. Außerdem erhalten Sie Informationen darüber, wie leistungsfähig die Hardware in Ihrem Tablet ist.

❼ **Standort speichern:** Diese Option sorgt dafür, dass gemeinsam mit einer Aufnahme deren Standort gespeichert wird. Dieses Verfahren nennt man *Geotagging*.

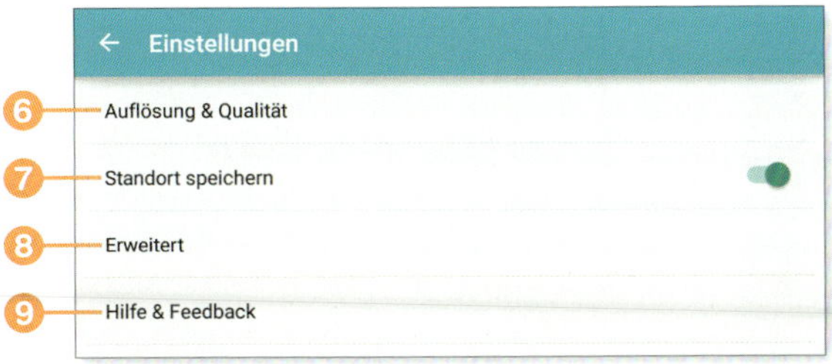

- 8 **Erweitert**: Hier finden Sie weitere Optionen. Zum Zeitpunkt der Drucklegung dieses Buches gab es hier lediglich eine Schaltfläche, die die manuelle Belichtungsoption aktiviert. Es bleibt zu hoffen, dass Google hier noch weitere nützliche Funktionen nachgerüstet hat beziehungsweise nachrüstet.
- 9 **Hilfe & Feedback**: Hier werden Sie per Browser auf eine Google-Seite weitergeleitet, auf der Sie umfassende Informationen erhalten. Darüber hinaus können Sie hier auch Anregungen oder Kritik zur App loswerden.

Genug der grauen Theorie, nun ist es Zeit für ein paar typische Anwenderszenarien.

Richtig scharfstellen

Wie jetzt? Eigentlich hatten Sie doch gelernt, dass sich die Kamera-App selbst um die richtige Fokussierung der Aufnahme kümmert. Das stimmt schon, dennoch gibt es Situationen, in denen eine manuelle Fokussierung nicht schaden kann, weil sich die Optik auf das falsche Objekt »eingeschossen« hat oder sich das Motiv nicht im Zentrum befindet. Gehen Sie hier folgendermaßen vor:

1. Starten Sie die **Kamera**-App, und justieren Sie den Bildausschnitt mit Hilfe des Displays.

2. Tippen Sie die Stelle mit dem Objekt an, das zu fokussieren ist. Es erscheint ein Kreis ①.
3. Tippen Sie nun auf den **Auslöser** ②.

Manuelle Fokussierung: Das anvisierte Objekt ist an dem Fokussierungskreis zu erkennen.

Bildausschnitte vergrößern

Um ein Objekt formatfüllend abzulichten, gehen Sie folgendermaßen vor:

1. Bringen Sie das Objekt in die Mitte des Displays.
2. Spreizen Sie zwei Finger auf dem Display (Pinch-to-Zoom-Geste). Es erscheinen nun Hilfslinien, die die Zoomfunktion anzeigen.
3. Warten Sie einen Augenblick, bis die automatische Fokussierung das Objekt erfasst hat.
4. Tippen Sie anschließend auf die **Auslöser**-Schaltfläche.

Die Funktionen Photo Sphere und Panorama nutzen

Mittlerweile kennt jeder Google Street View: Hier können Sie sich durch eine Stadt oder Landschaft bewegen, als seien Sie mittendrin. Eine ähnliche dreidimensionale Fotocollage bietet der Modus **Photo Sphere**. Am besten testen Sie diesen in einem geschlossenen Raum, um Letzteren komplett abzulichten. Ich drehe mich bei der folgenden Fotocollage einmal mit meinem Bürostuhl um die eigene Achse und versuche auf diese Weise, mein Büro zu digitalisieren.

1. Wählen Sie aus den Optionen den Modus **Photo Sphere** aus. Bestätigen Sie den Einleitungsdialog, und bewegen Sie sich im Folgenden nach Möglichkeit nicht selbst durch den Raum.

2. Drehen und neigen Sie Ihr Tablet nun so, dass der ganze Raum erfasst wird. Achten Sie dabei darauf, dass der weiße Kreis ③ auf dem Display den folgenden blauen Punkt ④ erfasst. Daraufhin wird nacheinander jeweils ein Foto für die Collage geschossen.

3. Wiederholen Sie das Vorgehen, bis der ganze Raum erfasst wurde. Bestätigen Sie die Fertigstellung durch Antippen des Häkchens ⑤. Gefällt Ihnen das Ergebnis nicht, dann verwerfen Sie es mit der ×-Schaltfläche ⑥ und starten einfach einen neuen Versuch.

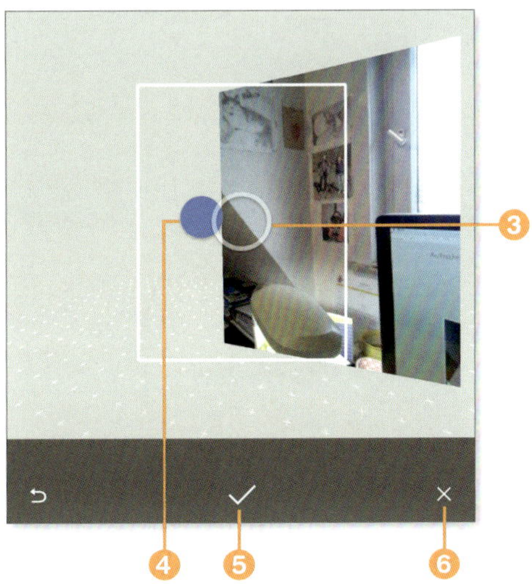

Ihr Tablet benötigt nun ein wenig Rechenzeit, um die Collage zusammenzufügen. Danach können Sie das Ergebnis in der Fotos-App bewundern, mehr dazu erfahren Sie ab Seite 148. Auf dem Tablet, aber auch im Browser wird die zusammengesetzte Aufnahme als spannende Kamerarundfahrt präsentiert.

Kamerarundfahrt durchs Büro – sicherlich gibt es spektakulärere Motive für Photo Sphere.

Auf die gleiche Art erstellen Sie Panoramen mit der **Panorama**-Option. Diese finden Sie gleich unter der Option **Photo Sphere**.

1. Wählen Sie die **Panorama**-Funktion aus. Im Gegensatz zur Funktion **Photo Sphere** müssen Sie das erste Foto manuell auslösen, indem Sie auf die entsprechende Schaltfläche ❶ tippen.

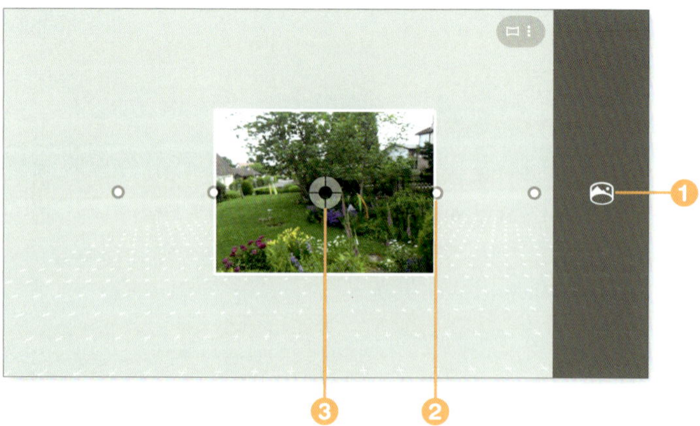

2. Drehen Sie sich nun mit dem Tablet weiter, so dass der nächste Punkt ② in den Kreis ③ kommt. Das kennen Sie prinzipiell schon von der Option **Photo Sphere**.

3. Sie schließen die Aufnahme wie zuvor beschrieben über die **Beenden**-Schaltfläche ab.

Rundgang durch unseren Garten

Den Fokuseffekt geschickt einsetzen

Ein neues Feature der aktuellen Google-Kamera-App-Generation ist die Möglichkeit, Aufnahmen zu erstellen, bei denen ein Objekt durch Schärfentiefe-Effekt hervorgehoben wird. Dabei wird das Objekt selbst scharf und der Hintergrund unscharf dargestellt – ein Effekt, den Fotografen bewusst nutzen, indem sie bei ihren lichtstarken Objektiven die Blende weit öffnen. Da Ihr Tablet mit einer äußerst lichtschwachen Optik ausgestattet ist, muss dieser Effekt per Software herbeigezaubert werden.

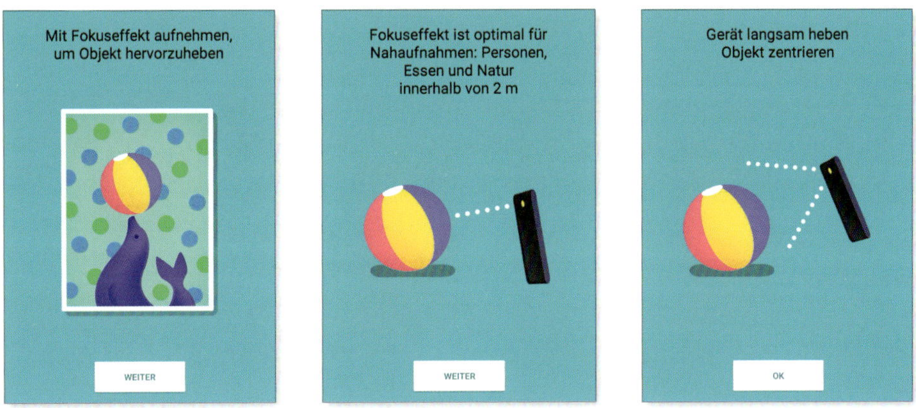

Beim ersten Start erläutert ein Assistent den Fokuseffekt.

Der Schärfentiefe-Effekt betont das zentrale Motiv: Vorder- und Hintergrund sind unscharf, das Objekt selbst tritt markant in Erscheinung.

1. Richten Sie die Kamera auf ein nahes Objekt, und drücken Sie den **Auslöser**.
2. Kippen Sie nun langsam das Tablet gemäß der Anleitung beziehungsweise dem auf dem Schirm ersichtlichen Symbol nach oben.
3. Warten Sie nach Fertigstellung der Aufnahme, bis das Tablet diese verarbeitet hat.
4. Begutachten Sie Ihre Aufnahme in der Fotos-App.

Fotos betrachten

Nun haben Sie sicher schon das eine oder andere Foto geschossen und möchten diese in Ruhe betrachten. Dazu bieten sich zwei Apps an:

- Die **Galerie**-App gibt es im Android-Betriebssystem schon seit Urzeiten. Sie verrichtet zuverlässig ihren Dienst, wenn es darum geht, lokal Bilder zu sichten oder Diashows zu erstellen. Die App wurde allerdings bei aktuellen, puren Android-5-Systemen wegrationalisiert.
- Moderner und wesentlich besser mit Google+ verknüpft ist die **Fotos**-App. Diese hat mittlerweile die Galerie-App abgelöst.

Google+

Daher konzentriere ich mich in den folgenden Ausführungen auf die Fotos-App. Sollten Sie noch im Besitz eines älteren Android-Tablets sein, auf dem sich nur die Galerie-App befindet, können Sie die Fotos-App über die aktuelle Google+-App nachinstallieren: Die Fotos-App ist darin enthalten, und Sie finden sie anschließend im App-Menü. Möchten Sie die folgenden Schritte nachvollziehen, ist es zwingend erforderlich, dass Sie Ihren Google+-Account beziehungsweise die damit verbundene Synchronisation aktivieren (siehe Seite 68).

1. Starten Sie die App **Fotos** aus dem App-Menü. Nach dem Start erscheint zunächst im Bereich **Alle** (1) die Übersicht über alle per Google Cloud abgeglichenen Fotos. Das Datum über den Bilderserien dient dabei als Orientierungshilfe. Im Bereich **Highlights** (2) finden Sie nach Datum sortiert die nach Meinung des Systems wichtigsten hochgeladenen, aber auch lokal gespeicherten Fotos.

2. Über die Menüschaltfläche am linken oberen Displayrand (3) gelangen Sie in das Hauptmenü der App. Hier finden Sie folgende Bereiche:

Rainer Hattenhauer rainer.hattenhauer@gmail.com	Verknüpfung mit Google+
Fotos	Übersicht über Ihre Fotos
Stories	Sollten Sie beim Anfertigen der Aufnahmen den Geotagging-Modus bei den Aufgaben genutzt haben, dann erstellt die Fotos-App basierend auf den Standortinformationen eigene Alben mit einer prägnanten Überschrift. Diesen Automatismus nennt Google *Stories*.
Alben	Übersicht über Ihre Alben
Auto-Effekte	Bilder, die von Google mit Auto-Effekten versehen wurden
Videos	Übersicht über alle Videos
Fotos von mir	Bilder, die mit Ihrem Namen getaggt wurden beziehungsweise auf denen Sie erkannt wurden
Auf dem Gerät	lokal abgelegte Fotos und Videos, auf die Sie auch ohne Internetverbindung zugreifen können
Papierkorb	kürzlich gelöschte Fotos und Videos

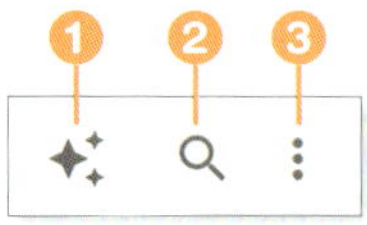

Außerdem finden Sie am rechten oberen Rand folgende Schaltflächen:

1. ✦: Erstellung von neuen Auto-Effekten zu aktuell ausgewählten Bildern
2. **Lupe**: Suche nach Bildern über Tags
3. **In-App-Menü** mit den Unterpunkten **Aktualisieren** (liest Bilderübersicht aus der Cloud neu ein), **Auswählen** (ermöglicht die Gruppierung von Aufnahmen) und **Einstellungen**

Schauen wir uns die Einstellungsmöglichkeiten der Fotos-App an. Dazu rufen Sie den entsprechenden Punkt über das In-App-Menü auf.

Es gibt hier zwei wesentliche Bereiche:

- Über den Punkt **Automatische Sicherung** 4 können Sie kontrollieren, ob und wann Fotos, die Sie mit Ihrem Tablet erstellt haben, automatisch in der Google Cloud gesichert werden sollen. Insbesondere können Sie hier auch festlegen, in welcher Größe Ihre Fotos in der Cloud gespeichert werden sollen – damit lässt sich der vorhandene Speicherplatz effektiv nutzen. In den **Sicherungseinstellungen** haben Sie die Möglichkeit, die Sicherung »feinzutunen«, also etwa Bilder nur dann in die Cloud hochzuladen, wenn Ihnen eine WLAN-Verbindung zur Verfügung steht. Das lässt sich im Übrigen auch separat für Fotos und Videos einrichten. Die hier gelisteten Optionen stehen Ihnen nur dann zur Verfügung, wenn Ihr Tablet über einen Mobilfunk-Anschluss per SIM-Karte verfügt.

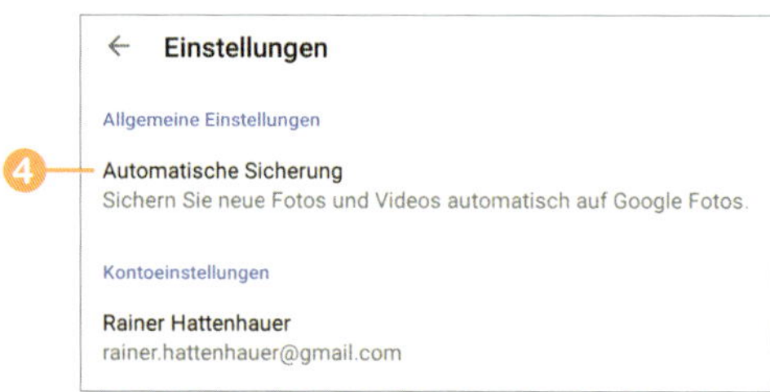

- Über Ihr persönliches Konto legen Sie unter anderem fest, ob Fotos automatisch optimiert werden sollen 5. Aber auch die Option **Find My Face** 6, also die Suche nach dem eigenen Gesicht auf Fotos, wird hier aktiviert beziehungsweise kann natürlich auch deaktiviert werden. Dazu erfahren Sie später im Abschnitt »Personen auf Fotos zuordnen« ab Seite 156 mehr.

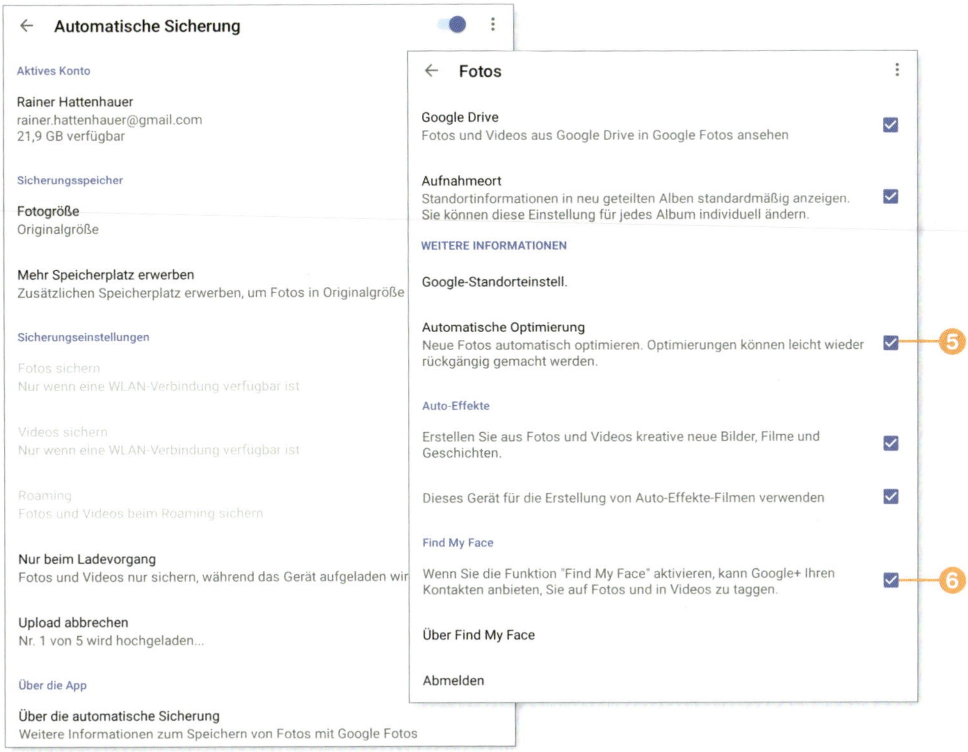

Bilder in Alben sortieren

Nachdem Sie nun Ihre Fotos gesichtet haben, wäre es schön, diese thematisch geordnet in Alben unterzubringen. Das funktioniert folgendermaßen:

1. Stellen Sie zunächst sicher, dass Sie online sind. Die erstellten Alben werden dadurch direkt mit Ihrem Google+-Konto verknüpft.
2. Wechseln Sie in den Bereich **Alle** oder **Highlights**, und wählen Sie das erste Foto, das Sie zu einem neuen Album hinzufügen möchten, durch längeres Antippen aus. Es erscheint auf jedem ausgewählten Bild ein weißes Häkchen 1 (Seite 152).
3. Fahren Sie auf die gleiche Weise fort, bis Sie alle Bilder für das Album ausgewählt haben.

4. Tippen Sie die Schaltfläche **In Album kopieren** ② an. Nun können Sie aus der Liste entweder ein bestehendes Album auswählen oder über das +-Zeichen ein neues erstellen ③. Im folgenden Fall möchte ich ein neues Album erstellen und wähle für dieses den Namen *Bassano 2014* ④.

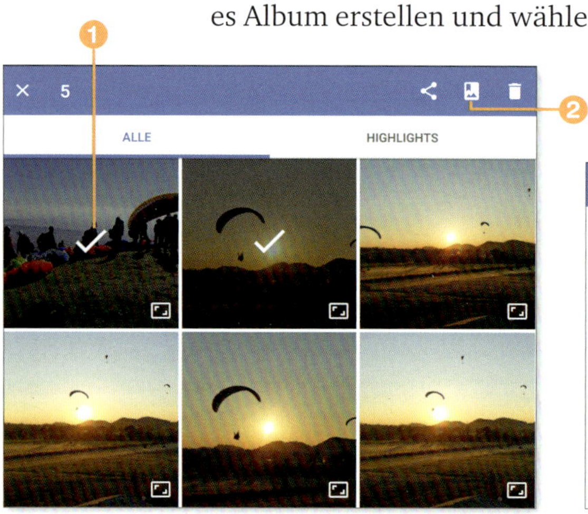

Fertig! Damit hätten Sie ein neues Album erstellt. Sie können dem Album auf die gleiche Weise übrigens weitere Bilder zuweisen. Wählen Sie zunächst die Bilder aus, und fügen Sie diese über die Schaltfläche **In Album kopieren** dem gewünschten Album hinzu. Das Album kann nun in der Fotos-App im Bereich **Alben** bewundert werden.

INFO

Fotos per Browser sortieren und teilen

Im Browser am PC haben Sie auch die Möglichkeit, die Fotos eines Albums umzusortieren, sie zum Beispiel nach dem Aufnahmedatum zu ordnen. Wechseln Sie dazu in das Album, und wählen Sie den Punkt **Ordnen** 5. Sie können die Bilder nun mit der Maus wie gewünscht im Browserfenster verschieben/anordnen oder nach bestimmten Kriterien wie etwa dem Aufnahmedatum ordnen. Über den Punkt **Teilen** 6 können Sie darüber hinaus festlegen, wer das ausgewählte Album zu Gesicht bekommen darf.

Eine Diashow vorführen

Nachdem Sie ein Album erstellt haben, ist die meiste Arbeit bereits getan. Jetzt ist es ganz leicht, damit eine kleine Diashow zu erzeugen:

1. Wählen Sie das gewünschte Album im Bereich **Alben** in der Fotos-App aus, indem Sie es einmal antippen.
2. Tippen Sie anschließend auf das erste Bild des Albums. Dieses wird daraufhin in der Vollbilddarstellung geöffnet.

3. Wählen Sie aus dem In-App-Menü den Punkt **Diashow** (1), und schon geht's los. Beachten Sie aber: Besonders ausgefeilte Effekte lassen sich damit nicht erzielen. Dazu bieten sich speziellere Apps aus dem Play Store an, zum Beispiel der Diashow-Gestalter, der ein Album in ein Video mit interessanten Überblendungseffekten überführt.

Diashow-Gestalter

Stories: Erzählen Sie eine Geschichte!

Stories geht noch etwas über das Konzept der Alben hinaus. Dabei versucht Google+, von Ihnen hochgeladene Fotos in einen thematischen Zusammenhang zu bringen und daraus selbstständig eine Fotostory zu erstellen. Dazu werden unter anderem Informationen wie Datum oder GPS-Koordinaten, die den Bildern durch *Geotagging* angeheftet wurden, verwendet.

Geotagging bezeichnet das Versehen von Aufnahmen mit den geografischen Koordinaten von Orten, an denen die Aufnahmen erstellt wurden. Die Funktion können Sie in den Optionen der Kamera-App im Bereich **Einstellungen ▸ Standort speichern** aktivieren.

1. Um **Stories** zu aktivieren, wechseln Sie in der Fotos-App in den Bereich **Einstellungen ▸ Kontoeinstellungen** und tippen auf Ihr Google-Konto. Aktivieren Sie hier die Optionen unter **Auto-Effekte**. Den Rest erledigt das System selbstständig, vorausgesetzt, Sie liefern genügend Bildfutter.

2. Schauen Sie von Zeit zu Zeit nach, ob Google+ eine neue selbstständig erstellte Story bereithält. Dazu sehen Sie einfach im Menü im Bereich **Stories** nach.

3. Tippen Sie auf eine der gelisteten Stories 2, und scrollen Sie per Finger durch das zusammengestellte Material. Sie werden überrascht sein, welche Daten Google automatisch verknüpft hat.

4. Ergänzen Sie gegebenenfalls Bildunterschriften, indem Sie die vorhandenen Textfelder antippen.

Google+-Fotostories überraschen durch die professionelle Verknüpfung von Bildmaterial.

Es sollte allerdings erwähnt werden, dass die kreativen Möglichkeiten recht beschränkt sind.

ACHTUNG

Datenkrake Google und die Privatsphäre

Gerade die Fotostories sind ein Beleg dafür, wie beängstigend die Vernetzung von Daten durch Google selbst sein kann. Hier werden exakte Bewegungsprofile erstellt, so dass (falls die Stories in der Öffentlichkeit geteilt werden) jeder nachvollziehen kann, wann Sie wo gewesen sind und was Sie dort getan haben. Falls Sie ein Alibi benötigen, ist das sicher vorteilhaft, in allen anderen Fällen ein weiterer Beweis, dass Orwells Big Brother längst Realität geworden ist. Die Fotostory-Option ist in der Grundeinstellung der Fotos-App übrigens aktiviert – ein Schelm, wer Böses dabei denkt.

Personen auf Fotos zuordnen

Wer Ordnung in seine Bildersammlung bekommen möchte, der versieht diese nach Möglichkeit mit *Tags*. Ein Tag ist dabei nichts anderes als eine Markierung in Stichwortform. Das kennen Sie prinzipiell schon von den Labels aus Gmail (siehe auch den Abschnitt »E-Mails verwalten, ordnen und sortieren« ab Seite 85). Momentan sieht Google+ nur die Möglichkeit vor, Personen zu taggen. Dies ist ein zugegebenermaßen umstrittenes Feature, da es nicht jeder gern hat, wenn persönliche Bilder, die mit seinem Namen verknüpft sind, im Internet auftauchen.

In der Fotos-App ist das Taggen der eigenen Person durch Dritte meist aktiviert. Wenn Sie das stört, dann deaktivieren Sie in der Fotos-App unter **Einstellungen** ▸ **Kontoeinstellungen** die Option **Find My Face** 1.

Möchten Sie Ihrerseits ein spezielles Bild mit einem Personen-Tag versehen, gehen Sie folgendermaßen vor:

1. Öffnen Sie einen Browser, und wechseln Sie in Ihr Google+-Konto.
2. Wechseln Sie in den Bereich **Foto**, und gehen Sie anschließend über das Menü **Mehr ▸ Alben** in den Bereich Ihrer Alben.
3. Wählen Sie das gewünschte Album durch Antippen aus. Es erscheint unter anderem eine Schaltfläche **Personen taggen** ❷. Tippen Sie sie an.
4. Die Bilder des Albums werden nun nach Personen beziehungsweise deren Gesichtern durchkämmt. Geben Sie für diese jeweils die Namen ein. Namensvorschläge erscheinen automatisch, sofern die betreffenden Personen ebenfalls ein Google+-Konto besitzen und sie darüber hinaus dem Tagging zugestimmt haben.

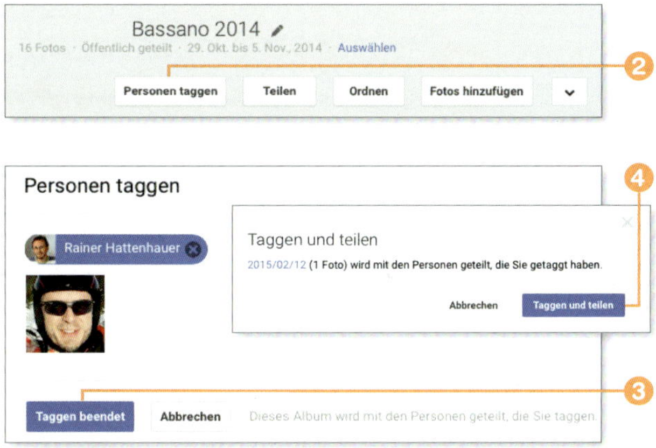

5. Beenden Sie den Vorgang schließlich über **Taggen beendet** ❸.
6. Handelt es sich bei den erkannten Personen um Dritte, können Sie diese über die Schaltfläche **Taggen und teilen** ❹ darüber in Kenntnis setzen, dass Sie die betreffende Person auf einem Foto markiert haben.

Das Album wird nun mit den Personen aus Ihrem Bekanntenkreis geteilt, die von Ihnen getaggt wurden. Voraussetzung ist, dass diese ebenfalls über ein Google+-Konto verfügen. Das Gespenstische dabei: Wenn eine andere Person Bilder mit ähnlichen Gesichtern mit Google+ verknüpft, werden diese per *Find my Face* automatisch erkannt und zugeordnet.

Weitere Optionen der Fotos-App

Gehen Sie doch einmal in die Einstellungen der Fotos-App, und tippen Sie dort im Bereich **Kontoeinstellungen** auf Ihr Google-Konto. Es bieten sich die weiteren teilweise selbsterklärenden Optionen:

Schneefall bei strahlendem Sonnenschein: Googles wundersame automatische Effekte nerven bisweilen.

- Die Option **Google Drive** sorgt dafür, dass Ihre Fotos bei einer bestehenden Internetverbindung automatisch auf den Cloudspeicher Google Drive hochgeladen werden. Das mag nicht immer wünschenswert sein, da es gegebenenfalls am limitierten Onlinekontingent nagt.
- Durch Aktivieren der **Aufnahmeort**-Option werden die Standortinformationen zu Bildern angezeigt, falls diese mit einem Geotag versehen sind, mehr darüber erfahren Sie auf Seite 140.
- Die **automatische Optimierung** ist nicht jedermanns Sache. Entweder deaktivieren Sie diese generell, oder Sie tippen während der Ansicht eines Bildes auf die **Zauberstab**-Schaltfläche, um das Bild im Original anzuzeigen.
- Schließlich gibt es noch die legendären **Auto-Effekte**. Hier versucht Googles Onlinebildbearbeitung in der Cloud, bestimmte Situationen zu erkennen und diese als Auto-Effekt ins Bild einzubinden. Ein Beispiel: Wird auf einem Bild Schnee entdeckt, geht der Auto-Effekt-Modus automatisch davon aus, dass es an dem betreffenden Tag geschneit haben muss, und fügt dem Bild ein animiertes Schneegestöber hinzu. Glücklicherweise hält der Cloudspeicher auch noch die Originale vor, so dass Sie im Zweifelsfall darauf zurückgreifen können.

Besser als Googles automatische Effekte ist immer noch die Möglichkeit, die Bilder selbst nachzubearbeiten. Die Fotos-App sowie eine Vielzahl weiterer Apps zum Thema Fotografie und Bildbearbeitung unterstützen Sie beim Verschönern Ihrer Bilder. Wie das geht, zeigt der folgende Abschnitt.

Bilder bearbeiten

Bildbearbeitungs-Apps für Android gibt es im Play Store wie Sand am Meer. Ich stelle Ihnen auch hier zunächst die in **Fotos** eingebaute Variante vor, bevor ich mich weiteren speziellen Apps zuwende. Sie bietet diverse Möglichkeiten zur Bildbearbeitung an.

1. Starten Sie die **Fotos**-App, und wählen Sie eines Ihres Lieblingsbilder aus.
2. Eventuell wurde das Bild schon einer automatischen Optimierung unterzogen. Das erkennen Sie am Zauberstabsymbol ❶ rechts unten. Damit können Sie außerdem zwischen Original und Bearbeitung hin und her schalten. In der Regel werden bei der automatischen Bearbeitung die Farben des Originals deutlicher hervorgehoben und der Kontrast ein wenig erhöht.
3. Zum manuellen Bearbeiten des aktuell ausgewählten Bildes wählen Sie am unteren Bildrand den Punkt **Foto bearbeiten** ❷. Sollten Sie vergeblich nach diesem Menüpunkt Ausschau halten, kontrollieren Sie, ob Sie online sind und Google+ beziehungsweise die Synchronisierung dazu aktiviert wurde.
4. Unter dem Bild erscheint nun ein Balken, aus dem verschiedene Optionen zur Bildbearbeitung sowie einzelne zusätzliche Effekte nacheinander ausgewählt werden können.

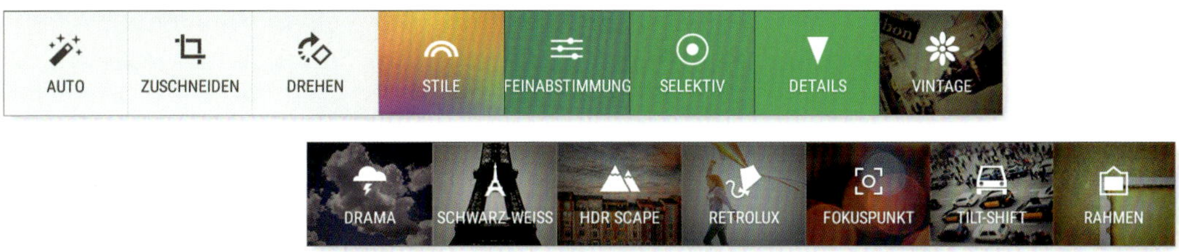

Die Schaltflächen haben folgende Bedeutung:

	**Auto**: Dient der automatischen Optimierung.
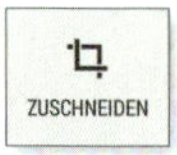	**Zuschneiden**: Bereich auswählen und beschneiden
	**Drehen**: zum Drehen eines Bildes
	**Stile**: Auswahl verschiedener Farbstile
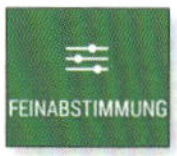	**Feinabstimmung**: Kontrast, Helligkeit etc. variieren
	**Selektiv**: selektive Änderung von Kontrast etc.
	**Details**: Bereiche schärfen beziehungsweise strukturieren
	**Vintage**: Bilder auf »Alt« trimmen

	**Drama**: Bilder dramatisieren
	**Schwarz-Weiß**: Farbbild in Schwarz-Weiß umwandeln
	**HDR Scape**: dynamischen Kontrast ergänzen
	**Retrolux**: Aufnahme künstlich vergilben
	**Fokuspunkt**: Bereiche nachträglich verwischen/fokussieren
	**Tilt-Shift**: Fokusbereich kippen und verschieben
	**Rahmen**: Bilderrahmen ergänzen

Jeder der Effekte bietet voreingestellte Filter, die sich auch nachträglich feinjustieren lassen. Zur Verdeutlichung dient folgendes Beispiel, das vier Effekte (Drama, Drehen, Zuschneiden und Rahmen) kombiniert:

1. Wählen Sie aus der Auswahlleiste den Effekt **Drama** aus. Über die nun auftretende Schaltfläche **Stil** ❶ können Sie zunächst einen voreingestellten Stil ❷ auswählen.

❶ ❷

2. Um den Effekt zu verfeinern, streichen Sie zunächst mit dem Finger von unten nach oben und wählen nacheinander die Punkte **Sättigung** und **Filterstärke** aus. Zur Veränderung einer Eigenschaft streichen Sie auf dem Bild mit dem Finger nach rechts beziehungsweise links, bis Ihnen das Ergebnis zusagt.

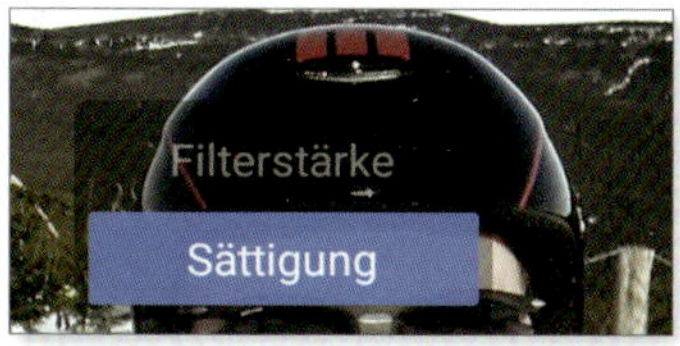

3. Bestätigen Sie die vorgenommene Änderung mit der entsprechenden Schaltfläche 3 am oberen Bildrand. Die übrigen Schaltflächen bedeuten: **Verwerfen des Effekts** 4, **Hilfe zum aktuellen Effekt** 5, **Umschalten zwischen Vorschau und Original** 6.

4. Drehen Sie das Bild per **Drehen**-Effekt. Dazu verwenden Sie zwei Finger, die ähnlich der Pinch-to-Zoom-Bewegung auf dem Display gedreht werden.

5. Beschneiden Sie das Bild mit dem **Zuschneiden**-Werkzeug, um den optimalen Bildausschnitt zu erhalten.

6. Fügen Sie schließlich dem Bild durch Antippen der entsprechenden **Effekte**-Schaltfläche auch noch einen Rahmen hinzu. Bestätigen Sie die Änderungen mit der Schaltfläche **Fertig** 7.

Fertig ist das neue Profilbild für Facebook oder Google+.

Beachten Sie: Das so veränderte Foto überschreibt nicht etwa das Originalbild. Sie können jederzeit zum Original wechseln, indem Sie die Schaltfläche rechts oben 8 antippen (Ihren Finger lassen Sie dabei auf der Schaltfläche). Experimentieren Sie also ruhig mit den tollen Effekten, die Ihnen die Fotos-App bietet.

INFO

Bildbearbeitung per Chrome-Browser

Wer's noch bequemer haben möchte, verwendet die Bildbearbeitung am heimischen PC mit großem Monitor: Per Browser können Sie in Google+ im Bereich **Foto** die gleichen Schritte vornehmen, wie zuvor beschrieben. Dazu wird allerdings Googles Chrome-Browser benötigt.

Paper Artist

Unter allen kommerziellen Apps, die den Play Store bevölkern, sticht eine besonders hervor: **Paper Artist**. Hier können Sie auf Basis einiger klassischer vorgefertigter Filter beliebige Bilder in kleine Kunstwerke verwandeln. Die App kostet derzeit 2,49 € und ist ihr Geld wert.

Die Verwendung ist kinderleicht:

1. Starten Sie **Paper Artist**, und testen Sie zunächst einmal einige Effekte, indem Sie diese aus der Stil-Leiste ❶ auswählen oder zum Beispiel mit dem Pinsel über zentrale Elemente des Musterbildes malen.
2. Wählen Sie ein Bild aus der **Fotos**-App. Diese können durchaus auch in der Cloud gespeichert sein.
3. Wählen Sie dann einen Effekt aus der Liste ❷ am unteren Bildrand aus. Dieser wird unmittelbar umgesetzt. Wenn Sie weitere fotografische Details des Originals zum Vorschein bringen möchten, dann malen Sie mit dem Finger über die gewünschten Bereiche. Dadurch wird das Bild unter der stilisierten Zeichnung freigelegt.
4. Speichern Sie das bearbeitete Bild über die **Speichern**-Schaltfläche ❸ ab, oder teilen Sie es in sozialen Netzwerken ❹. Durch Antippen der Glühlampe ❺ erkennen Sie den Vorher-/Nachher-Effekt deutlich.

5. Um das Programm wieder zu verlassen, wischen Sie einfach vom oberen Bildschirmbereich nach unten, um die regulären Android-Schaltflächen wieder zum Vorschein zu bringen. Tippen Sie anschließend auf die **Zurück**-Taste.

In der Abbildung links unten sehen Sie das Original, rechts die Bearbeitung: Probieren Sie einfach selbst ein wenig herum, und entdecken Sie Ihre künstlerische Ader mit Paper Artist.

Bilder mit anderen teilen

Nachdem Ihre Bilder den nötigen Feinschliff erhalten haben, gilt es, diese einer breiten (oder auch weniger breiten) Öffentlichkeit zukommen zu lassen. Das kann aus jeder App, die sich der Bildbearbeitung widmet, erfolgen. Möchten Sie die Bilder aus der eingebauten Fotos-App heraus versenden, dann empfiehlt es sich, diese je nach Anwendungszweck zunächst zu verkleinern, um das zu übertragende Datenvolumen zu begrenzen. Hier bietet sich die App **Image Shrink Lite** an.

1. Installieren Sie die App mit dem nebenstehenden QR-Code.
2. Starten Sie die **Fotos**-App, und suchen Sie ein Bild aus, das Sie verschicken möchten.
3. Tippen Sie auf die **Teilen**-Schaltfläche 6 am unteren Bildschirmrand.

Image Shrink Lite

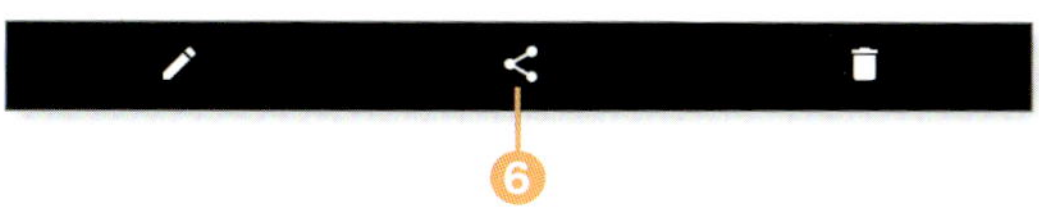

4. Wählen Sie im folgenden Menü als weiterbearbeitende App **Image Shrink Lite** ① aus.

5. Wählen Sie nun die gewünschte Größe aus dem Auswahldialog aus. In der Regel reicht hier **VGA (640 × 480)** vollkommen aus, wenn man ein Bild per Mail verschicken möchte, wer höhere Ansprüche hat, wählt **XGA (1024 × 768)**.

6. Im nächsten Schritt können Sie die Qualität anpassen, und über die Schaltfläche **Verkleinern** ② wird das Bild in der Größe reduziert.

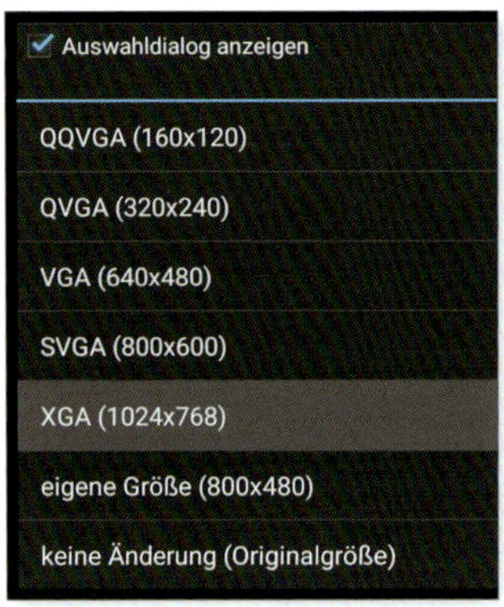

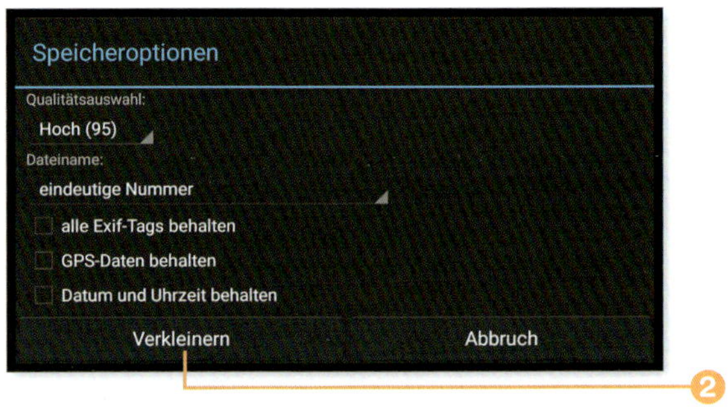

7. Im folgenden Dialog wählen Sie diejenige App aus, mit deren Hilfe das reduzierte Bild schließlich versendet werden soll. Den eigentlichen Prozess des Versendens eines Bildes zum Beispiel per Mail haben Sie schon im Abschnitt »Bilder und andere Dokumente an E-Mails anhängen« ab Seite 88 kennengelernt.

Eine andere Variante ist das direkte Versenden beziehungsweise Veröffentlichen von Bildern mit der Fotos-App. Dabei werden die Bilder 1:1 übernommen.

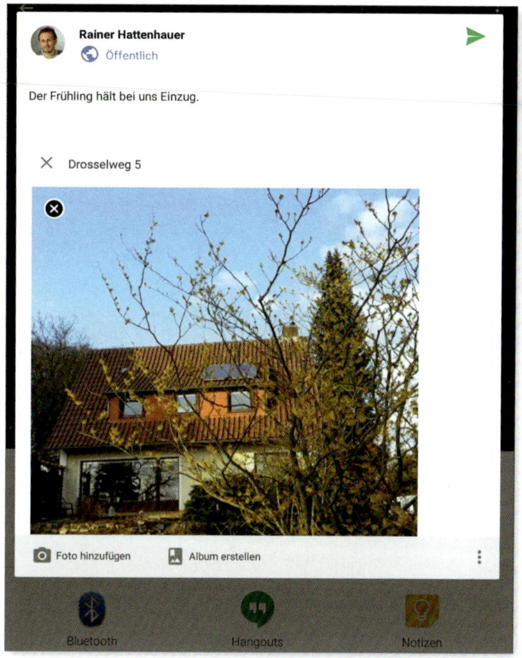

1. Starten Sie die **Fotos**-App, und suchen Sie sich erneut ein Bild aus, das Sie per Mail verschicken oder in einem sozialen Netzwerk teilen möchten.
2. Tippen Sie wieder auf die **Teilen**-Schaltfläche, wählen Sie aber nun den geplanten Vertriebskanal direkt aus. Ich wähle im Folgenden einen Kreis aus Google+.

   Hier können Sie entscheiden, ob Sie das Bild nur an wenige Personen beziehungsweise Kreise weitergeben oder öffentlich in Ihrem Google+-Profil teilen möchten.
3. Ergänzen Sie einen beschreibenden Text, und veröffentlichen Sie das Foto schließlich über die **Senden**-Schaltfläche.

Interessant ist insbesondere die Option, ein komplettes Album, das Sie mit der Fotos-App erstellt haben, Ihrem Freundeskreis per Google+ zugänglich zu machen.

1. Wechseln Sie in der **Fotos**-App in das gewünschte Album.
2. Tippen Sie erneut auf die **Teilen**-Schaltfläche, und wählen Sie den Personenkreis aus, dem das Album zugänglich gemacht werden soll.
3. Die Adressaten werden anschließend darüber benachrichtigt, dass ein neues Album erstellt wurde. Hier können Sie unter anderem einen erläuternden Text ergänzen.

Das beschriebene Verfahren ist insbesondere deshalb vorteilhaft, weil auf diese Weise nur Links zu den Bildern verschickt werden und Ihr Onlinebudget dadurch geschont wird.

Ein Bild mit Instagram hochladen

Die Idee von Instagram ist so einfach wie genial: Es handelt sich dabei um ein sogenanntes *Micro-Blog*, in dem Nutzer Fotos, die sie live angefertigt haben, in Verbindung mit einer kleinen Nachricht einer breiten Community zukommen lassen. Man könnte Instagram als Twitter mit Fotoanbindung bezeichnen. Erstaunlich ist, dass diese simple Idee Facebook dazu veranlasst hat, den Dienst für eine Schlappe Milliarde Dollar aufzukaufen – zu einer Zeit, als Instagram von lediglich zwölf Mitarbeitern ohne konkretes Ertragsmodell betrieben wurde.

Instagram

Wenn Sie auch an der bunten Welt von **Instagram** teilhaben wollen, installieren Sie die App über den abgebildeten QR-Code.

1. Starten Sie die App. Facebook-Nutzer können Instagram bequem mit ihrem Facebook-Konto verbinden. In jedem Fall ist zunächst eine Registrierung beim Instagram-Dienst erforderlich.
2. Im nächsten Dialog erscheint eine Übersicht aller Facebook-Freunde, die Instagram bereits nutzen. Markieren Sie diejenigen, denen Sie gern folgen möchten.

Nun können Sie sich zunächst mal auf der Startseite umsehen, welche Neuigkeiten es bei Ihren Freunden gibt. Das Ganze hat deutliche Ähnlichkeit mit Facebook und Twitter. Typisch sind die quadratischen Polaroidbild-artigen Fotos, die den Eindruck des Schnappschusses verstärken sollen.

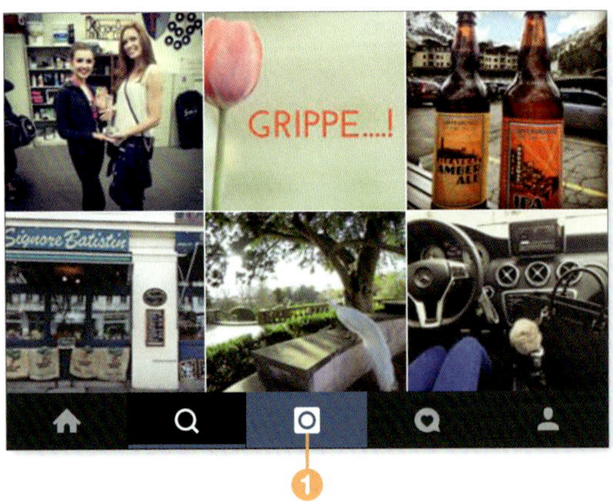

Zeit für einen ersten eigenen Beitrag:

1. Tippen Sie auf das Fotosymbol (1), und erstellen Sie einen Schnappschuss. Die verwendete Kamera-App ist selbsterklärend und ähnelt der Kamera-App von Android.

2. Nach dem Schnappschuss haben Sie die Möglichkeit, die Aufnahme durch Filter zu verändern. Das kennen Sie prinzipiell bereits aus dem Abschnitt über Bildbearbeitung. Weiter geht's mit der Pfeilschaltfläche 2.

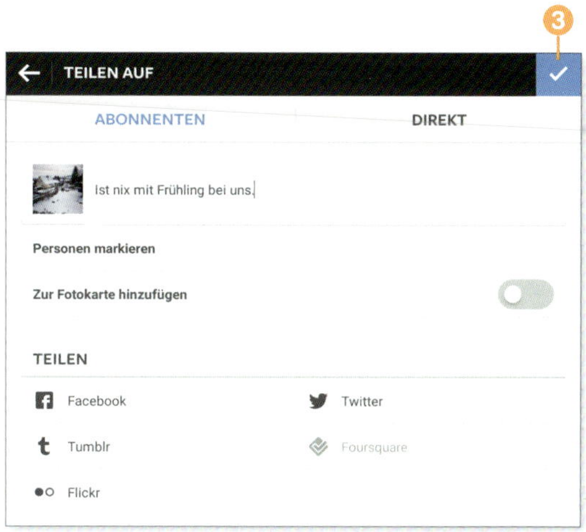

3. Nun können Sie noch bestimmen, auf welchen weiteren Kanälen das Foto geteilt werden soll, etwa auf Facebook.

4. Sie schließen das Instagram-Posting ab, indem Sie das Häkchen oben rechts 3 antippen.

Micro-Blogging per Instagram

Kapitel 7
Videos und Filme

Sicher ist Ihr Tablet kein vollwertiger Ersatz für einen digitalen Camcorder. Aber der eine oder andere spannende Clip wird Ihnen auch damit gelingen. Noch besser sieht die Situation bei der Wiedergabe von spannenden Filmen aus: Hier werden Sie recht bald Ihr privates mobiles Kino in HD-Qualität nicht mehr missen wollen. Das folgende Kapitel gibt Ihnen Tipps zur optimalen Nutzung Ihres Tablets als Videoaufzeichnungs- und Wiedergabegerät. Beachten Sie: Ich verwende hier wieder die Google-eigene Kamera-App. Einige der beschriebenen Funktionen können oft nur dann genutzt werden, wenn Sie Ihr Tablet mit Ihrem Google- beziehungsweise Google+-Konto verbunden haben. Bei den herstellereigenen Kamera-Apps von Samsung & Co. gibt es gegebenenfalls leichte Abweichungen zur folgenden Beschreibung.

Kamera

Ein Video aufnehmen und wiedergeben

Der Weg zum ersten eigenen Video führt über die Kamera-App:

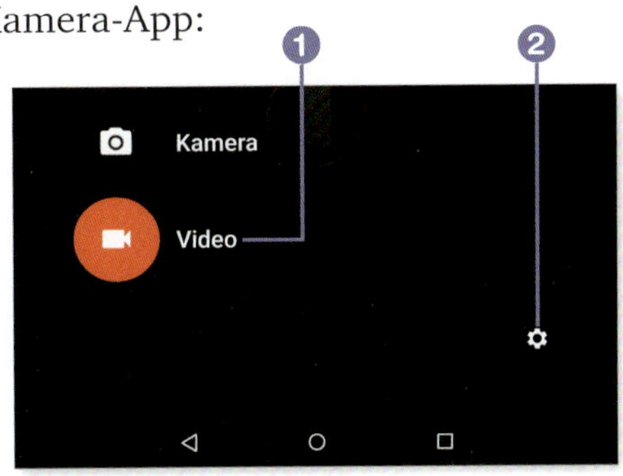

1. Starten Sie die **Kamera**-App, und wechseln Sie über die Modusleiste an der linken Seite in den **Video**-Modus ❶.
2. Tippen Sie auf die Optionsschaltfläche ❷ am rechten Rand, und stellen Sie in den **Einstellungen** die Zielauflösung über **Auflösung & Qualität** ein. Bei dunklen Lichtverhältnis-

sen können Sie (falls vorhanden) auch die im Tablet integrierte LED als Videoleuchte über die Blitzschaltfläche aktivieren, sofern Ihr Gerät über eine solche verfügt. Suchen Sie sich nun eine bewegte Szene als Motiv aus. Geben Sie der Kamera-App genügend Zeit zum automatischen Fokussieren des Motivs.

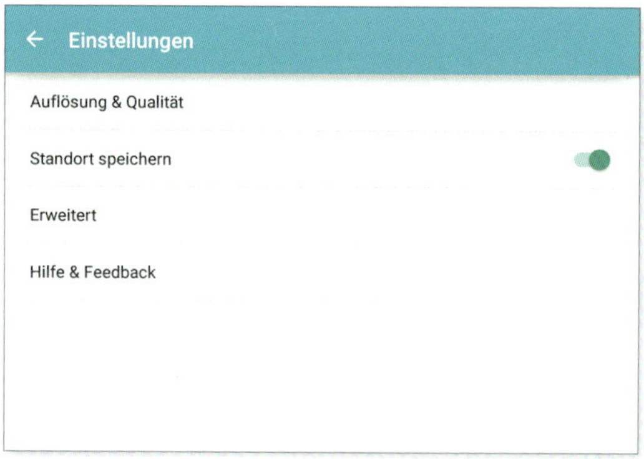

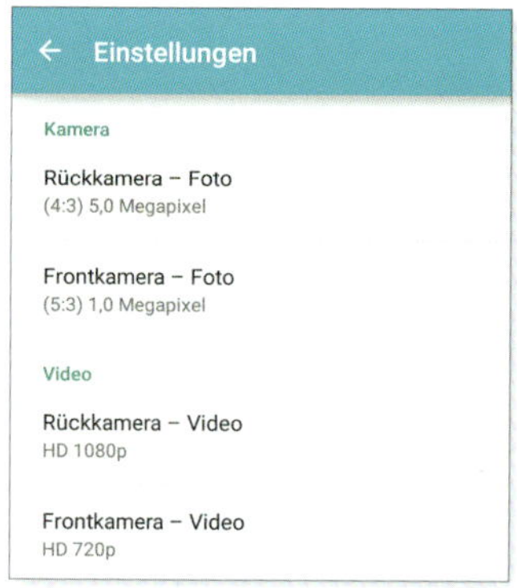

3. Tippen Sie zum Aufzeichnen des Videos auf den **Auslöser**, der nun die Form einer Videokamera hat ❶, und schon wird Ihr Film aufgenommen.

Sie sehen während der Aufnahme die momentan abgelaufene Zeit ❷ sowie die **Stopp**-Schaltfläche.

4. Beenden Sie die Aufnahme über die **Stopp**-Schaltfläche ③. Fertig! Sie haben Ihr erstes Video gedreht! Sie können nun Ihr Material in der Fotos-App sichten.

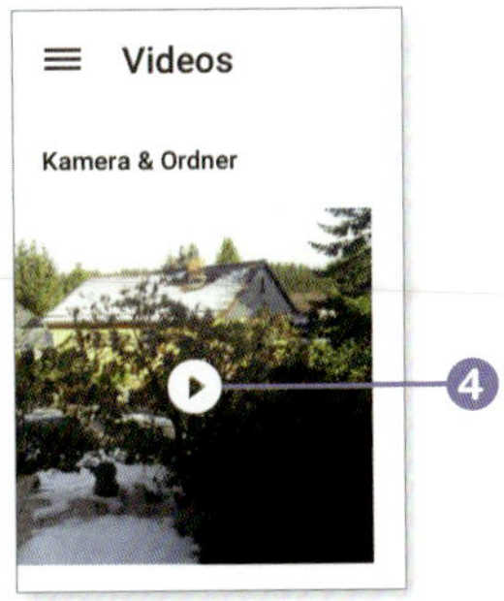

5. Verlassen Sie die **Kamera**-App, und starten Sie die **Fotos**-App. Wechseln Sie hier in den Bereich **Videos**. Tippen Sie das soeben gedrehte Video an.
6. Nun können Sie ganz einfach das Video durch Antippen der kleinen **Play**-Schaltfläche ④ abspielen.
7. Um innerhalb des Videos zu navigieren, tippen Sie einfach auf das Display. Daraufhin erscheinen die typischen Steuerschaltflächen, mit deren Hilfe Sie die Wiedergabe stoppen und wieder fortsetzen oder im Video vor- und zurückspulen können. Dazu »ziehen« Sie entweder an der Wiedergabeleiste ⑤, oder Sie tippen die **Vor**- ⑥ beziehungsweise **Zurück**-Schaltfläche ⑦ an.

Gefällt Ihnen ein Film nicht, wählen Sie ihn einfach in der Fotos-App aus und tippen auf das Mülleimersymbol ⑧. Über die **Teilen**-Schaltfläche ⑨ können Sie den Film auch, wie im Abschnitt »Bilder mit anderen teilen« ab Seite 163 beschrieben, in sozialen Netzen veröffentlichen.

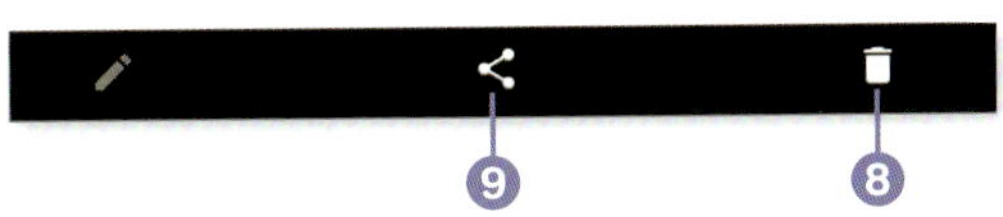

Die Bearbeiten-Funktion ist hier allerdings deaktiviert, was Sie am ausgegrauten Stiftsymbol erkennen. Sie werden im nächsten Abschnitt allerdings noch eine App für den Filmschnitt kennenlernen.

Über das In-App-Menü von **Fotos** haben Sie darüber hinaus die Möglichkeit, sich über den gleichnamigen Menüpunkt Details der Aufnahme zu dem ausgewählten Video anzeigen zu lassen.

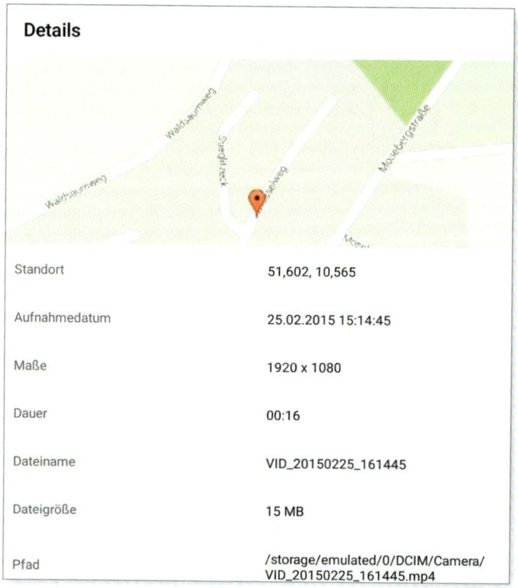

Informationen zum aktuell ausgewählten Video: Sogar der Aufnahmeort wird in Form einer Karte dargestellt.

Filme schneiden und mit Musik hinterlegen

AndroVid Pro

Die wenigsten Clips taugen zur direkten Weitergabe. Meist empfiehlt es sich, das Material zu schneiden und gegebenenfalls mit einigen netten Effekten zu versehen. Dazu benötigen Sie allerdings bei den meisten Android-Tablets eine Extra-App. Ich verwende die App **AndroVid Pro**, die wichtige Videobearbeitungsfunktionen mitbringt und für knapp 2 € im Play Store zu erwerben ist. Obwohl es auch eine kostenfreie Version gibt, empfehle ich an dieser Stelle gleich die Pro-Version, da hier zum Beispiel ein verbesserter Videoexport integriert ist.

Gehen Sie dazu folgendermaßen vor:

1. Stellen Sie zunächst sicher, dass sich das zu bearbeitende Video lokal auf Ihrem Tablet befindet. Möchten Sie ein Video bearbeiten, das sich noch in der Cloud befindet, dann wählen Sie dieses zunächst in der Fotos-App aus und wählen dort aus dem In-App-Menü den Punkt **Herunterladen** ❶. Die gespeicherten Videos landen dann auf Ihrem Tablet im Verzeichnis **Download**. Sie werden von AndroVid automatisch erkannt.

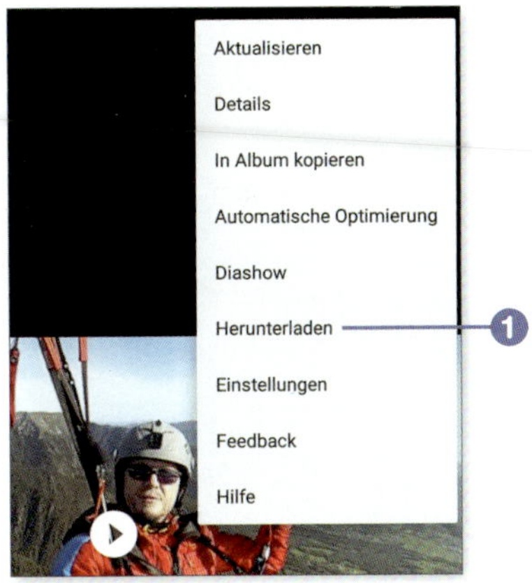

2. Starten Sie den AndroVid-Videoeditor. Dieser durchsucht Ihr Tablet nach vorhandenen Videos. Es erscheinen alle lokal auf dem Gerät gespeicherten Videos in der *Galerieansicht*. Im vorliegenden Fall sind das zwei Clips.

   Auf der Benutzeroberfläche finden Sie zunächst folgende Elemente:

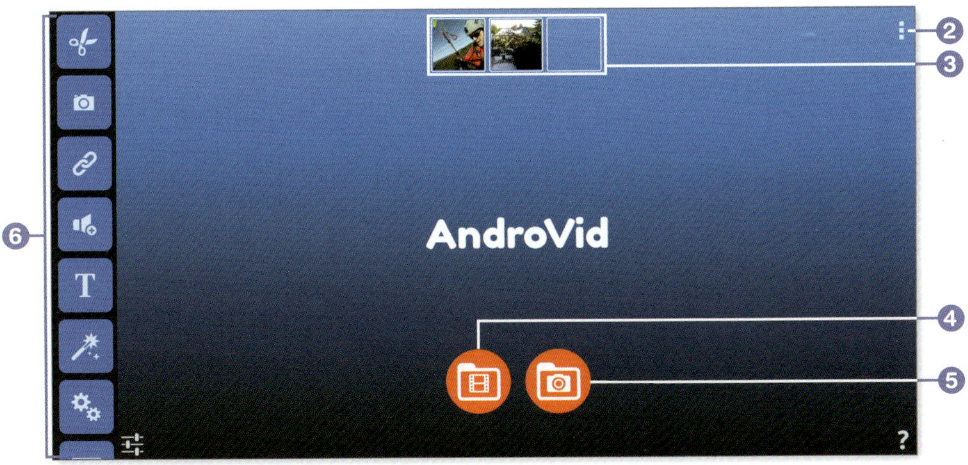

❷ In-App-Menü für weitere Einstellungen

❸ Galerie der zuletzt bearbeiteten Filme

❹ Filmbrowser zur Sichtung lokal abgelegter Filme

❺ Fotobrowser zur Sichtung lokal abgelegter Fotos

❻ Leiste mit Schnellstartfunktionen

Die Schnellstartflächen führen zu folgenden Operationen:

	Trimmen von Clips		Videoeffekte ergänzen
	Standbild aus Videoclip extrahieren		Video umwandeln
	Verbinden von Videos		Erstellung einer Diashow von ausgewählten Bildern
	Musik zum Video ergänzen		neues Video mit integrierter Kamera drehen
	Text zum Video ergänzen		

3. Wählen Sie einen Film über die Schaltfläche **Filmauswahl**. Das Video wird im Bearbeitungsmodus geöffnet.

Alternativ können Sie auch eine Schnellstartfläche für eine bestimmte Aufgabe antippen und danach das Video auswählen. Unmittelbar nach der Auswahl startet die Wiedergabe. Unterbrechen Sie diese durch Antippen des Videobildes.

Am oberen Displayrand stehen Ihnen diverse Funktionen zur Videobearbeitung zur Verfügung. Im Folgenden werde ich zunächst das Video trimmen, also den Anfang und das Ende anpassen. Anschließend wird ein Soundtrack ergänzt. Es ist dabei hilfreich, das Tablet im Querformat zu halten.

1. Wählen Sie als Erstes den Menüpunkt **Trimmen** ❶.
2. Legen Sie anschließend mit den erscheinenden Schiebereglern den Anfang ❷ und das Ende ❸ des Videos fest.
3. Bestätigen Sie den Schnitt schließlich über die **Cut**-Schaltfläche ❹. Sie haben die Möglichkeit, den so ausgewählten Bereich stehenzulassen ❺ oder herauszuschneiden ❻. Tippen Sie die entsprechende Option an.

4. Anschließend werden Sie gefragt, ob Sie mit dem Schnitt den Originalfilm entweder überschreiben oder den Clip als neue Datei speichern möchten. Letzteres empfiehlt sich, falls der Speicher Ihres Tablets noch nicht allzu knapp bemessen ist. Verlassen Sie den Schnittmodus über die **Zurück**-Schaltfläche 7.

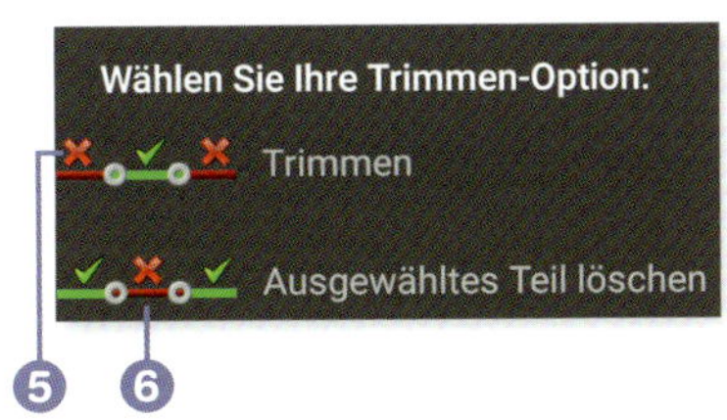

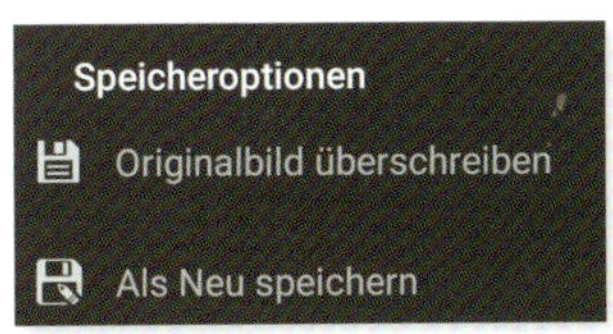

Nun hübschen wir den Film noch mit einem netten Soundtrack auf. Die verwendete Musik muss genau wie der Film lokal auf dem Tablet vorliegen. Sie können aber auch Stücke, die auf Google Drive abgelegt sind, zur Vertonung verwenden. Dazu müssen Sie diese zuvor herunterladen. Wie Sie Musik auf Ihr Tablet befördern, erfahren Sie in Kapitel 8, »Musik, Radio und Hörbücher«, ab Seite 191.

1. Wählen Sie den Punkt **Musik Hinzufügen**, und tippen Sie danach auf das Icon mit dem Lautsprecher ❶.

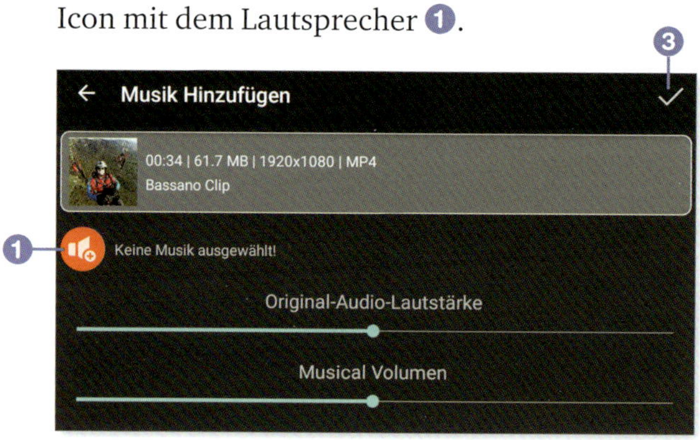

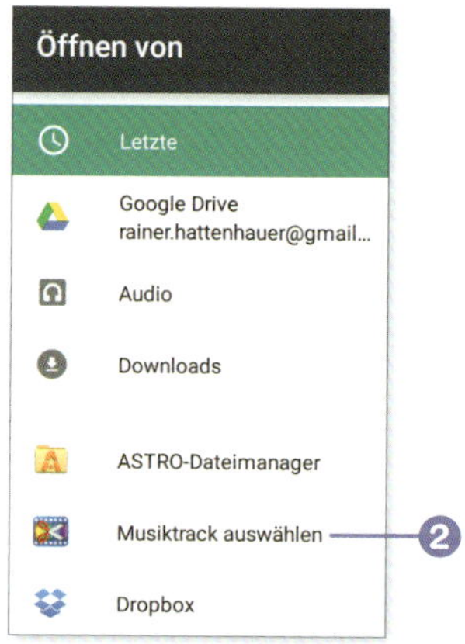

2. Wählen Sie im folgenden Menü **Öffnen von** eine Audioquelle aus, zum Beispiel **Musiktrack auswählen** ❷. Ihr Gerät wird nun nach Audiodateien durchsucht. Suchen Sie anschließend aus der erscheinenden Liste ein passendes Stück aus.
3. Justieren Sie mit den Schiebereglern das Volumen von Originalton und Musikstück.
4. Lassen Sie schließlich das Video durch Antippen des Häkchens ❸ neu erstellen.

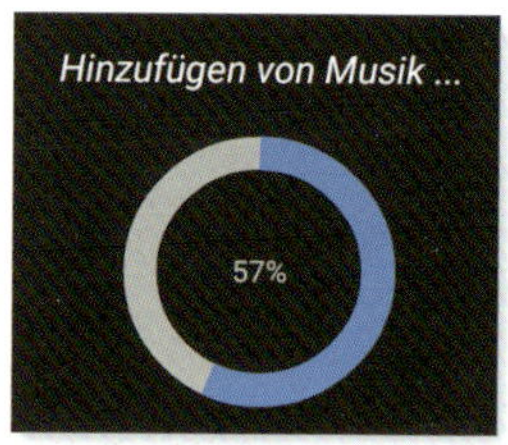

Damit hätten Sie das Video getrimmt und mit einer Tonspur versehen. Auf die gleiche Weise können Sie auch Effekte hinzufügen, deren Rendering allerdings beachtliche Zeit in Anspruch nehmen kann. Eines muss diesbezüglich an dieser Stelle deutlich gesagt werden: Für komplexere Videoarbeiten empfiehlt sich in jedem Fall der Einsatz professioneller Videoschnittsoftware auf dem PC. Dazu müssen Sie natürlich zunächst das Videomaterial vom Tablet auf den PC übertragen. Wie das funktioniert, erfahren Sie im nächsten Abschnitt.

AndroVid bietet diverse Effekte, hier der Sepia-Effekt zur künstlichen Alterung von Videos. Durch Antippen des Vorschausymbols links erhalten Sie einen Eindruck des Effekts.

Videos vom Tablet auf den PC übertragen

Möchten Sie lokal auf dem Tablet abgelegte Videos zur Weiterbearbeitung auf Ihren PC übertragen, haben Sie prinzipiell folgende Möglichkeiten:

- Sie schließen Ihr Gerät per USB-Kabel an Ihren PC oder Mac an. Unter Windows sollte das Gerät daraufhin als Massenspeicher beziehungsweise Mediengerät im Explorer erscheinen – vorausgesetzt, Sie haben entsprechende Treiber des Tablet-Herstellers installiert. Bei aktuellen Systemen werden derartige Treiber meist automatisch vom System installiert. Manchmal gebärdet sich die Hardware aber auch zickig und verweigert den Kontakt mit dem PC. Dann ist eine manuelle Installation notwendig.
- Sie legen die Videodateien vom Tablet auf Google Drive ab. Von dort aus können Sie diese von jedem beliebigen PC per Browser herunterladen. Mehr zum Thema Datentransfer mit Google Drive erfahren Sie im Abschnitt »Den Onlinespeicher Google Drive nutzen« ab Seite 326.
- Möchten Sie den Umweg über Google Drive nicht gehen, verwenden Sie doch zum Beispiel ein Tool wie die beliebte Software *AirDroid*, das den Fernzugriff auf Android-Geräte via Browser erlaubt. So übertragen Sie auch kabellos Dateien vom Tablet auf den Rechner und umgekehrt.

AirDroid

Magisto – magischer Videoschnitt

Magisto

Wem die Frickelei rund um den Videoschnitt zu mühsam ist, der kann seine Clips auch vollautomatisch mit dem Online-Videoeditor **Magisto** bearbeiten lassen. Dafür benötigen Sie absolut keine Videoschnittkenntnisse. Installieren Sie dazu zunächst die App mit nebenstehendem QR-Code.

1. Verbinden Sie die App nach dem Start mit Ihrem Google+- oder Facebook-Konto beziehungsweise mit Ihrer E-Mail-Adresse, oder erstellen Sie ein Konto bei *http://www.magisto.com*. Ich verwende im Folgenden meinen Google+-Account, so dass mir anschließend sämtliche dort gespeicherten Videos zur Verfügung stehen.

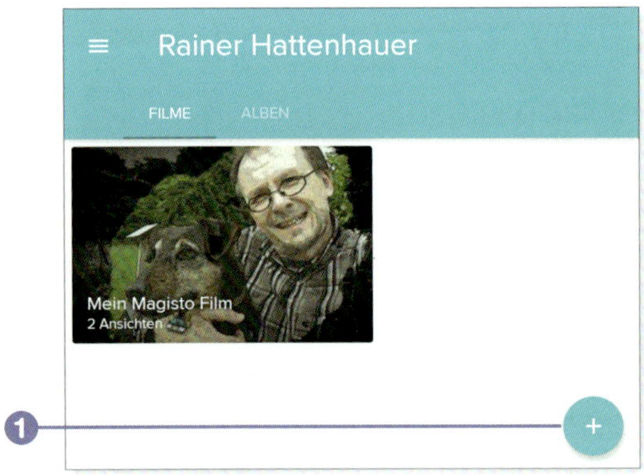

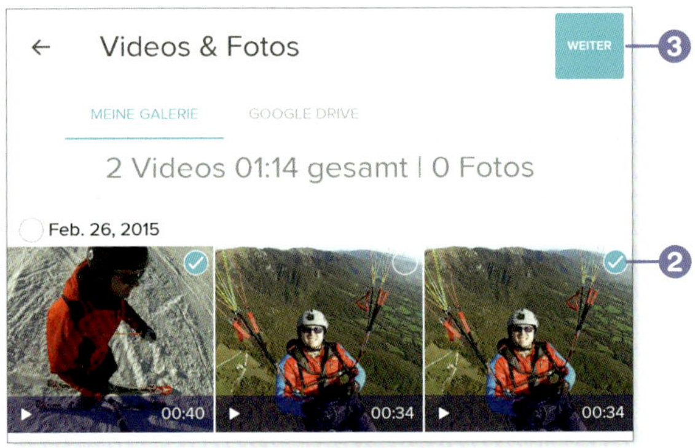

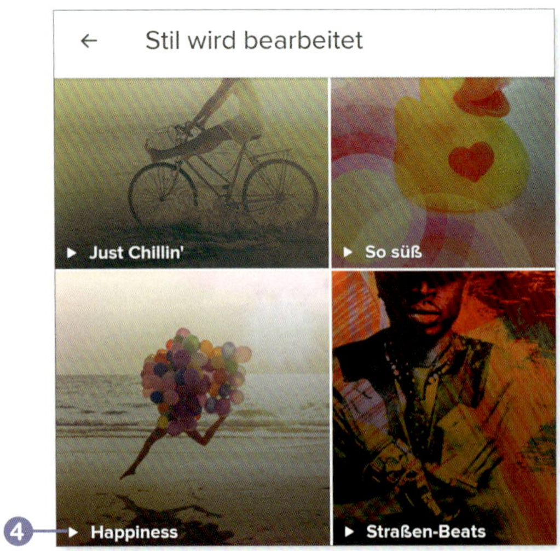

2. Zum Erstellen einer neuen Videocollage tippen Sie einfach auf das +-Zeichen am unteren Bildrand ❶.
3. Wählen Sie mehrere Videos und Fotos zu einem Thema aus ❷, die auf Ihrem Tablet oder auf Google Drive gespeichert sind. Diese werden vom Online-Videoeditor zu einem Gesamtprojekt vereint.
4. Tippen Sie auf **Weiter** ❸, und wählen Sie ein Thema beziehungsweise einen Stil für den Film aus ❹.

5. Suchen Sie sich im nächsten Menü aus den Vorgaben einen passenden Soundtrack aus. In aller Regel handelt es sich dabei um gemeinfreie Musik für den persönlichen Gebrauch, so dass Sie diesbezüglich auch bei YouTube & Co. keine Schwierigkeiten haben sollten.

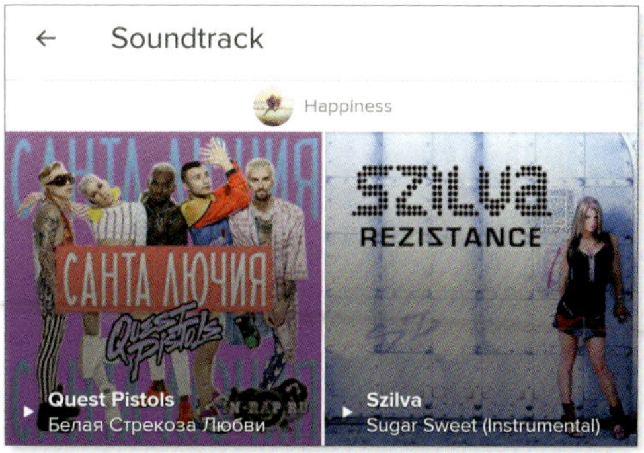

6. Versehen Sie den Film nun noch mit einem Titel 5 – in meinem Beispiel **Ski & Fly**. Sie können über eine entsprechende Schaltfläche 6 auch die Länge des Films zur Wiedergabe bei Facebook, Instagram & Co. definieren. Schließen Sie die Bearbeitung anschließend mit der Schaltfläche **Meinen Film erstellen** 7 ab.

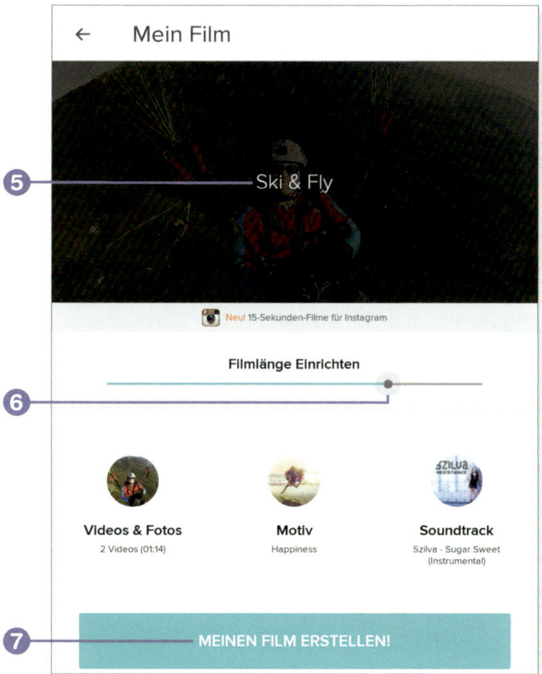

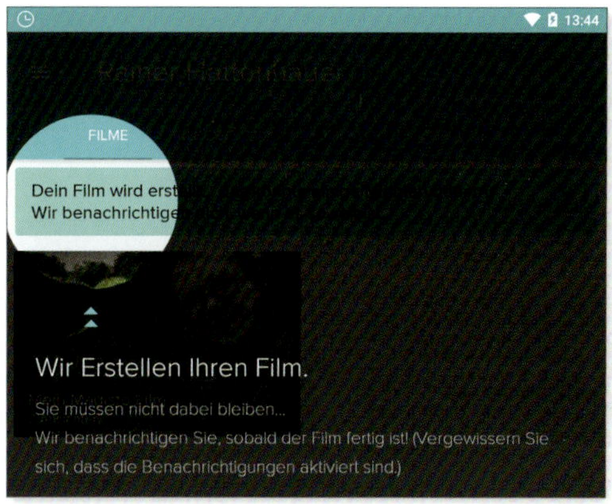

Der Film selbst wird nun auf dem Magisto-Server zusammengesetzt. Nach Fertigstellung werden Sie per Mail beziehungsweise über eine Information in der Statusleiste benachrichtigt und können das Ergebnis zunächst im

Browser bewundern. Ist es zufriedenstellend, dann sollten Sie es über die **Speichern**-Option auf dem Magisto-Server permanent ablegen.

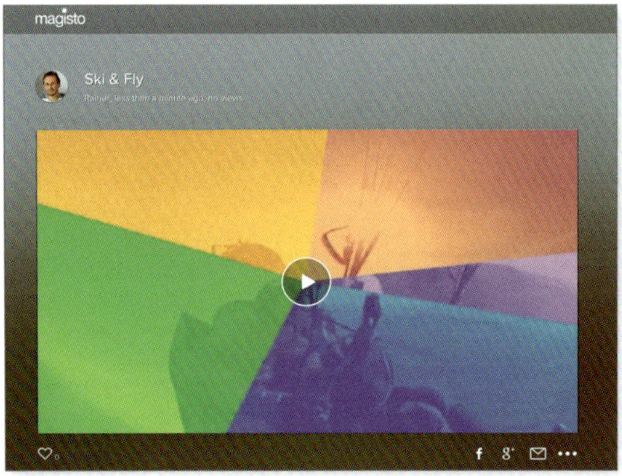

Magisto versieht Ihre Filmcollage mit poppigen Effekten. Sie können den Film nach Fertigstellung in den üblichen sozialen Netzwerken verbreiten.

Filme auf Ihrem Tablet anschauen: Play Filme

Eines möchte ich als bekennender Cineast absolut nicht mehr missen: Meine private Videothek, die ich per Tablet auf langen Bahnfahrten oder Flugreisen mit mir führe. Die aktuellen Tablets bieten per HD-Auflösung und Dolby-Digital-Soundtrack Kinofeeling pur. Die notwendigen Grundlagen dazu sind meist vorinstalliert.

Google geht zunächst davon aus, dass Sie Ihre Filme im Play Store erwerben. Sehen wir uns diesen also mit Hilfe der App **Play Filme** einmal an.

1. Starten Sie die App **Play Filme** aus dem App-Menü.
2. Nach einer kurzen Begrüßung, die Sie mit der Schaltfläche **Weiter** überspringen, gelangen Sie über den Menüpunkt **Einkaufen** ❶ in Googles Videothek. Schauen Sie sich einfach einmal um. Alternativ könnten Sie auch die Play-Store-App starten und dort in den Bereich **Filme** wechseln.
3. Per Fingergeste navigieren Sie hier durch die Videothek: Wischen von rechts nach links und umgekehrt führt Sie durch die Bereiche **Kategorien**, **Startseite**, **Bestseller** und **Neuerscheinungen**. Wischen von oben nach unten erlaubt das Stöbern in einem Bereich.

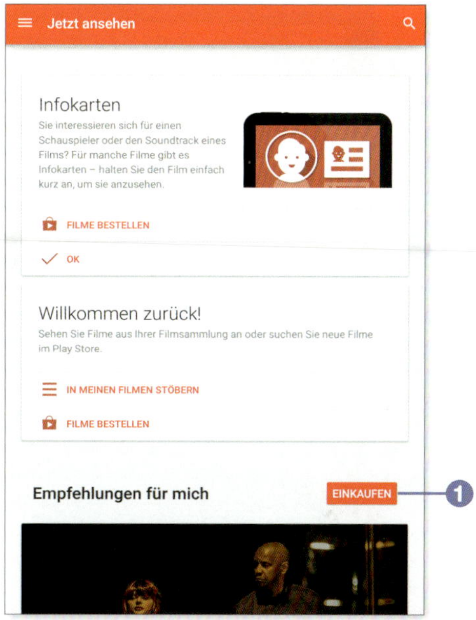

4. Suchen Sie sich einen Film aus. Bei topaktuellen Filmen ist es zunächst oft nur möglich, diese zu kaufen. Nach einiger Zeit findet man aber bei jedem Film die Möglichkeit, diesen auch zu leihen. Ein SD-Film kostet im Verleih zwischen 2,99 € und 3,99 €. HD-Material ist stets 1 Euro teurer.

5. Tippen Sie die entsprechende Schaltfläche an, um sich den Film auszuleihen oder ihn zu kaufen ❷. Nachdem Sie sich für eine der **Kaufoptionen** entschieden haben ❸ (Seite 182), belasten Sie Ihr Play-Store-Konto durch Antippen der Schaltfläche **Ausleihen** ❹ beziehungsweise **Kaufen**.

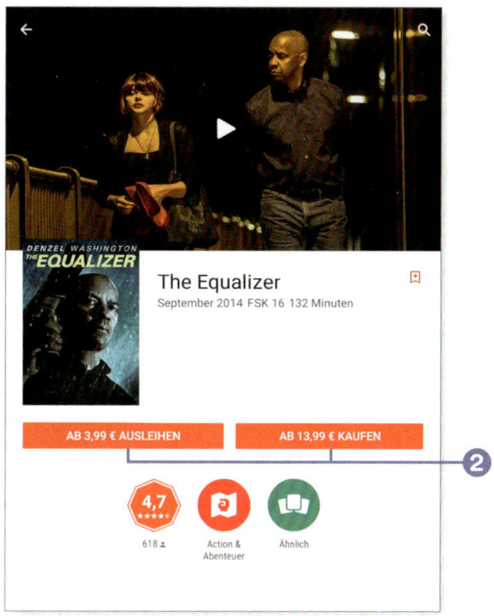

6. Ihre gekauften oder geliehenen Filme finden Sie jederzeit in der Play-Filme-App im Bereich **Meine Filme**. Um sich einen Film anzusehen, tippen Sie einfach darauf und wählen im folgenden Dialog die Schaltfläche **Wiedergabe**. Darauf startet die Filmwiedergabe per Streaming im Vollbildmodus. Sie können den Film aber auch komplett auf das Tablet herunterladen, indem Sie das Downloadsymbol ❶ antippen.

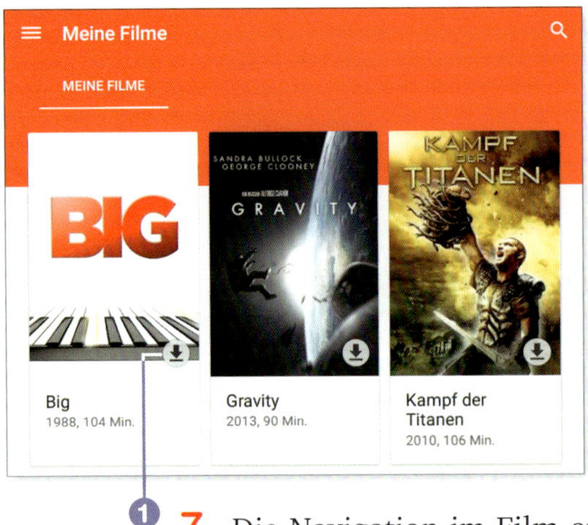

Das hat Vorteile, wenn man sich später den Film ohne permanente Internetverbindung anschauen möchte. Beachten Sie aber, dass insbesondere HD-Filme relativ viel Speicher beanspruchen: 3 GB für einen Film sind keine Seltenheit, so dass der freie Speicherplatz Ihres Tablets beim Download mehrerer Filme beträchtlich schrumpfen wird.

7. Die Navigation im Film erfolgt mit den Player-üblichen Schaltflächen, die eingeblendet werden, wenn Sie den Bildschirm berühren.

8. Um die Wiedergabe zu beenden, tippen Sie einmal auf das Display und anschließend auf die **Zurück**-Taste Ihres Tablets.

Die Play-Filme-App beinhaltet ein interessantes Feature: Wenn Sie den Film an einer Stelle stoppen, an der eine Person deutlich zu sehen ist, dann wird die Person zunächst mit einem Kreis markiert. Zusätzlich blendet das System weitere Informationen zur abgebildeten Person in Form von Infokarten ein.

TV-Sendungen auf dem Tablet anschauen

Wie im letzten Abschnitt bereits erwähnt, bieten die öffentlich-rechtlichen Sender zu ihren Mediatheken Apps, mit deren Hilfe Sie ausgewählte Filme per Streaming auf Ihr Tablet befördern. Aber können Sie auf dem Tablet auch das aktuelle TV-Programm anschauen? Die Antwort lautet: ja! Alles, was Sie dazu benötigen, ist die App **Zattoo Live TV**.

Zattoo Live TV

1. Installieren Sie die App mit nebenstehendem Code aus dem Play Store, und starten Sie diese. Beim ersten Start müssen Sie sich zunächst bei Zattoo registrieren. Alternativ können Sie sich aber auch mit Hilfe Ihres Facebook-Kontos einloggen.

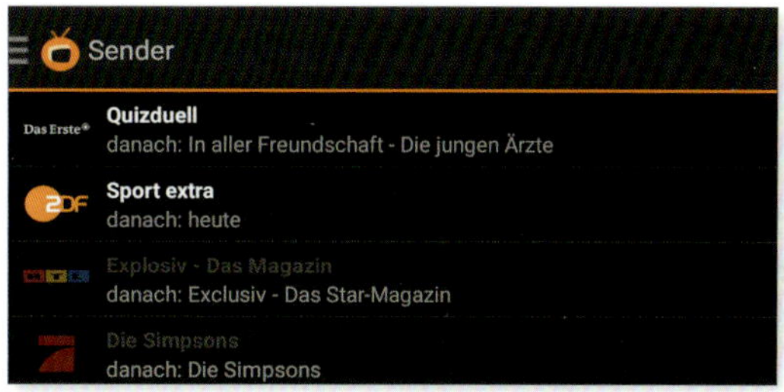

2. Nach dem Login werden Sie von der Übersicht einiger Sender begrüßt. Durch Antippen eines Senders gelangen Sie in das laufende Programm. Dieses startet meist nach einer kurzen Werbeeinblendung, da der Dienst werbefinanziert ist.

   Mittlerweile gibt es auch eine Spartenansicht. Sie bewegen sich durch diese per horizontaler und vertikaler Wischgeste.

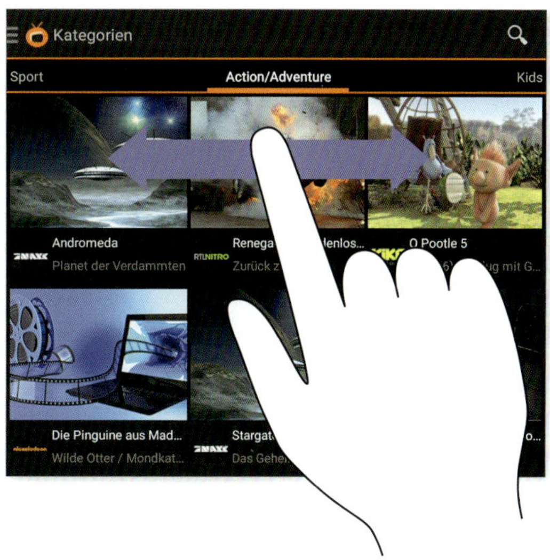

3. Um eine Sendung im Vollbildmodus darzustellen, müssen Sie Ihr Tablet lediglich in das Querformat drehen.

4. Über das Hauptmenü (erreichbar durch Antippen der Menüschaltfläche oben links) haben Sie im Bereich **Einstellungen** (1) die Möglichkeit, die Bitrate des Videos an Ihre Bandbreite anzupassen. Alternativ können Sie dies auch durch Antippen des Zahnradsymbols, das links unten erscheint, während einer laufenden Sendung vornehmen. Dort lässt sich (falls möglich beziehungsweise vom Sender unterstützt) auch die Tonspur wechseln.

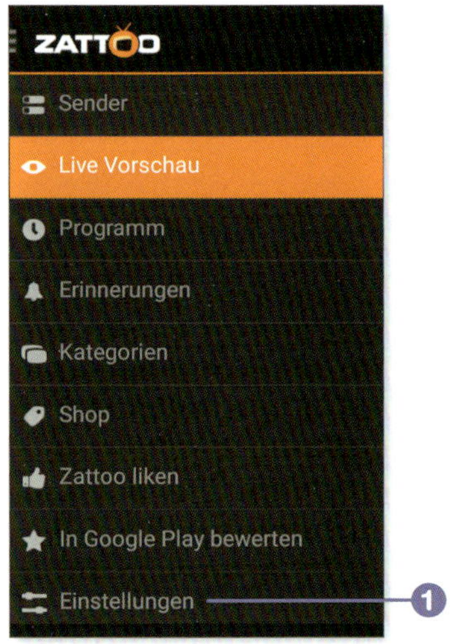

5. Programminformationen zu einer Sendung erhalten Sie, indem Sie diese in der TV-Programm-Übersicht antippen. Sie gelangen in diese Übersicht über das Hauptmenü und die anschließende Auswahl des Menüpunktes **Programm**. Einige beliebte Privatsender werden übrigens nicht wiedergegeben. Dazu ist es erforderlich, dass Sie per In-App-Kauf ein Abonnement abschließen.

TIPP

Serien und mehr mit Netflix, Watchever & Co. schauen

Immer mehr internationale Streaming-Anbieter stellen ihre Dienste auf dem deutschen Markt zur Verfügung. Beim Streamen eines Films befindet sich das Original auf einem Internetserver und wird während des Betrachtens temporär auf Ihr Tablet geladen. *Watchever* und *Maxdome* stellen dazu eigene Android-Apps im Play Store zur Verfügung, mit deren Hilfe Sie das breite Programm dieser Anbieter auf Ihrem Tablet nutzen können. *Amazon* bietet im Rahmen seines Prime-Programms ebenfalls ausgewählte Filme zum Streamen an. Last but not least ist mittlerweile der in den Vereinigten Staaten überaus erfolgreiche Anbieter *Netflix* mit einem reichhaltigen Serienangebot in Europa angekommen.

YouTube nutzen

Googles eigener Videodienst für die Massen ist *YouTube*. Selbstverständlich ist die **YouTube**-App auf Ihrem Tablet installiert. Sie finden sie im App-Menü beziehungsweise in der Standardinstallation auch in der Schnellstartleiste am unteren Bildrand. Machen wir zunächst einen Rundgang durch die App.

1. Starten Sie die App, und suchen Sie sich über die Stichwortsuche ❷ ein interessantes Video aus.

2. Tippen Sie das Vorschaubild ❸ an, und die Wiedergabe des Videos im oberen Teil des Tablets beginnt.
3. Um das Video auf den gesamten Bildschirm zu vergrößern, tippen Sie einfach den Doppelpfeil am rechten unteren Bildrand an. Danach drehen Sie das Tablet ins Querformat.

4. Indem Sie an der Statusleiste ① »ziehen«, können Sie, ähnlich wie beim integrierten Videoplayer, im Video vor- oder zurückspulen. Über den Doppelpfeil ② verlassen Sie den Vollbildmodus wieder.

5. Im regulären Wiedergabemodus lässt sich ein Video per Fingerwisch nach unten schieben ③. Dadurch können Sie, während das Video läuft, weiter durch YouTube stöbern.

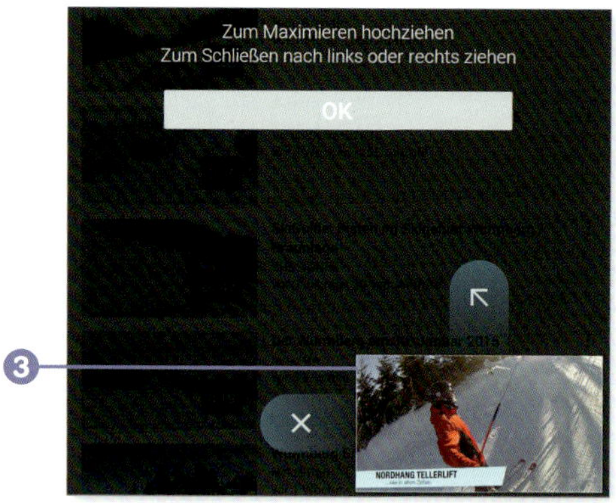

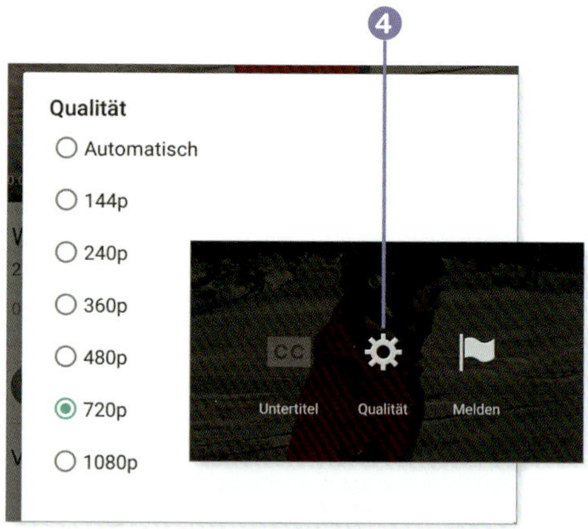

6. Das Miniaturvideo kann anschließend wieder per Fingerwisch nach oben vergrößert oder per Fingerwisch nach rechts oder links komplett entfernt werden.

7. Sie können die gewünschte Qualität des Videos je nach Verbindungsart und Bandbreite über die Schaltfläche **Qualität** anpassen. Diese erreichen Sie über das In-App-Menü. Tippen Sie nach dessen Aufruf auf das Zahnradsymbol ④, um die gewünschte Auflösung auszuwählen.

Weitere interessante Optionen verbergen sich im Seitenmenü auf der YouTube-Startseite, das Sie durch Antippen der drei Striche am linken oberen Bildschirmrand aufrufen. Hier können Sie unter anderem Ihre abonnierten Kanäle oder auch die selbst hochgeladenen Videos einsehen. Letztere sollen Thema des nächsten Abschnitts sein.

Eigene Videos auf YouTube hochladen

Viele Menschen sehen YouTube als einen Kommunikationskanal an, auf dem sie Videos aller Art miteinander teilen können. Möchten Sie selbst ein Video auf YouTube hochladen, dann gehen Sie dazu folgendermaßen vor:

1. Stellen Sie zunächst sicher, dass Sie mit Ihrem Google-Konto verbunden und bei Google+ angemeldet sind. Dazu starten Sie einfach die **Google+**-App auf Ihrem Tablet.
2. Wählen Sie das (eventuell getrimmte und bearbeitete) Video in der Fotos-App aus, und tippen Sie es an. Daraufhin sehen Sie die Schaltfläche für das Teilen des Videos am unteren Rand des Displays ❺. Tippen Sie diese an.

3. Wählen Sie im folgenden Dialog die Option **YouTube** ❻.

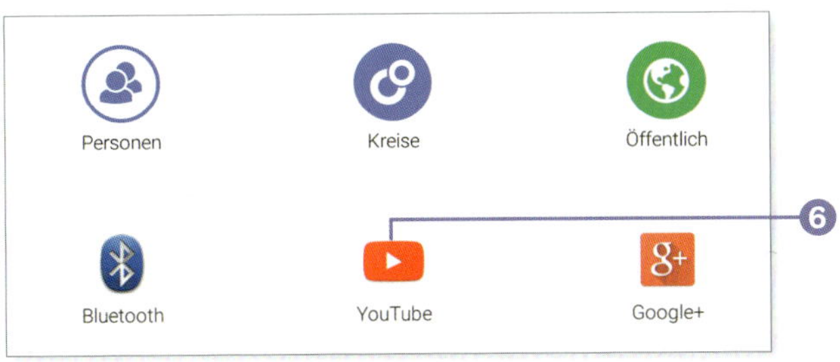

4. Geben Sie anschließend **Titel**, **Beschreibung** und gegebenenfalls einige Stichworte (**Tags**) ein. Letztere erleichtern das Auffinden Ihres Videos bei einer YouTube-Suche.

5. Wichtig an dieser Stelle ist die Option **Datenschutz** ❶. Sie haben drei Möglichkeiten zur Auswahl. Ich empfehle Ihnen, das Video zunächst nur zum privaten Gebrauch ❷ hochzuladen. Sollten Sie mit dem Ergebnis zufrieden sein, können Sie den Status nach dem Hochladen jederzeit noch auf **Öffentlich** setzen, so dass jeder Nutzer es bei YouTube sehen kann.

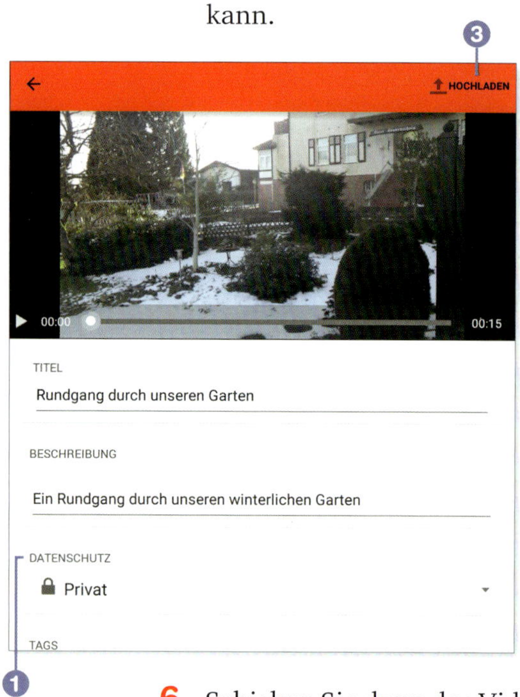

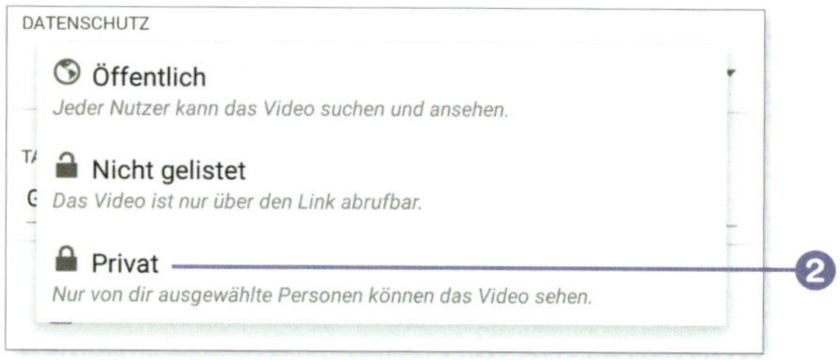

INFO

YouTube-Upload ohne Passwort?

Sie wundern sich, dass Sie kein Passwort für das Hochladen Ihres Videos auf YouTube benötigen? Nun, YouTube gehört Google, und Ihr YouTube-Konto ist mit Ihrem Google-Konto verknüpft.

6. Schicken Sie dann das Video über die **Hochladen**-Schaltfläche ❸ an den YouTube-Server. Nach dem Hochladen wird das Video noch umgewandelt und steht anschließend zur Verfügung. Sobald das Hochladen und die Verarbeitung beendet sind, erhalten Sie per Gmail eine Benachrichtigung.

Videos vom PC auf Tablet und TV streamen

Wenn Sie sich in den eigenen vier Wänden befinden, dann bietet es sich an, eigenes Videomaterial auf dem PC zu speichern und dieses per WLAN dem Tablet zur Verfügung zu stellen. Der PC arbeitet dann als *Medienserver*.

Eine äußerst praktikable Lösung bietet in diesem Zusammenhang der *Plex Media Server*. Auf *https://plex.tv* finden Sie Programmpakete für Windows und Mac zum Download. Vor der Nutzung des Plex-Servers ist es erforderlich, sich auf der genannten Seite zu registrieren. Für Ihr Tablet benötigen Sie die **Plex**-App, die Sie per In-App-Kauf registrieren können. Dadurch kommen Sie in den Genuss des vollen Funktionsumfangs.

1. Erstellen Sie zunächst ein Konto auf *https://plex.tv*, und installieren Sie anschließend das für Ihren Computer geeignete Paket.
2. Starten Sie den Plex Media Server nach der Anleitung des Herstellers. Beim ersten Start wird ein Verzeichnis namens **PlexMedia** auf Ihrer Festplatte eingerichtet, in dem Sie Ihre Videos ablegen können.
3. Testen Sie die korrekte Funktionsweise des Plex Media Servers über den Browser des PCs. Dazu rufen Sie über das Kontextmenü des Media-Server-Symbols in der Taskleiste ④ den Punkt **Media Manager** ⑤ auf. Über den Punkt **Preferences** ⑥ lässt sich der Server konfigurieren.

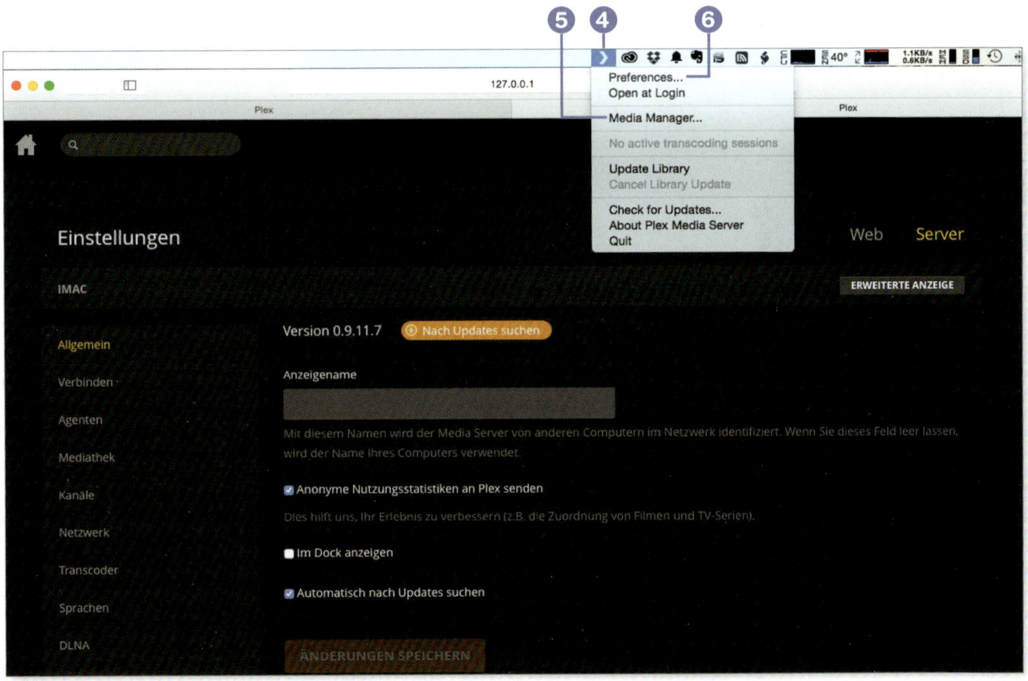

Die Konfiguration des Servers erfolgt ebenso wie die lokale Wiedergabe von Medien über das Browser-Interface.

Plex for Android

Nun können Sie Ihre Medien auch per Streaming auf Ihrem Tablet nutzen.

1. Installieren Sie mit dem nebenstehenden QR-Code die Android-App zur Nutzung des Plex Media Servers.
2. Starten Sie die App, und geben Sie Ihren Benutzernamen sowie das Passwort Ihres Plex-Kontos ein.
3. Nun sollte eine Meldung erscheinen, dass Ihr PC und die freigegebene Bibliothek von der App gefunden wurden.

4. Wechseln Sie durch Wischen in den Bereich **Bibliothek** ①, und tippen Sie dort auf den Eintrag **Plex Mediathek** ②.
5. Suchen Sie sich aus der Übersicht ③ einen der Filme zur Wiedergabe aus, und geben Sie diesen durch Antippen der **Abspielen**-Schaltfläche ④ auf Ihrem Tablet wieder.

Bei internationalen Filmen durchsucht der Plex Media Server eine Datenbank, um weitere Informationen zur Verfügung zu stellen.

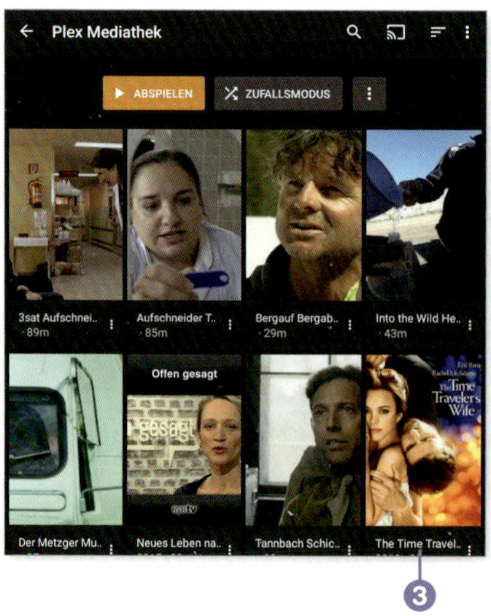

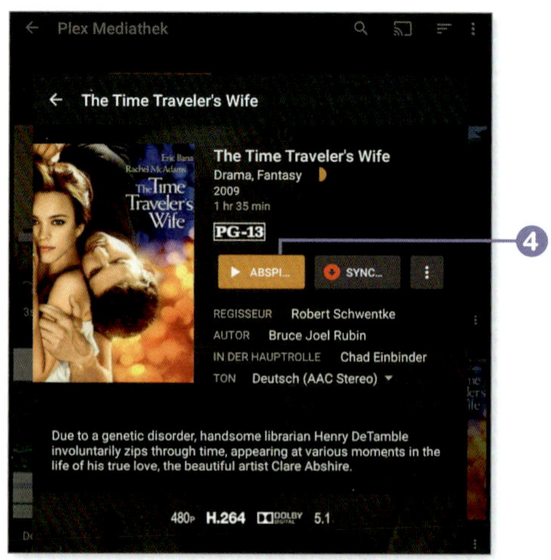

Kapitel 8
Musik, Radio und Hörbücher

Im letzten Kapitel haben Sie gelernt, wie Sie Ihre private Videothek per Tablet stets mit sich führen können. Nun sehen wir uns an, wie Sie Ihre komplette Musiksammlung auf dem Tablet nutzen oder sogar noch weiter aufstocken können – *Play Musik* macht's möglich.

Play Musik das erste Mal starten

Selbst wenn Sie Ihr Tablet noch nicht mit eigenen Stücken befüllt haben, erhalten Sie bereits Zugang zu Millionen von Musiktiteln in digitaler Form. Dreh- und Angelpunkt ist der Bereich **Play Musik** im Play Store. Beginnen wir zunächst mit einem kleinen Rundgang durch die App **Play Musik** und den **Music Store**.

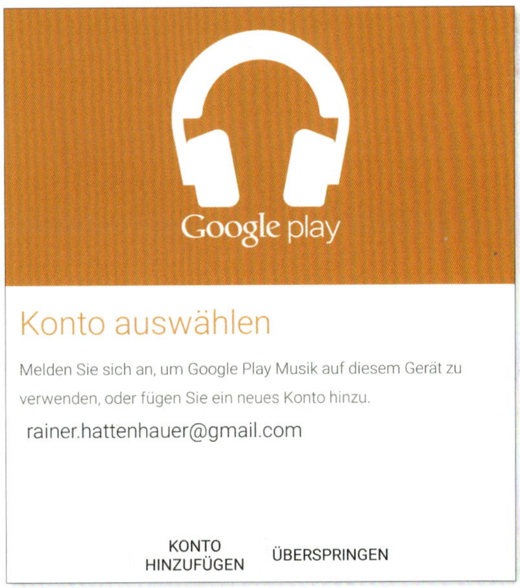

1. Starten Sie **Play Musik** durch Antippen des Icons im App-Menü. Beim ersten Start der App werden Sie gegebenenfalls aufgefordert, sich mit Ihrem Google-Konto anzumelden. Wählen Sie dieses durch Antippen aus. Sie haben hier aber auch die Gelegenheit, ein anderes Konto zu verwenden. Klicken Sie in diesem Fall auf die Schaltfläche **Konto hinzufügen**.

2. Wählen Sie in jedem Fall im Begrüßungsdialog die Option **Standard verwenden** ①. Anderenfalls schließen Sie über den Punkt **Jetzt starten** ② bereits an dieser Stelle ein kostenpflichtiges All-Inclusive-Abonnement ab. Beenden Sie den Begrüßungsdialog schließlich mit der Schaltfläche **Fertig** ③. Mehr zur Abo-Option erfahren Sie im Abschnitt »Musik suchen und kaufen« ab Seite 200.

Ich gehe im Folgenden davon aus, dass Sie noch keine Musik auf Ihrem Gerät oder der Google Cloud gespeichert haben. Dann werden Sie nach einem Einleitungsdialog durch einen kurzen Dialog begrüßt, der Ihnen die wesentlichen Funktionen der App erläutert. Durch Antippen der drei Striche am linken oberen Bildrand rufen Sie das Hauptmenü der App auf.

Für das rechte Konto der folgenden Abbildungen wurde bereits ein Musik-Abo abgeschlossen, für das linke nicht. Zwischen den beiden Konten können Sie durch Antippen der Benutzer-Icons beliebig wechseln.

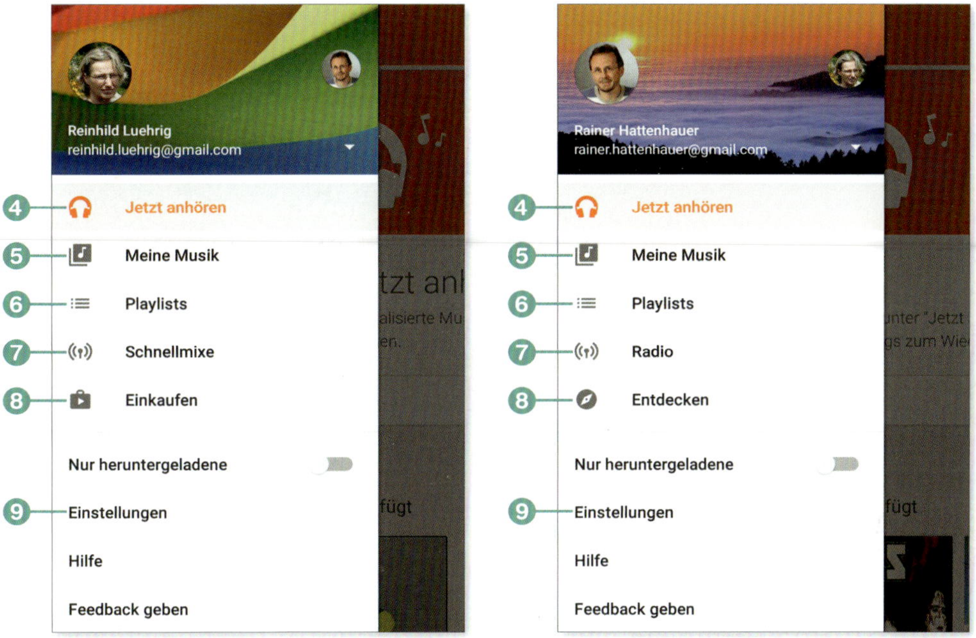

Sie finden folgende Elemente im Menü. Einige Punkte unterscheiden sich, je nachdem, ob Sie bereits ein Musikabonnement abgeschlossen haben oder nicht:

- ❹ **Jetzt anhören**: Musik aus der eigenen Sammlung anhören
- ❺ **Meine Musik**: Ihre eigenen Titel, die sich entweder auf dem Gerät oder in der Cloud befinden, geordnet nach Kategorien
- ❻ **Playlists**: eigene Zusammenstellungen Ihrer Lieblingstitel
- ❼ **Schnellmixe** beziehungsweise **Radio**: Liederfolgen, die auf Ihrem Musikgeschmack basieren und in Dauerschleife gehört werden können
- ❽ **Einkaufen** beziehungsweise **Entdecken**: Hier stöbern Sie durch die reichhaltige Musikauswahl des Play-Musik-Stores.
- ❾ **Einstellungen**: Konfigurationsbereich der Play-Musik-App

Wir testen nun die Verbindung zum Play-Musik-Store:

1. Wechseln Sie im Menü in den Bereich **Einkaufen** beziehungsweise **Entdecken**.

2. Scrollen Sie nun horizontal beziehungsweise vertikal durch den Store, und suchen Sie sich ein Album aus. Tippen Sie dieses an. Ganz am Ende der Seite finden Sie durch Herunterwischen alle Titel des ausgewählten Albums.

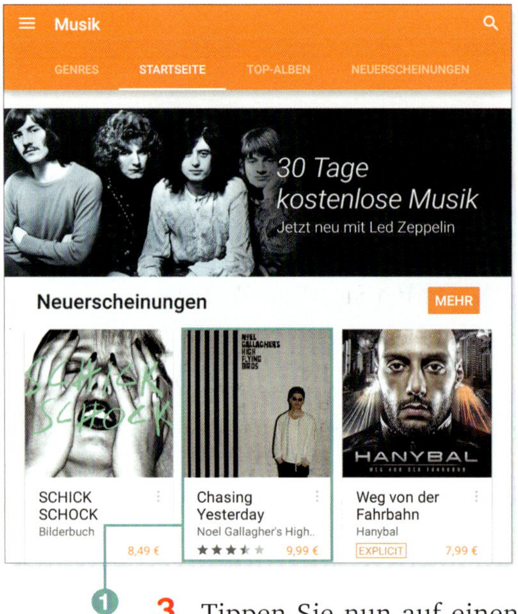

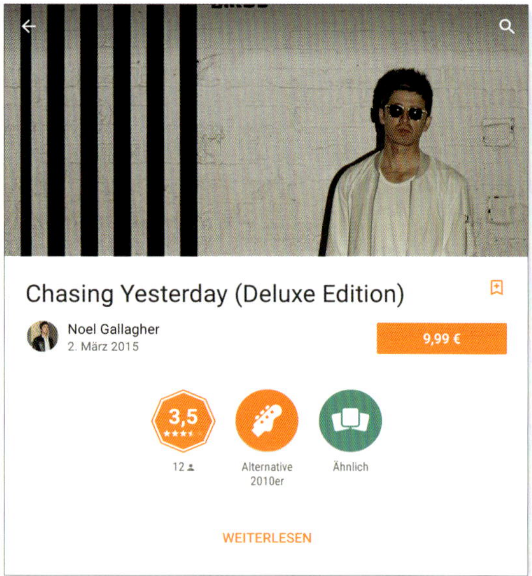

3. Tippen Sie nun auf einen Titel beziehungsweise ein Album **1**. Kurze Zeit später wird die Musik wiedergegeben. Auf diese Weise können Sie zunächst einmal durch den Shop stöbern und sich einen Eindruck von der aktuellen Musikszene verschaffen.

Vorschau eines einzelnen Titels

Natürlich können Sie auch gezielt nach Titeln und Alben suchen und diese kaufen, mehr dazu erfahren Sie im Abschnitt »Musik suchen und kaufen« ab Seite 200. Zunächst befördern wir aber Ihre eigene Musiksammlung auf das Tablet.

Das Tablet mit eigener Musik ausstatten

Sicher sind Sie im Besitz einer Musiksammlung, sei es in Form von CDs oder, besser noch, MP3- oder M4A-Dateien. Letztere lassen sich direkt unter Android nutzen. Der Workflow zur Übertragung von Musik auf Ihr Tablet sieht folgendermaßen aus:

1. Möchten Sie Musik von CDs auf Ihr Tablet übertragen, muss diese zunächst mit einem Programm in ein MP3- oder ein ähnliches Audioformat umgewandelt werden. Hier hat sich Apples Universalsoftware *iTunes* bewährt. Liegt Ihre Musik schon direkt in Form von digitalen Audiodateien auf Ihrem PC vor, erübrigt sich dieser Schritt. Müssen Sie Ihre Musik allerdings noch umwandeln, dann finden Sie alles Wichtige dazu in der folgenden Schritt-für-Schritt-Anleitung.
2. Anschließend wird die umgewandelte Musik aus dem iTunes-Ordner auf Ihr Tablet kopiert oder mit der Google Cloud abgeglichen (Informationen dazu finden Sie im Abschnitt »Die Musiksammlung in der Cloud speichern« ab Seite 206).

Ich zeige Ihnen im Folgenden exemplarisch, wie ich eine CD umwandle und auf das Tablet übertrage.

1. Öffen Sie zuerst die Webseite *https://www.apple.com/de/itunes/download/*, und laden Sie dann die aktuelle Version von iTunes auf Ihren PC. Dazu eine Anmerkung: Sie können CDs auf einem PC auch ohne iTunes mit Bordmitteln umwandeln, viele PC-Besitzer greifen heute aber auf iTunes zur Verwaltung ihrer Musiksammlung zurück. Mac-Besitzer können sich diesen Schritt sparen: iTunes ist unter OS X bereits vorinstalliert.

2. Starten Sie iTunes, und legen Sie die CD ein, die Sie umwandeln möchten. Darauf fragt iTunes automatisch, ob der Inhalt der CD importiert werden soll. Bestätigen Sie den Import ❷ (Seite 196). Diesen Vorgang nennt man übrigens *Rippen*. iTunes erkennt nun automatisch die CD, falls diese Bestandteil des eigenen Katalogs ist. Das ist beim aktuellen Bestand von etwa 30 Millionen Songs nicht unwahrscheinlich.

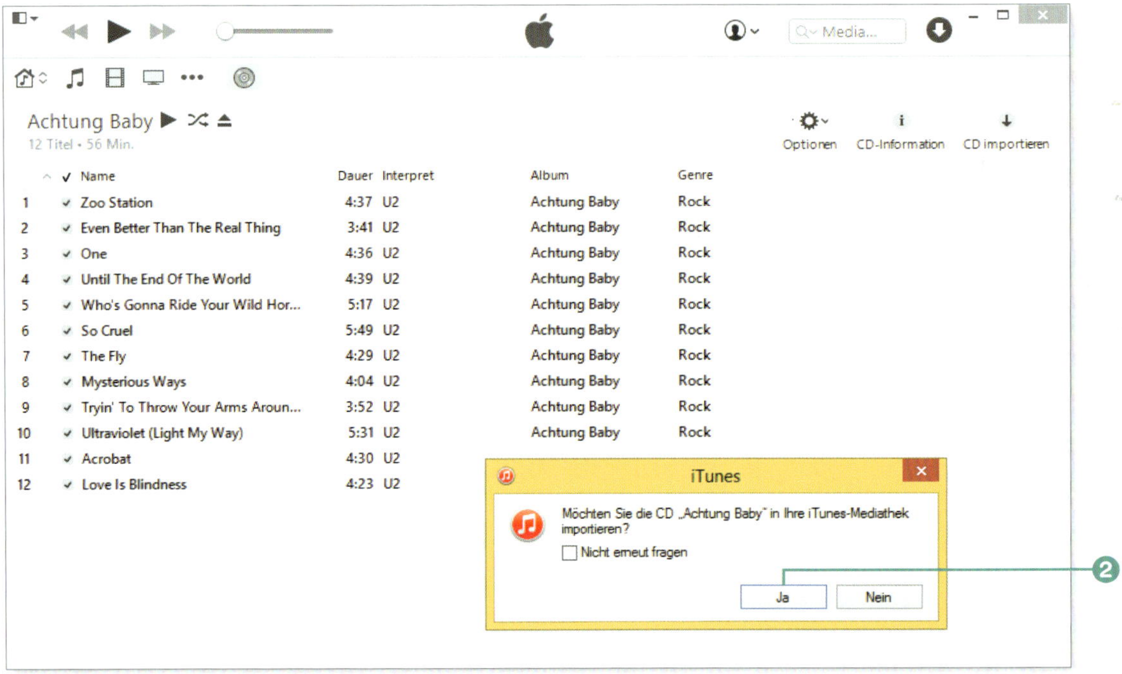

Die von iTunes extrahierte Musik befindet sich unter Windows im Verzeichnis *C:\Users\»Benutzername«\Music\iTunes\iTunes Media\Music*, vorausgesetzt natürlich, Sie haben Ihr Windows-System auf dem Laufwerk *C:* installiert. Mac-Nutzer wechseln zum iTunes-Ordner in ihrem Heimverzeichnis und folgen dort dem Pfad *Media\Music*.

Testen wir zunächst die lokale Übertragung der Musik.

1. Schließen Sie Ihr Tablet mit dem mitgelieferten USB-Kabel an Ihren PC beziehungsweise Mac an. Mac-Besitzer installieren dazu das Programm *Android File Transfer*. Das Tablet erscheint daraufhin im Dateimanager Ihres Betriebssystems beziehungsweise auf dem Mac im Hilfsprogramm Android File Transfer.

2. Schieben Sie das komplette Verzeichnis der gerippten CD per Drag & Drop in das Verzeichnis *Music* ❶ auf Ihrem Android-Tablet. Nun steht Ihnen dort die Musik lokal auch ohne Internetverbindung zur Verfügung, so dass Sie jederzeit darauf zugreifen können.

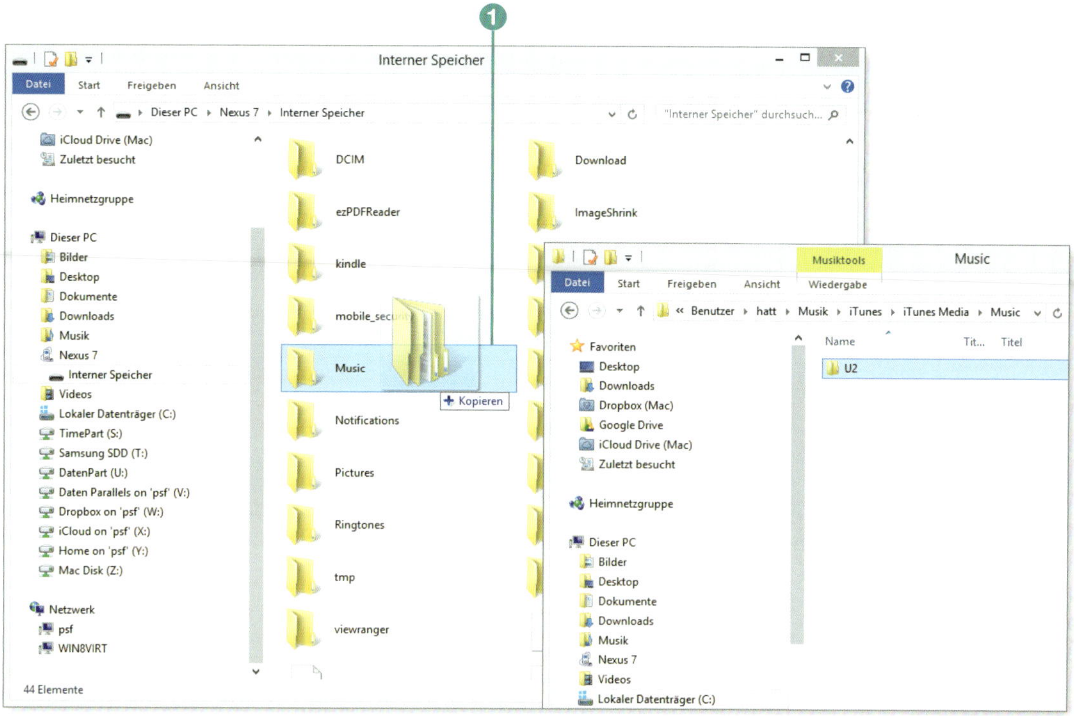

3. Öffnen Sie die App **Play Musik**, und prüfen Sie, ob das Album korrekt in das System eingebunden wurde. Dazu wechseln Sie in den Bereich **Meine Musik** und tippen es an. Es erscheint eine Titelliste. Tippen Sie einen Titel an, und schon wird dieser abgespielt.

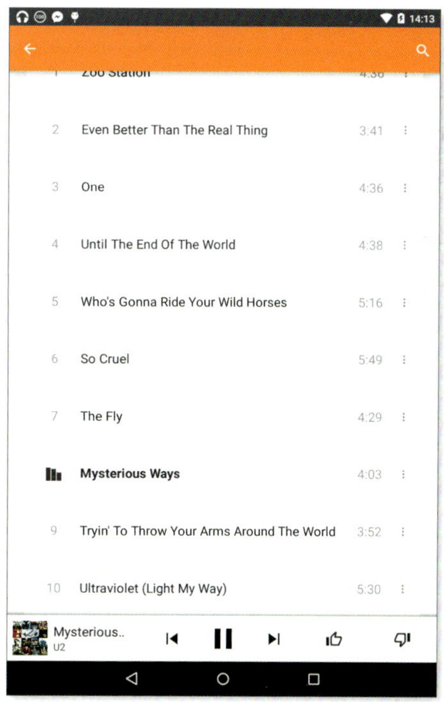

Das beschriebene Verfahren ist nicht wirklich optimal. Es kann passieren, dass auf die beschriebene Weise die Cover einiger CDs nicht korrekt importiert werden. Zudem müssen Sie, falls Sie mehrere Android-Geräte besitzen, alle Geräte ständig manuell synchron halten. Die bessere Lösung läuft über die sogenannte *Cloud*. Sie speichern Ihre Musik im Internet und halten Ihre Musikbibliotheken mit einem speziellen Synchonisierungsprogramm auf allen Geräten auf dem gleichen Stand.

TIPP

iSyncr – die perfekte Synchronisierung

Wenn Sie Ihre iTunes-Bibliothek vollautomatisch auf den Speicher Ihres Tablets übertragen wollen, dann bietet sich die Android-App **iSyncr** an. In Verbindung mit einer Desktop-App (separat erhältlich für Windows und OS X) können Sie damit bequem eine Synchronisierung per WLAN vornehmen – Sie ersparen sich den lästigen Transfer per USB-Kabel. Suchen Sie nach der für Sie geeigneten Version von iSyncr im Play Store.

Musik hören

Nun kann es aber losgehen. Zur Wiedergabe der soeben übertragenen Musik gehen Sie folgendermaßen vor:

1. Öffnen Sie die App **Play Musik**, und wechseln Sie zunächst ins Hauptmenü der App.

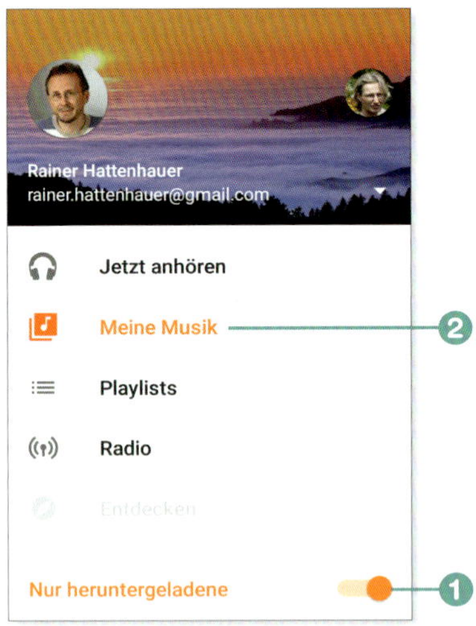

2. Aktivieren Sie hier den Schalter **Nur heruntergeladene** ❶. Dadurch werden in der App nur Titel gezeigt, die Sie direkt auf das Tablet geladen haben.
3. Gehen Sie nun in den Bereich **Meine Musik** ❷, und suchen Sie sich ein Album aus Ihrer Mediathek aus. Wechseln Sie in das Album, indem Sie es kurz antippen. Starten Sie die Wiedergabe, indem Sie ein Lied des Albums antippen.
4. Wird ein Titel wiedergegeben, können Sie ihn durch Antippen des Miniatursymbols in der linken unteren Ecke ❸ im Vollbildmodus darstellen. In diesem Modus wechseln Sie durch einfaches Wischen von links nach rechts durch die Titel.

Durch Antippen des Miniatursymbols 4 im Vollbildmodus gelangen Sie wieder zur Listenansicht des Albums.

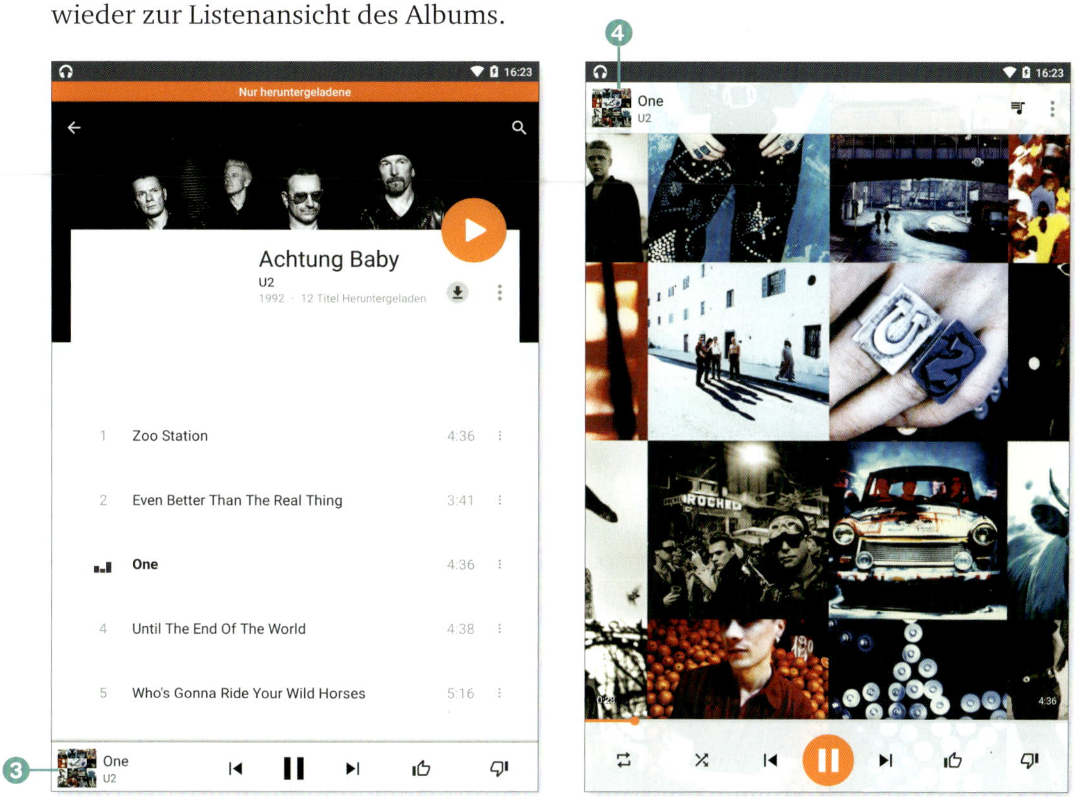

5. Sie können die Play-Musik-App jederzeit verlassen: Das aktuelle Stück wird dann im Hintergrund weitergespielt. Wenn Sie die Statusleiste Ihres Tablets nun herunterziehen, kommen Schaltflächen eines verkleinerten Mini-Audioplayers zum Vorschein, mit denen die Wiedergabe sehr bequem gesteuert werden kann. Um wieder auf die Oberfläche von Play Musik zu wechseln, tippen Sie einfach den Mini-Audioplayer in der Statusleiste an.

Die Steuerschaltflächen in der Play-Musik-App sind mit folgenden Funktionen belegt:

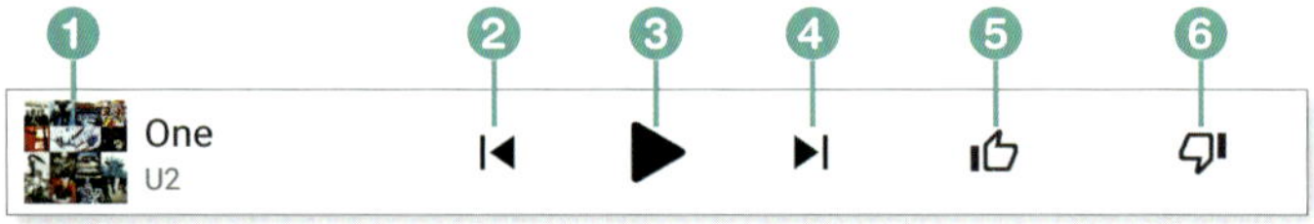

1. Wechsel in den Vollbildmodus
2. zurück zum vorangegangenen Lied
3. Wiedergabe/Pause
4. ein Lied nach vorne springen
5. favorisiert das aktuelle Lied
6. lehnt das aktuelle Lied ab

Das Favorisieren beziehungsweise Ablehnen von Liedern hat dabei folgenden Effekt: Wenn Sie später einen Radiosender auf Basis verschiedener Interpreten beziehungsweise Wiedergabelisten erstellen, werden favorisierte Lieder bevorzugt und abgelehnte Lieder verworfen.

Musik suchen und kaufen

Natürlich können Sie über die eingebaute Suchfunktion blitzschnell Ihr Lieblingsstück oder Album ausfindig machen, was sich insbesondere dann anbietet, wenn Sie die Mediathek auf Ihrem Tablet prall gefüllt haben. Tippen Sie dazu auf die Lupe, und geben Sie ein paar Stichworte oder den Interpreten ein 7. In der Abbildung rechts suche ich beispielsweise nach dem Lied *Comfortably Numb* von Pink Floyd.

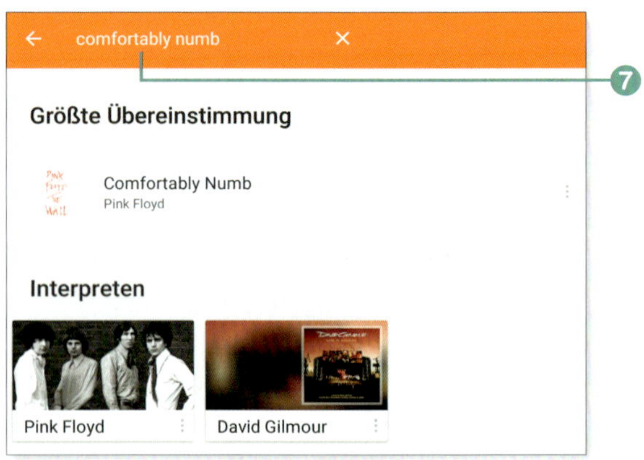

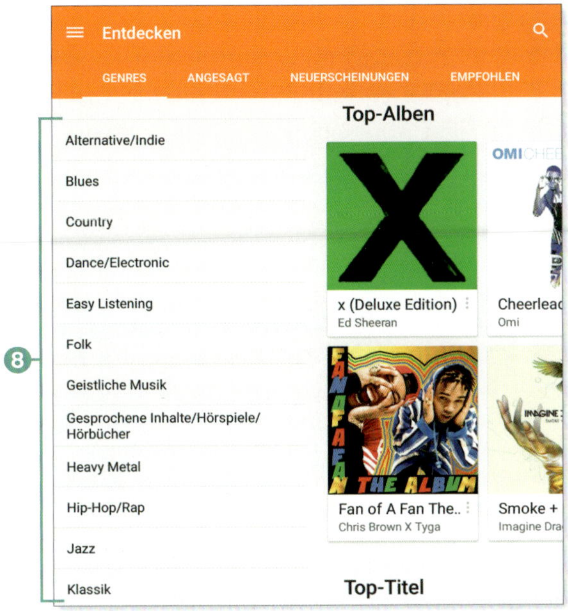

Oft möchte man aber auch einmal in Kategorien stöbern. Den Play-Store-Bereich **Musik** erreichen Sie über den Menüpunkt **Einkaufen** (beziehungsweise **Entdecken**). Wenn Sie ganz nach links wischen, finden Sie eine Kategorienansicht, in der Sie sich ganz nach eigenem Belieben einmal umschauen können. Mittlerweile wurden die einzelnen Genres ⑧ auch noch fein unterteilt, so dass Sie sich schnell zurechtfinden.

Zum Kauf eines Stücks oder Albums gehen Sie folgendermaßen vor:

1. Tippen Sie das Album an, das Sie interessiert.
2. Wählen Sie entweder das ganze Album ⑨ oder einen Titel durch Antippen der **Preis**-Schaltfläche aus.
3. Bestätigen Sie den folgenden Dialog durch Antippen der Schaltfläche **Kaufen** ⑩. Dadurch wird das für Ihre Einkäufe im Play Store angegebene Zahlungsmittel verwendet.

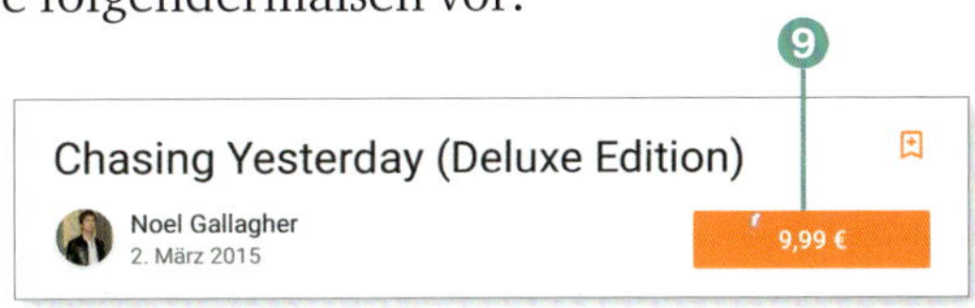

INFO

All-Inclusive: Musikgenuss ohne Limit

Sollten Sie ein Play-Musik-Abo abgeschlossen haben, können Sie die Musik im Rahmen der **Entdecken**-Option natürlich jederzeit kostenlos genießen.

Kopfhörer und Lautstärkekontrolle

Sie können jeden handelsüblichen Kopfhörer oder Lautsprecher mit 3,5-mm-Klinke an Ihr Tablet anschließen. Unmittelbar nach dem Einstecken erfolgt die Tonausgabe dann über das angeschlossene Gerät.

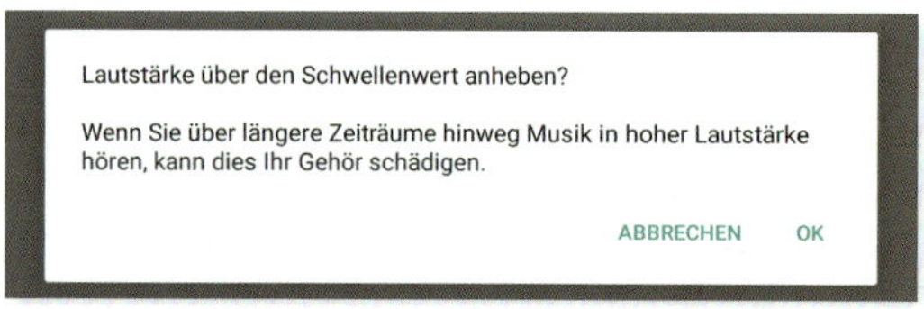

Die Wiedergabelautstärke lässt sich am schnellsten mit der Lautstärkewippe Ihres Tablets steuern. Wenn Sie daraufitippen, erscheint ein virtueller Regler am oberen Bildrand. Wenn Sie es mit der Lautstärke übertreiben, erscheint eine fürsorgliche Warnung, die Sie mit **OK** bestätigen müssen.

Wie jeder gute Audioplayer besitzt auch die Play-Musik-App eine Möglichkeit, das Klangbild nach Ihren Vorstellungen anzupassen. Wechseln Sie dazu über das Hauptmenü in die **Einstellungen**. Hier finden Sie den Menüpunkt **Equalizer**. Mit dem Equalizer lässt sich das Klangbild nun verändern. Achten Sie darauf, dass der Equalizer über den entsprechenden Schalter ❶ aktiviert wurde.

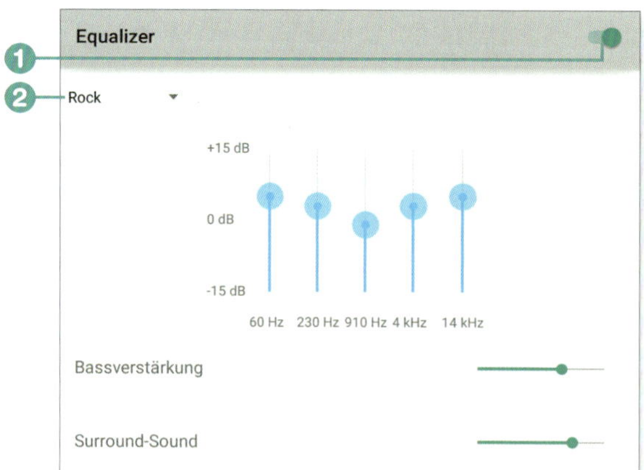

Hinter der Auswahlfläche auf der linken Seite finden Sie klassische Presets ❷ (Rock, Pop, Jazz …). Sie können natürlich auch selbst die Schieberegler variieren.

Auf diese Weise können Sie Musik wie mit einem gewöhnlichen Audioplayer genießen. Aber Google hat noch andere Tricks in petto, die den Musikgenuss deutlich steigern. Mehr darüber erfahren Sie im nächsten Abschnitt.

> **INFO**
>
> **Alternative Musikplayer**
>
> Der Play Store bietet eine schier unbegrenzte Zahl an alternativen Musikwiedergabe-Apps an. Mein persönlicher Favorit ist der **Rocket Player**, dessen Vertreiber auch für die iTunes-Synchronisations-App **iSyncr** verantwortlich ist (siehe den Abschnitt »Das Tablet mit eigener Musik ausstatten« ab Seite 195). Der Player bietet sich insbesondere zur Wiedergabe von Offlinemusik an.

Rocket Player

Musik zusammenstellen – Playlists und Play Musik Radio

Hören Sie sich unterwegs noch komplette Alben am Stück an, oder legen Sie sich auch Wiedergabelisten mit gemischten Stücken an? Das geht selbstverständlich auch mit Ihrem Android-Tablet:

1. Starten Sie **Play Musik**, wechseln Sie in den Bereich **Meine Musik**, und suchen Sie sich den ersten Titel oder ein ganzes Album für Ihre neue Playlist aus.
2. Wählen Sie im In-App-Menü ❸ den Punkt **Zu Playlist hinzufügen** ❹ aus. Sie können im folgenden Dialog eine bestehende Playlist verwenden oder auch eine neue erstellen ❺.

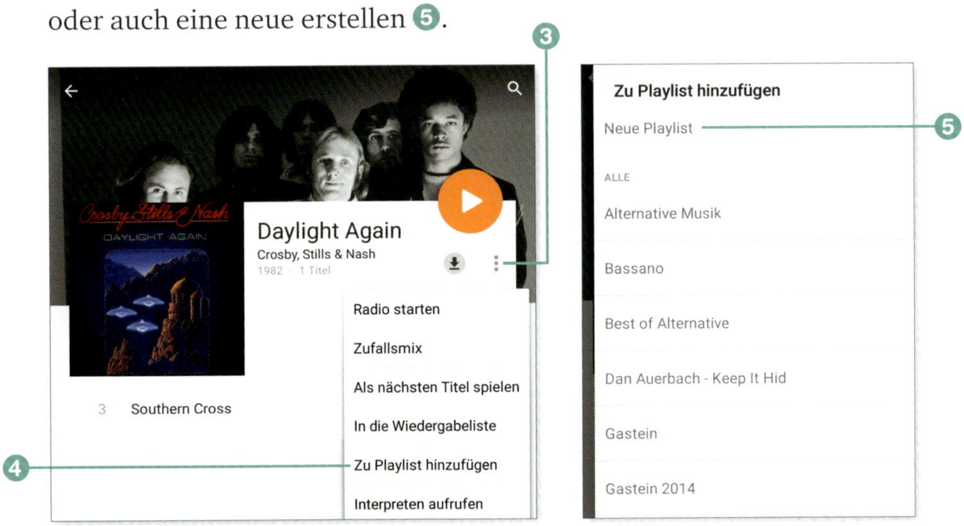

3. Fahren Sie so fort, bis Sie genügend Stücke in Ihrer Playlist haben.

4. Zur Wiedergabe der Liste wechseln Sie im Hauptmenü der App in den Bereich **Playlists** ❶ und wählen zunächst die gewünschte Liste aus. Starten Sie die Wiedergabe durch Antippen des ersten Stücks in der Liste.

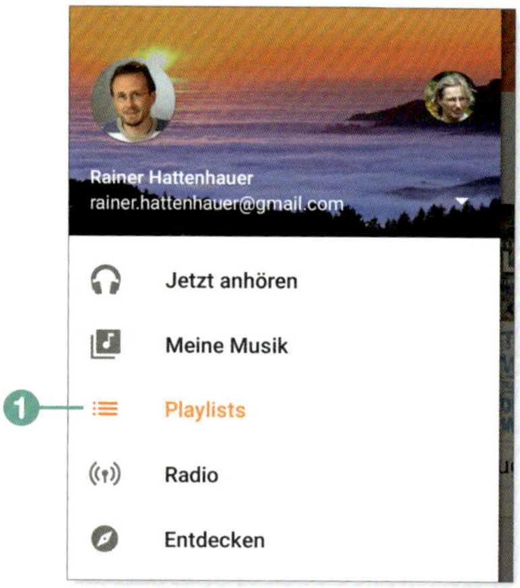

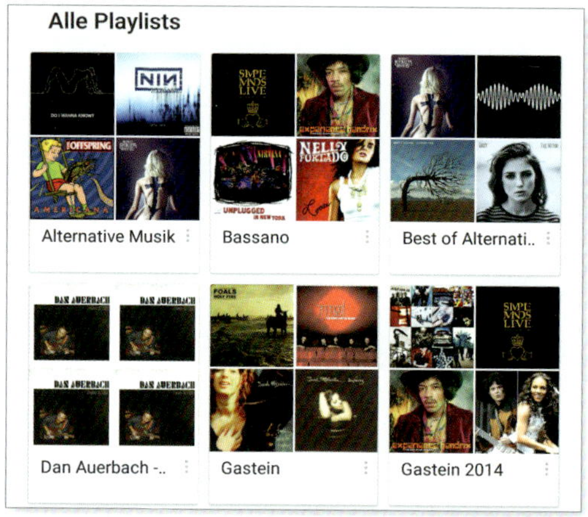

5. Möchten Sie die Abspielreihenfolge der Titel zufällig gestalten, verwenden Sie aus dem In-App-Menü den Punkt **Zufallsmix** ❷.

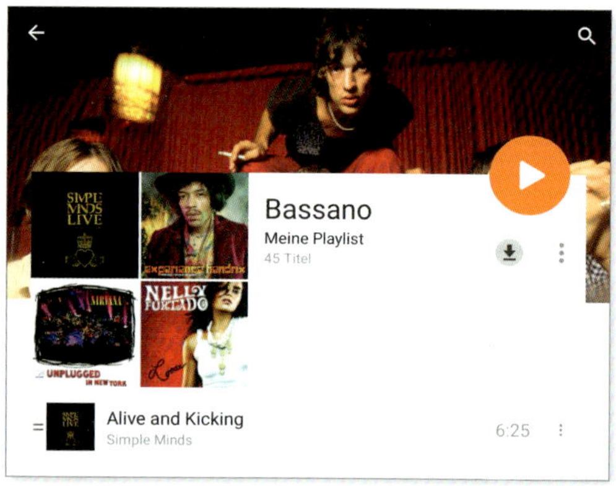

Das Erstellen von Playlists ist Ihnen zu mühsam? Dann lassen Sie doch die App Ihre Arbeit machen! Die Lösung ist die Erstellung eines eigenen Radiosenders mit Ihrer Lieblingsmusik. Das funktioniert folgendermaßen:

1. Wählen Sie aus dem Hauptmenü der App den Punkt **Radio** ❸ (beziehungsweise **Schnellmixe**, falls Sie kein Abo abgeschlossen haben) aus. Tippen Sie auf die Schaltfläche **+Sender** ❹, um einen neuen Radiosender zu erstellen.

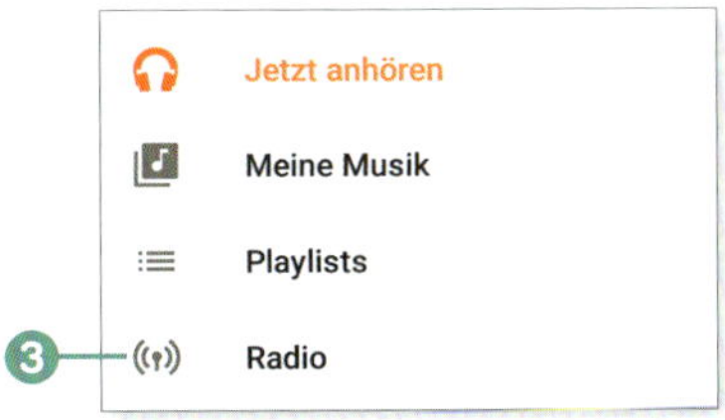

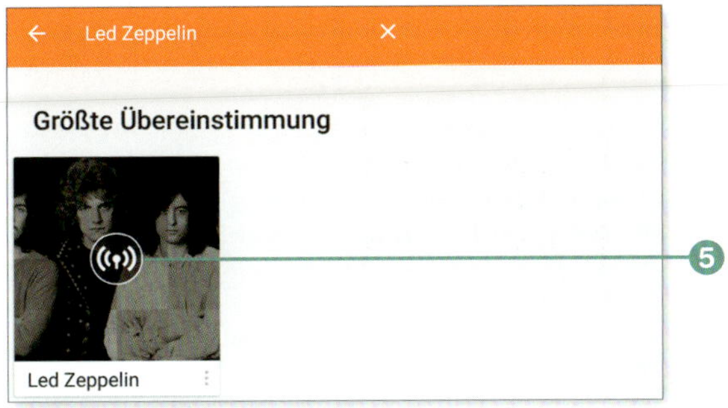

2. Geben Sie in der folgenden Suchmaske einen Interpreten oder eine Band an, deren Musikstil als Basis für Ihren eigenen neuen Radiosender dienen soll. Tippen Sie auf das Radiosymbol 5, nachdem der Interpret beziehungsweise die Band gefunden wurde.

Daraufhin sucht das System zum Musikstil passende Titel und stellt eine Liste zusammen. Es ist erstaunlich, wie gut die Titel der Zusammenstellungen miteinander harmonieren. Das Ganze funktioniert sowohl mit Ihren lokal gespeicherten Stücken als auch mit Musik aus Googles Musik-Repertoire, falls Sie die *All-Inclusive*-Option gebucht haben (siehe den Kasten »Play Musik All-Inclusive – Musik für Massen« auf der folgenden Seite).

Sie können bei Auswahl eines beliebigen Stücks oder Interpreten, ja sogar einer Playlist, jederzeit einen neuen Radiosender erstellen, indem Sie aus dem In-App-Menü 6 die Option **Radio starten** wählen. Diese Variante ist etwas flexibler, da auf diese Weise ein Radiosender aus einem größeren Fundus an Stücken generiert wird.

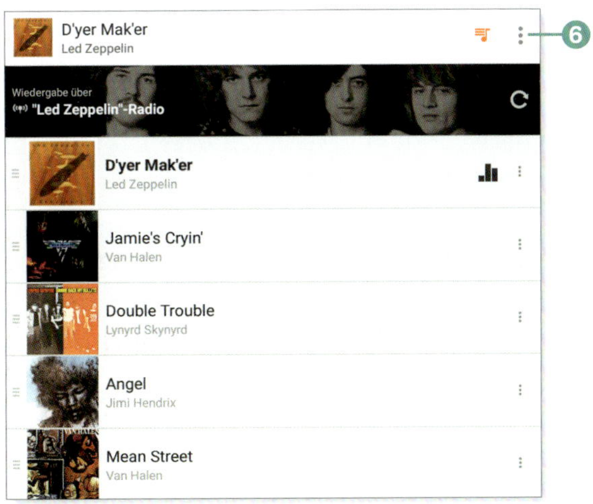

INFO

Play Musik All-Inclusive – Musik für Massen

Wie wäre es, wenn Sie Zugang zu etwa 30 Millionen Titeln hätten, die Sie nach Belieben hören könnten? Sie können sogar ganze Alben für Ihren nächsten Urlaub auf Ihrem Tablet abspeichern. Der Service nennt sich *Google Play Musik All-Inclusive* und kostet 9,99 € im Monat. Der Dienst ist jederzeit kündbar. Suchen Sie danach auf der Startseite des Play Musik Stores im Internet, und testen Sie den Service einen Monat kostenlos. Bei Gefallen wird das Abo automatisch verlängert, bei Nichtgefallen können Sie es jederzeit kündigen. Das geschieht in den **Einstellungen** der Play-Musik-App im Bereich **Allgemein ▸ All-Inclusive beenden**. Einige Änderungen gibt's in der Optik der Play-Musik-App: Anstelle des Links **Einkaufen** steht nun **Entdecken** im Hauptmenü, und der Punkt **Schnellmixe** heißt nun **Radio**.

Die Musiksammlung in der Cloud speichern

Googles Ideallösung zum Abgleich Ihrer Musiksammlung erfolgt über die Google Cloud. Das bedeutet, dass Sie Ihre bestehende Sammlung (zum Beispiel eine iTunes-Mediathek) mit dem Musikkatalog von Google abgleichen. Dazu brauchen Sie noch nicht einmal Ihre Musik auf einen Server hochzuladen: Google erkennt, ob Ihre Stücke im bestehenden Repertoire enthalten sind – bei etwa 30 Millionen Titeln sehr wahrscheinlich –, und markiert die entsprechenden Titel als von Ihnen erworben. Dadurch können Sie die so identifizierte Musik per Streaming auf allen Geräten nutzen, die mit Ihrem Google-Konto verknüpft sind. Durch die Streaming-Variante ersparen Sie sich den kompletten Download Ihrer Sammlung auf verschiedene Endgeräte. Mittlerweile verwendet man zum Abgleich der Sammlung Googles Browser Chrome auf dem PC. Sie haben ja im Laufe des Buches schon mehrfach Kontakt zu diesem universellen Werkzeug gehabt.

1. Installieren Sie (falls noch nicht geschehen) den Google-Chrome-Browser auf Ihrem PC beziehungsweise Mac, und starten Sie ihn.

2. Loggen Sie sich auf der Google-Startseite mit Ihren Google-Kontodaten ein, und wechseln Sie auf die Seite *https://play.google.com/music*.

3. Sie landen auf der Startseite von Play Musik. Klicken Sie zunächst auf die Schaltfläche **Musik hinzufügen** ❶.

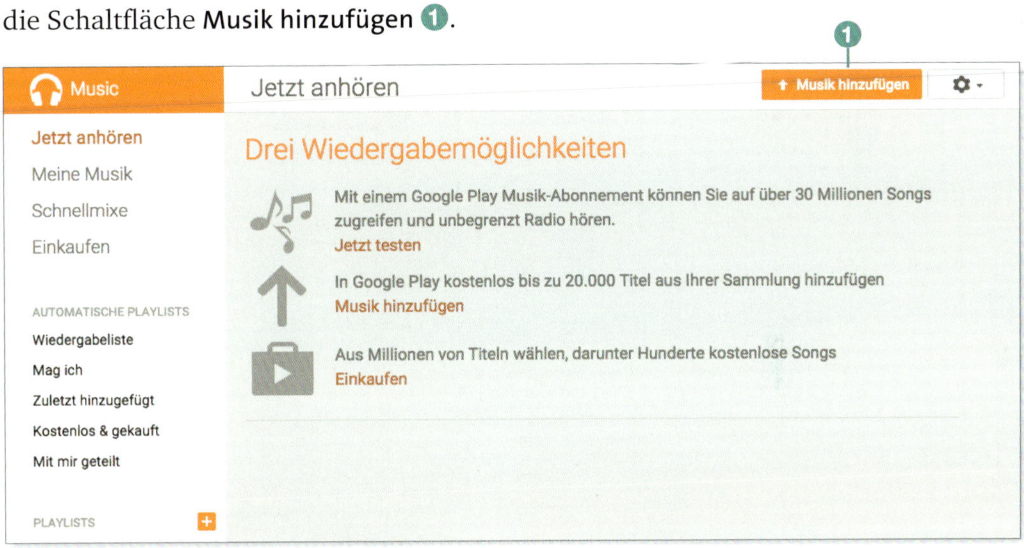

4. Sie werden aufgefordert, das Add-on **Google Play Musik für Chrome** zu installieren. Bestätigen Sie mit **Fortfahren** ❷. Das Add-on taucht dann später im Chrome-Menü auf.

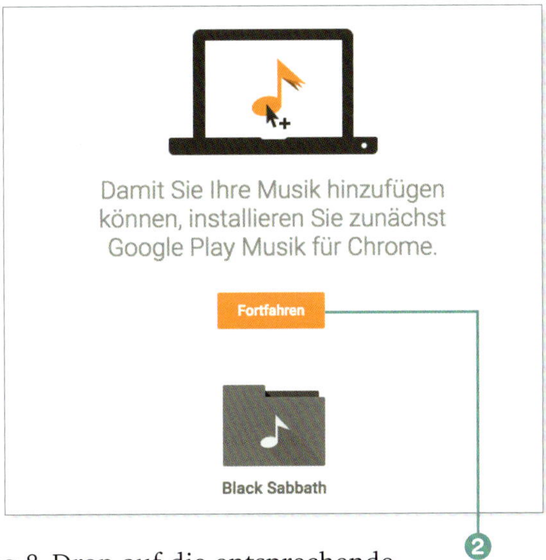

5. Klicken Sie im folgenden Dialog auf **Musik Manager herunterladen**, und folgen Sie der Installationsanleitung.

6. Nun können Sie mit Hilfe des Managers Ihre bestehende Musiksammlung mit dem **Play Musik Manager** bequem abgleichen, indem Sie die Stücke beziehungsweise Alben per Drag & Drop auf die entsprechende Fläche ❸ (Seite 208) im Browser ziehen.

7. Kontrollieren Sie den Fortschritt des Abgleichs, indem Sie auf dem PC per Browser in den **Play Store ▸ Play Musik ▸ Meine Musik** wechseln.

Damit hätten Sie einen Grundstein für Ihre permanent synchronisierte Musiksammlung in der Cloud gelegt. Prüfen Sie schließlich in der Play-Musik-App auf Ihrem Tablet im Bereich **Meine Musik**, ob sämtliche Titel und Alben korrekt übertragen wurden.

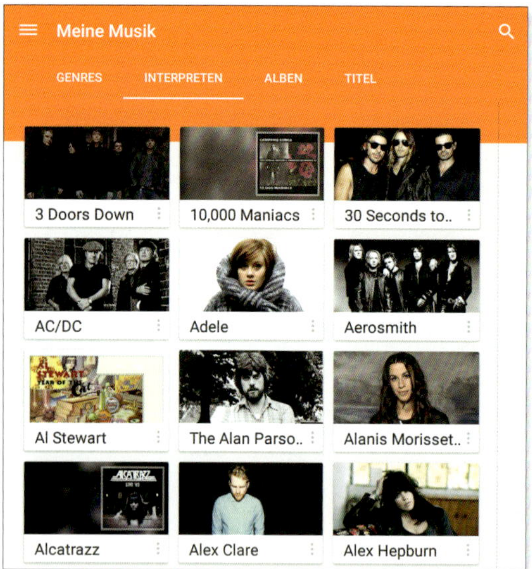

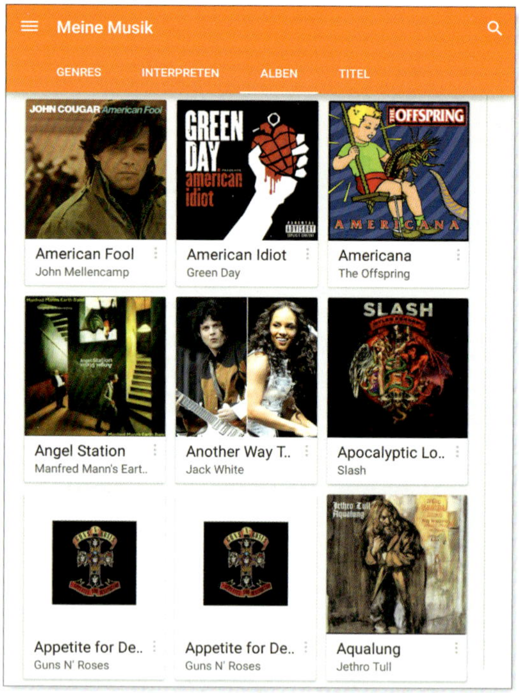

Sieht gut aus: Die Mediathek ist nach dem Transfer prall gefüllt.

Google geht im Normalfall davon aus, dass Sie Ihre Musik komplett in der Cloud speichern und per Streaming konsumieren. Das setzt natürlich eine bestehende Internetverbindung voraus – schlecht, wenn Sie gerade per Bahn durch halb Deutschland von einem Funkloch ins nächste fahren.

Aber auch hier hat Google eine Lösung parat: Jedes Musikstück beziehungsweise Album lässt sich zum Offlinegenuss auf dem Tablet ablegen. Das geschieht folgendermaßen:

1. Suchen Sie sich ein Album aus, das Sie offline hören möchten.
2. Tippen Sie auf das Downloadsymbol: Das Album wird dadurch auf Ihr Tablet heruntergeladen. Den Fortschritt der Übertragung zeigt das orangefarbene Segment ❶, das das Icon umgibt, an. Den aktuellen Status des Downloads in Prozent sehen Sie, wenn Sie die Statusleiste herunterziehen.

Wenn Sie nicht online sind, erscheinen die lokal abgespeicherten Alben farbig ❷ im Vergleich zu den Alben, die sich in der Cloud befinden. Diese erscheinen dagegen blass.

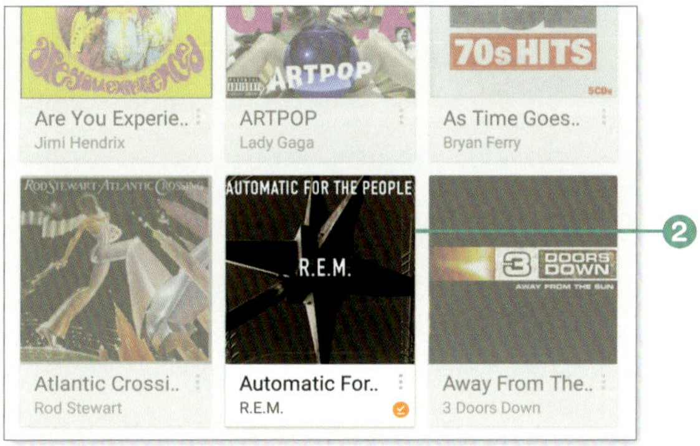

Einen Überblick über die Alben, die lokal abgespeichert sind, erhalten Sie im Bereich **Meine Musik** im Hauptmenü der Play-Musik-App durch Aktivieren der Option **Nur heruntergeladene**.

Play Musik: die Einstellungen

Die Grundlagen für den Umgang mit Googles zentraler Musik-App haben Sie gelernt, nun werde ich Ihnen noch einige Feinheiten zeigen.

Beginnen wir mit dem Einstellungsmenü, dem Sie schon an der einen oder anderen Stelle begegnet sind. Hier finden Sie folgende Optionen:

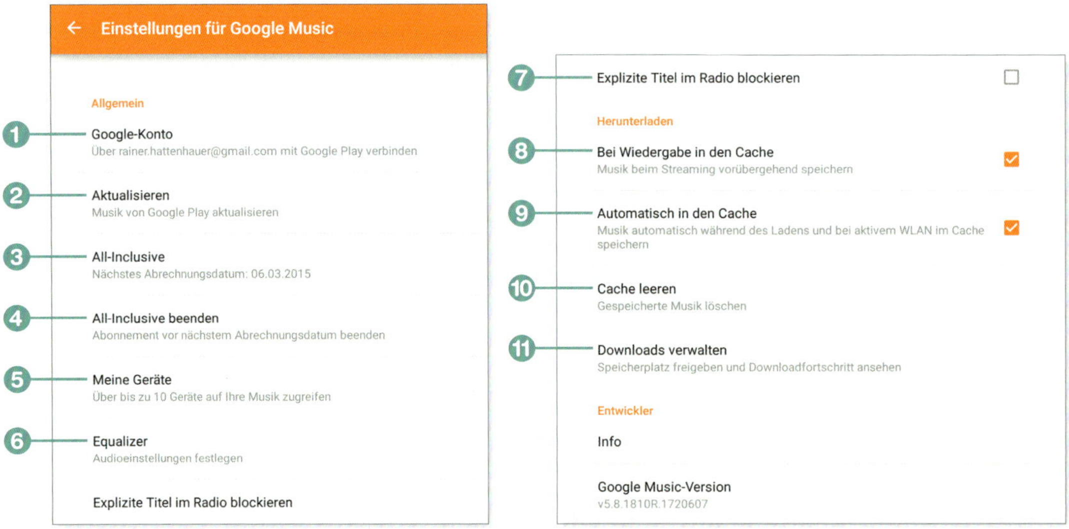

1. **Google-Konto**: Zeigt das aktuell mit der Play-Musik-App verbundene Konto. Das muss nicht unbedingt Ihr Standardkonto sein.
2. **Aktualisieren**: Sollten Sie neue Musik in die Cloud hochgeladen haben, wird der Katalog auf Ihrem Tablet mit dieser Schaltfläche aktualisiert.
3. **Kontotyp**: Falls Sie die All-Inclusive-Option aktiviert haben, wird das hier angezeigt.
4. **All-Inclusive beenden**: Beendet die All-Inclusive-Option zum nächsten Abrechnungszeitraum. Die Abrechnungsperiode beträgt einen Monat. Bei einem nicht bestehenden Abo steht hier **All-Inclusive testen**.
5. **Meine Geräte**: Zeigt alle Geräte, die mit Ihrem Play-Musik-Konto verknüpft sind. Maximal dürfen Sie zehn Geräte verwenden. Hier haben Sie die Möglichkeit, einzelne Geräte zu löschen.
6. **Equalizer**: Dient dem Feintuning der Musikwiedergabe, siehe Seite 202.
7. **Explizite Titel im Radio blockieren**: Titel mit eindeutig zweideutigen Texten werden bei Aktivierung dieser Option im Play-Musik-Radio nicht gespielt.
8. **Bei Wiedergabe in den Cache**: Bei aktivierter Option werden Lieder, die Sie aus der Cloud wiedergegeben haben, kurzzeitig zwischengespeichert, können später allerdings nicht offline genutzt werden.

9. **Automatisch in den Cache**: Bei vorhandener WLAN-Verbindung werden abgespielte Stücke auf dem Tablet zum späteren Offlinegenuss abgespeichert.
10. **Cache leeren**: Löscht die lokal abgelegte Musik.
11. **Downloads verwalten**: Zeigt Stücke, die gerade für die Offlinewiedergabe heruntergeladen werden. Hier bekommen Sie auch einen Überblick darüber, wie viel Speicherplatz bereits heruntergeladene Stücke einnehmen. Durch Antippen des Symbols 12 können Sie diese, wenn gewünscht, wieder entfernen.

> **TIPP**
>
> **Spotify – der etwas bessere Streaming-Dienst**
>
> Ich bin seit einiger Zeit – nach längerer Abstinenz – von Play Musik wieder zurück zu Spotify gewechselt. Was mich hier überzeugt, ist die Möglichkeit, Streaming-Listen mit einer größeren Community auszutauschen und im Gegenzug neue Musiktipps kostenlos zu erhalten. Darüber hinaus ist Spotify auch besser mit den sozialen Netzwerken wie Facebook & Co. verknüpft.

Spotify

Radio hören

Wie Sie sich Ihren ganz persönlichen Radiosender zusammenbasteln, haben Sie ja bereits im Abschnitt »Musik zusammenstellen – Playlists und Play Musik Radio« ab Seite 203 erfahren. Jetzt zeige ich Ihnen, wie Sie die klassischen Radiosender auf Ihrem Tablet hören können.

Im deutschsprachigen Raum können Sie sich – eine Onlineverbindung vorausgesetzt – mittlerweile nahezu jeden bekannten Radiosender per Tablet über eine Internetverbindung anhören. Besonders bewährt hat sich hier **TuneIn Radio**: Diese App stellt Ihnen eine Vielzahl von unterhaltsamen Sendern direkt auf Ihrem Tablet zur Verfügung. Fast alle wichtigen deutschen Stationen sind hier mit von der Partie.

TuneIn Radio

1. Installieren Sie die **TuneIn**-App, und starten Sie diese. Anschließend können Sie sich mit Ihrem Google+- oder Facebook-Konto anmelden, um Ihre Vorlieben zu speichern. Verschaffen Sie sich zunächst einen Überblick über die lokalen Sender, indem Sie im Hauptmenü den Menüpunkt **Durchstöbern** ❶ und anschließend **Lokales Radio** ❷ auswählen.

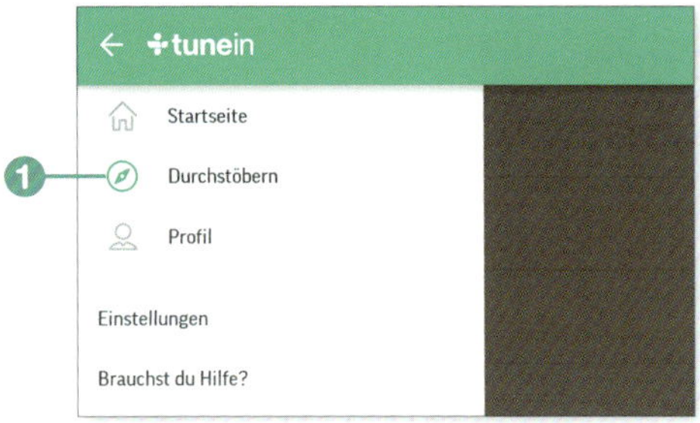

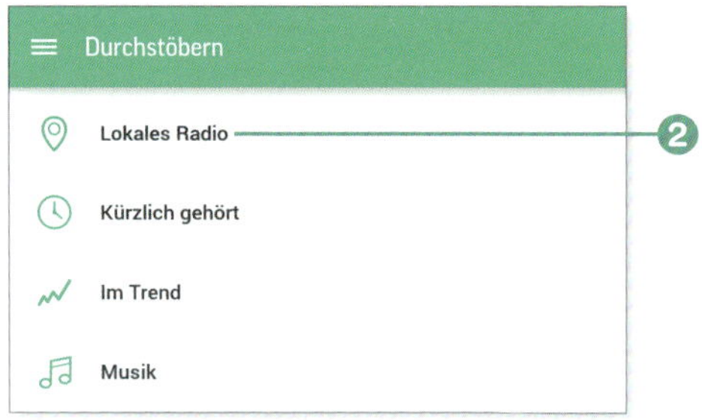

2. Wählen Sie einen der gelisteten Sender aus ❸, und tippen Sie im folgenden Dialog auf die **Wiedergabe**-Schaltfläche ❹. Dadurch wird der Radiosender per Internet-Streaming wiedergegeben.

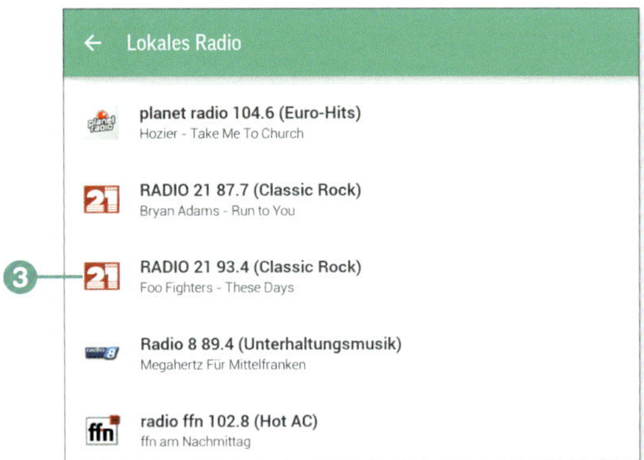

3. Andererseits können Sie Musik nach Zeitraum oder Genre auswählen. Dazu wechseln Sie erneut ins Menü **Durchstöbern** und hier zum Punkt **Musik**. Tippen Sie den Bereich an, der Sie persönlich interessiert, zum Beispiel **Alternative Rock** ❺.

4. Wählen Sie aus der erscheinenden Liste einen Sender aus. Nach kurzer Zeit beginnt die Wiedergabe. Diese können Sie jederzeit durch einen Tipp auf die **Stopp**-Schaltfläche unterbrechen.

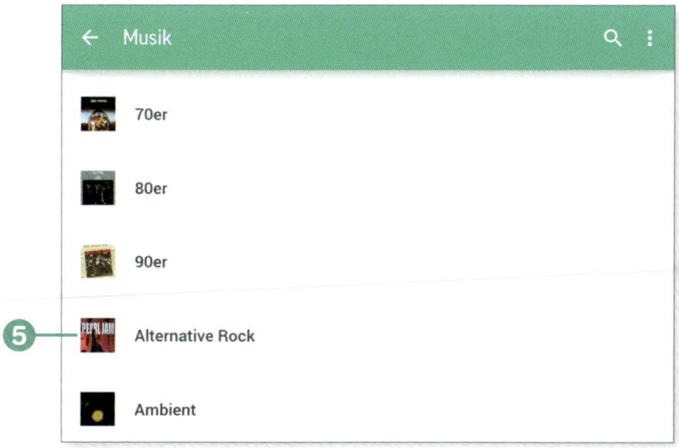

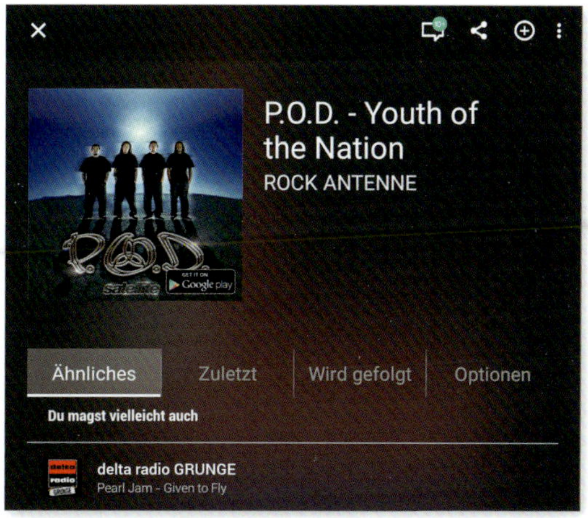

Die kostenpflichtige Pro-Version der App bietet weitere interessante Features: So können Sie beispielsweise den Livestream über eine **Record**-Schaltfläche 6 aufzeichnen oder eine bessere Qualität des Streams durch längeres Antippen der Station auswählen 7.

In der Pro-Version von TuneIn können Sie den aktuellen Radiostream mitschneiden.

Hörbücher und Podcasts hören

Viele Menschen hören auf ihrem Tablet gerne Podcasts. Das sind meist kurze Sendungen, die in Form einer Audio-, manchmal auch einer Videodatei, daherkommen. Podcasts werden von vielen Webseiten angeboten und können in aller Regel auch über einen RSS-Feed (siehe Glossar auf Seite 373) abonniert werden. Android verfügt über eine Vielzahl von Podcast-Apps. Unter anderem bietet auch TuneIn im Hauptmenü im Bereich **Durchstöbern** einen Podcast-Bereich namens **Top Podcasts**. Im Folgenden werde ich Ihnen noch eine spezielle Podcast-App vorstellen: Es handelt sich um **AntennaPod**. Ich zeige Ihnen, wie Sie den Podcast der letzten Tagesschau-Sendungen mit dieser App abonnieren:

Antenna-Pod

1. Installieren Sie **AntennaPod**, und starten Sie das Programm.
2. Wechseln Sie im Browser auf *www.tagesschau.de/podcast*, und kopieren Sie einen der dort angegebenen Links, indem Sie den Verweis **Direkter Link** länger antippen und aus dem erscheinenden Kontextmenü den Punkt **URL kopieren** ❶ auswählen.

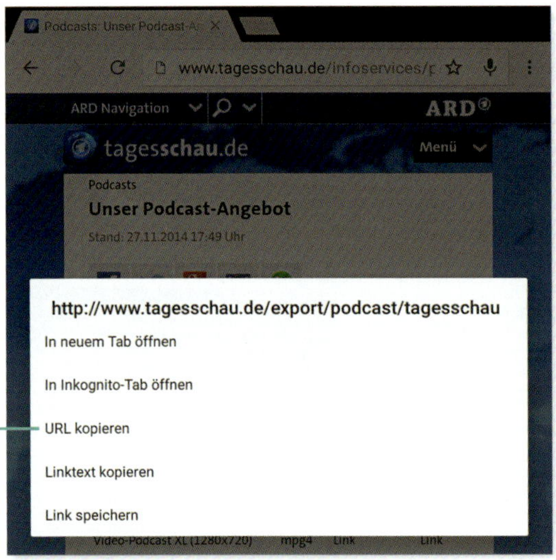

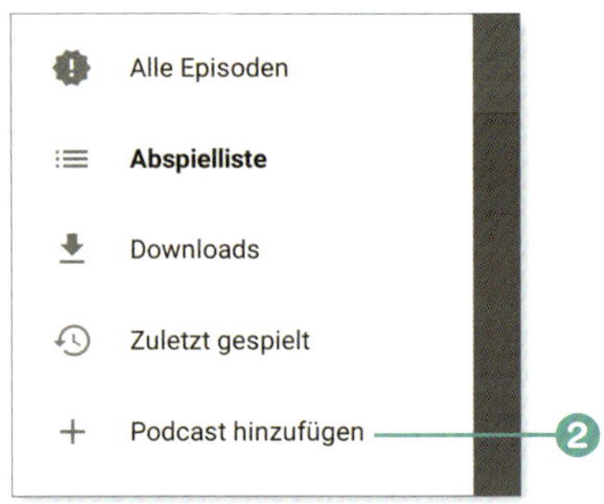

3. Wechseln Sie nun zurück in die **AntennaPod**-App, und tippen Sie dort auf **Podcast hinzufügen** ❷.
4. Geben Sie dort den kopierten Link per Einfügefunktion ein, indem Sie den Finger länger auf dem URL-Feld platzieren und anschließend **Einfügen** antippen. Bestätigen Sie die Eingabe über die Schaltfläche **Bestätigen** ❸. Ihnen stehen nun die aktuellen Tagesschau-Podcasts zur Verfügung.

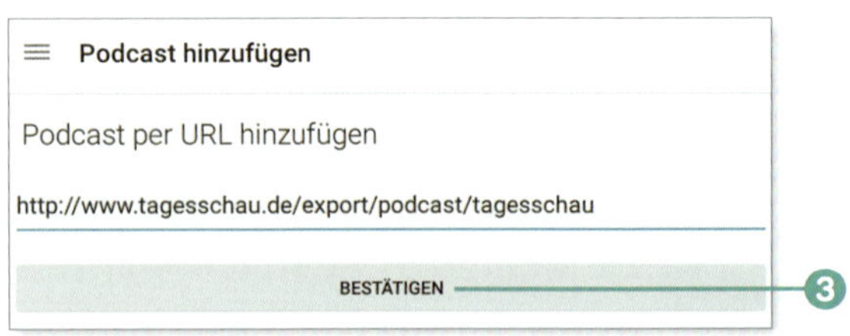

5. Durch Antippen der Schaltfläche **Abonnieren** ④ können Sie den Podcast abonnieren und anschließend auch zur lokalen Nutzung aus dem Internet herunterladen. Dazu wechseln Sie zurück zum Hauptmenü von AntennaPod, in dem Ihr Podcast nun gelistet ist.

6. Tippen Sie erst auf den Podcast-Eintrag und anschließend auf das Downloadsymbol ⑤. Wenn Sie die Statuszeile Ihres Tablets herunterziehen, können Sie den Status des Downloadvorgangs beobachten.

7. Wenn Sie die App häufiger nutzen, sollten Sie von Zeit zu Zeit auf die **Aktualisieren**-Schaltfläche ⑥ tippen. Daraufhin erscheinen dann neue Podcasts in der Übersicht.

Die erste Sendung wurde bereits heruntergeladen, die zweite steht zum Download bereit.

Abend- und urlaubsfüllender als Podcasts sind Hörbücher. Der Play Store bietet in der Play-Musik-App eine reichhaltige Auswahl:

1. Starten Sie die App **Play Musik**, und wechseln Sie im Hauptmenü in den Bereich **Genres ▸ Gesprochene Inhalte/Hörspiele/Hörbücher**.

2. Stöbern Sie in der Hörbuchabteilung. Wenn Sie einzelne Kapitel antippen, wird daraus ein Ausschnitt wiedergegeben. Sie erhalten damit einen ersten Eindruck vom Buch.

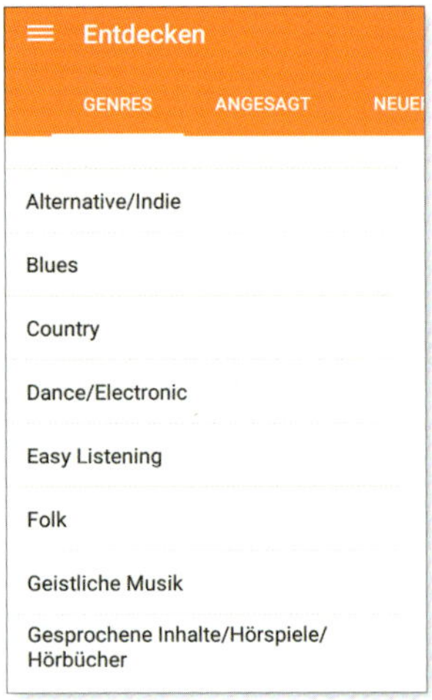

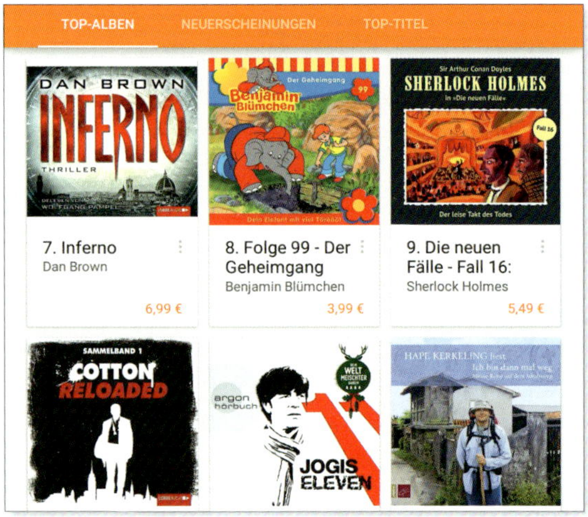

3. Kaufen Sie schließlich bei Gefallen das Buch, indem Sie die **Preis**-Schaltfläche antippen ❶. Das funktioniert genauso wie der Erwerb von Musik.

TIPP

Hörbücher im All-Inclusive-Abo

Äußerst praktisch: Wenn Sie ein All-Inclusive-Abo bei Play Musik abgeschlossen haben, dann können Sie die Hörbücher kostenlos nutzen und sogar für den Offlinegenuss auf Ihr Gerät herunterladen. Tippen Sie dazu auf das Downloadsymbol (❶ auf Seite 209).

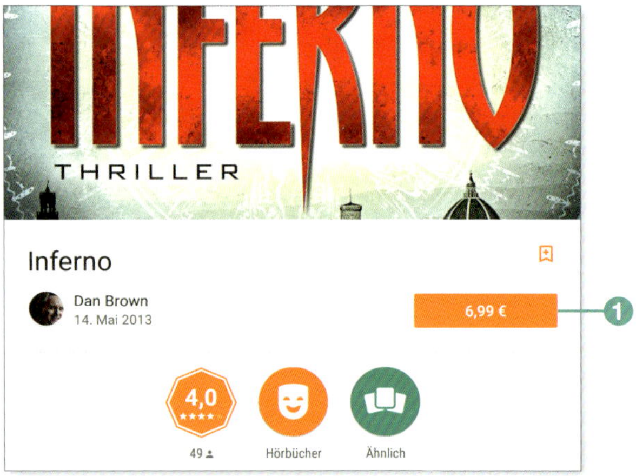

Audible

Die beliebteste Plattform für Hörbücher in Deutschland ist allerdings **Audible**, die mittlerweile im Besitz von Amazon ist. Hier können Sie eine Vielzahl aktueller Hörbücher erwerben und direkt auf Ihr Tablet herunterladen.

1. Nach dem Start der App legen Sie entweder ein neues Konto an oder melden sich, falls Sie bereits Kunde bei Amazon sind, mit Ihren Amazon-Kontodaten an.

2. Wechseln Sie nun über das Hauptmenü in den Shop ❷, und sehen Sie sich ein wenig um. Vor dem Kauf eines Hörbuchs können Sie zunächst eine kleine Hörprobe herunterladen und entscheiden, ob Ihnen das Werk gefällt.

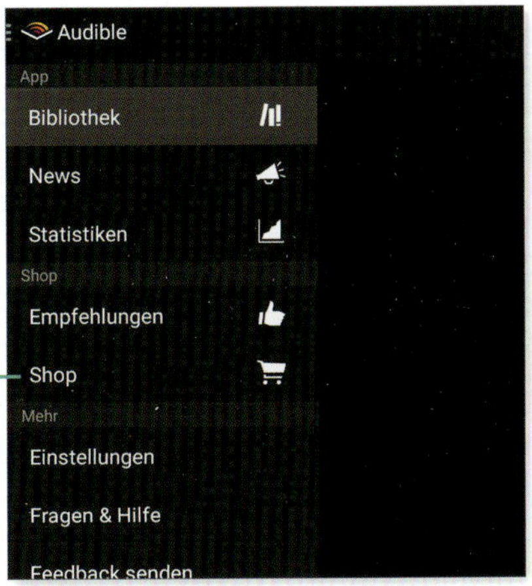

3. Kaufen Sie anschließend das Buch durch Antippen der **Preis**-Schaltfläche ❸.

4. Nach dem Kauf können Sie sich eine lokale Kopie zur Offlinenutzung herunterladen. Dazu wechseln Sie per Hauptmenü in den Bereich **Meine Bibliothek** und tippen auf die **Download**-Schaltfläche ❹. Bereits nach kurzer Zeit können Sie sich das Hörbuch per **Wiedergabe**-Schaltfläche ❺ anhören.

5. Während der Wiedergabe können Sie jederzeit über die Schaltfläche für die Lesegeschwindigkeit ① die Vorlesegeschwindigkeit ändern.

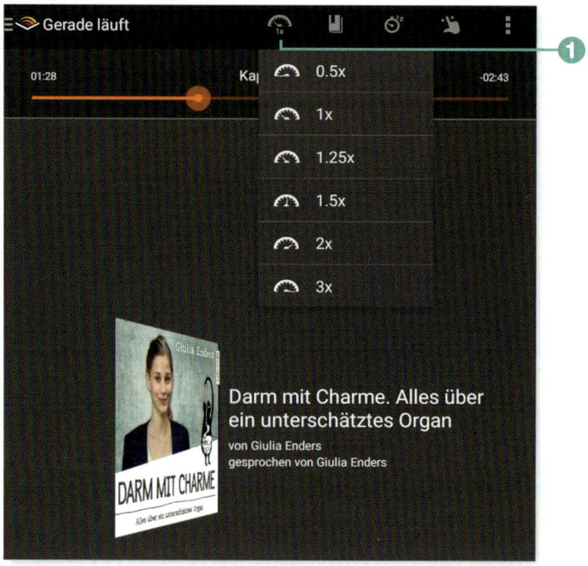

TIPP

Hörbuch-Abo bei Audible

Alternativ können Sie bei Audible auch Abos abschließen. Sie können hier für eine Gebühr von 9,95 € jeweils ein Hörbuch pro Monat ausleihen und dieses dauerhaft auf dem Tablet speichern.

Kapitel 9
Navigation und Karten

Ihr Tablet ist mit einem GPS-Chip ausgestattet. Dadurch ist es jederzeit möglich, Ihre aktuelle Position präzise zu orten. Das funktioniert sogar im Offlinebetrieb, vorausgesetzt, Sie haben zuvor entsprechendes Kartenmaterial auf Ihr Tablet befördert. Das folgende Kapitel gibt Ihnen Handreichungen rund um das Thema »Navigation und Karten auf dem Tablet«.

Das Ortungssystem einrichten: WLAN, GMS und GPS

Android ist in der Lage, die lokale Position Ihres Tablets auf zweierlei Arten zu ermitteln:

- Durch eine Onlineverbindung wird ein grobes Ortungssystem genutzt, das anhand des Internetzugangspunktes, auf den Ihr Tablet per WLAN- oder GSM-Verbindung zugreift, eine ungefähre Position ermitteln kann.
- Wesentlich präziser erfolgt die Ortung Ihres Tablets, wenn Sie zusätzlich den GPS-Chip aktivieren.

Es sollte an dieser Stelle erwähnt werden, dass beide Methoden deutlich am Akku nagen und die Ortung idealerweise nur bei Bedarf aktiviert werden sollte. Beginnen wir mit der einfachen Ortungsfunktion. In der Regel haben Sie diese bereits bei der Inbetriebnahme Ihres Tablets aktiviert, es kann allerdings nicht schaden, wenn Sie das noch einmal überprüfen.

1. Stellen Sie zunächst sicher, dass Sie per WLAN beziehungsweise Mobilfunknetz mit dem Internet verbunden sind.

2. Wechseln Sie in den Einstellungen in den Bereich **Nutzer ▸ Standort**. Prüfen Sie hier, ob der Schalter **Standort** ❶ aktiviert wurde.

   Im Menü **Standort** sehen Sie im Übrigen auch, welche Apps bereits vom Standortdienst Gebrauch gemacht haben.

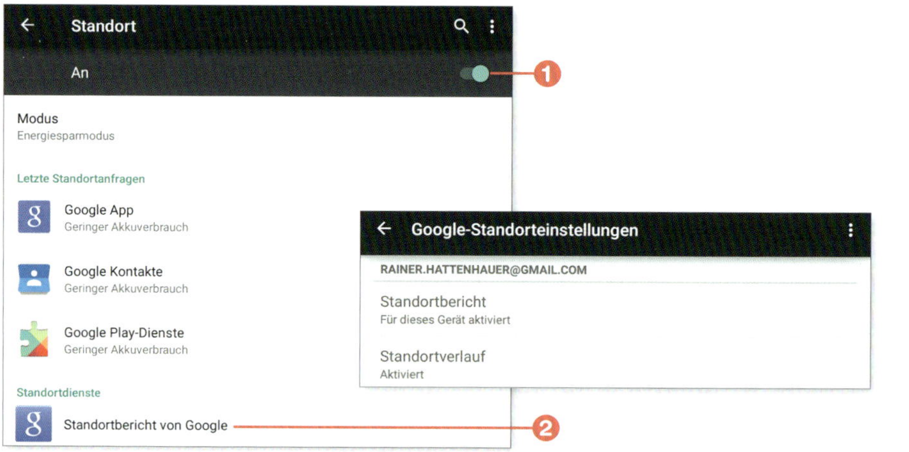

3. Prüfen Sie durch Antippen des Eintrags **Standortbericht von Google** ❷, ob die permanente Aufzeichnung Ihres Standortes ebenfalls aktiviert wurde.

Letzteres ist nicht jedermanns Sache. Wenn Sie das Mitschnüffeln des großen Bruders Google unterbinden und nur selektiv aktivieren möchten, deaktivieren Sie die Standortdienste für diesen Fall über den Schalter.

Für die Aktivierung der verbesserten Ortung per GPS ziehen Sie die Statusleiste herunter, und tippen Sie das Ortungssymbol **Standort** ❸ an.

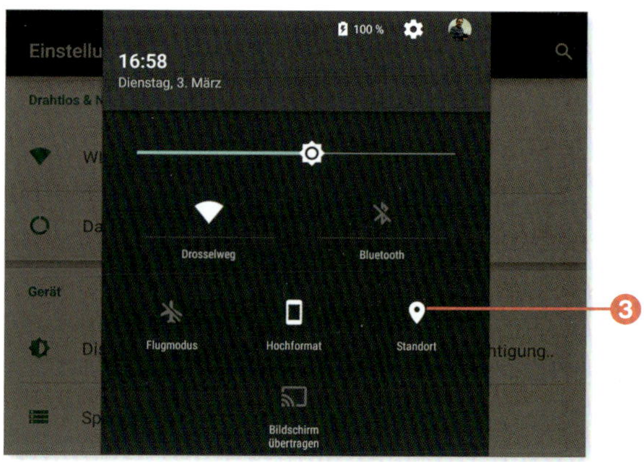

Und wie können Sie sich nun von der korrekten Funktionsweise der Ortung überzeugen? Dazu starten Sie einfach Google Maps!

INFO

Standortbestimmung per Widget

Bei älteren Geräten vor Android-Version 5 können Sie die Standortbestimmung auch per Energiesteuerungswidget 4 aktivieren beziehungsweise deaktivieren.

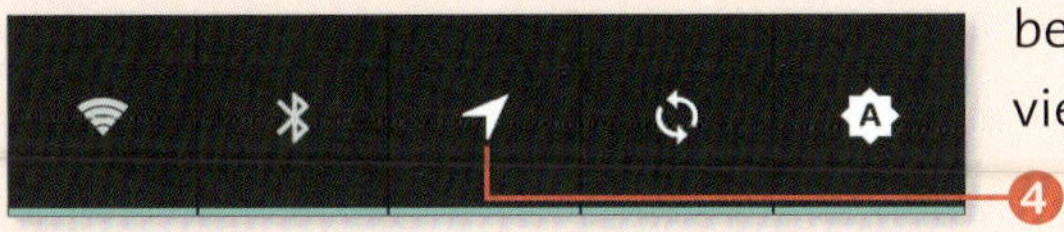

Google Maps im Überblick

Google Maps ist die zentrale Anlaufstelle für Ortungs- und Navigationsaufgaben. Sehen wir uns die universelle App einmal genauer an:

1. Stellen Sie sicher, dass der GPS-Empfang am Tablet aktiviert wurde.
2. Starten Sie **Maps** über das entsprechende Icon. In der Standardkonfiguration finden Sie es direkt in der Schnellstartleiste am unteren Displayrand.
3. Bestätigen Sie beim ersten Start die Nutzungsbedingungen von Google Maps über die entsprechende Schaltfläche.

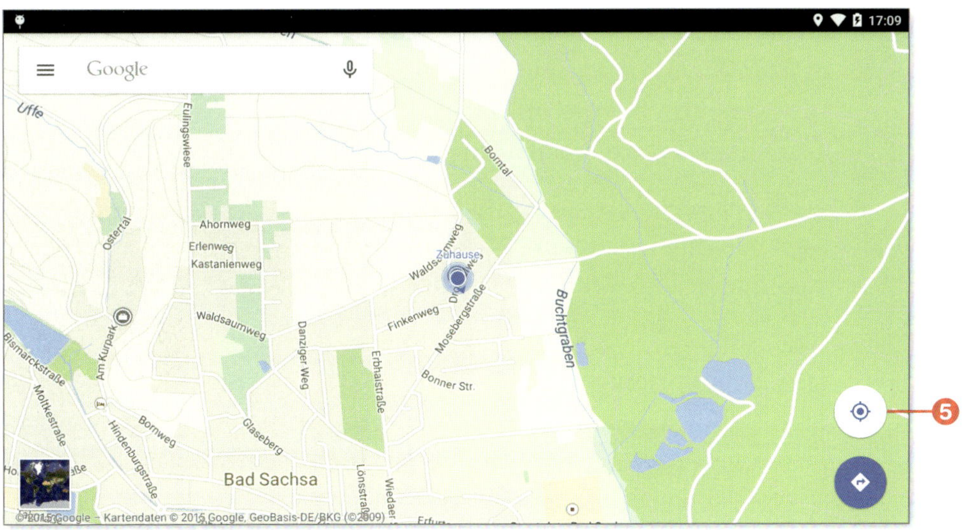

4. Ihr Standort erscheint nun als blauer Punkt auf der Google-Maps-Karte und gibt Ihre aktuelle Position mehr oder weniger präzise wieder. Der schwachblaue Kreis symbolisiert die Genauigkeit der Ortung.
5. Durch Antippen der Lokalisierungsschaltfläche ⑤ (Seite 221) am rechten unteren Bildrand wird die Karte um Ihre Position herum zentriert.

Noch ein Hinweis: Zum Test des GPS-Empfangs sollten Sie in jedem Fall das Haus verlassen.

GPS: den Status prüfen

GPS Status & Toolbox

Leider zeigt sich Google etwas knauserig, wenn es darum geht, die aktuelle Güte des GPS-Empfangs in Erfahrung zu bringen. Hier empfiehlt sich die Installation einer zusätzlichen App. Ich empfehle **GPS Status & Toolbox**.

1. Installieren Sie **GPS Status** mit dem nebenstehenden QR-Code.

   Die freie Version der App ist werbefinanziert. Wer das nicht mag, kann für derzeit 2,67 € den Schlüssel für die Pro-Version im Play Store erwerben.

2. Starten Sie die App, und bestätigen Sie zunächst die angezeigte Endnutzer-Lizenzvereinbarung.
3. Nach einer Weile sollte der Satellitenempfang fixiert sein, und die App signalisiert, wie viele Satelliten erfasst wurden ①.
4. Durch das Herunterziehen der Statusleiste erhalten Sie jederzeit erweiterte Informationen zur

Genauigkeit der Lokalisierung. Diese beträgt im vorliegenden Fall beispielsweise **+/–5** Meter ❷. Die App läuft unauffällig im Hintergrund und schaltet sich immer dann dazu, wenn eine App eine GPS-Verbindung benötigt.

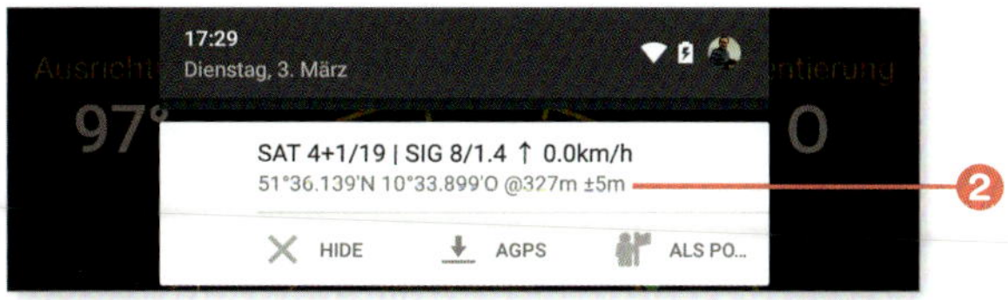

Ein Rundgang durch die App

Nachdem Sie die Ortung Ihres Tablets konfiguriert haben, begeben wir uns auf einen Rundgang durch Google Maps. Den Startbildschirm haben Sie ja bereits kennengelernt. Folgende Elemente sind darauf enthalten:

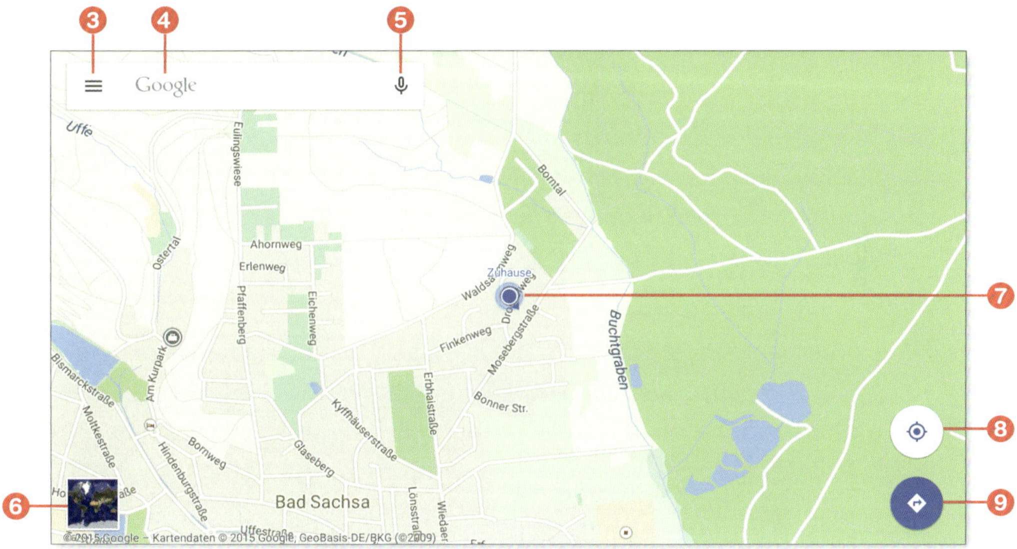

❸ Hier öffnen Sie das Hauptmenü der **Maps**-App.

❹ Im Suchfeld können Sie Orte, Adressen oder Sehenswürdigkeiten eingeben und danach suchen.

❺ Durch Antippen des Mikrofons können Sie einen Ort per Spracheingabe suchen und auf der Karte anzeigen lassen.

6 Durch Antippen dieses Feldes wird die Karte in Satellitenansicht dargestellt.

7 Zeigt Ihnen Ihre eigene Position an. Ein schwachblauer Kreis stellt gegebenenfalls die aktuelle Ungenauigkeit der Lokalisierung dar. Das kleine Dreieck zeigt die aktuelle Blickrichtung an.

8 **Zentrieren** Sie die Karte gemäß Ihrer eigenen Position, oder ändern Sie den Darstellungsmodus der Karte.

9 Über diesen Link gelangen Sie zum **Routenplaner**.

Sie können jederzeit mit Ihren Fingern bei Berührung des Displays den Kartenausschnitt anpassen. Die wichtigsten Gesten erläutere ich Ihnen hier:

- Legen Sie einen Finger auf das Display und bewegen ihn, verschieben Sie so den aktuellen Kartenausschnitt. Das eignet sich besonders, wenn Sie etwas in der näheren Umgebung eines Ortes suchen.
- Sie können den Kartenausschnitt vergrößern und sich eine detailreichere Karte ansehen, indem Sie mit zwei gespreizten Fingern das Display berühren und die Finger auseinanderziehen (Pinch-to-Zoom). Wenn Sie hingegen den Kartenausschnitt mit zwei gespreizten Fingern zusammenziehen, verkleinert sich die Karte, Sie sehen also weniger Details. Jedes Hineinzoomen in einen Kartenabschnitt lädt Daten aus dem Internet nach, was sich mit der Zeit negativ auf Ihr Onlinebudget auswirken kann.
- Wenn Sie zwei Finger parallel auf das Display legen und nach oben oder unten fahren, kippen Sie die Displaydarstellung. Sie erreichen diese gekippte Darstellung auch durch Antippen des Lokalisierungssymbols in der rechten unteren Displayecke: Dadurch wird die Karte entweder in Draufsicht 1 oder in perspektivischer Position 2 dargestellt. In Letzterer wird zusätzlich ein Kompasssymbol 3 eingeblendet.
- Sollten Sie sich einmal »verfahren« haben, tippen Sie zum Zentrieren der Karte das Lokalisierungssymbol in der rechten unteren Ecke an.
- Durch das Drehen zweier gespreizter Finger auf dem Display können Sie den Kartenausschnitt rotieren lassen.

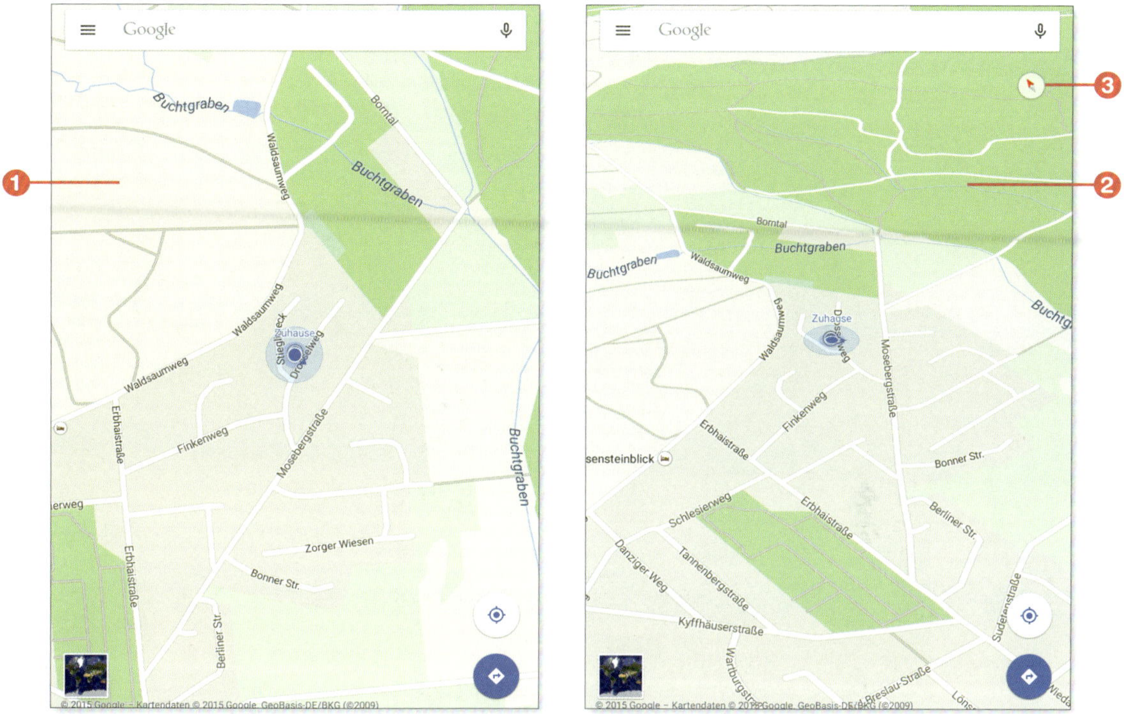

Draufsicht (links) sowie gekippte und gedrehte Ansicht (rechts)

Mit Hilfe dieser Gesten können Sie sich jederzeit die Kartenausschnitte ganz nach Ihren Wünschen und Bedürfnissen anzeigen lassen. Auf Wunsch steht Ihnen auch eine Satelliten- beziehungsweise Geländeansicht Ihres aktuellen Ortes zur Verfügung.

1. Tippen Sie auf die **Satellit**-Schaltfläche ❶ (Seite 226). Daraufhin erscheint das Satellitenbild mit Ihrem aktuellen Standort ❷.
2. Öffnen Sie das Hauptmenü der App. Über den Link **Gelände** erhalten Sie eine Vorstellung von der topografischen Struktur des aktuellen Kartenausschnitts ❸.
3. Um wieder in die normale Ansicht zurückzuwechseln, tippen Sie einfach die entsprechende aktivierte Schaltfläche (**Gelände**, **Satellit**) noch einmal an.

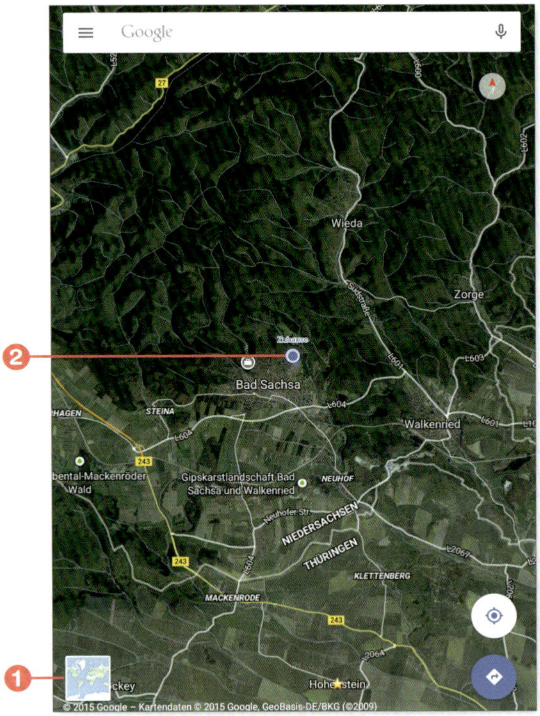

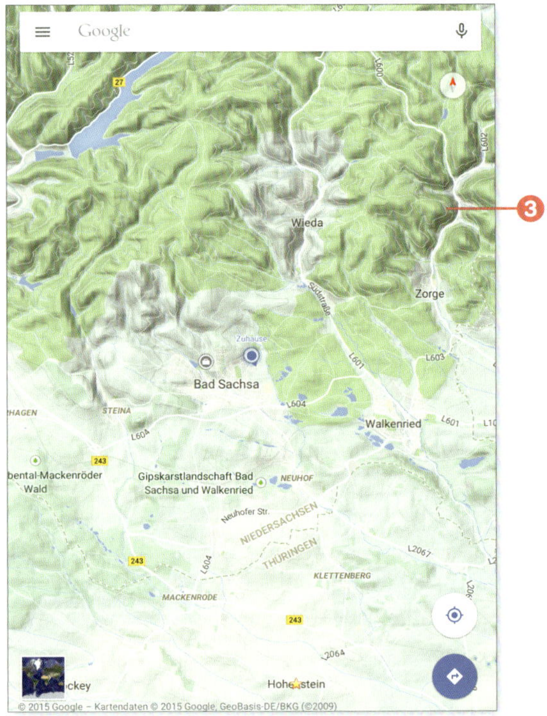

Sie können an dieser Stelle auch einmal die Funktion des GPS testen: Gehen Sie ein paar Schritte vor Ihrem Haus in Reichweite des WLAN entlang, und beobachten Sie dabei die Veränderung Ihres Standortes in Google Maps. Sie werden überrascht sein, wie präzise Ihr Standort wiedergegeben wird.

Google Maps offline nutzen

Besitzer von Tablets, die nicht über einen SIM-Karten-Einschub verfügen, werden sich fragen, wie sie denn die Karten von Google Maps auch jenseits des heimischen WLAN offline nutzen können. Aber auch Anwender, die ein Tablet mit 3G-Fähigkeiten in Verbindung mit einem Mobilfunkvertrag verwenden möchten, stehen vor dem Problem, dass bei häufigem Herunterladen von Karten für Google Maps das (begrenzte) Highspeed-Datenvolumen schnell zur Neige geht. Was also tun?

Für den genannten Fall bietet Ihnen die Google-Maps-App eine Lösung: Sie können die benötigten Kartenausschnitte bereits zu Hause bei bestehender WLAN-Verbindung herunterladen und speichern. Unterwegs nutzen Sie dann die zuvor gespeicherten Karten und benötigen keine Internetanbindung.

1. Starten Sie zunächst **Maps**, und verändern Sie den Kartenausschnitt per Pinch-to-Zoom mit zwei Fingern, so dass er die für Ihre Zwecke ideale Größe hat.

2. Tippen Sie nun das Suchfeld an. Scrollen Sie per Fingergeste ganz nach unten. Dort finden Sie ein Feld mit der Bezeichnung **Karte für Offlinenutzung speichern**. Tippen Sie das entsprechende Feld ❹ an.

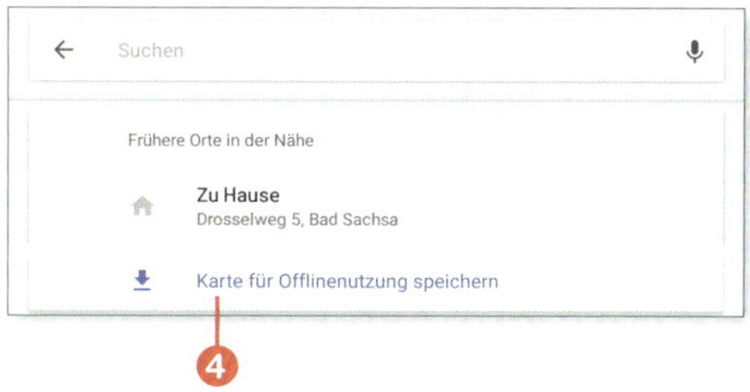

3. Bestätigen Sie den angezeigten Dialog ❺ zum Speichern der Karte. Sie haben an dieser Stelle auch noch die Gelegenheit, den Kartenausschnitt erneut anzupassen.

4. Nun werden Sie noch aufgefordert, den entsprechenden Kartenausschnitt zu benennen ❻. Geben Sie einen aussagekräftigen Namen ein, und bestätigen Sie den Dialog mit **Speichern**.

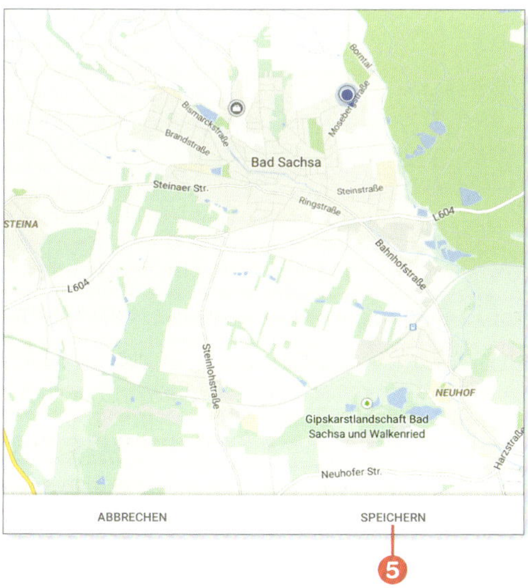

5. Der angeforderte Kartenausschnitt wird schließlich im Datenbereich der Google-Maps-App auf Ihrem Tablet abgelegt. Sollten Sie die Daten dieser App löschen, dann werden dabei auch die Kartendaten gelöscht.

Sie können diesen Kartenteil nun in Zukunft auch offline nutzen. Dazu müssen Sie nichts weiter tun – die Karten werden im Offlinebetrieb für diejenigen Bereiche angezeigt, die zuvor heruntergeladen wurden. Um einen Überblick über die bereits heruntergeladenen Karten zu erhalten, zoomen Sie im Offlinemodus (also bei ausgeschaltetem WLAN beziehungsweise Mobilfunknetz) ein wenig aus der Darstellung heraus. Bereiche, die bisher noch nicht für die Offlineverwendung heruntergeladen wurden, zeigen bei Vergrößerung nur sehr wenige Details ❶.

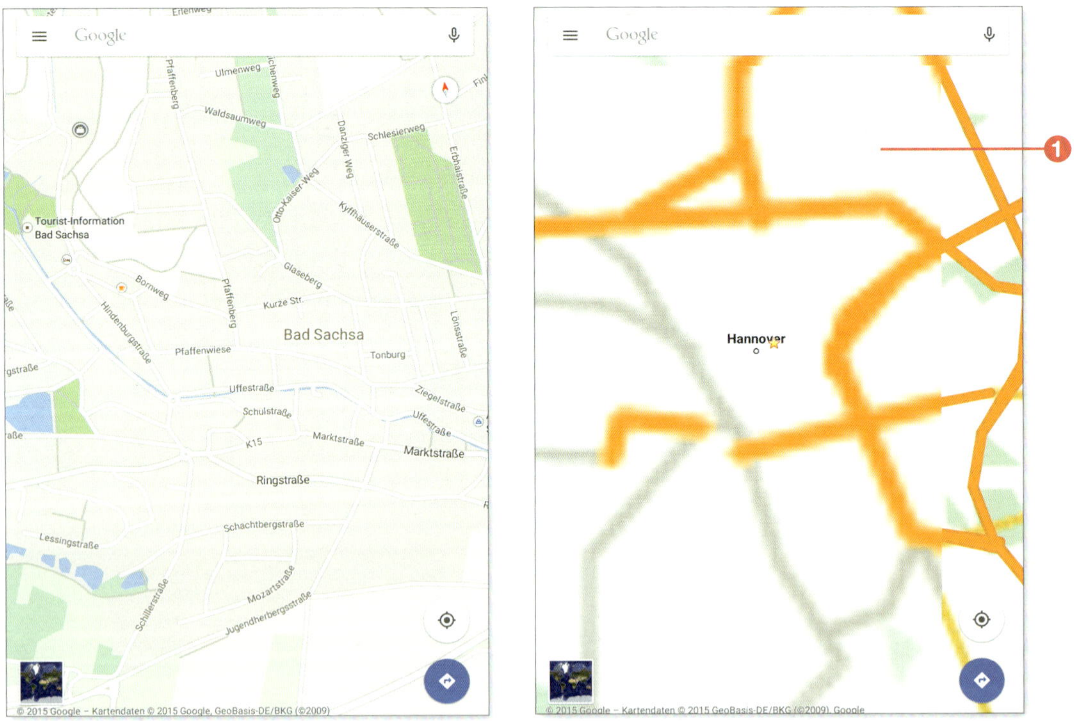

Sollte der Speicher Ihres Tablets mit der Zeit ein wenig voll werden, können Sie die heruntergeladenen Karten löschen. Tippen Sie dazu in das Suchfeld, und scrollen Sie zum Bereich **Offlinekarten**. Über den Link **Alle abrufen und**

verwalten ❷ gelangen Sie zur internen Kartenverwaltung. Hier können Sie über das Menü ❸ die heruntergeladenen Karten umbenennen, aktualisieren oder löschen.

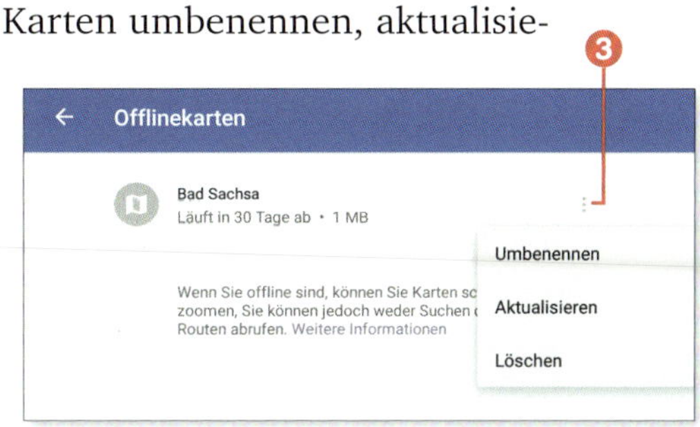

TIPP

Karten mit Freunden teilen

Möchten Sie jemandem den Weg zu einem bestimmten Ort beschreiben, geben Sie den Ort in die Suchmaske ein und tippen, nachdem der Ort gefunden wurde, länger auf dessen Eintrag. Daraufhin erscheint ein kleiner Kartenausschnitt. Durch das Antippen der Schaltfläche **Teilen** ❹ können Sie nun die Minikarte an Ihren Freund oder Ihre Freundin zum Beispiel per Mail übermitteln.

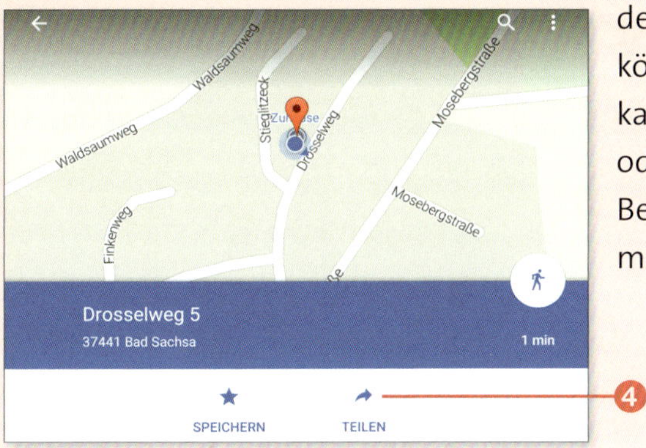

Mit Google Maps die Umgebung erkunden

Sie sehen, es gibt viele nützliche Funktionen innerhalb der App, mit deren Hilfe Sie getrost Ihre alten Straßenkarten zu Hause lassen können. Aber das war längst noch nicht alles. Schauen wir uns die App doch noch einmal genauer an.

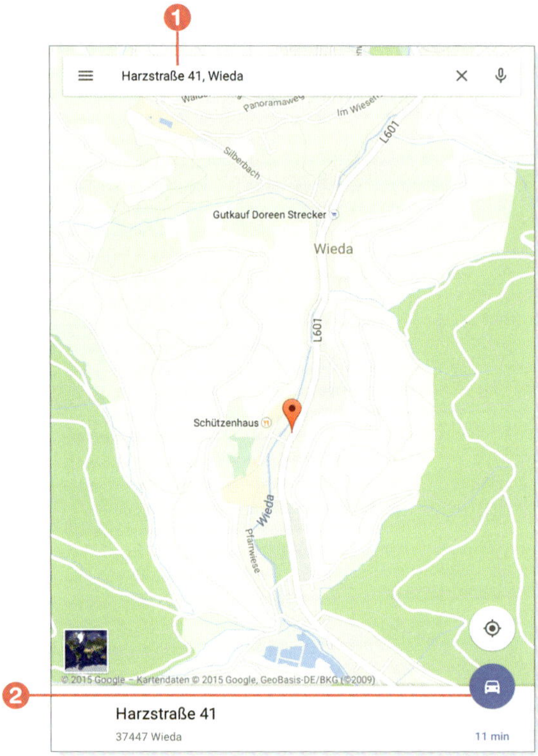

1. Suchen Sie zunächst nach einer beliebigen Adresse, indem Sie diese in das Suchfeld der App ❶ eingeben.
2. Wird Ihnen Ihr Ziel angezeigt, können Sie nun auf Wunsch durch Antippen des Automobilsymbols ❷ die Route zu der gesuchten Adresse aufrufen.

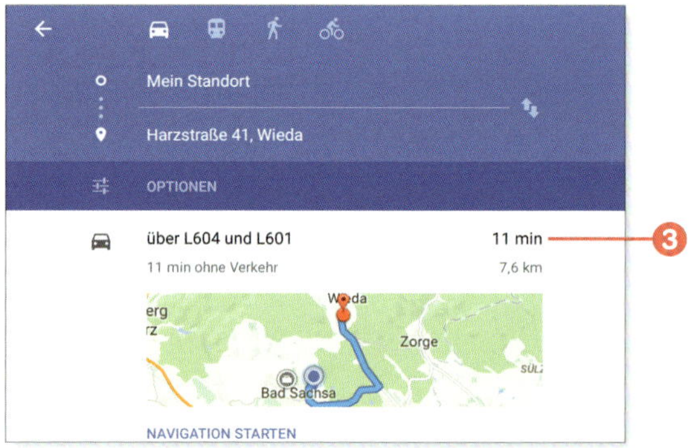

3. Im vorliegenden Beispiel erhalten Sie die Fahrtstrecke für das Auto. Sie bekommen zudem bereits die voraussichtliche Fahrzeit angezeigt ❸. Als Startpunkt für die Messung wird Ihr aktueller Standort verwendet.
4. Die Routenführung lässt sich jederzeit an Ihre Fortbewegungsart anpassen. Schalten Sie dazu am oberen Displayrand zwischen der Routenplanung für Fußgänger, öffentliche Verkehrsmittel, Auto- und Radfahrer um, mehr dazu erfahren Sie im Abschnitt »Navigation: das Tablet als Routenplaner« ab Seite 235.

Auch Sehenswürdigkeiten, die sich in der Nähe Ihres derzeitigen Standortes befinden, werden intelligent gefunden. Dazu können Sie auch ein einfaches Schlagwort wie zum Beispiel »Museum« oder »Kloster« in das Suchfeld eintragen. Es erscheint eine Liste der nächstgelegenen Sehenswürdigkeiten.

Tippen Sie eine Sehenswürdigkeit ❹ an, und Sie erhalten weiterführende Informationen wie etwa die genaue Adresse, Telefonnummer und die Öffnungszeiten. Auch einige Fotos von dem Objekt können Sie hier studieren. So finden Sie beim nächsten Ausflug schnell alle Sehenswürdigkeiten.

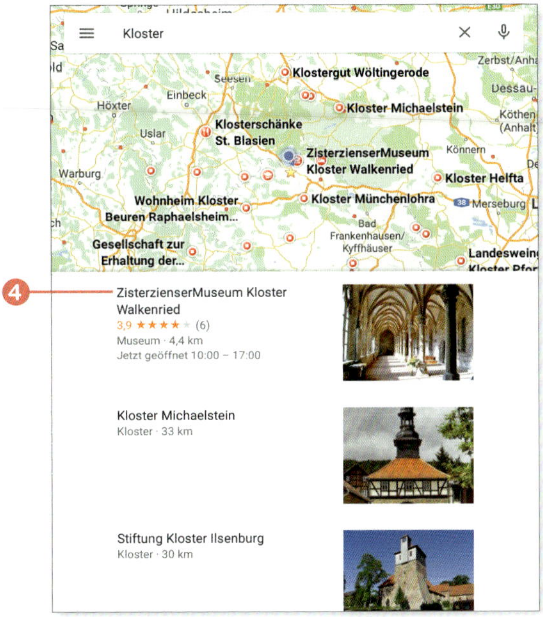

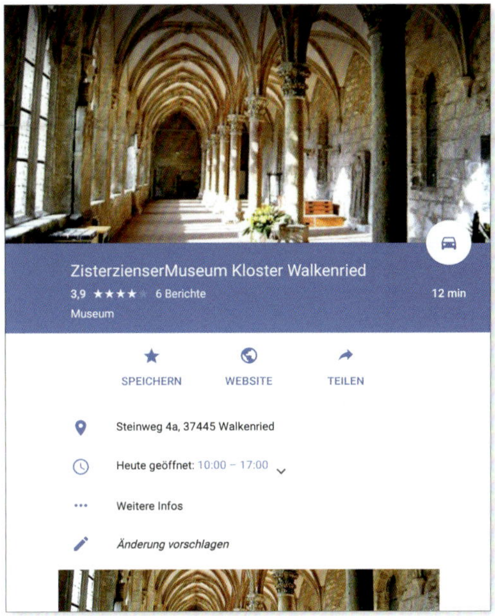

TIPP

Wichtige Anlaufstellen in der Umgebung

Wichtige Anlaufstellen – das sind in der Sprache der Navigationsgeräte *Points of Interest* (kurz: POIs). Darunter versteht man Supermärkte, Tankstellen, Hotels etc. Sie gelangen in Google Maps zu den POIs, indem Sie einfach die Suchfläche antippen und die gewünschte Kategorie aus der POI-Leiste auswählen. Durch Antippen eines Listenpunktes werden alle entsprechenden Objekte in der näheren Umgebung auf der Karte angezeigt.

Mit Google Maps können Sie sich auch schon vorab die nähere Umgebung einer Adresse anschauen, zum Beispiel wenn Sie eine Rast in einer Unterkunft planen, aber die Gegend bisher nicht kennen. Diese Option funktioniert allerdings nur, wenn der Ort per Google Street View erfasst wurde. In Deutschland ist das bislang leider nur bei einigen Metropolen der Fall, andere europäische Länder wie etwa Frankreich oder Italien wurden bereits flächendeckend erfasst.

Deutschland ist ein nahezu weißer Fleck auf der per Google Street View erfassten Karte.

1. Geben Sie einen Ort, eine Adresse oder eine Unterkunftsbezeichnung in das Suchfeld ein. Tippen Sie anschließend die Zielbeschreibung am unteren Displayrand an. Falls **Street View** für die Gegend verfügbar ist, wird Ihnen das durch ein entsprechendes Feld angezeigt ❶. Tippen Sie dieses an, und Sie gelangen in die Street-View-Ansicht ❷.

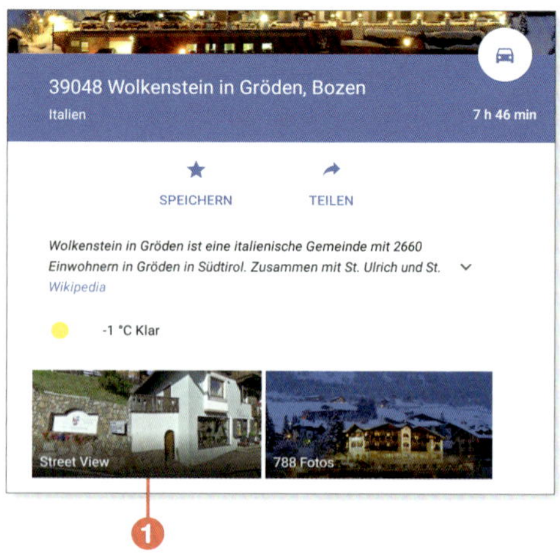

2. Im Street-View-Modus können Sie sich im Bild durch Antippen der weißen Pfeile ❸ »umsehen« beziehungsweise bewegen und per Fingerspreizen den Ausschnitt vergrößern oder verkleinern. Wenn der Verfolgungsmodus durch Antippen des kleinen Symbols in der rechten unteren Bildecke 4 aktiviert wurde, dann können Sie sich durch Drehen des Tablets regelrecht »umsehen«.

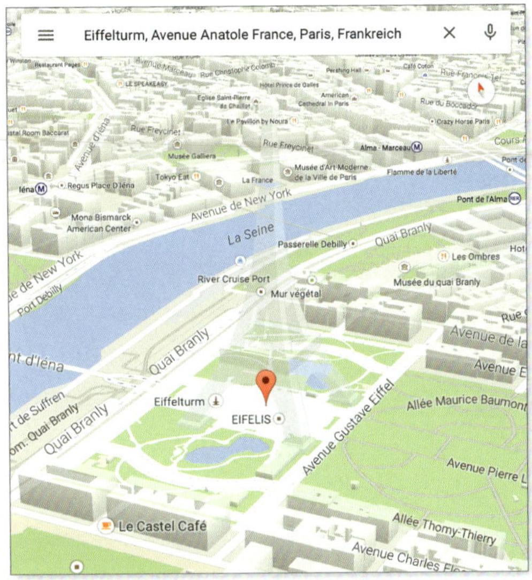

Der Eiffelturm als 3-D-Modell in Google Maps

Einige Großstädte werden mittlerweile auch als 3-D-Modelle angezeigt. Diese Funktion bietet Ihnen ähnlich wie Street View eine Voransicht der Umgebung. Sehen Sie sich doch zum Beispiel einmal in Paris in der Nähe des Eiffelturms etwas genauer um, indem Sie per Fingergeste das Bild vergrößern beziehungsweise hineinzoomen und dann die Darstellung wie gerade beschrieben mit zwei Fingern kippen. Beeindruckend, oder?

Paris in seiner blassen dreidimensionalen Darstellung hat Sie noch nicht ganz überzeugt? Dann gibt es immer noch die Möglichkeit, ein perfektes 3-D-Modell in Google Earth zu bewundern. **Google Earth** ist mittlerweile auf fast allen Android-Tablets zu finden. Sollte das bei Ihnen nicht der Fall sein, installieren Sie die App einfach aus dem Play Store mit nebenstehendem QR-Code nach.

Google Earth

1. Wechseln Sie in das Hauptmenü von **Maps**, und rufen Sie von dort aus den Link zur Google-Earth-App auf. Sie können Google Earth aber natürlich auch aus dem App-Menü heraus starten.
2. Innerhalb der **Earth**-App können Sie wiederum Suchanfragen eingeben, wie Sie es bereits von Google Maps gewohnt sind. Sie erhalten dann eine 3-D-Satellitenansicht Ihrer Suchanfrage und können sich das Geländeprofil der Umgebung anschauen.

Google Earth stellt prominente Bauwerke als 3-D-Gebilde dar. Sie gelangen aus der App auch problemlos in den Street-View-Modus, wenn Sie das kleine gelbe Männchen (1) (»Pegman« genannt) mit dem Finger auf die Karte ziehen. Auch die Steuerung per Fingergesten funktioniert ganz ähnlich wie die Steuerung in Google Maps. So können Sie sich bequem von Ihrem Sofa aus auf Weltreise begeben.

Der Eiffelturm aus der Vogelperspektive: Wenn Sie das kleine gelbe Männchen auf die Straße ziehen, landen Sie im Streetview-Modus.

ViewRanger

TIPP

Alternative Karten-Apps

Mittlerweile gibt es diverse ernst zu nehmende Konkurrenten zu Google Maps und Google Earth. Mir persönlich hat es die App **ViewRanger** angetan. Diese ist ideal zur Planung von Wanderungen oder Mountainbiketouren, da man hier die Möglichkeit hat, topografische Karten aus dem Open-StreetMap-Projekt und diversen anderen, teilweise auch kostenpflichtigen, Kartografieprojekten in die App zu laden.

Navigation: das Tablet als Routenplaner

Das Tablet hat mittlerweile auch den guten alten Straßenatlas für Navigationsaufgaben abgelöst. Es gibt bei Amazon & Co. sowohl Halterungen als auch Stromversorgungen, die es gestatten, Ihr Android-Gerät bequem vor der Windschutzscheibe zu platzieren. Diese Lösung steht mittlerweile auch den teuren, ab Werk eingebauten Navigationslösungen um nichts nach.

Wir starten mit einer kleinen Navigationsaufgabe. Sie möchten eine Route zwischen zwei Orten planen. Dies können Sie direkt aus Google Maps heraus tun.

1. Starten Sie **Maps**, und tippen Sie auf das Navigationssymbol ❷. Als Startort wird zunächst automatisch der aktuelle Standort verwendet, Sie können hier aber auch andere Startorte vorgeben, indem Sie das Feld ❸ antippen und eine andere Adresse eingeben.
2. Über die Wahlfelder am oberen Rand des Displays bestimmen Sie, ob die Routenführung für Autofahrer ❹, öffentliche Verkehrsmittel ❺, Fußgänger ❻ oder Radfahrer ❼ berechnet werden soll. Über die Routenoptionen ❽ lässt sich die Streckenführung genauer einstellen – bestimmen Sie zum Beispiel beim Erstellen einer Autofahrtstrecke, ob Autobahnen oder mautpflichtige Straßen vermieden werden sollen ❾.

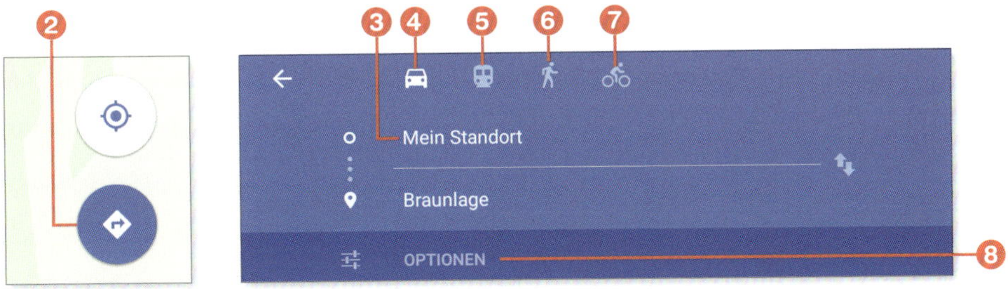

3. Nachdem Sie den Anfangs- und Endpunkt der Route eingegeben haben, wird diese sofort berechnet und grafisch dargestellt. Die von Ihnen gewählten Optionen werden dabei berücksichtigt.

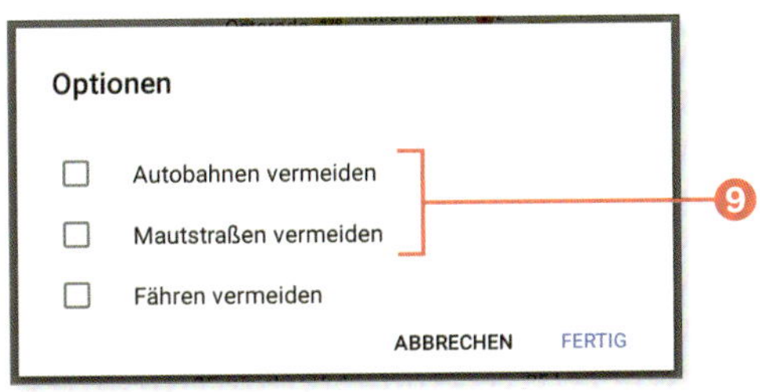

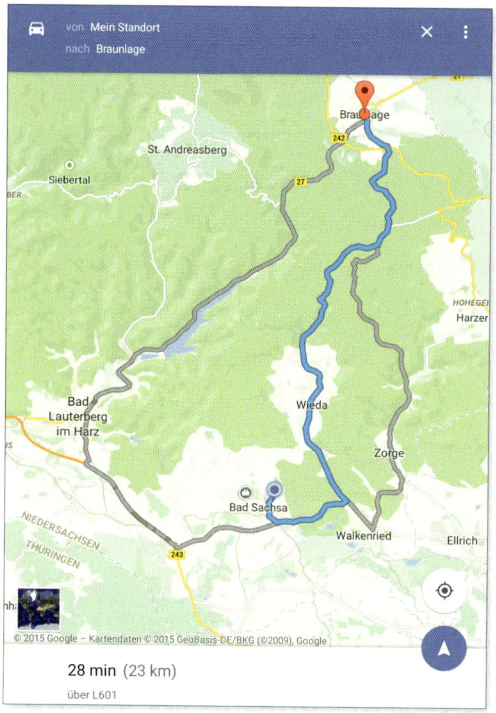

Die folgenden Abbildungen zeigen Ihnen die Streckenvorschläge für das Auto sowie für das Fahrrad. Bei Letzterem wird auch das Höhenprofil dargestellt. Neben der blau dargestellten Standardroute werden immer auch Alternativrouten angezeigt, die grau unterlegt sind. Wählen Sie die gewünschte Route durch Antippen aus. Unter den Routenvorschlägen werden Ihnen außerdem die ungefähre Dauer und die Streckenlänge angezeigt. Außerdem beherrscht Google Maps mittlerweile sogar die Navigation für Reisen mit öffentlichen Verkehrsmitteln, so dass Sie sich auch Zugfahrpläne anzeigen lassen können.

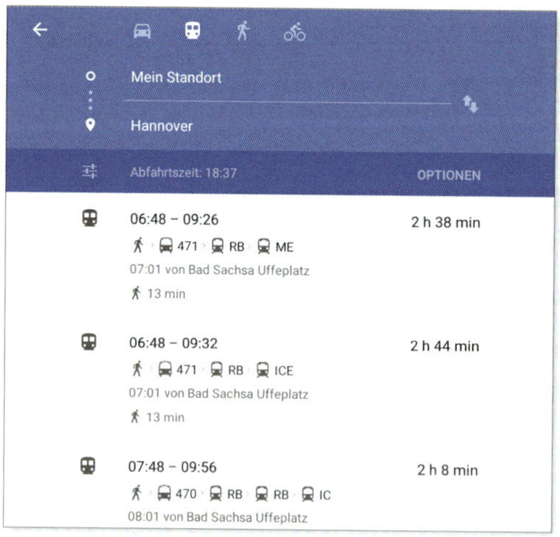

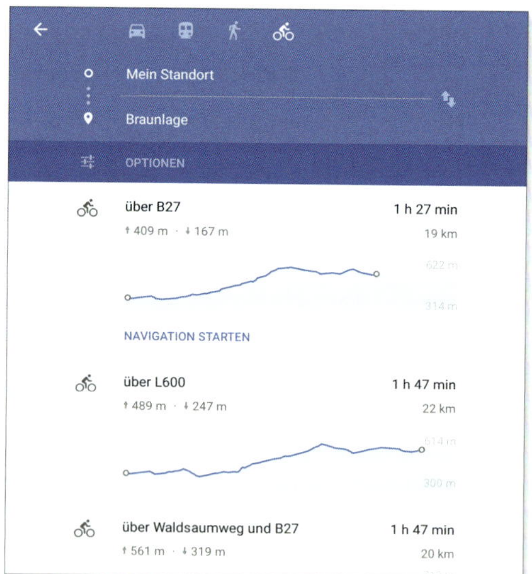

Für Navigationsaufgaben müssen Sie sicherstellen, dass der GPS-Chip aktiviert ist. Außerdem kann die Navigation nur vom aktuellen Standpunkt aus erfolgen. In allen anderen Fällen, wie etwa dem Planen von Routen, können Sie sich die Fahrt in der Vorschau ansehen. Ich gehe im Folgenden davon aus, dass die erste Situation vorliegt, Sie also zu einer bestimmten Adresse geführt werden möchten.

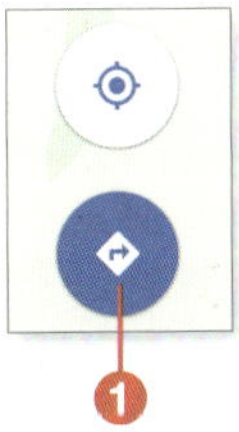

1. Starten Sie die Routenführung durch Antippen der Schaltfläche **Start** ❶ in der Routenübersicht. Sie werden sowohl optisch als auch akustisch über Ihre Route geführt.

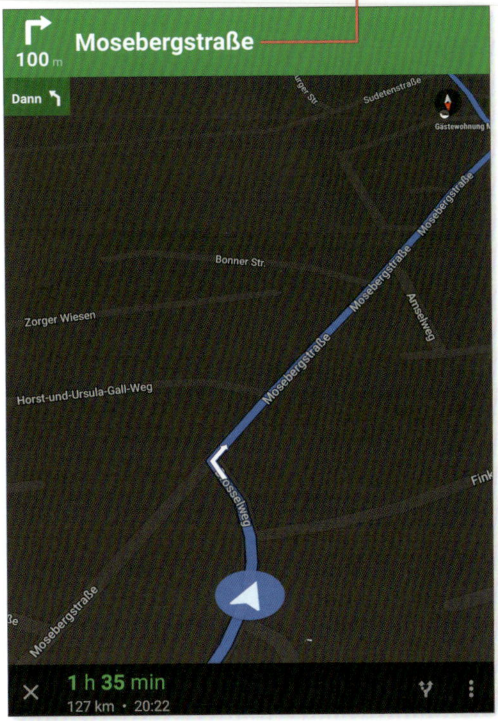

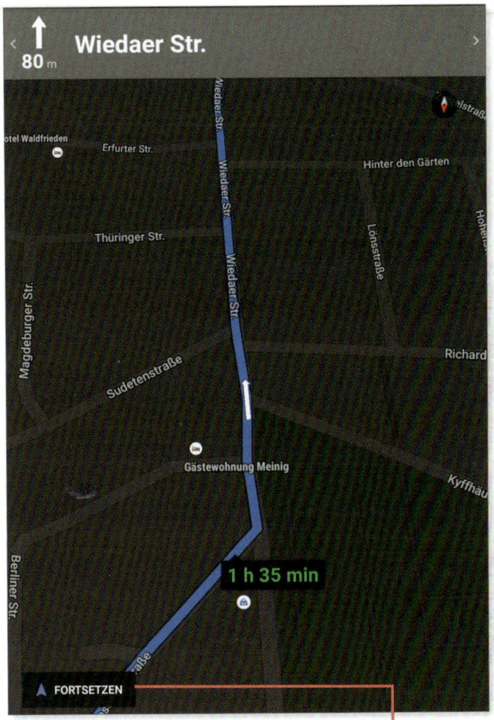

2. Durch Antippen der oberen Leiste (im vorliegenden Fall steht dort »Mosebergstraße«) ❷ können Sie von Zwischenziel zu Zwischenziel springen, um sich einen Eindruck über den Routenverlauf zu verschaffen. Zurück in den Navigationsmodus geht es dann über die Schaltfläche **Fortsetzen** ❸. Nachts werden, wie im vorliegenden Fall zu sehen, die Navigationskarten dunkelgrau dargestellt, um Ihre Augen zu schonen.

Sollten Sie oft mit dem Auto unterwegs sein, dann interessiert Sie sicher auch die Verkehrslage. Google Maps bietet in Verbindung mit der Navigations-App die Möglichkeit, die Verkehrssituation in die aktuelle Karte einzublenden und bei Bedarf nach Umleitungen zu suchen.

1. Wählen Sie im Hauptmenü der **Maps**-App die Option **Verkehrslage** ❶ aus. Ihnen wird sofort die aktuelle Verkehrslage in Form von grünen (flüssiger Verkehr), gelben (zäh fließender Verkehr) und roten (Stau) Linien angezeigt. Zusätzlich erhalten Sie einen Überblick über bestehende Straßensperrungen, Baustellen oder Verkehrsbehinderungen wie zum Beispiel Unfälle.
2. Durch Antippen der Symbole ❷ beziehungsweise Stauanzeigen erhalten Sie nähere Informationen über die entsprechende Störung.

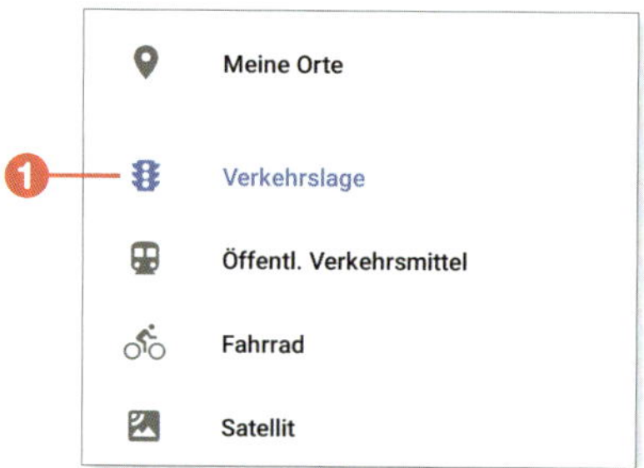

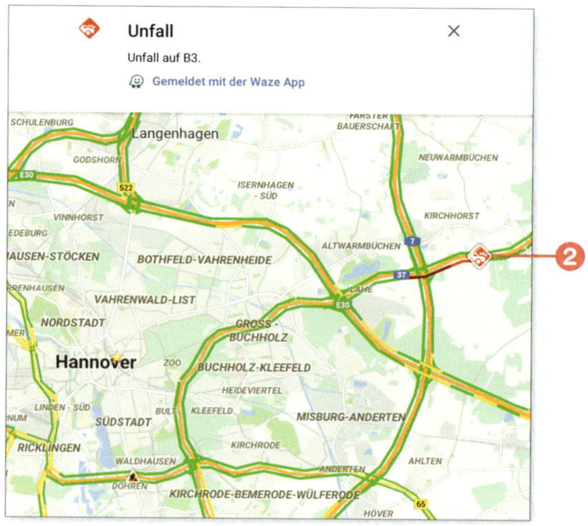

Haben Sie die Adressdaten zu einem Kontakt in der **Kontakte**-App hinterlegt, dann können Sie kinderleicht die Route planen: Starten Sie Google Maps, und geben Sie in das Suchfeld die ersten Buchstaben Ihres Kontakts ein. Daraufhin erscheint Ihr Kontakt in einer Auswahlliste der möglichen Ziele, und Sie können ihn durch Antippen des Eintrags als Navigationsziel auswählen. Schon wird die Route für Sie berechnet.

Navigon Europe

TIPP

Navigon Europe

Die integrierte Navigations-App ist überfordert, wenn es darum geht, Routen mit Zwischenzielen zu erstellen. Abhilfe schafft hier die Verwendung einer professionellen Routing-App wie zum Beispiel **Navigon**, die allerdings auch ihren Preis hat: Circa 50 € müssen Sie für die Europaversion bezahlen. Die App lässt sich über In-App-Module beliebig aufpeppen; so erhalten Sie per Live-Traffic-Modul einen Überblick über aktuelle Verkehrsbehinderungen in Echtzeit.

Unterwegs mit dem Tablet

Im folgenden Abschnitt möchte ich Ihnen noch einige Apps vorstellen, die nützlich sind, wenn Sie mit Ihrem Tablet auf Reisen sind.

Nicht jeder ist auf den eigenen vier Rädern unterwegs. Viele Menschen lieben den Komfort, den Bahnreisen bieten. Selbstverständlich gibt es zum Recherchieren von Zugverbindungen eine entsprechende App von der Deutschen Bahn AG, mit deren Hilfe Sie schnell zum Ziel kommen.

Gehen Sie folgendermaßen zum Recherchieren einer Zugverbindung vor:

1. Installieren Sie zunächst den **DB Navigator** mit dem nebenstehenden QR-Code. Starten Sie anschließend die App.

DB Navigator

2. Beim ersten Start möchte die App Zugriff auf Ihren Kalender und Ihre Kontakte erhalten. Diesen können Sie gewähren, wenn Sie häufig zu bestimmten Personen aus Ihrem Kontaktverzeichnis fahren wollen.
3. Geben Sie in die Suchmaske Start- und Zielbahnhof sowie die geplante Abfahrtszeit ein.
4. Starten Sie die Suche über die Schaltfläche **Suchen** ③. Es werden in der Regel mehrere Suchergebnisse angeboten. Wählen Sie davon die passende Verbindung durch Antippen aus.

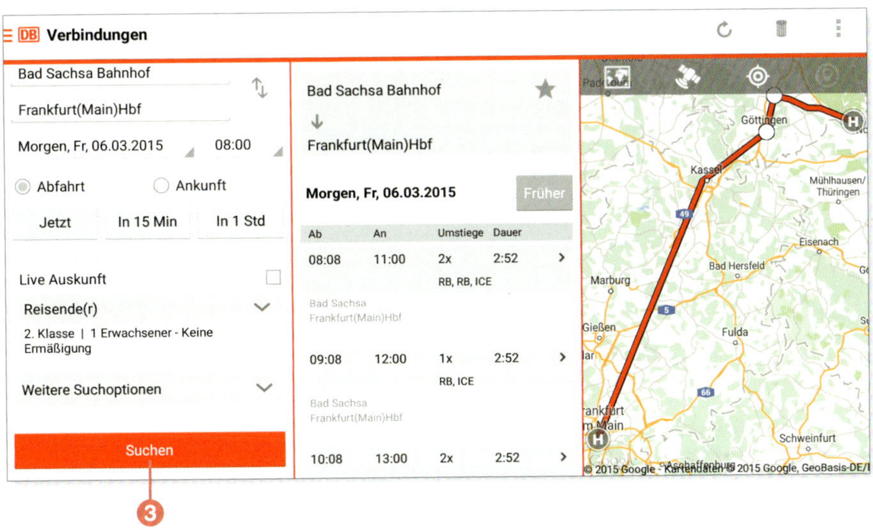

5. Sie können sich über die Schaltfläche **Preise und Buchung** ① den Preis für die Verbindung anzeigen lassen und das Ticket buchen – vorausgesetzt, Sie besitzen ein Konto beim Onlinebuchungssystem der Deutschen Bahn. Das können Sie aber auch noch während der Buchung anlegen.

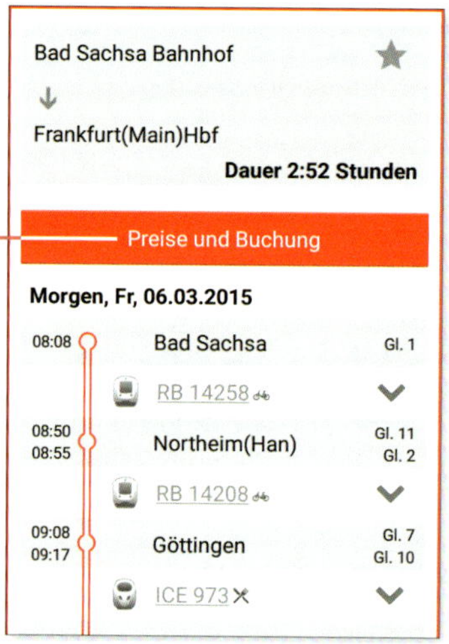

DB Zugradar

Nun steht Ihrer Reise nichts mehr im Weg. Bei längeren Strecken können Sie das Ticket sogar auf dem Tablet als E-Ticket mit sich führen und sparen sich so den Ausdruck.

Im Hauptmenü ② der App erhalten Sie Zugang zu einigen Spezialangeboten der Bahn und können auch den Verspätungsalarm für Züge einsehen. Dies kann allerdings eine andere App besser – und zwar der **DB Zugradar**. Damit können Sie Ihren Zug beziehungsweise auch dessen Anschlusszüge live verfolgen.

Nachdem Sie den Zug am Bahnhof verlassen haben, möchten Sie in ein Fahrzeug des öffentlichen Personennahverkehrs (ÖPNV) wechseln. Dazu bietet sich die App **Öffi** an.

Öffi besteht aus drei Teil-Apps: **Öffi Haltestellen**, **Öffi Netzpläne** und **Öffi Verbindungen**. Nach dem ersten Start einer App, zum Beispiel Öffi Verbindungen, müssen Sie zunächst angeben, in welchem Bereich Sie Verbindungen suchen möchten. Haben Sie diese Einstellungen vorgenommen, werden Ihnen sofort die Verbindungen in Ihrer näheren Umgebung angezeigt. Ihr Aufenthaltsort wird in diesem Fall sowohl per Mobilfunknetz als auch mit Hilfe des eingebauten GPS ermittelt.

Öffi

Sie können aber auch Verbindungen in anderen Städten recherchieren und sich die dort gültigen Fahrpläne anzeigen lassen. Dazu verwenden Sie das Hauptmenü der App. Dort können Sie auch den Routenplaner aufrufen, der gezielt Verbindungen zwischen zwei Orten sucht.

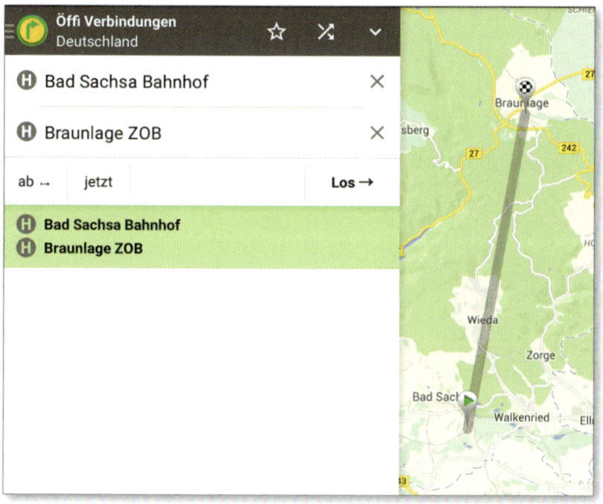

Fehlt nur noch eine brauchbare Unterkunft. Hier verlasse ich mich meist auf die Community von *TripAdvisor*. Mit der **TripAdvisor**-App können Sie Hotels und Pensionen in der Nähe Ihres Aufenthaltsortes finden und sich (ganz wichtig!) aktuelle Beurteilungen zu den Quartieren anschauen. Sie sollten die Bewertungen jedoch kritisch betrachten, da unter Umständen einige von den Betreibern selbst oder auch von Konkurrenten unter falschem Namen erstellt wurden und die Unterkunft in einem besseren oder schlechteren Licht präsentieren. Bei TripAdvisor erhalten Sie außerdem von der Community Tipps und Empfehlungen zu Gaststätten und Sehenswürdigkeiten.

TripAdvisor

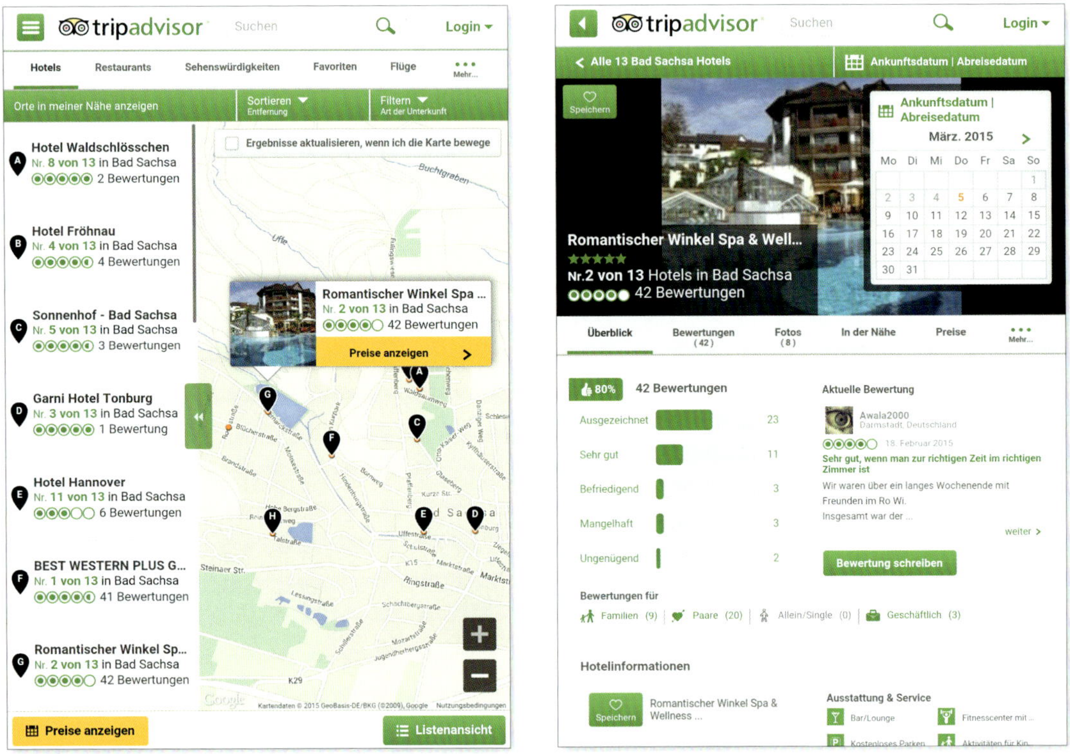

Die TripAdvisor-App zeigt unter anderem Bewertungen der Community.

Kapitel 10
Apps kaufen und installieren

Sie sind der Treibstoff für Ihr Tablet – die Apps, diese intelligenten kleinen Programme, die aus Ihrem elektronischen Spielzeug die sprichwörtliche eierlegende Wollmilchsau machen. Einige Apps jenseits des vorinstallierten Android-Betriebssystems haben Sie im Verlauf des Buches schon kennengelernt und installiert. In diesem Kapitel sehen wir uns die Heimat aller Apps – den Play Store – einmal etwas genauer an.

Ein Rundgang durch den Play Store

Beginnen wir mit einem kleinen Rundgang durch den Play Store, der Ihnen die wichtigsten Funktionen aufzeigen soll.

1. Sie starten den Play Store durch Antippen des kleinen Symbols oben rechts im App-Menü (1) – falls Ihr Gerät darüber verfügt – oder direkt über das Icon der Play-Store-App.

2. Nach dem Start des Programms präsentiert sich die Play-Store-Übersicht. Sie finden dort Links in Form von Schaltflächen zu den Unterbereichen **Apps**, **Spiele**, **Filme**, **Musik**, **Bücher** und **Kiosk**. In der Übersicht der Startseite werden Ihnen Vorschläge für aktuelle Medien beziehungsweise Apps unterbreitet.

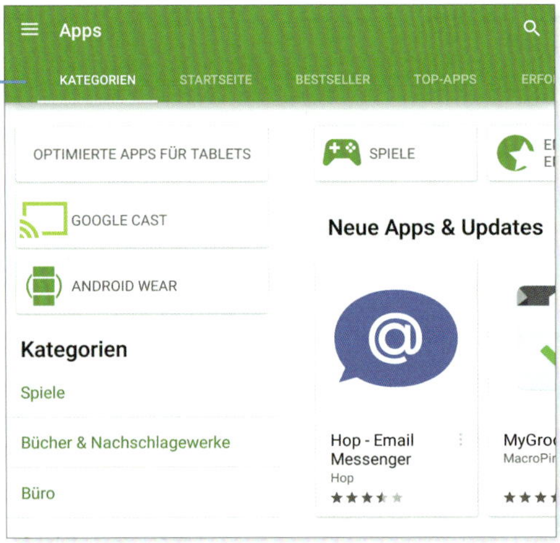

Tippen Sie die Schaltfläche **Apps** ❶ an, um in den Bereich der im Play Store erhältlichen Apps zu gelangen.

3. Durch Hin- und Herwischen wechseln Sie zwischen verschiedenen App-Bereichen. Innerhalb der einzelnen Bereiche können Sie dann teilweise beliebig weit herunterscrollen.

Sie finden im Play Store folgende Bereiche ❷, in denen die Apps wie folgt gruppiert sind:

Bereich	Inhalte
Kategorien	Apps, nach Kategorien geordnet
Startseite	Vorschläge gemäß Ihrem Kaufverhalten
Bestseller	die beliebtesten Apps
Top-Apps	beliebte kostenlose Apps
Erfolgreichste	die Apps mit den meisten Downloads
Top-Artikel – Verkäufe	die beliebtesten kostenpflichtigen Apps
Neue Top-Apps	die beliebtesten Aufsteiger
Trends	Apps mit dem aktuell stärksten Wachstum

Die genannten Bezeichnungen sind dabei eher vage umrissen. So ganz ist es auch mir nicht gelungen, den Inhalt der einzelnen Kategorien eindeutig zu identifizieren.

Die Play-Store-App erkennt, wenn Sie diese von Ihrem Tablet aus aufrufen. Daher finden Sie in den Listen in der Regel Apps, die speziell für Tablets entwickelt wurden. Möchten Sie sich sämtliche Android-Apps anzeigen lassen, dann wählen Sie im entsprechenden Auswahlfeld einfach die Option **Alle Apps** ③. Beachten Sie: In der Regel werden Apps für Smartphone-Bildschirme optimiert, wodurch die Darstellung auf dem Tablet gegebenenfalls leidet.

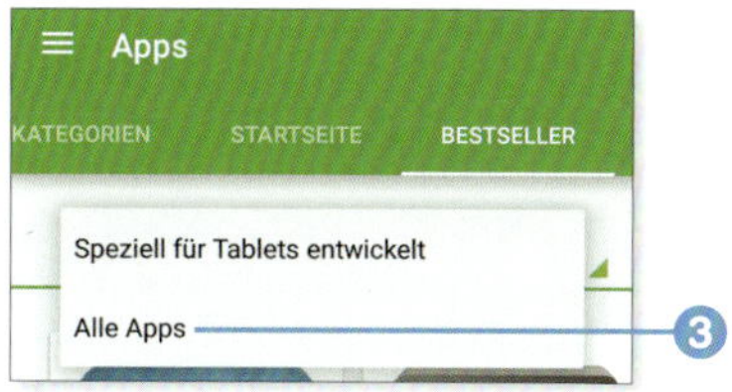

Wenn Sie auf der Suche nach einer bestimmten App sind, dann empfiehlt es sich, in der Play-Store-App zunächst in den **Apps**-Bereich zu wechseln. Dadurch wird die Suche nach bestimmten Schlüsselwörtern auf diesen Bereich eingeschränkt und nicht auch auf die anderen im Play Store befindlichen Medien ausgedehnt. Zur Suche nach Apps erfahren Sie im Abschnitt »Apps im Play Store suchen« ab Seite 249 mehr.

Installierte Apps anzeigen

Um sich einen Überblick zu verschaffen, welche Apps auf dem aktuellen Gerät installiert sind beziehungsweise welche Apps Sie bislang erworben haben, tippen Sie einfach auf die Hauptmenü-Schaltfläche am linken oberen Rand und wählen dort den Menüpunkt **Meine Apps** ④. Im Bereich **Installiert** ⑤ (Seite 246) erscheint nun eine Übersicht über alle Apps, die Sie auf Ihrem aktuellen Gerät installiert haben und für die gegebenenfalls Updates angeboten werden. Das gilt natürlich nicht, wenn Sie die Option **Automatische Updates** aktiviert haben.

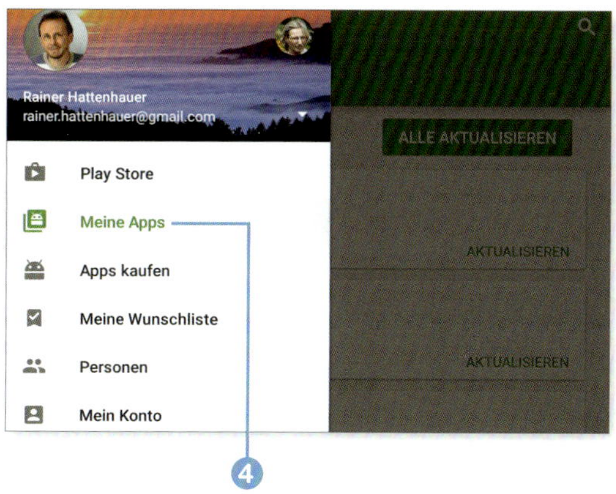

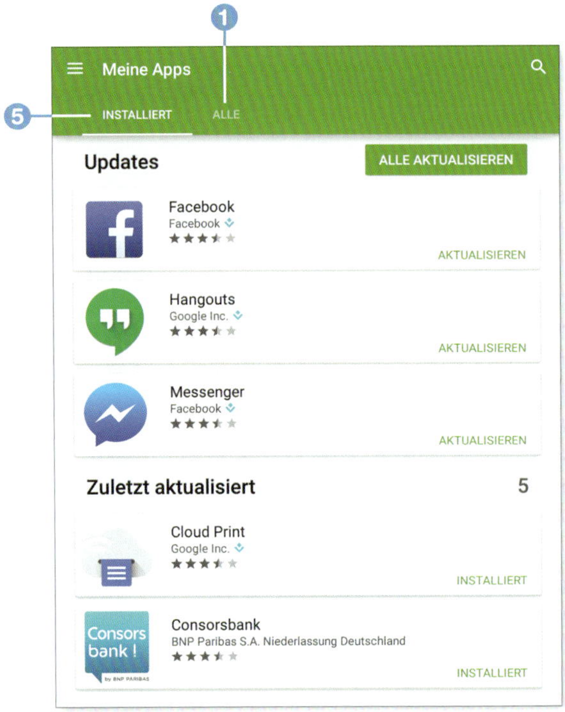

Im Bereich **Alle** ① finden Sie sämtliche Apps, die Sie bislang mit Ihrem Google-Konto getestet, aber auch gegebenenfalls wieder deinstalliert haben. Das sind insbesondere auch Apps, die sich auf anderen Geräten befinden, die ebenfalls mit Ihrem Google-Konto verknüpft sind, zum Beispiel Ihr Android-Smartphone. Scrollen Sie vertikal durch die Liste, um sich einen Überblick darüber zu verschaffen, welche Apps Sie schon einmal installiert haben.

Apps aktualisieren

Die Apps, die Sie im Play Store erwerben, werden ständig weiterentwickelt. Sogenannte *Updates* werden regelmäßig herausgebracht, und das System benachrichtigt Sie, wenn eine App aktualisiert werden kann. Eine derartige Benachrichtigung erhalten Sie dann über die Statusleiste.

1. Wenn Sie eine Update-Benachrichtigung erhalten, ziehen Sie die Statusleiste herunter. Tippen Sie auf den entsprechenden Eintrag in der Liste der Meldungen ②.

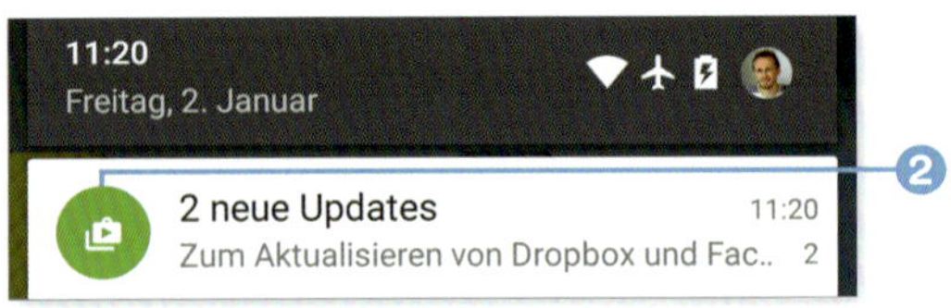

2. Sie werden in die Play-Store-App weitergeleitet, um die angezeigten Apps zu aktualisieren. Alternativ können Sie auch direkt in der Play-Store-App per Hauptmenü in den Bereich **Meine Apps** wechseln, um sich die aktualisierbaren Apps anzeigen zu lassen.

3. Tippen Sie hier entweder die Schaltfläche **Alle aktualisieren** ③ an, um alle updatefähigen Apps in einem Rutsch zu aktualisieren, oder wählen Sie gezielt einzelne Apps durch Antippen zur Aktualisierung aus.

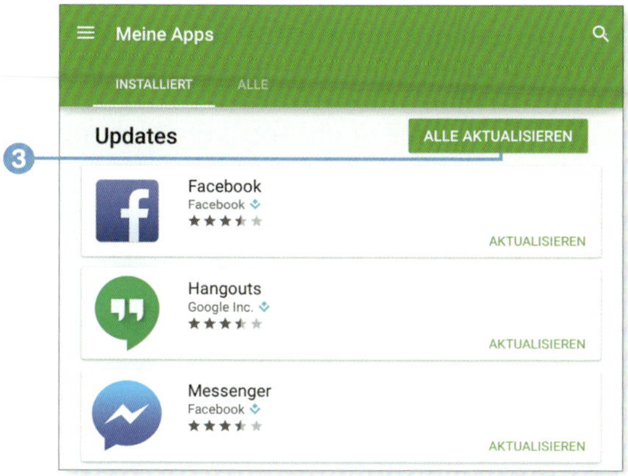

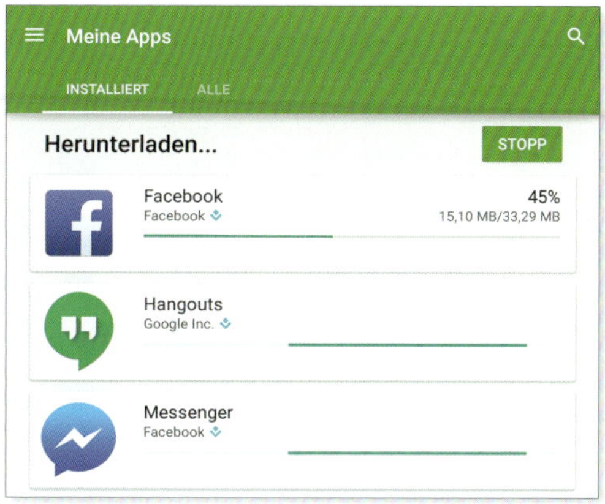

4. Sollten Sie bei der Aktualisierung auf eine App stoßen, die Sie selten bis gar nicht verwenden, tippen Sie diese in der App-Übersicht an, und löschen Sie sie über die Schaltfläche **Deinstallieren** ④.

Sie sollten stets darauf bedacht sein, Ihre Apps aktuell zu halten. Dadurch stellen Sie sicher, dass Sie immer die neuesten Funktionen erhalten und Sicherheitslücken umgehend geschlossen werden.

Sollte eine der zu aktualisierenden Apps neue Berechtigungen (siehe zu diesem Thema auch den Abschnitt »Das dürfen Ihre Apps« ab Seite 248) benötigen, wird Ihnen das vor dem Update mitgeteilt. Nach der Aktualisierung erscheint eine Meldung in der Statuszeile, falls der Update-Vorgang erfolgreich verlaufen ist. Mit der Schaltfläche **Löschen** ⑤ bringen Sie die Meldungen wieder zum Verschwinden.

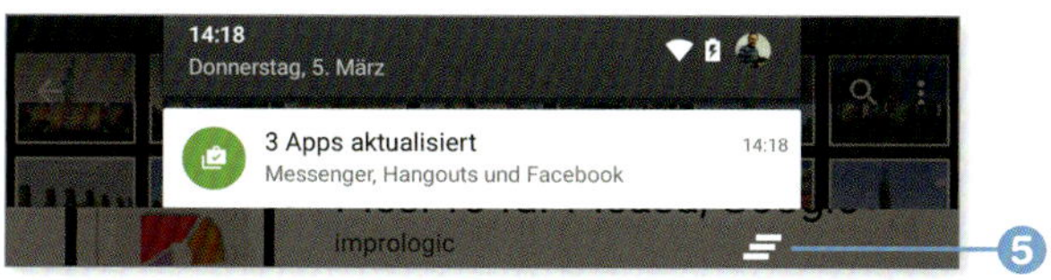

ACHTUNG

Automatische Updates möglichst vermeiden!

Sie haben die Möglichkeit, installierte Anwendungen automatisch aktualisieren zu lassen. Davon rate ich Ihnen jedoch ab: Einerseits kann eine im Hintergrund erfolgende Installation das System ungewollt ausbremsen, andererseits sollten Sie stets darauf achten, was der Hersteller der App in der neuen Version geändert hat. Zwar wirft das Android-System ein Auge darauf, falls kritische Rechte von einer Aktualisierung betroffen sind, aber hier gilt: Vertrauen ist gut, Kontrolle ist besser. Deaktivieren Sie daher die automatische Installation in der Play-Store-App über den Link **Einstellungen** im Hauptmenü.

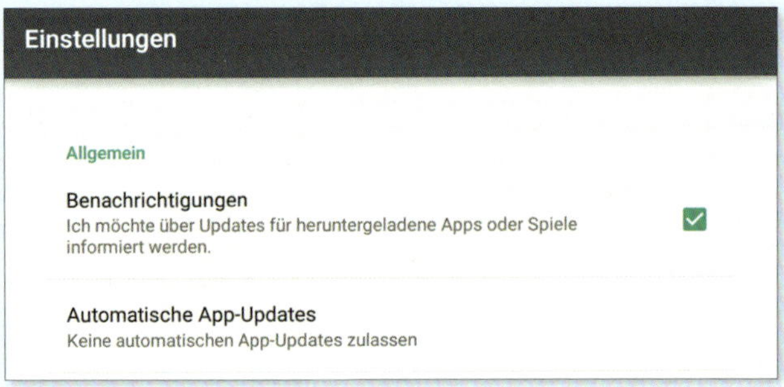

Das dürfen Ihre Apps

Besondere Aufmerksamkeit sollten Sie auf die Berechtigungen richten, die Apps für sich auf Ihrem Tablet beanspruchen. Diese werden Ihnen unmittelbar vor der Installation einer App angezeigt. In der folgenden Abbildung sehen Sie zum Beispiel, dass die App **Google Goggles** unter anderem auf die Kamera Ihres Geräts zugreift und Standortinformationen übermittelt.

Schauen Sie sich die Liste der Berechtigungen genau an. Nähere Informationen zu einer zu erteilenden Berechtigung erhalten Sie durch Antippen der Pfeil-Schaltfläche ①. Installieren Sie eine App nicht, wenn Sie sich nicht sicher sind, ob Sie dieser App die erforderlichen Berechtigungen auch erteilen möchten. Skepsis ist zum Beispiel angebracht, wenn ein vermeintlich harmloses Spiel Zugriff auf den SMS-Versand beansprucht, denn so können kostenpflichtige Dienste durch die Hintertür auf Ihr Tablet gelangen.

Haben Sie bei der Installation nicht auf die Berechtigungen geachtet und möchten Sie sich nachträglich noch einmal die Berechtigungen einer App ansehen, können Sie das am einfachsten folgendermaßen tun:

1. Wechseln Sie in das App-Menü, und suchen Sie dort die gewünschte App.
2. Tippen Sie mit dem Finger auf das App-Icon, und ziehen Sie dieses an den oberen rechten Bildrand. Dort erscheint ein Feld mit der Aufschrift **App-Info** ②. Lassen Sie das Symbol über diesem Feld fallen.
3. Daraufhin wird der App-Manager geöffnet, und Sie können im unteren Bereich die Berechtigungen noch einmal kontrollieren.

Mehr zu den Möglichkeiten des App-Managers erfahren Sie im Abschnitt »Nicht genutzte Apps deinstallieren« ab Seite 264.

Apps im Play Store suchen

Eine interessante Option im Play Store ist die selektive Auswahl von Apps per Suchfunktion. Dabei führen auch unscharfe Fragen oft zum Erfolg. Dazu gehen Sie folgendermaßen vor:

1. Wechseln Sie durch Antippen der Schaltfläche **Apps** auf der Startseite des Play Stores in den Apps-Bereich.
2. Tippen Sie die Lupe an, und geben Sie Ihre Suchabfrage ein. Bereits ein Stichwort listet passende Suchabfragen auf. Durch Antippen eines Eintrags aus der erscheinenden Liste ① (Seite 250) lässt sich die Eingabe beschleunigen.

3. Untersuchen Sie die gefundenen Apps daraufhin, ob sie sich für Ihre speziellen Zwecke eignen. Ein guter Anhaltspunkt sind die Bewertungen zu den Apps, die Sie anhand der Bewertungssterne 2 erkennen, sowie die Anzahl der Downloads 3.

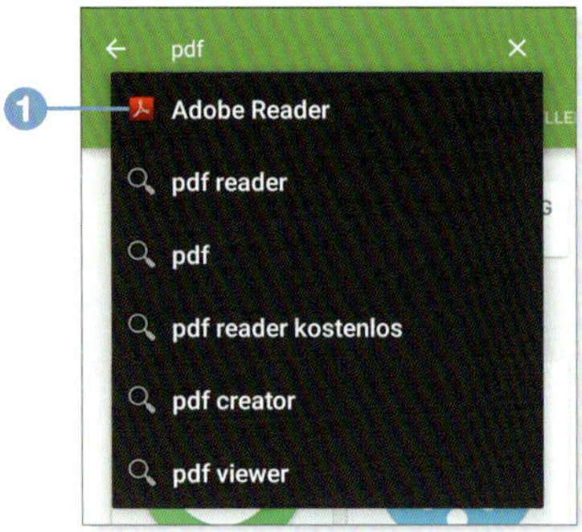

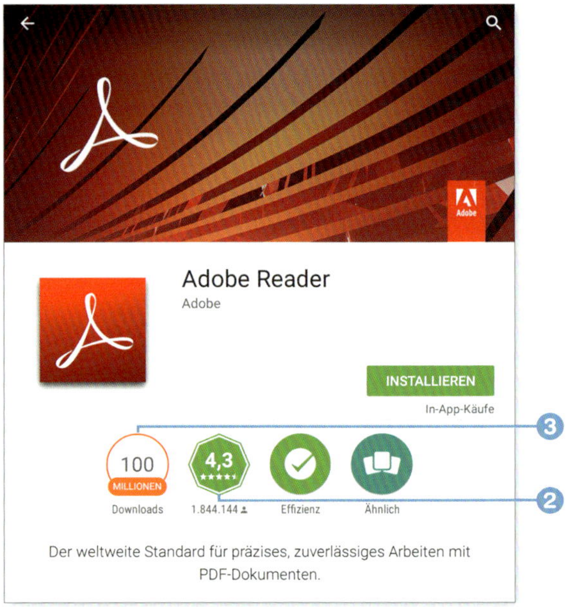

4. Eine weitere Möglichkeit, um interessante Apps aufzuspüren, ist die Kategoriensuche. Wechseln Sie dazu in den Bereich **Kategorien** 4 der Play-Store-App, und wählen Sie dort die Sie interessierende Kategorie aus. Ich wähle im folgenden Beispiel die Kategorie **Spiele** 5.

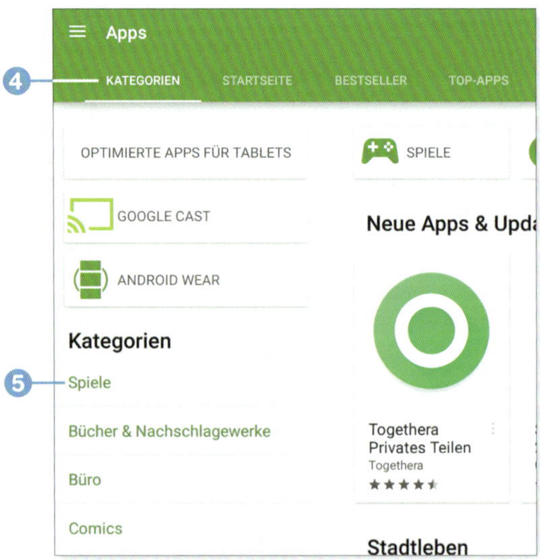

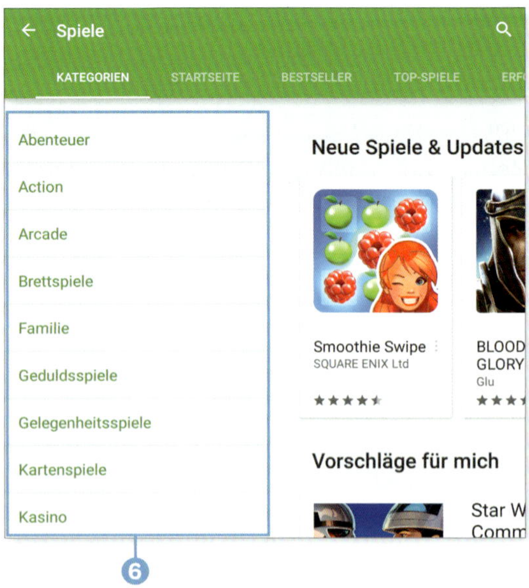

5. Nach dem Wechsel in die entsprechende Kategorie finden Sie dort gegebenenfalls Unterkategorien ⑥. Tippen Sie im Bedarfsfall eine Unterkategorie an, und scrollen Sie anschließend horizontal beziehungsweise vertikal durch die entsprechenden Bereiche.

6. Wählen Sie schließlich eine interessante App aus, und installieren Sie diese, indem Sie die **Installieren**-Schaltfläche, oder, falls es sich um eine kostenpflichtige App handelt, das Preisschild ⑦ antippen. Sollte es sich dabei um eine kostenpflichtige App handeln, dann schauen Sie bitte im folgenden Abschnitt nach, wie Sie sie erwerben können.

Bereits installierte Apps erkennt man an einem Häkchen ⑧, kostenpflichtige Apps, die man noch nicht erworben hat, besitzen eine Preisauszeichnung ⑦.

Eine App kaufen

Der Play Store hält viele gute kostenlose Apps bereit. Wer allerdings wirklich professionelle Software mit vollem Funktionsumfang installieren möchte, kommt nicht umhin, von Zeit zu Zeit auch Apps zu kaufen. Dabei stellt sich die Frage, wie Sie an das Bezahlsystem von Google angebunden werden. Prinzipiell stehen Ihnen folgende Wege zur Auswahl:

- Guthabenkarten für den Play Store gibt es bei vielen Lebensmitteldiscountern und Tankstellen zu kaufen. Das ist sicherlich der einfache, risikolose Weg, Apps aus dem Play Store zu erwerben. Auf der Rückseite der Karten befindet sich ein Rubbelcode, den Sie direkt im Play Store einlösen können.

Guthabenkarten für den Play Store können Sie in fast allen Supermärkten und Tankstellen kaufen.

- Sie besitzen eine gültige Kreditkarte: Diese können Sie als Zahlungsmittel direkt vor dem Einkauf angeben.
- Etliche Mobilfunkprovider gestatten die Bezahlung für Einkäufe aus dem Play Store per Mobilfunkrechnung. Informieren Sie sich am besten im Internet darüber, ob das bei Ihrem speziellen Provider der Fall ist.
- Schließlich können Sie mittlerweile auch per PayPal im Play Store bezahlen. Dazu benötigen Sie ein PayPal-Konto, das Sie auf *www.paypal.com* einrichten können. Bei der Einrichtung geben Sie ein gewöhnliches Bankkonto an, von dem die Einkäufe im Play Store später abgebucht werden.

Sollten Sie noch kein Zahlungsmittel während der Einrichtung Ihres Tablets definiert haben, lässt sich das während Ihres ersten Einkaufs im Play Store nachholen. Gehen Sie dazu folgendermaßen vor:

1. Wählen Sie eine App aus, die Sie kaufen möchten, und tippen Sie deren Preisschild ① an.

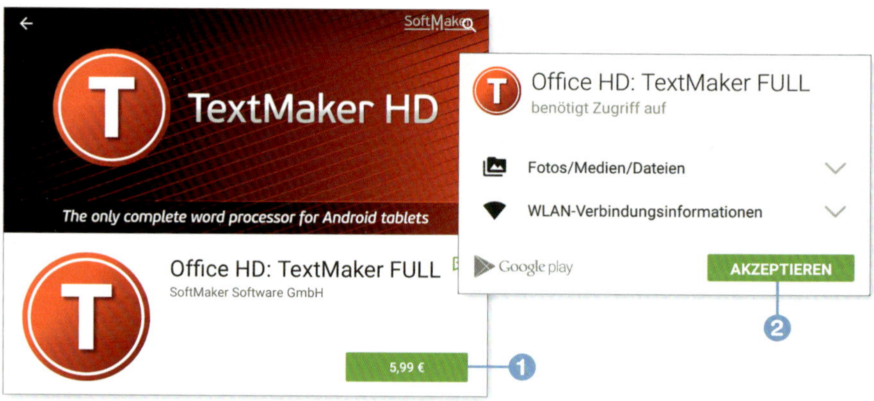

2. Akzeptieren Sie im darauf folgenden Dialog die Rechte ②, die die App einfordert.
3. Nun erscheint ein Dialog, in dem Sie (falls schon ein Zahlungsmittel definiert wurde) die App sofort durch Antippen der Schaltfläche **Kaufen** ③ erwerben können. Ich habe im vorliegenden Fall mein Konto bereits mit Hilfe einer Play-Store-Karte aufgeladen. Andererseits können Sie an

dieser Stelle auch ein anderes Zahlungsmittel definieren beziehungsweise andere Play-Store-Guthaben-Karten einlösen.

4. Tippen Sie zum Ändern der Bezahlweise kurz auf die Titelzeile des Fensters 4, in diesem Fall **Office HD**. Dadurch öffnet sich ein erweitertes Menü. Über den Punkt **Einlösen** 5 können Sie hier den Code einer weiteren Play-Store-Guthaben-Karte eingeben, falls das aktuelle Guthaben nicht ausreicht.

5. Möchten Sie hingegen ein neues Zahlungsmittel definieren, tippen Sie auf den Menüpunkt **Zahlungsmethoden** 6. Hier erscheinen Ihre bislang definierten Zahlungsmittel, im vorliegenden Fall das Google-Play-Guthaben, eine Kreditkarte sowie mein PayPal-Konto. Über die **Sonstigen Optionen** können Sie weitere Zahlungskanäle ergänzen.

Falls Ihr Tablet per Mobilfunknetz mit dem Play Store verbunden ist, finden Sie im obigen Menü einen weiteren Punkt **Abrechnung über Telekom aktivieren**. Dadurch wird die Bezahlung per Mobilfunkrechnung freigeschaltet, falls Ihr Mobilfunkprovider diese Option unterstützt.

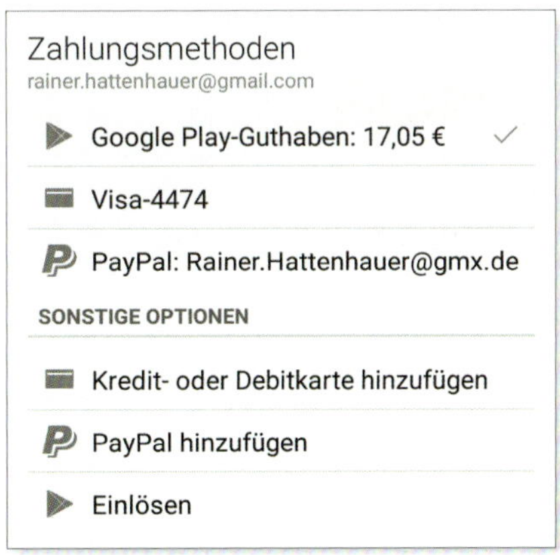

6. Nachdem Sie das Abrechnungsverfahren eingerichtet haben, können Sie die App schließlich durch Antippen der Schaltfläche **Kaufen** endgültig erwerben. Dazu ist es gegebenenfalls erforderlich,

Ihr Google-Passwort einzugeben ❶. Unmittelbar nach Abschluss des Kaufvorgangs erhalten Sie eine Mail in Ihrem Gmail-Posteingang.

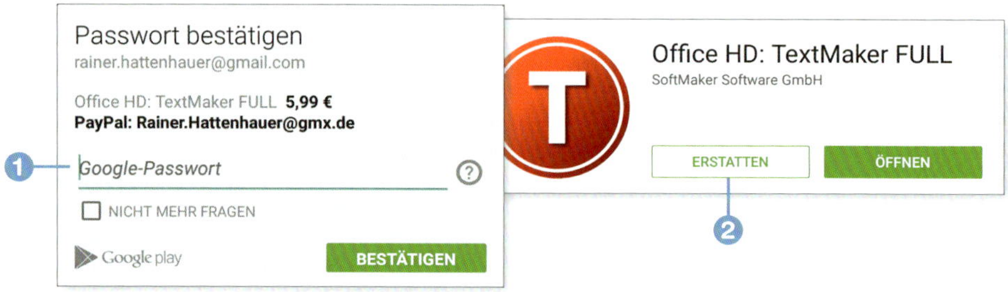

7. Sollte Ihnen die App nicht gefallen, können Sie diese auch binnen einer Frist von zwei Stunden wieder zurückgeben. In dieser Zeit können Sie die App ausgiebig testen. Wenn sie Ihnen nicht gefällt, dann rufen Sie die App noch einmal im Play Store auf und tippen das Feld **Erstatten** ❷ an.

INFO

Einmal kaufen – vielfach nutzen

Apps, die Sie einmal erworben haben, lassen sich auf beliebig vielen Android-Geräten nutzen – vorausgesetzt, diese sind mit demselben Google-Konto verknüpft. Weitere Informationen dazu finden Sie im Abschnitt »Eine App erneut installieren und auf mehreren Geräten nutzen« ab Seite 255.

Bezahlung mit der App Wallet

Dreh- und Angelpunkt des Zahlungsverkehrs im Play Store ist *Wallet*, das virtuelle Zahlungssystem von Google. Um einen Überblick über Ihre Zahlungsmittel und Einkäufe zu erhalten, gehen Sie folgendermaßen vor:

1. Gehen Sie im Browser auf die Seite *https://wallet.google.com*, und loggen Sie sich mit Ihrem regulären Google-Account dort ein.
2. Ihre Einkäufe finden Sie im Bereich **Transaktionen** ❸.

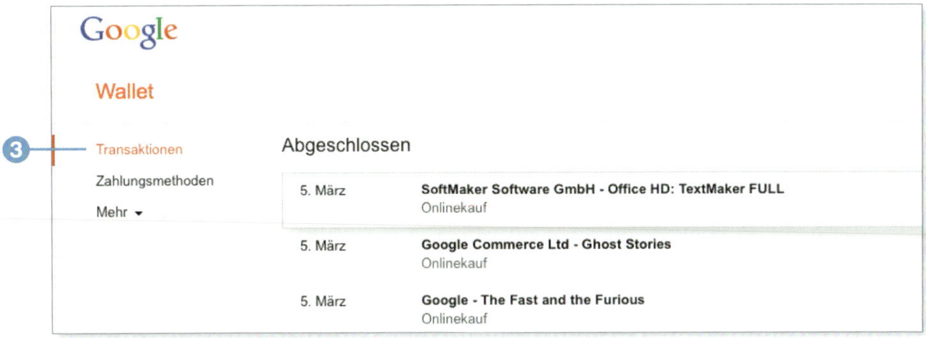

3. Wechseln Sie anschließend in den Bereich **Zahlungsmethoden** (4). Hier können Sie alle von Ihnen angegebenen Zahlungsmittel einsehen, aber auch neue definieren. Dafür tippen Sie auf die Schaltfläche **Kredit- oder Debitkarte hinzufügen** (5).

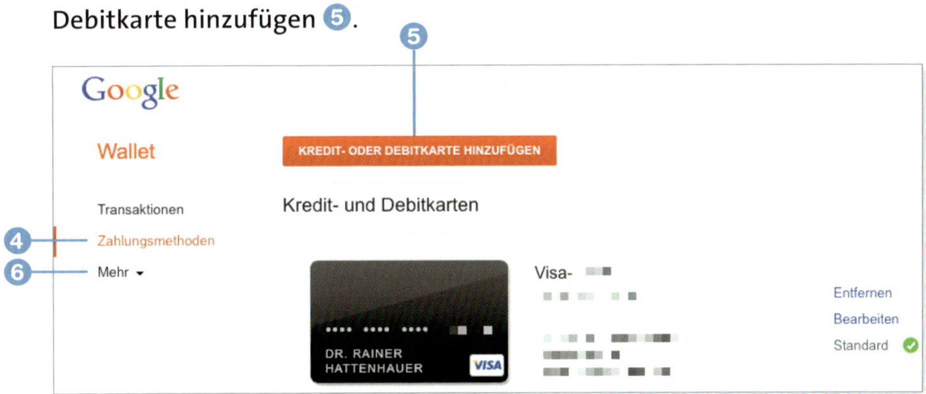

4. Schließlich gelangen Sie über den Link **Mehr** (6) zum Adressbuch, in dem Ihre Abrechnungsadresse hinterlegt ist. Außerdem können Sie an dieser Stelle Ihre Abonnements einsehen. Jedes dort aufgelistete Abonnement können Sie über die Schaltfläche **Abonnement stornieren** abbestellen.

Eine App erneut installieren und auf mehreren Geräten nutzen

Das Praktische an Apps, die Sie im Play Store erworben haben, ist die Tatsache, dass Sie sie nicht verlieren können. Sie können sie immer wieder neu installieren, etwa wenn Sie ein neues Tablet kaufen oder Ihr Gerät kaputtgeht. Dann können Sie aus der Sicherung Ihres Google-Kontos alle Ihre gekauften Apps wieder aufspielen. Voraussetzung dabei ist, dass Ihr Tablet mit dem Google-Konto verknüpft ist, mit dem Sie die entsprechende App erworben haben.

Zur Installation einer bereits gekauften App gehen Sie folgendermaßen vor: Suchen Sie die betreffende App im Play Store. Sie werden bemerken, dass anstelle der Preismarkierung nun die Schaltfläche **Installieren** zu finden ist. Installieren Sie die App durch Antippen der Schaltfläche **Installieren**.

Sie müssen eine App noch nicht einmal direkt per Tablet installieren. Sie können sich Apps auch bequem im Browser auf Ihrem PC aussuchen und sie ferngesteuert auf Ihrem Gerät installieren. Das geht folgendermaßen:

1. Gehen Sie im Browser auf Ihrem PC zum Play Store: (*https://play.google.com*).
2. Klicken Sie auf **Anmelden**, und loggen Sie sich dort mit Ihrem Google-Account ein.
3. Wechseln Sie in den Bereich **Apps**. Über den Link **Meine Apps** ① können Sie sich alle Anwendungen anzeigen lassen, die Sie über Ihr Google-Konto auf Ihrem Android-Gerät bereits installiert haben. Umgekehrt ist Ihr Tablet eindeutig Ihrem Google-Account zugeordnet.

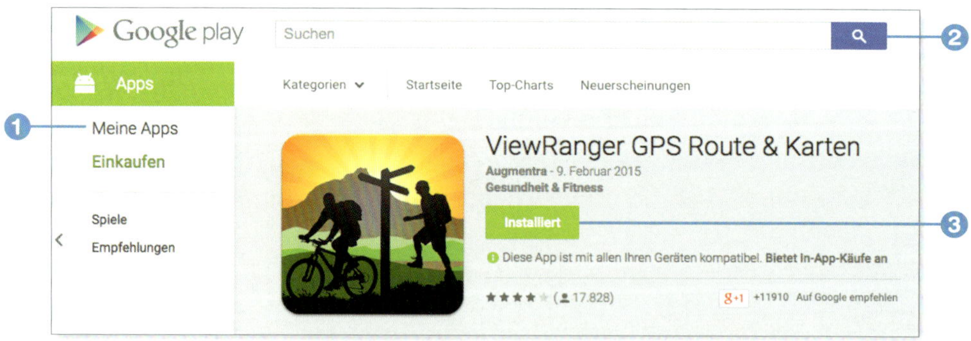

4. Halten Sie über die Suchfunktion ② nach einer App Ausschau, die Sie bereits auf einem anderen Gerät installiert haben und gern auch auf dem aktuellen Gerät installieren möchten. Der Play Store sieht im Browser ganz ähnlich aus wie auf Ihrem Tablet. Klicken Sie die Schaltfläche **Installiert** ③ an.

5. Es öffnet sich ein Menü. Am unteren Rand können Sie auswählen 4, auf welchem Ihrer registrierten Geräte die App installiert werden soll.

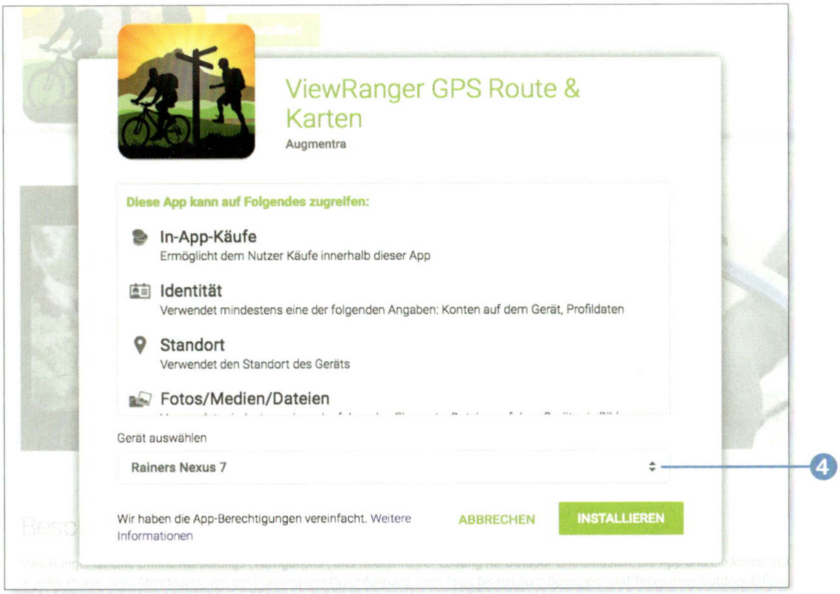

6. Über die Schaltfläche **Installieren** wird die Installation schließlich angeworfen. Wie von Zauberhand landet die App ferngesteuert auf Ihrem Android-Tablet.

ACHTUNG

Vorsicht vor In-App-Bezahlung!

Vermeintlich kostenlose Apps können schnell teuer werden. In einigen Apps werden Funktionen nachträglich freigeschaltet, wenn Sie diese per In-App-Bezahlung über den Play Store abrechnen. Hier müssen Sie sorgfältig abwägen, ob Sie dadurch wirklich einen Mehrwert erhalten. Ebenso schnell können Sie so nämlich überteuerte Abos kaufen, aus denen Sie so schnell nicht wieder herauskommen. Google hat an dieser Stelle übrigens die Sicherheit der Play-Store-App nachgebessert: Mittlerweile erfordern auch In-App-Käufe ein Passwort, wenn dies in den **Einstellungen** definiert wurde. Wie das geht, erfahren Sie im Abschnitt »Optionen der Play-Store-App« auf Seite 259.

Apps bewerten

Wenn Ihnen eine App besonders gut gefallen hat, dann sollten Sie die Community an Ihrer Meinung teilhaben lassen. Das Gleiche gilt für den Fall, dass eine App nicht das hält, was sie verspricht. Zum Abgeben einer Bewertung müssen Sie über ein Google+-Konto verfügen, mit dem Sie per Tablet verbunden sind. Sie geben für eine App folgendermaßen Bewertungen im Play Store ab:

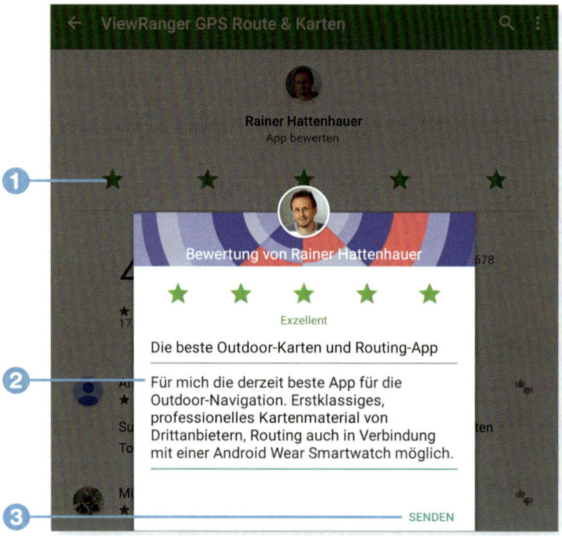

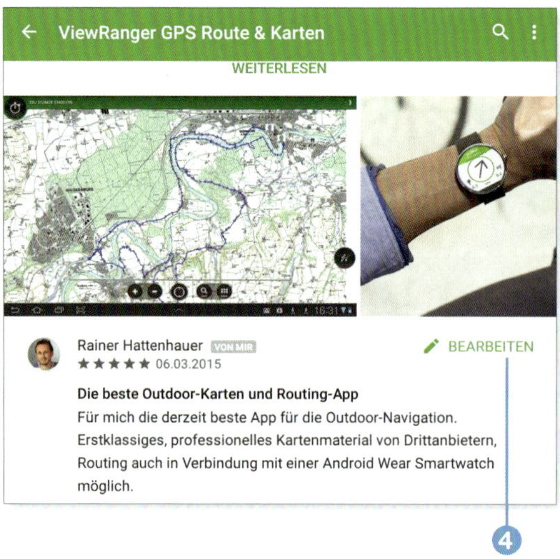

1. Rufen Sie die App, die Sie bewerten möchten, per Play-Store-Menü **Meine Apps ▸ Alle** auf.
2. Tippen Sie unter der App auf einen entsprechenden Stern im Menü **App bewerten** 1. Je mehr Sterne Sie dort vergeben, desto besser bewerten Sie die App.
3. Fügen Sie schließlich noch einen kleinen Text 2 hinzu, warum Ihnen die App gefällt beziehungsweise nicht gefällt.
4. Schicken Sie Ihre Bewertung über die Schaltfläche **Senden** 3 ab. Der Kommentar erscheint dann unmittelbar unter der App im Play Store und kann auch von anderen gelesen und als **Nützlich**, **Nicht nützlich** oder **Spam** markiert werden.
5. Sollte Ihnen Ihr Kommentar nicht mehr zusagen oder möchten Sie Ihre Bewertung ändern, dann können Sie dies über den Link **Bearbeiten** 4 jederzeit tun.

Optionen der Play-Store-App

Über die Einstellungen der Play-Store-App, die Sie im Hauptmenü der App finden, erhalten Sie Zugriff auf weitere Optionen, die ich Ihnen im Folgenden vorstelle.

5 **Benachrichtigungen**: Sie werden per Statusmeldung informiert, ob für Ihre Apps Updates vorliegen.

6 **Automatische App-Updates**: Hier können Sie einstellen, ob Ihre Apps automatisch aktualisiert werden sollen.

7 **Symbol zu Startbildschirm hinzufügen**: Nach Installation einer App wird ein Link zur App auf einer freien Stelle des Home-Bildschirms abgelegt.

8 **Lokalen Suchverlauf löschen**: Löscht Ihre bisherigen App-Suchanfragen.

9 **Filter für Inhalte**: Dies stellt eine Art Kindersicherung dar. Sie können dadurch unter anderem jugendgefährdende Apps vor der Installation blocken. Freilich stellt das für findige jugendliche Hacker aus Ihrer Familie keine allzu große Hürde dar.

10 **Authentifizierung für Käufe erforderlich**: Vor der Installation einer App werden Sie aufgefordert, Ihr Google-Passwort einzugeben. Diese Maßnahme schützt vor unüberlegten Käufen.

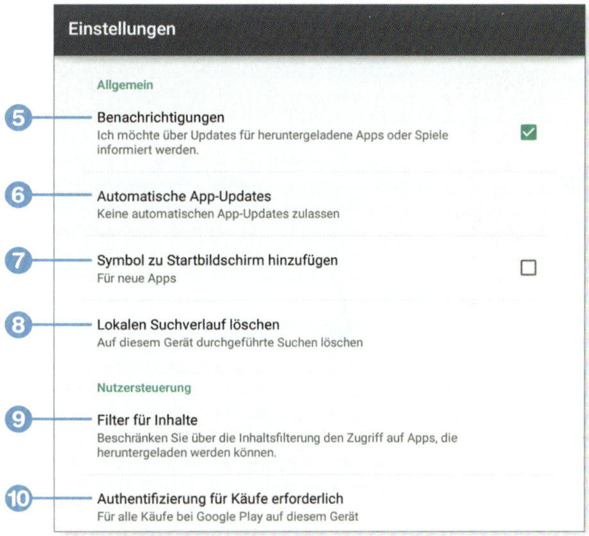

Apps außerhalb des Play Stores kaufen

Es gibt diverse Alternativen zur Installation von Android-Apps jenseits des Play Stores. Dabei müssen Sie allerdings darauf achten, dass die Quellen seriös sind. Folgende Anlaufstellen kann ich bedenkenlos empfehlen:

- F-Droid: Diese Open-Source-Fundgrube bietet insbesondere quelloffene kostenlose Software einiger hoffnungsvoller Nachwuchsprogrammierer an. Sie finden auf *f-droid.org* ebenfalls eine eigene App zur Installation der dort vorhandenen Software. Leider sind die meisten Apps in englischer Sprache erhältlich.
- Amazons Android-App-Shop: Auch Amazon schickt sich an, Google mit einem eigenen App Store für Android Konkurrenz zu machen. Dort können Sie über Ihr normales Amazon-Konto Apps einkaufen.

Amazon hat sein Angebot insbesondere für das hauseigene Kindle-Fire-Android-Tablet positioniert, die im Store angebotenen Apps lassen sich aber auch auf Ihrem gewöhnlichen Android-Tablet nutzen. Mit der App **Amazon App-Shop**, die Sie von der Amazon-Internetseite direkt auf Ihr Tablet herunterladen können, erhalten Sie Zugriff auf ein reichhaltiges App-Angebot.

Gehen Sie zur Installation der App folgendermaßen vor:

1. Zunächst müssen Sie die Installation von Apps, die nicht aus dem Play Store kommen, genehmigen. Wechseln Sie dazu in die Einstellungen in den Bereich **Nutzer ▸ Sicherheit**. Gehen Sie hier in den Bereich **Geräteverwaltung**, und aktivieren Sie den Punkt **Unbekannte Herkunft** ①. Bestätigen Sie die anschließend erscheinende Warnmeldung mit **OK**.

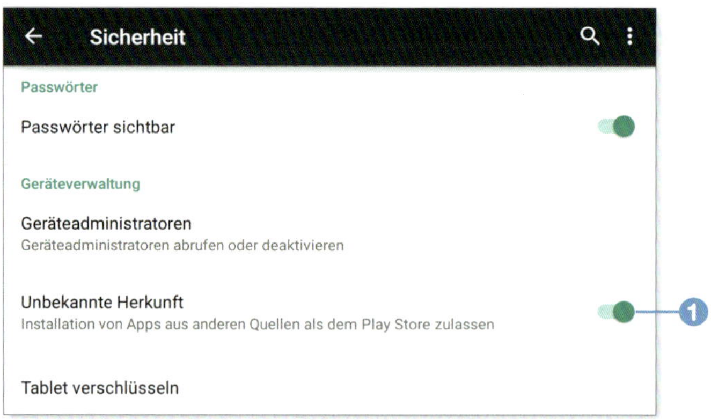

2. Rufen Sie die Seite *www.amazon.de/app-shop-web* in Ihrem Tablet-Browser auf. Laden Sie die dort angebotene App über die Schaltfläche **Amazon App-Shop jetzt herunterladen** ② herunter.

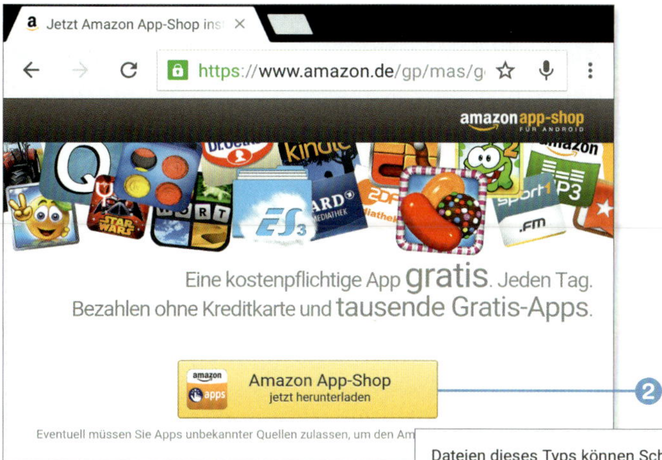

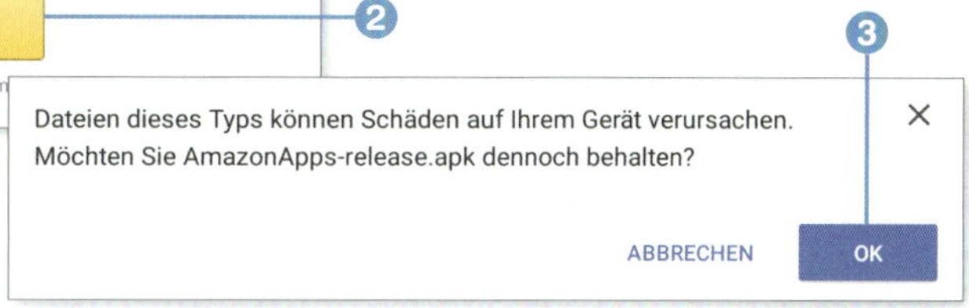

3. Es wird Ihnen eine sogenannte APK-Datei zum Download angeboten. Tippen Sie auf die entsprechende Schaltfläche. Akzeptieren Sie anschließend die Warnmeldung ③ mit **OK**.

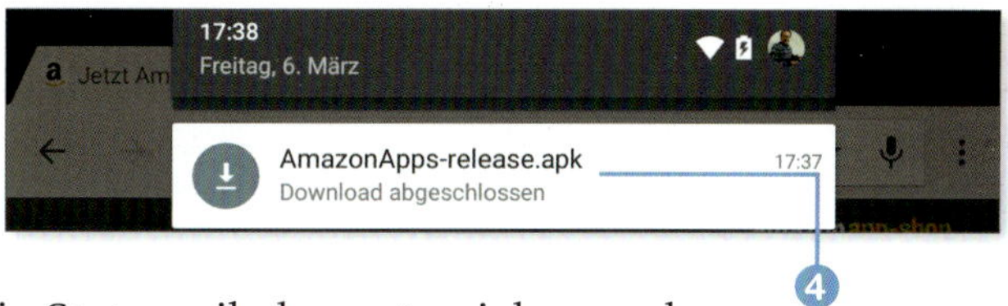

4. Installieren Sie die heruntergeladene APK-Datei, indem Sie die Statuszeile herunterziehen und anschließend den Downloadeintrag antippen ④.

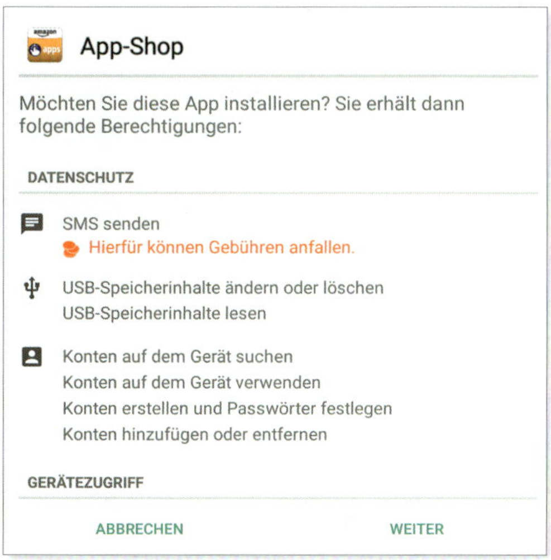

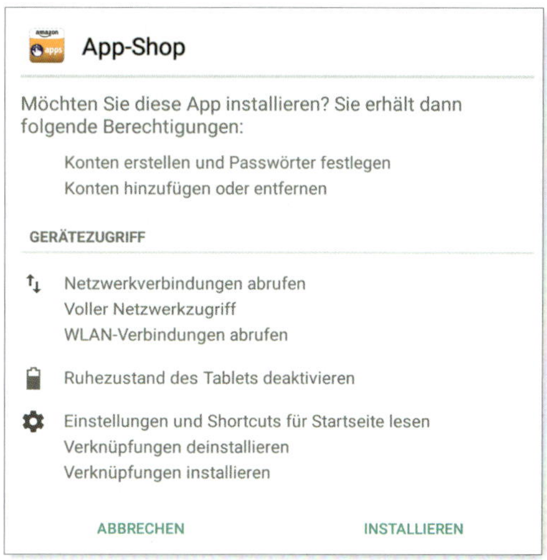

5. Es wird Ihnen angezeigt, welche Berechtigungen die App einfordert. Bestätigen Sie dies über die Schaltfläche **Weiter** beziehungsweise **Installieren**.
6. Starten Sie schließlich die App nach der Installation, und melden Sie sich mit Ihren Amazon-Kontodaten an. Nun stehen Ihnen sämtliche Amazon-Apps zur Verfügung. Ganz nebenbei haben Sie auch gelernt, wie Sie eine fremde APK-Datei installieren.

Der Amazon App-Shop

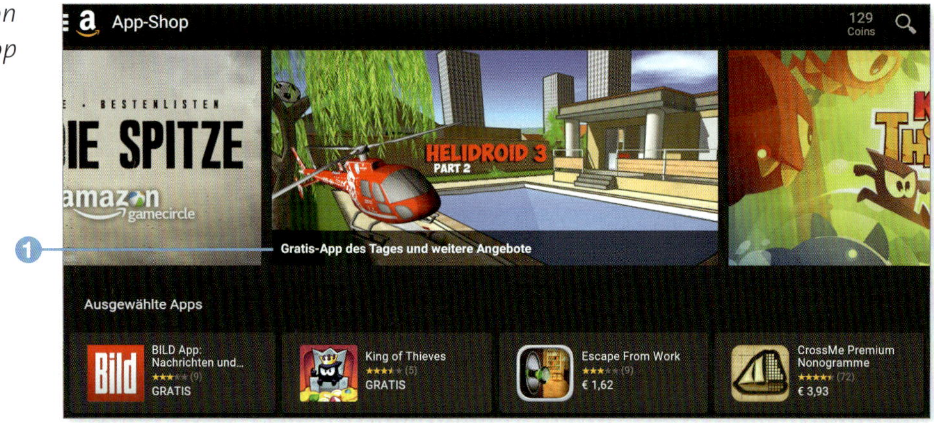

Die Bezahlung erfolgt über Ihr Amazon-Konto. Das Besondere an Amazons App-Shop ist die Tatsache, dass es jeden Tag eine andere sonst kostenpflichtige App zum Gratis-Download gibt 1.

ACHTUNG

Vorsicht vor APK-Dateien!

So ganz ungefährlich ist es nicht, Dateien eines Anbieters jenseits des Play Stores zur Installation zuzulassen. Nur allzu leicht lassen sich so Viren beziehungsweise Trojaner auf Ihr Tablet einschleusen. Mein Tipp: Aktivieren Sie die beschriebene Möglichkeit in den Einstellungen nur dann, wenn Sie unbedingt eine APK-Datei installieren müssen und wissen, dass diese aus einer vertrauenswürdigen Quelle stammt. Der Android-App-Shop von Amazon ist also ein zweischneidiges Schwert, denn Sie müssen stets mit einem Risiko leben, da Sie ohne die gesetzte Option keine Amazon-App installieren können.

Apps verwalten

Ob Sie es wollen oder nicht: Der Speicher Ihres Tablets füllt sich mit der Zeit durch die Unmengen von Apps, die Sie »nur mal so zum Spaß« installiert haben. Hier gilt es, den Überblick zu bewahren und von Zeit zu Zeit mal aufzuräumen. Auf dieses Thema werde ich im folgenden Abschnitt näher eingehen.

Wo erhalten Sie Einblick, wie viele und welche Apps auf Ihrem Tablet installiert sind und wie viel Speicherplatz diese belegen?

1. Wechseln Sie in die **Einstellungen**, und wählen Sie dort aus dem Teilbereich **Gerät** den Punkt **Apps**. Dadurch starten Sie den Anwendungsmanager.

   Hier finden Sie alles, was mit der Verwaltung und Installation der auf Ihrem Tablet verwendeten Apps zusammenhängt. Sie werden zunächst von einem Bereich begrüßt, der Ihnen sämtliche auf das Gerät heruntergeladenen und damit installierten Apps anzeigt ②.

2. Im nächsten Teilbildschirm, den Sie durch eine Wischgeste nach links erreichen, sehen Sie im Bereich **Aktiv**, welche Apps momentan den flüchtigen Speicher Ihres Geräts aktiv bevölkern ③. Außerdem ist hier die Belegung des flüchtigen RAM-Speichers ersichtlich. Über die Schalt-

fläche **Prozesse im Cache anzeigen** ④ (Seite 263) erhalten Sie einen Überblick, welche Prozesse derzeit im Hintergrund ihren Dienst verrichten. Sie wechseln über die Schaltfläche **Aktive Dienste anzeigen** zurück.

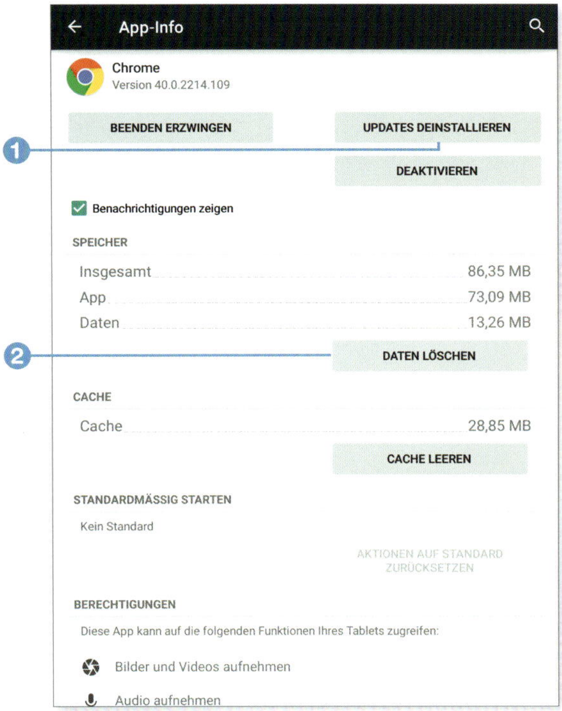

3. Der letzte Bildschirm mit der Bezeichnung **Alle** gibt Ihnen noch einmal einen Überblick über alle Dienste und Apps, die sich auf dem Gerät befinden.

4. Wenn Sie eine der aufgelisteten Apps antippen, gelangen Sie zu dem App-spezifischen Info-Menü. Hier können Sie unter anderem die App beziehungsweise deren Updates deinstallieren ① oder temporäre Daten, die die App gesammelt hat, löschen ②. Auch die Versionsnummer der App sowie die Rechte, die sie einfordert, sind hier ersichtlich. Letztere sehen Sie komplett, wenn Sie den Bildschirm herunterscrollen.

Nicht genutzte Apps deinstallieren

Im Prinzip brauchen Sie sich bei aktuellen Android-Geräten keine Sorgen zu machen, ob der flüchtige RAM-Speicher eventuell zu sehr überladen oder das Tablet durch zu viele parallele Dienste ausgebremst wird: Das Android-System verfügt als Abkömmling des bekannten Betriebssystems Linux über ein exzellentes Speicher- und Dienstemanagement. Allerdings: Je mehr Anwendungen Sie auf Ihrem Tablet installieren, desto größer ist die Gefahr, dass permanent laufende Hintergrunddienste Ihr Gerät ausbremsen. Von Zeit zu Zeit kann es daher notwendig sein, Ihr Tablet von überflüssigen, nicht genutzten, Apps zu befreien. Am schnellsten geht das folgendermaßen:

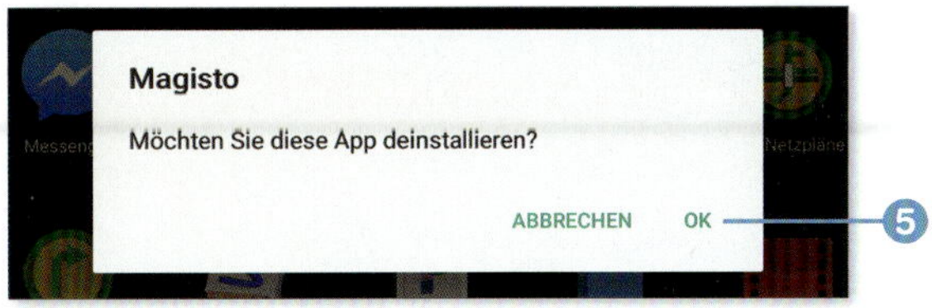

1. Wechseln Sie ins App-Menü (den sogenannten *Launcher*), und tippen Sie dort länger auf die zu entfernende App.
2. Am linken oberen Rand erscheint die Fläche **Deinstallieren** ③. Schieben Sie die App mit dem Finger darauf. Diese färbt sich dann rot ④.
3. Bestätigen Sie die folgende Meldung mit **OK** ⑤, wird die App gelöscht.

Leider lässt die oben beschriebene Methode oft Dateileichen zurück. Zum rückstandsfreien Löschen einer App gehen Sie folgendermaßen vor:

1. Ziehen Sie die App nicht auf das Feld **Deinstallieren**, sondern stattdessen auf das Feld **App-Info** ⑥. Dadurch öffnen Sie den App-Manager.
2. Tippen Sie die Schaltfläche **Cache leeren** ⑦ und anschließend **Daten löschen** ⑧ an. Daraufhin werden sämtliche von der App gespeicherten Daten aus dem (Permanent-)Speicher des Tablets gelöscht. Diese Verfahrensweise bietet sich übrigens auch dann an, wenn eine App nicht mehr so läuft, wie sie sollte, und Sie diese von Grund auf neu konfigurieren möchten.
3. Zum Löschen der App tippen Sie nun den Punkt **Beenden erzwingen** ⑨, gefolgt von **Deinstallieren** ⑩ an.

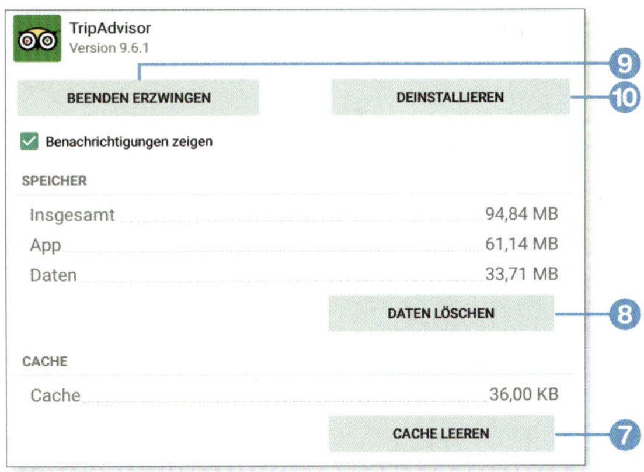

Die besten Tablet-Spiele

Der Game Boy und die PlayStation waren gestern. Ihr Android-Tablet bietet Ihnen einen mobilen Zugang zu einer äußerst vielseitigen Welt mit einer Unmenge von Spielen. Da gewinnt der Begriff »Brettspiel« eine völlig neue

Bedeutung. In diesem Abschnitt stelle ich Ihnen einige meiner Lieblings-Tablet-Spiele vor. Das Beste an den Spielen für das Android-Betriebssystem ist deren Preis: Für einstellige Eurobeträge erhalten Sie Exemplare, die für die PC-, PlayStation- oder Xbox-Plattform ein Mehrfaches kosten.

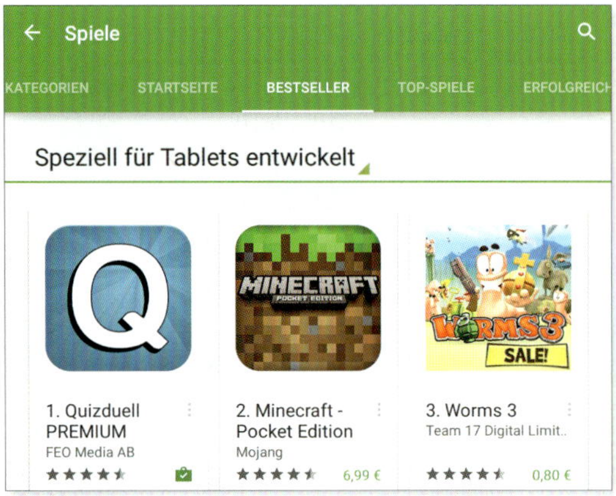

Dreh- und Angelpunkt für den Erwerb von Spielen ist die entsprechende Rubrik im Play Store. Hier finden Sie auch die im Folgenden beschriebenen Spiele.

Ich beginne mit einem klassischen Tower-Defense-Spiel: **Plants vs. Zombies**. Bei dieser Spielkategorie müssen Sie einen Turm (engl. *Tower*) gegen Eindringlinge verteidigen (engl. *Defense*). In diesem Fall bewegen sich Zombies auf Ihr virtuelles Haus zu. Durch das Pflanzen verschiedener Gewächse werden diese abgewehrt. Was sich zunächst abwegig anhört, bietet viele Stunden Spielspaß.

Plants vs. Zombies

Wehren Sie sich mit Erbsenkanonen gegen die Zombie-Invasion.

Labyrinth 2 Lite

Das nächste vergnügliche Spiel ist ein klassisches Labyrinthspiel. Hier geht es darum, eine Kugel durch Kippen des Tablets durch ein fallendurchsetztes Labyrinth zu steuern. Das Spiel macht dabei regen Gebrauch von den Lagesensoren Ihres Android-Tablets und erinnert mich persönlich an das hölzerne Exemplar, das ich in Jugendzeiten besaß.

Da steckt viel Physik drin: Die Originalkugel wird zunächst per Trichter verkleinert und über den Doppler links verdoppelt.

Als ich in meiner Studentenzeit den ersten Kontakt zu einem richtigen Computer in Form eines Atari ST herstellte, faszinierten mich insbesondere die sogenannten *Adventures*, bei denen man sich durch eine vorgegebene Geschichte bewegt und Rätsel löst. Dazu untersucht man Gegenstände, indem man diese antippt. Im amerikanischen Sprachbereich nennt man diese Gattung daher *Point & Click-Adventures*. Unter Android habe ich dieses Genre in Form von **Baphomets Fluch** wiederentdeckt. Davon gibt es mittlerweile mehrere Teile, die allesamt sehr gelungen sind.

Baphomets Fluch

Baphomets Fluch – ein klassisches Point & Click-Adventure

Und noch einen weiteren Vertreter aus der Kategorie der Adventures möchte ich Ihnen ans Herz legen: **Limbo**. Dieses grafisch wunderschöne, in morbidem schwarz-weiß gehaltene Spiel überzeugt durch seine grandiose

Spielidee. Sie bewegen einen kleinen Jungen, der auf der Suche nach seiner Schwester ist, lediglich durch Touch-Gesten auf dem Tablet. Zur Überwindung vielfältiger Hindernisse müssen knifflige Rätsel gelöst werden.

Limbo

Limbo beeindruckt durch eine in Schwarzweiß getauchte Landschaft, die einen morbiden Charme versprüht.

Das ist Ihnen alles zu geruhsam, Sie stehen eher auf Action? Dann sehen Sie sich doch einmal eines der zahlreichen Rennspiele an. Besonders gut gefällt mir hier **Riptide GP2**, das spannende Verfolgungsjagden mit einem Jetski verspricht. Wenn man sich so ein schickes Gerät schon nicht in natura leisten kann, kann man unter Android doch wenigstens virtuell über Wasserpisten jagen. Gesteuert wird hier wiederum durch Neigung des Tablets, sollte es einmal gar zu schnell werden, finden Sie am unteren Bildrand zwei virtuelle Bremspedale.

Riptide GP2

Nur Fliegen ist schöner: Riptide GP2

Kapitel 11
E-Books auf dem Tablet lesen

Ihr Android-Tablet bietet Ihnen die Möglichkeit, eine komplette Bibliothek immer dabeizuhaben. Das hochauflösende Display garantiert ungetrübten Lesegenuss. Der Play Store bietet mittlerweile nicht nur eine reichhaltige Auswahl an Büchern an, auch Zeitschriften können Sie hier ausleihen oder abonnieren.

Play Bücher: Literatur einkaufen

Zunächst werde ich Ihnen die Buchabteilung des Play Stores namens *Play Bücher* vorstellen. Starten Sie dazu die Play-Store-App, und wechseln Sie dort in den Bereich **Bücher**. Ähnlich wie in den bisher vorgestellten Rubriken des Play Stores können Sie durch horizontales beziehungsweise vertikales Wischen zwischen einzelnen Bereichen navigieren. Auch eine Kategorienansicht ist vorhanden.

Im Folgenden zeige ich Ihnen, wie Sie ein E-Book aus dem Play Store auf Ihr Tablet laden und dort lesen können. Dazu wählen wir ein Exemplar aus der Kategorie **Top kostenlos**.

1. Wechseln Sie in die Kategorie **Top kostenlos**, und suchen Sie sich dort ein Buch aus. Ich wähle hier die beliebten Märchen der Gebrüder Grimm.

2. Tippen Sie auf die Schaltfläche **In die Bibliothek** ①. Sie haben an dieser Stelle auch die Möglichkeit, sich zunächst eine Vorschau des E-Books anzeigen zu lassen. Das ist dann interessant, wenn Sie vorhaben, ein Buch zu kaufen, und in dieses zunächst einmal hineinschnuppern möchten. Tippen Sie für eine Vorschau die entsprechende Schaltfläche ② an.

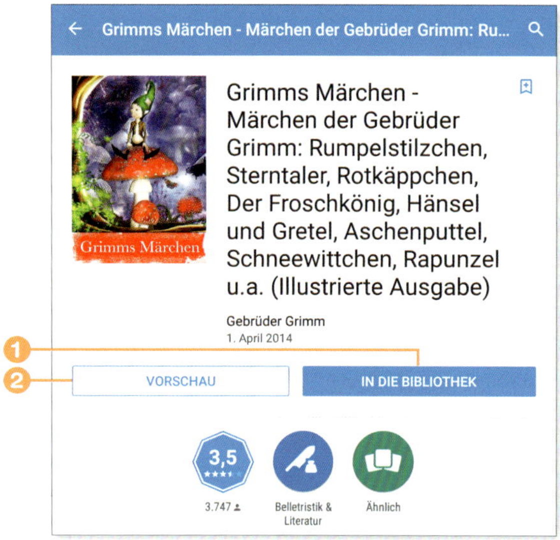

3. Bevor das Buch auf Ihr Tablet geladen wird, müssen Sie in jedem Fall noch einmal den Erwerb über die Schaltfläche **Kaufen** ③ explizit bestätigen, auch wenn der Kaufpreis 0,00 € beträgt. Das bedingt zwangsläufig auch, dass Sie zum Download eines kostenfreien Buches Informationen zu einem gültigen Zahlungsmittel in der App **Wallet** hinterlegen müssen (siehe den Abschnitt »Bezahlung mit der App Wallet« ab Seite 254).

4. Wechseln Sie schließlich über die Schaltfläche **Öffnen** ④ direkt in den Lesemodus der App **Play Bücher**. Darin können Sie nun Ihr neues Buch genießen.

Das E-Book wird bei dem Prozess in Ihre private Bibliothek überführt. Diese steht Ihnen auf allen Geräten, die mit Ihrem Google-Konto verknüpft sind, zur Verfügung.

Sämtliche Bücher, die Sie im Play Store erworben haben, finden Sie auch in der Play-Bücher-App wieder, die Sie über das App-Menü aufrufen können. Sehen wir uns die App einmal genauer an. Nach dem Start der App entdeckt man im Hauptmenü folgende Elemente:

5 **Jetzt lesen**: In diesem Bereich finden Sie sowohl Ihre eigenen Bücher als auch Vorschläge aus dem Play-Bücher-Store.

6 **Meine Bücher**: Dieser Bereich enthält alle Bücher, die Sie im Play-Bücher-Store erworben haben.

7 **Bücher kaufen**: Über diesen Link wechseln Sie direkt in den Play-Bücher-Store – eine Unterabteilung des Play Stores.

8 **Einstellungen**: Mit Hilfe der dort enthaltenen Optionen können Sie das Programm feintunen.

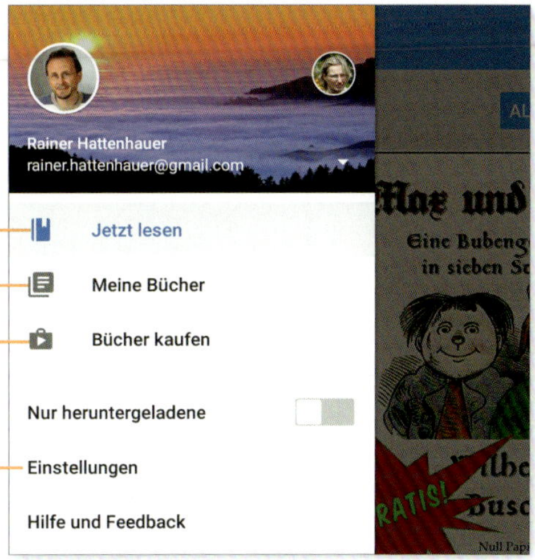

Ein Buch mit Play Bücher lesen

Wie lesen Sie nun ein E-Book? Gehen Sie dazu folgendermaßen vor:

1. Tippen Sie ein zuvor heruntergeladenes Exemplar aus Ihrer Liste unter **Meine Bücher** an.
2. Um auf die nächste Seite umzublättern, wischen Sie mit dem Finger auf dem Display von rechts nach links. Wie Sie in der rechten Abbildung gut sehen können, wird der Vorgang des Umblätterns dabei in der Standardeinstellung dreidimensional animiert.

3. Die App stellt die Buchinhalte standardmäßig im Vollbildmodus dar. Um das Menü der App anzuzeigen, tippen Sie einmal kurz mittig auf das Display. Dadurch erscheinen folgende Elemente:

1. Wechsel zur Bibliothek
2. Suchfunktion
3. Inhaltsmenü: Inhaltsverzeichnis, Lesezeichen und Notizen
4. Schriftgröße, Schriftform und Display-Helligkeit ändern
5. In-App-Menü: bietet Informationen und weitere Funktionen an
6. aktuelle Position im Text
7. virtuelle Seitenzahl im aktuellen Darstellungsmodus

Sie wechseln wieder zurück in den Vollbildmodus, indem Sie erneut auf das Display tippen.

TIPP

Verborgene Funktionen

Möchten Sie eine bestimmte Textpassage im Display anpassen beziehungsweise einfach nur vergrößern, tippen Sie diese doppelt an. Treffen Sie auf ein unbekanntes Wort, halten Sie einen Finger über dem Wort gedrückt. Dadurch öffnet sich ein kontextsensitives Wörterbuch.

Bücher vorlesen lassen

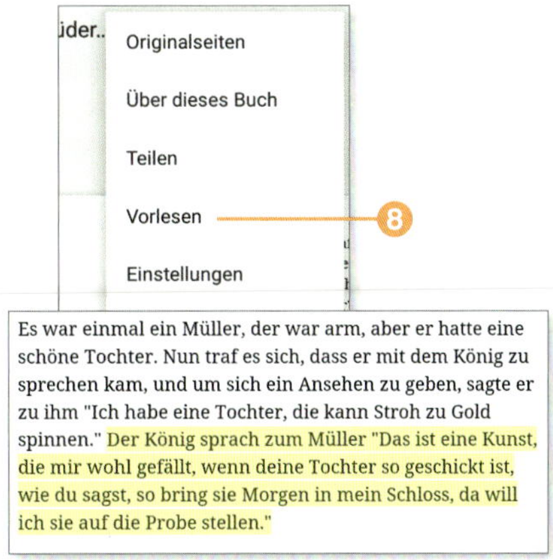

Mit Hilfe der Play-Bücher-App wandeln Sie jedes konventionelle E-Book in ein Hörbuch um.

1. Starten Sie die Play-Bücher-App, und wählen Sie ein Buch durch Antippen aus.
2. Öffnen Sie das In-App-Menü, und tippen Sie dort den Menüpunkt **Vorlesen** (8) an.
3. Der Text wird nun mit einer mehr oder weniger monotonen Stimme vorgelesen, und die aktuelle Stelle, an der die Stimme gerade vorliest, wird gelb hinterlegt. Sie können das Vorlesen jederzeit unterbrechen, indem Sie den Bildschirm antippen.
4. Der Prozess des Vorlesens wird komplett gestoppt, indem Sie im In-App-Menü den Punkt **Vorlesen beenden** auswählen.

Lesezeichen und Notizen ergänzen

Möchten Sie bestimmte Textpassagen schnell wiederfinden, dann bietet sich das Anlegen von Lesezeichen an.

1. Tippen Sie dazu die gewünschte Seite an der rechten oberen Ecke auf dem Display an. Es erscheint eine blaue Fahne, die ein Lesezeichen symbolisiert (9).

2. Um das Lesezeichen wiederzufinden, wechseln Sie in das Inhaltsmenü der App und wählen dort den Unterpunkt **Lesezeichen** (10) (Seite 274) aus. Dort sollte Ihr soeben gesetztes Lesezeichen auftauchen – nebst kleinem Textauszug für die bessere Zuordnung.

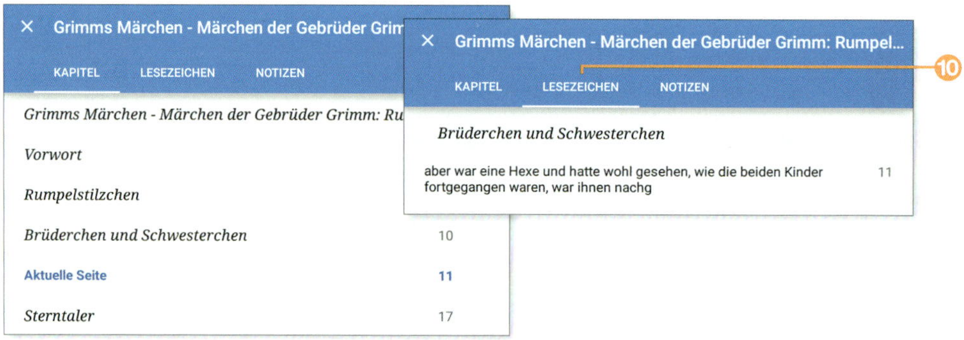

Außer mit Lesezeichen können Sie Ihren Text auch durch kleine Notizen ergänzen.

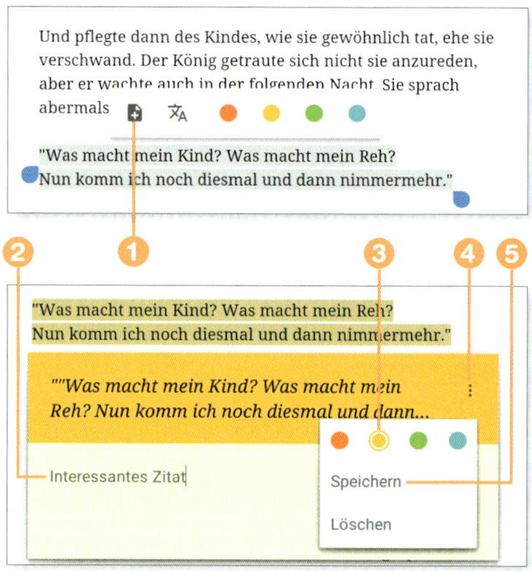

1. Markieren Sie eine Textpassage durch längeres Antippen. Es erscheint ein schwebendes Menü. Wählen Sie daraus die Schaltfläche **Notiz** 1.
2. Es öffnet sich ein kleines Fenster, in dem Platz für eigene Notizen ist. Ergänzen Sie in diesem Fenster eigene Anmerkungen 2. Sie haben hier außerdem die Möglichkeit, die Farbe Ihrer Anmerkung über die obere Farbleiste 3 des In-App-Menüs zu ändern. Tippen Sie schließlich im In-App-Menü 4 die Schaltfläche **Speichern** 5 an.

Sämtliche Notizen, die Sie angefertigt haben, lassen sich später wieder über das Inhaltsmenü aufrufen. Das Praktische dabei ist, dass Ihnen die Lesezeichen und Notizen, die Sie auf diese Weise erstellt haben, auch auf anderen Plattformen zur Verfügung stehen. Voraussetzung dafür ist, dass die genutzten Geräte ebenfalls mit Ihrem Google-Konto verknüpft sind. So erhalten Sie ein plattformübergreifendes Aufzeichnungssystem, um Ihre Geistesblitze zu jedem Zeitpunkt und an jedem Ort festzuhalten.

Die große Konkurrenz: Amazon Kindle

Googles Play Bücher Store ist sicherlich schon sehr gut gefüllt, kann jedoch noch nicht mit dem reichhaltigen Angebot von Amazon mithalten. Um Amazons E-Books auf Ihrem Android-Tablet nutzen zu können, müssen Sie die *Kindle*-App von Amazon installieren.

Amazon Kindle

1. Installieren Sie die App mit dem nebenstehenden QR-Code.
2. Starten Sie die **Kindle**-App, und loggen Sie sich mit Ihren Amazon-Zugangsdaten ein.
3. Direkt nach dem Start der App wird zunächst der Katalog Ihrer bislang erworbenen Bücher eingelesen. Dabei handelt es sich um Verweise auf die gekauften Bücher, die in der Amazon-Cloud liegen.

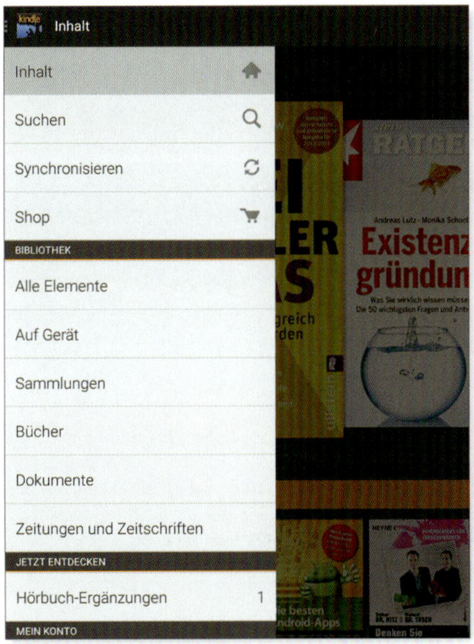

4. Um ein bei Amazon gekauftes Buch lokal auf Ihr Tablet zu laden, tippen Sie es zum Herunterladen in der Übersicht an. Nach Abschluss des Ladevorgangs tippen Sie es erneut an und können es daraufhin lesen.
5. Die Navigation im E-Book ist einfach: Sie blättern per Wischgeste weiter und rufen weitere Funktionen durch eine Wischgeste vom oberen Bildschirmbereich in die Displaymitte auf.

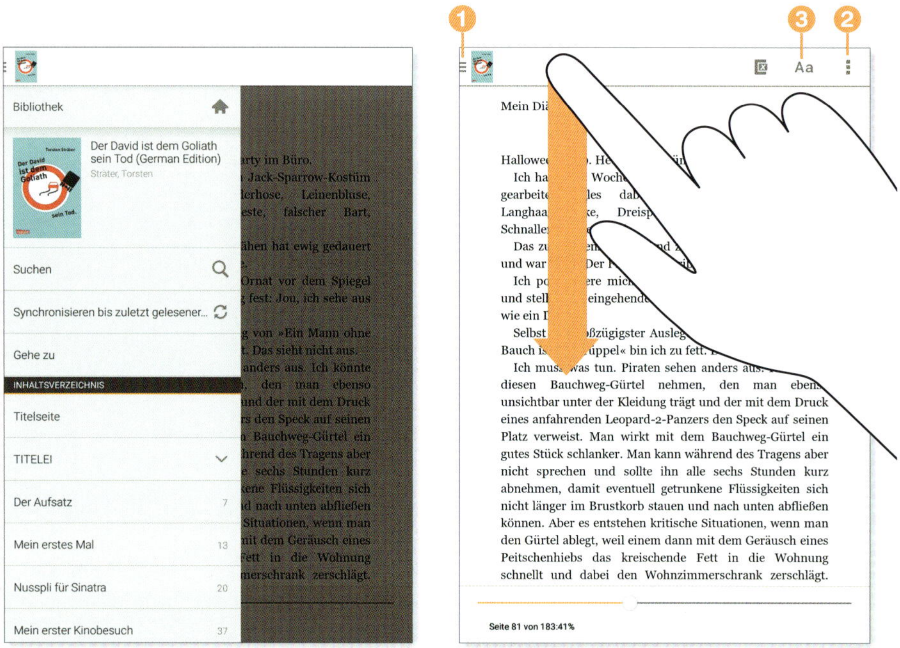

6. Auf der linken Seite befindet sich das Hauptmenü der App ① und rechts das In-App-Menü ②, in dem unter anderem Lesezeichen angelegt werden können. Per **Aa**-Schaltfläche ③ passen Sie die Schriftgröße und Schriftart für die Textdarstellung an.

Die gesamte Bedienung der App ist vergleichbar mit der für die Play-Bücher-App, die Sie im Abschnitt »Ein Buch mit Play Bücher lesen« ab Seite 271 nachlesen können. Ihre E-Books, die Sie per Amazon-Kindle-Netzwerk erworben haben, können Sie inklusive Ihrer Lesezeichen und Anmerkungen ebenfalls systemübergreifend nutzen.

Alternative E-Book-Shops und Reader

Viele Verlage bieten mittlerweile alternativ zum gedruckten Buch ein E-Book an – meist zu deutlich günstigeren Preisen als die physikalische Version. Ich persönlich erwerbe mittlerweile fast ausschließlich E-Books, sofern diese auf beliebig vielen Endgeräten nutzbar sind und nach Möglichkeit nicht mit dem DRM-Schutz (= digitales Rechtemanagement) versehen sind, der die Nutzung auf unterschiedlichen Geräten erschwert. Das Format des E-Books sollte darüber hinaus universell sein und problemlos auf dem Android-Tablet gelesen werden können. Es stellt sich nun die Frage, welche Reader-App man für derartige externe Materialien verwendet.

Ein gutes Beispiel für eine kundenfreundliche E-Book-Politik ist Rheinwerk, der Verlag für anspruchsvolle Computerbücher aus Bonn. Der Vorteil gegenüber dem Erwerb eines Computerbuchs direkt beim Hersteller besteht in diesem Fall darin, dass Ihnen dadurch das E-Book in den allermeisten Fällen in drei verschiedenen Formaten zur Verfügung gestellt wird, die auf beliebig vielen Endgeräten genutzt werden können. Das Verfahren zum Erwerb eines E-Books beim Rheinwerk-Verlag funktioniert folgendermaßen:

1. Öffnen Sie die Seite *https://www.rheinwerk-verlag.de*, und suchen Sie sich dort ein interessantes E-Book aus.
2. Entscheiden Sie anhand der Leseprobe, ob Sie das Buch erwerben möchten. Legen Sie das gewünschte E-Book durch Antippen der entsprechenden Schaltfläche in den Warenkorb, und gehen Sie so zur Kasse.
3. Falls Sie bereits ein Konto beim Verlag besitzen, können Sie sich vor dem Kauf mit Ihren Kontodaten einloggen. Anderenfalls ist es vor dem Kauf auch möglich, einen neuen Zugang zu erstellen. Sämtliche beim Rheinwerk Verlag erworbenen Bücher stehen Ihnen fortan innerhalb Ihres Kontos an jedem Ort der Welt zur Verfügung. Die übrigen Schritte des Kaufvorgangs entsprechen denen eines Einkaufs bei einem beliebigen Onlinehändler.
4. Nach Abschluss des Kaufvorgangs erhalten Sie eine Bestätigungsmail. Tippen Sie den darin enthaltenen Link an, um Ihr E-Book für Ihre Bibliothek freizuschalten.
5. Nun steht Ihnen Ihr neues Buch in Ihrer persönlichen Bibliothek zur Verfügung und kann von dort auch heruntergeladen werden. Voraussetzung ist dabei, dass Sie mit Ihren Kontodaten am Server angemeldet sind.

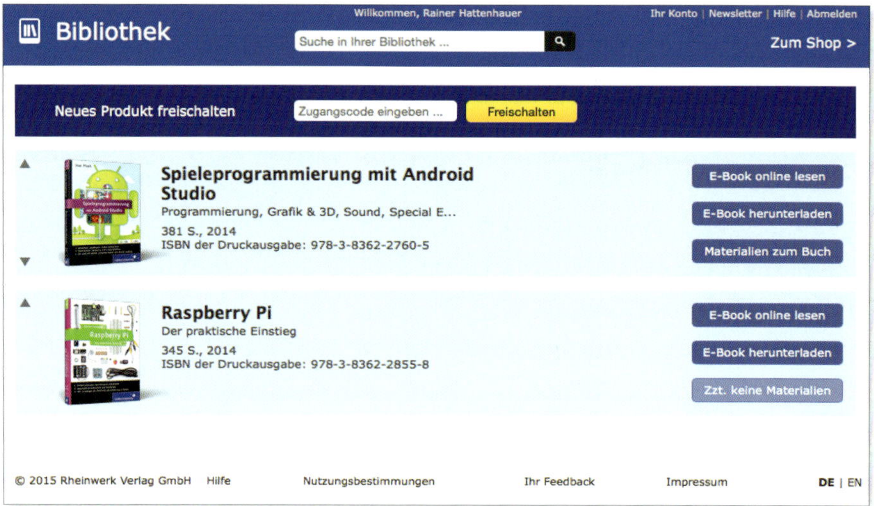

6. Zum Download stehen Ihnen je nach erworbenem Buch die Formate *PDF*, *EPUB* und *MOBI* zur Verfügung. Jedes dieser drei Formate bedingt einen speziellen E-Book-Reader beziehungsweise eine universelle Software.

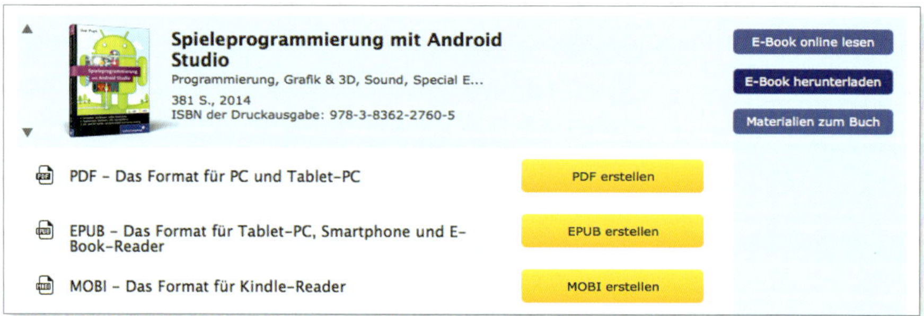

Sehr löblich: Dieses E-Book steht in allen gängigen Formaten zum Download bereit.

Es empfiehlt sich, zur Nutzung der Offline-E-Books zunächst als zu öffnende App einen installierten Dateimanager, zum Beispiel den *ASTRO-Dateimanager* (siehe den Abschnitt »Bilder und andere Dokumente an E-Mails anhängen« ab Seite 88) zu verwenden. Das direkte Öffnen per E-Book-Reader-App aus dem Browser nach dem Download geht oft schief.

INFO

E-Book-Formate

Folgende Formate sind bei der Erstellung von E-Books populär:

- Das PDF (*Portable Document Format*) von Adobe ist über alle Systemgrenzen hinweg verbreitet und erfordert den Einsatz eines speziellen PDF-Readers. Es ist das mit Abstand unkomplizierteste und vor allen Dingen naturgetreueste Format.
- EPUB (*Electronic Publication*) ist ein offener Standard und bietet sich insbesondere dort an, wo man Bücher in dieser Form ohne digitales Rechtemanagement erwerben kann. Das EPUB-Format sorgt insbesondere dafür, dass die Inhalte stets angepasst an den Bildschirm dargestellt werden können.
- MOBI (ursprünglich *Mobile Pocket Reader*) ist das Format, das Amazon mit seinem Kindle-Reader beziehungsweise der Kindle-App verwendet.

Mein persönlicher Favorit zum Lesen von E-Books ist der **Moon+ Reader**, ein echter Allesfresser, wenn es um E-Book-Formate geht. Installieren Sie den Moon+ Reader mit dem nebenstehenden QR-Code.

Moon+ Reader

Suchen Sie nun das heruntergeladene E-Book mit Hilfe des Dateimanagers, und tippen Sie auf die Datei. Öffnen Sie die Datei mit dem **Moon+ Reader**, und genießen Sie Ihr E-Book.

2.5 Ich bin so weit ... Jetzt geht's los! Das System richtig konfigurieren

Jetzt, da Sie im Groben wissen, wie das Betriebssystem funktioniert und welche anderen Betriebssysteme es noch gibt, können wir uns das Betriebssystem Raspbian Wheezy endlich live auf dem Raspberry Pi anschauen.

Hierfür schieben Sie die SD-Karte mit dem Betriebssystem in den Raspberry Pi und stecken den Micro-USB-Stecker des Netzteils ein. Jetzt leuchtet die rote LED auf und signalisiert, dass Spannung am Raspberry Pi anliegt. Wenig später sollten auch die gelbe und die grüne LED der LAN-Verbindung leuchten (siehe Abbildung 2.21).

Abbildung 2.21 Los geht's! Der Raspberry Pi in Betrieb

Die LED (Act) über der roten LED (PWR) blinkt nun, und

100 06:23 nachm. 2.5 Ich bin so weit ... Jetzt geht'...stem richtig konfigurieren (1/2) 11.4%

Ein EPUB-Buch im Moon+ Reader

Eigene Dokumente im PDF-Reader lesen

Oft gibt es Situationen, in denen man eigene Dokumente gern auf dem Tablet lesen würde. Abgesehen von den Office-Paketen für Android, die ich Ihnen in Kapitel 12, »Das Tablet als mobiles Büro verwenden«, vorstellen werde, haben Sie auch immer die Möglichkeit, ein bestehendes Dokument in das weit verbreitete PDF-Format umzuwandeln und mit Hilfe einer PDF-Reader-App auf Ihrem Tablet zu betrachten. Wie das funktioniert, zeige ich Ihnen im Folgenden.

1. Starten Sie auf Ihrem PC Ihr Lieblings-Office-Paket. Sowohl Microsoft Office als auch LibreOffice und OpenOffice sind mittlerweile mit der Möglichkeit ausgestattet, ein geladenes Dokument als PDF-Datei zu exportieren. Ich zeige Ihnen im Folgenden den Export aus Microsoft Word 2013/Office 365.

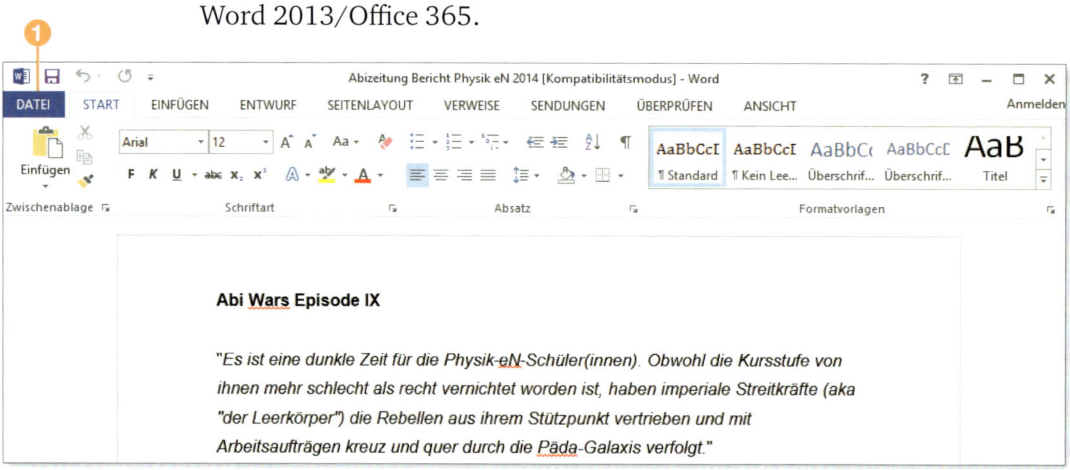

2. Wechseln Sie in Word in das Menü **Datei** 1.

3. Wählen Sie aus dem erscheinenden Menü den Punkt **Speichern unter** 2. Sie werden anschließend nach einem Speicherort gefragt. Nachdem Sie ihn angegeben haben, erscheint ein Dialog, in dem Sie unter anderem das Dateiformat angeben können, in dem das Dokument gespeichert werden soll. Wählen Sie an dieser Stelle **PDF** als Dateityp 3.

4. In ganz ähnlicher Weise erfolgt der Export aus anderen Office-Paketen wie etwa LibreOffice oder OpenOffice.

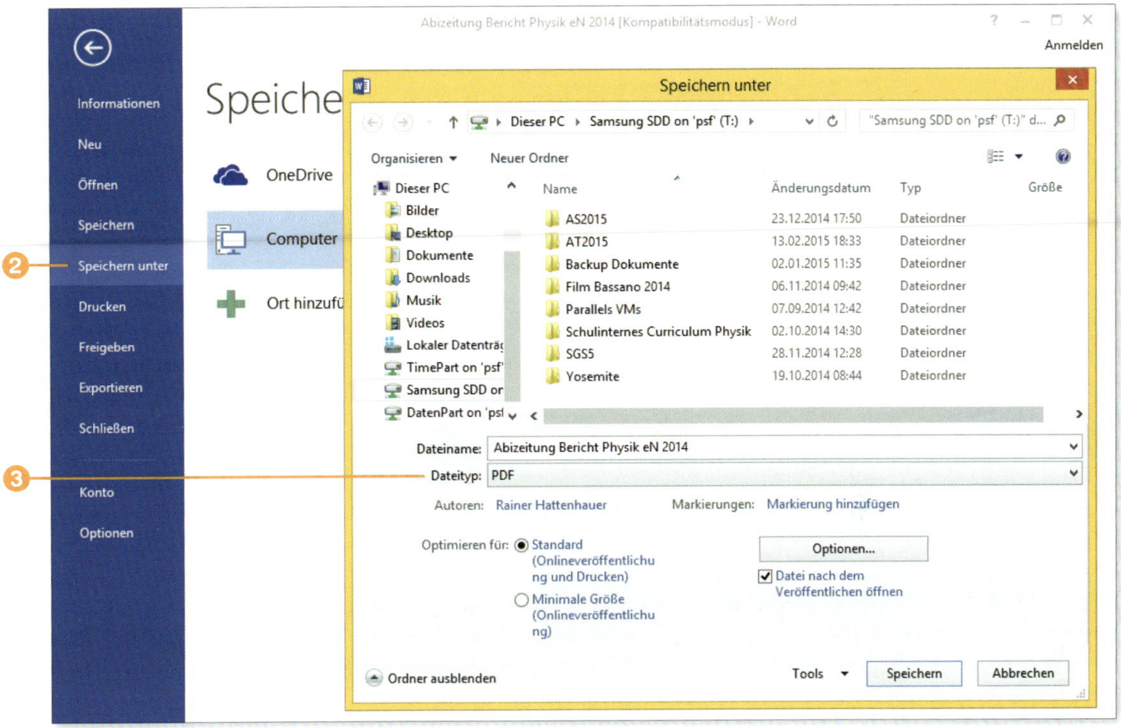

Das war's auch schon. Jetzt benötigen Sie lediglich ein Programm, das in der Lage ist, auf Ihrem Android-Tablet PDF-Dokumente zu lesen. Hier empfehle ich die App **ezPDF Reader**.

ezPDF Reader

Nun müssen Sie schließlich noch Ihr Dokument auf Ihr Android-Tablet kopieren. Wie das zum Beispiel mit Google Drive funktioniert, erfahren Sie im Abschnitt »Den Onlinespeicher Google Drive nutzen« ab Seite 326. Ich gehe an dieser Stelle davon aus, dass Sie den **ezPDF Reader** installiert haben und sich das Dokument lokal auf Ihrem Tablet befindet. Eine andere Alternative wäre die Verwendung eines Cloudspeichers wie zum Beispiel Dropbox oder Google Drive. Um das PDF-Dokument nun zu lesen, gehen Sie wie folgt vor:

1. Navigieren Sie per Dateimanager (siehe den Abschnitt »Bilder und andere Dokumente an E-Mails anhängen« ab Seite 88) zu Ihrem PDF-Dokument, und tippen Sie es an. Dadurch wird automatisch die App

ezPDF Reader gestartet. Sollten Sie mehrere Apps auf Ihrem Tablet installiert haben, die in der Lage sind, PDFs zu öffnen, dann wählen Sie an dieser Stelle den ezPDF Reader aus.

2. Betrachten Sie Ihr Dokument schließlich im Reader.

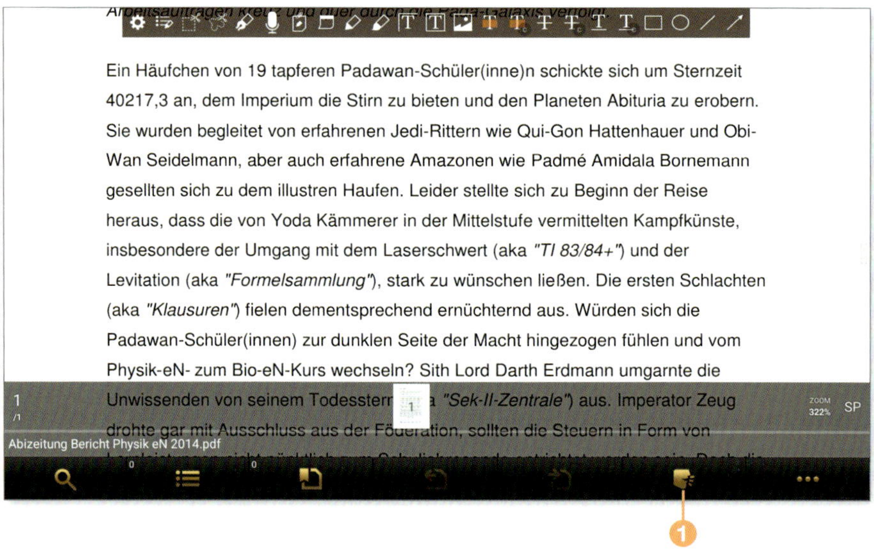

> **TIPP**
>
> **Text im Reader vorlesen lassen**
>
> Der ezPDF Reader verfügt in der Pro-Version über die Möglichkeit, Texte aus der PDF-Datei direkt vorzulesen. Tippen Sie dazu einfach auf das Symbol mit dem stilisierten Mund (1). Die Navigation während des Vorlesens erfolgt dann mit den üblichen Audio-Schaltflächen (2).
>
> 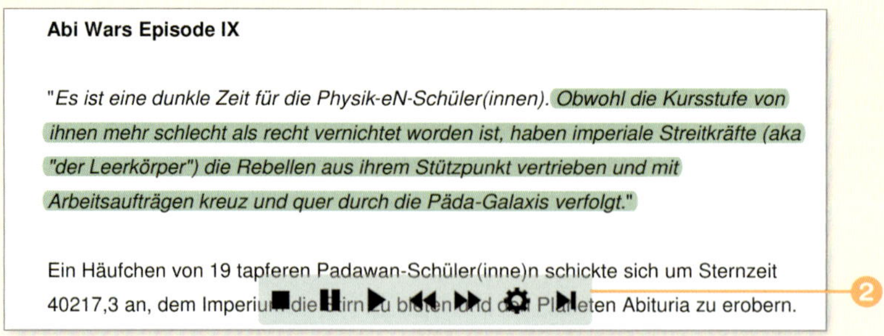
>

Zeitschriften im Play Kiosk erwerben

Wem es zu mühsam ist, ein dickes Buch durchzuackern, der kann im Play Kiosk ein Hochglanzmagazin in Tablet-freundlicher Form erwerben. Der Play Kiosk ist ein relativ junger Abkömmling des Play Stores. Im Prinzip verschmilzt in dieser App ein personalisierbarer Nachrichtenüberblick mit der Möglichkeit, digitale Zeitschriften zu kaufen.

1. Starten Sie die App **Play Kiosk**, und wechseln Sie über das Hauptmenü in die Rubrik **Mein Kiosk** 3. Im Startbereich finden Sie diverse Onlinenachrichtenkanäle.

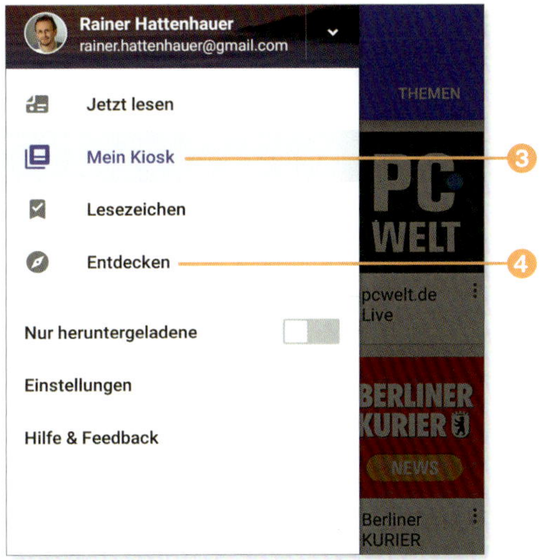

2. Wechseln Sie nun über das Hauptmenü in den Bereich **Entdecken** 4. Dort gelangen Sie in den eigentlichen digitalen Kiosk. Tippen Sie einen interessanten Bereich an, oder wechseln Sie direkt in den **Store** 5. Die Navigation in diesem Bereich erfolgt in gleicher Weise, wie in den anderen Bereichen von Google Play bereits beschrieben.

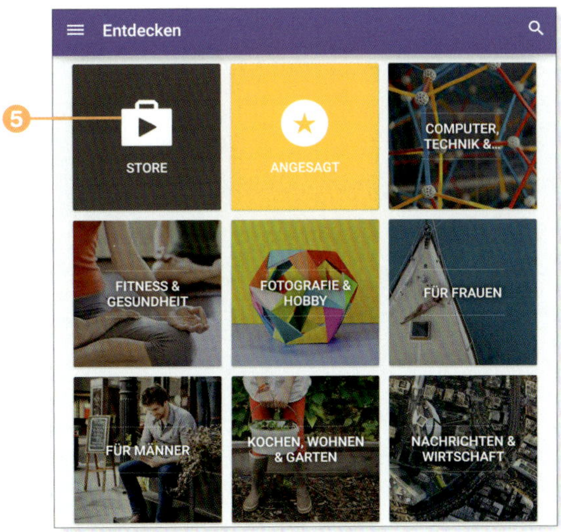

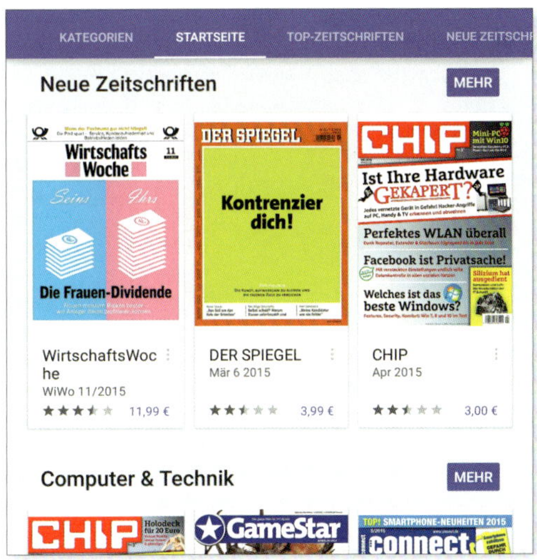

3. Um nun eine Zeitschrift zu kaufen, tippen Sie zunächst deren Cover und anschließend die Preisschaltfläche (1) an. Die Abrechnung erfolgt über das von Ihnen in **Wallet** definierte Zahlungsmittel (siehe auch den Abschnitt »Bezahlung mit der App Wallet« ab Seite 254).

Sie gelangen direkt zu Ihrer erworbenen Zeitschrift, indem Sie die nun anstelle des Preises erscheinende Schaltfläche **Lesen** antippen. Alternativ wechseln Sie über das Hauptmenü der Play-Kiosk-App in den Bereich **Mein Kiosk ▸ Zeitschriften**. Dies ist die Sammelstelle sämtlicher Medien, die Sie über den Play Store in der Rubrik **Kiosk** erworben haben.

Play Kiosk eignet sich immer dann, wenn man vorhat, ab und zu einmal ein Magazin oder eine Zeitschrift auf dem Tablet zu konsumieren. Zwar können Sie für einzelne Zeitschriften auch Abos erwerben, hier empfiehlt es sich allerdings, nach eigenen Apps des entsprechenden Verlags in der App-Abteilung des Play Stores Ausschau zu halten. Diese sind für die verlagseigenen Produkte optimiert.

TIPP

Meine Tageszeitung als App

Schauen Sie doch einmal nach, ob Ihre bevorzugte Tageszeitung eine eigene App im Play Store anbietet. Diverse lokale Verlagshäuser gehen mittlerweile dazu über, ein vergünstigtes Kombiangebot ihrer Tageszeitung für Print- und elektronische Version anzubieten.

Alternative Angebote für Zeitschriften und Magazine

Das aktuelle Angebot von Magazinen und Zeitschriften im Play Kiosk ist derzeit noch etwas mager. Wer auf der Suche nach Exoten ist, der wird im digitalen Shop von **Zinio** fündig.

1. Installieren Sie die **Zinio**-App mit dem nebenstehenden QR-Code, und starten Sie diese anschließend.

Zinio

2. Tippen Sie auf das **Zeitschriften**-Symbol ② am oberen Bildrand, und erstellen Sie dort über den Punkt **Registrieren** ③ ein neues Konto bei Zinio. Alternativ können Sie sich auch mit Ihrem Facebook-Konto einloggen.

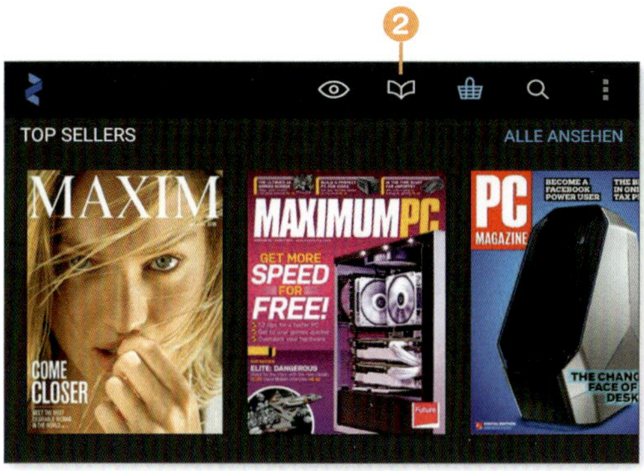

Sollten Sie schon ein Konto bei Zinio besitzen, dann wählen Sie an dieser Stelle einfach den Punkt **Anmelden** ④ und loggen sich mit Ihren Kontodaten ein.

3. Nun können Sie nach Herzenslust im Zinio-Shop stöbern und einkaufen. Die dort erworbenen digitalen Zeitschriften stehen Ihnen wieder systemübergreifend zur Verfügung, sofern Sie sich mit der entsprechenden App und Ihren Kontodaten angemeldet haben.

Auch exotische Zeitschriften wie das Thermik-Magazin für Drachen- und Gleitschirmflieger findet man bei Zinio.

Comics auf dem Tablet lesen

Da gab es zu Schulzeiten immer Ärger, wenn mich der Lehrer dabei erwischt hatte, einen meiner heiß geliebten Comics unter der Schulbank zu lesen. Goethe, Schiller & Co. haben mich seinerzeit relativ kaltgelassen, wichtiger waren mir die neuesten Abenteuer von Batman, Spiderman und Konsorten. Auch auf dem Tablet müssen Sie nicht auf Ihre Lieblingscomics verzichten. Installieren Sie zum Beispiel die App **Comics** von *comiXology*, und tauchen Sie damit in das Universum der Superhelden ein.

Comics

1. Installieren Sie die App mit dem nebenstehenden QR-Code, und starten Sie diese. Leider liegen sowohl die Nutzeroberfläche als auch die erhältlichen Comics ausschließlich in englischer Sprache vor.
2. Erstellen Sie direkt nach dem Start zunächst ein Konto. Möchten Sie später einen Comic kaufen, müssen Sie an dieser Stelle auch eine Zahlungsmethode definieren. Das kann zum Beispiel PayPal sein.
3. Suchen Sie sich einen Comic aus der reichhaltigen Auswahl aus, und befördern Sie ihn durch einen Tipp auf den Preis ❶ in Ihren Einkaufswagen. Sie können sich auch zunächst eine Vorschau anzeigen lassen.

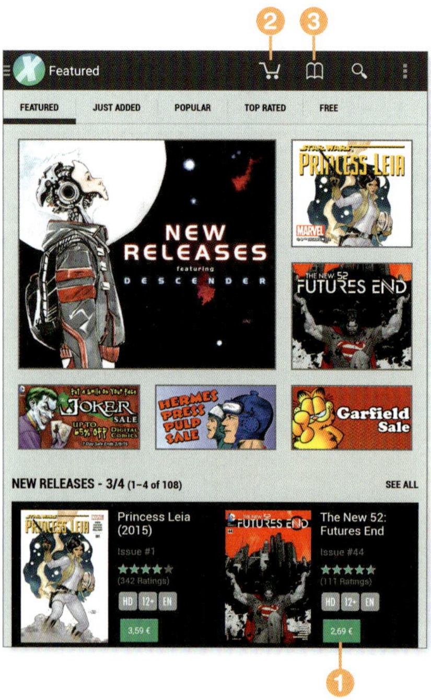

4. Zum Bezahlen tippen Sie das Einkaufswagensymbol ❷ an. Sie werden dann in der üblichen Weise aufgefordert, ein Zahlungsmittel anzugeben, und erwerben den Comic virtuell.
5. Tippen Sie schließlich auf das Bibliothekssymbol ❸ im oberen Displaybereich, und lesen Sie Ihren soeben erworbenen Comic.

INFO

Deutsche Comics mit MadDog

Im deutschsprachigen Bereich bietet **MadDog** Comics an. Schenkt man den Rezensionen zur App im Play Store Glauben, dann ist dieses System momentan allerdings noch nicht ausgereift.

Kapitel 12
Das Tablet als mobiles Büro verwenden

Mittlerweile wird auch das gute alte Notebook als mobiler Arbeitscomputer vom Tablet abgelöst. Sämtliche gängigen Office-Formate (Word, Excel, PowerPoint etc.) lassen sich bequem am Tablet bearbeiten und dank Synchronisation mit der Google Cloud auch über Systemgrenzen hinweg nutzen. Das vorliegende Kapitel zeigt Ihnen, wie Sie Ihr Tablet in einen waschechten Office-Computer verwandeln.

Google Texte und Tabellen

Google bietet in Verbindung mit seinem Cloudspeicher **Google Drive** drei separate Apps mit den Namen *Docs*, *Tabellen* und *Präsentationen* an. Diese stelle ich Ihnen in diesem Abschnitt vor.

Docs

1. Installieren Sie die App **Docs** mit dem nebenstehenden QR-Code, und starten Sie diese. Beim ersten Start werden Sie durch ein kurzes Tutorial geführt. Dieses können Sie per Wischgeste durchlaufen. Beenden Sie das Tutorial über die Schaltfläche **Fertig** (1).

2. Sie gelangen in die Übersicht von Docs. Hier haben Sie Zugriff auf alle in Google Drive gespeicherten Textdokumente. Der Bereich dürfte bei Ihnen noch leer sein.

Die Oberfläche, die Sie nun in Google Docs vorfinden, besitzt die folgenden markanten Elemente:

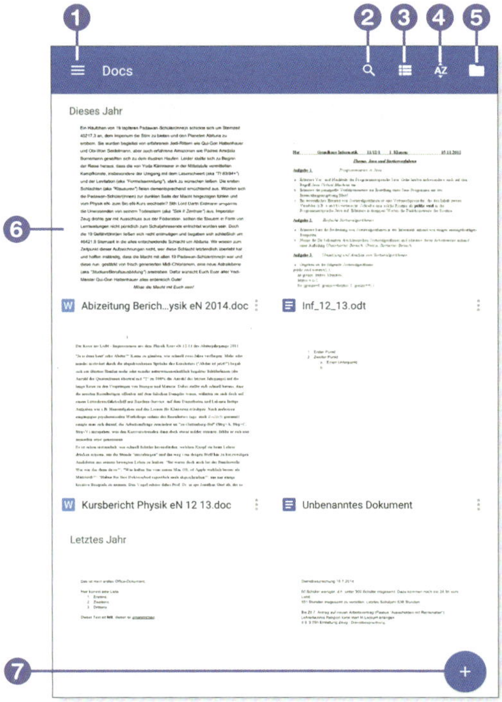

1. Hauptmenü
2. Lupensymbol: Suchfunktion
3. Wechsel zwischen den Anzeigemodi **Liste/Miniaturen**
4. Ändern der Sortierkriterien (**Titel**, **Zuletzt geändert**, **Zuletzt von mir geöffnet**, **Zuletzt von mir bearbeitet**)
5. Schaltfläche **Öffnen von** (Wechsel zwischen Gerätespeicher und Google Drive)
6. Hauptbereich mit allen Dokumenten
7. Schaltfläche **Neues Dokument erstellen**

INFO

Dokumente in der Cloud speichern

Sie haben gerade ein wichtiges Dokument auf einem USB-Stick abgelegt und möchten dieses den Kollegen im Büro präsentieren. Dort angekommen stellen Sie fest, dass Sie den Stick zu Hause auf dem Schreibtisch liegen gelassen haben. Kein Problem, wenn Sie mit Googles Cloud-Lösung **Drive** arbeiten. Sie benötigen lediglich eine Internetverbindung, um per Tablet oder auch PC-Browser auf Ihre Dokumentensammlung in **Google Drive** zugreifen zu können.

Wenn Sie Docs das erste Mal gestartet haben, werden Sie, wie bereits erwähnt, noch keine Dokumente vorfinden. Das können wir aber schnell nachholen. Sie legen folgendermaßen ein neues Dokument an:

1. Tippen Sie auf die Schaltfläche **Neues Dokument erstellen**.
2. Sie werden sofort in den Editiermodus befördert und können hier munter drauflosschreiben.

Ich habe zum Verfassen des Textes das Tablet ins Querformat gedreht, um die Tasten zu vergrößern. Das erleichtert das Treffen der Schaltflächen ungemein.

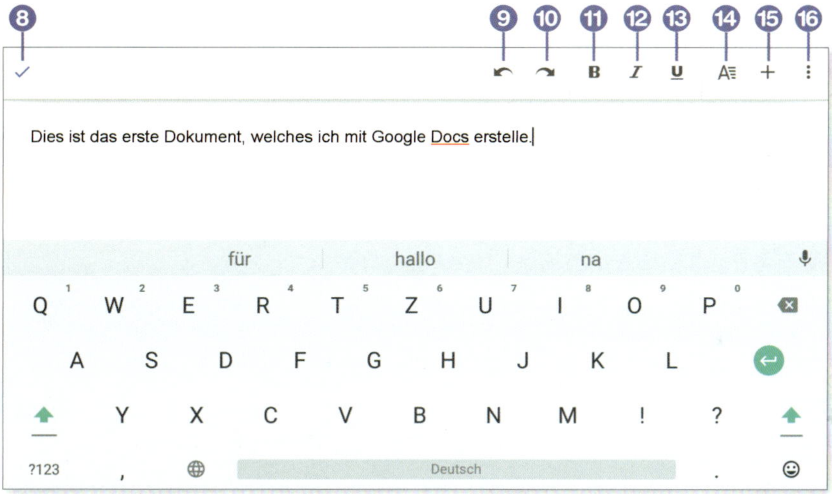

Am oberen Displayrand finden Sie die Funktionsleiste im Editiermodus, die momentan noch recht spärlich aussieht. Folgende Funktionen können Sie hier nutzen:

- ❽ Verlassen und Abspeichern des Dokuments
- ❾ Bearbeitungsschritt rückgängig machen
- ❿ falls **Rückgängig** angetippt wurde: widerrufen
- ⓫ Fettschrift
- ⓬ Kursivschrift
- ⓭ Unterstreichen
- ⓮ Formatierungen
- ⓯ Einfügen
- ⓰ weitere Optionen im In-App-Menü

Machen wir doch mal einige Übungen zur Formatierung:

1. Markieren Sie durch doppeltes Antippen ein Wort, und formatieren Sie es fett, kursiv, oder unterstreichen Sie es. Schön und gut, werden Sie sagen, aber das sind doch deutlich weniger Möglichkeiten, als mir meine Lieblingstextverarbeitung auf dem PC bietet.

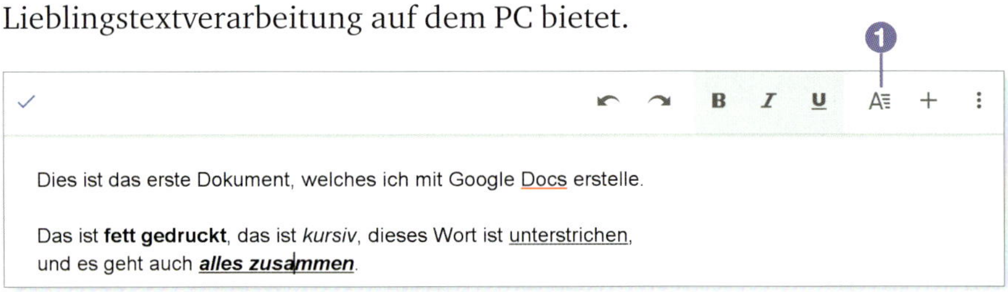

2. Öffnen Sie den Formatierungsbereich durch Antippen der Schaltfläche **Formatierungen** ❶. Hier finden Sie mehr Möglichkeiten, Ihren Text zu formatieren. Probieren Sie einige davon aus.

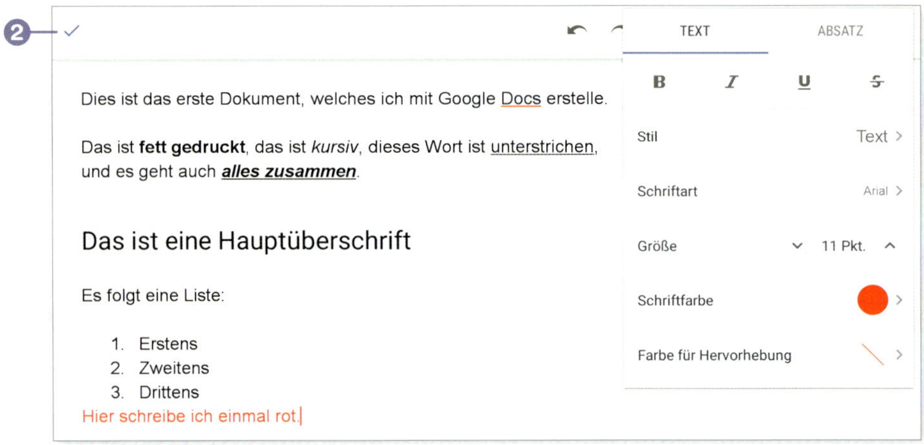

3. Beenden Sie Ihr Dokument abschließend, indem Sie die **Fertig**-Schaltfläche ❷ antippen. Am oberen Displayrand erscheint die Meldung, dass das Dokument unter dem Namen *Unbekanntes Dokument* gespeichert wurde.

4. Hier empfiehlt es sich natürlich, dem Dokument einen sinnvollen Namen zu geben. Dazu tippen Sie einfach den Titel **Unbekanntes Dokument** an und benennen Ihr Dokument um. Bestätigen Sie die Eingabe der Änderungen mit **OK** ❸.

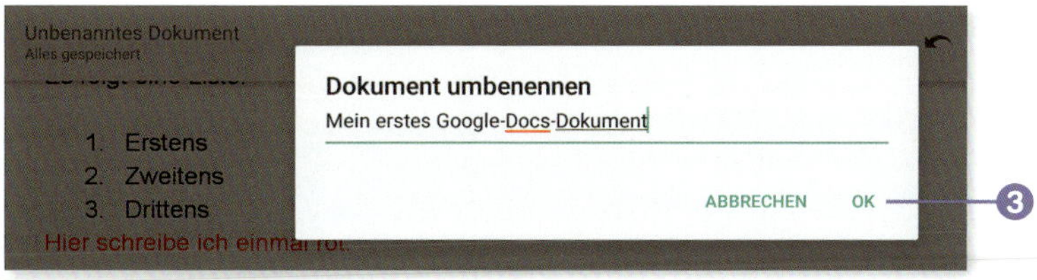

Sicher haben Sie bemerkt, dass nach dem Speichern Ihres Dokuments am oberen Bildrand neue Symbole aufgetaucht sind. Diese bedeuten:

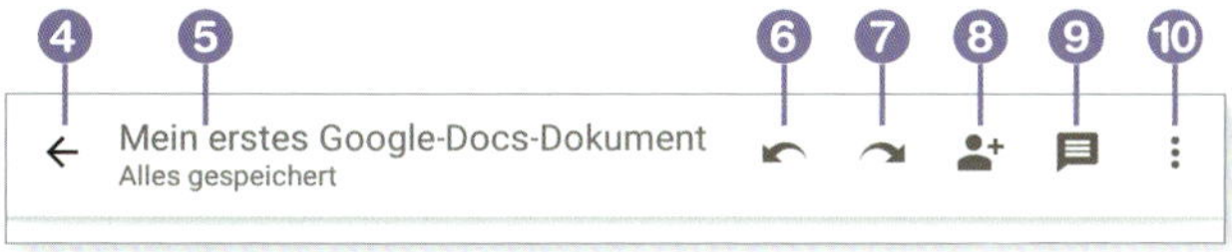

- ④ Wechsel zur Übersicht aller Dokumente
- ⑤ Name des aktuellen Dokuments
- ⑥ Aktion rückgängig machen
- ⑦ Aktion wiederholen
- ⑧ Dokument freigeben
- ⑨ Dokument kommentieren
- ⑩ weitere Optionen im In-App-Menü

5. Wechseln Sie abschließend noch einmal in die Übersicht, um zu kontrollieren, ob Ihr Dokument sich dort befindet. Das Pinnnadelsymbol ⑪ zeigt, dass das Dokument lokal auf Ihrem Tablet vorgehalten wird.

Damit hätten Sie die ersten Schritte der Textverarbeitung mit Docs erfolgreich gemeistert. Sie können ein neues Dokument erstellen, den verfassten Text mit verschiedenen Formatierungen versehen und die Datei abschließend abspeichern. Im Folgenden zeige ich Ihnen, wie Sie ein Dokument online ablegen, um von verschiedenen Geräten aus darauf zuzugreifen.

Dokumente mit Drive verwalten

Wie bereits erwähnt, werden sämtliche Dokumente, die mit Docs erstellt wurden, in der Google Cloud, genauer: auf Ihrem *Google-Drive*-Laufwerk, gespeichert. Um diese auf anderen Geräten nutzen und bearbeiten zu können, muss dort lediglich der Zugang zu Google Drive hergestellt werden. Auf einem beliebigen PC mit Browser gelangen Sie folgendermaßen zu **Drive**:

1. Starten Sie Ihren Lieblingsbrowser, und öffnen Sie die Seite *https://www.google.de*.
2. Loggen Sie sich mit Ihren Google-Kontodaten ein.
3. Im Google-Menü finden Sie eine Schaltfläche ❶, die Sie direkt zu **Drive** führt.

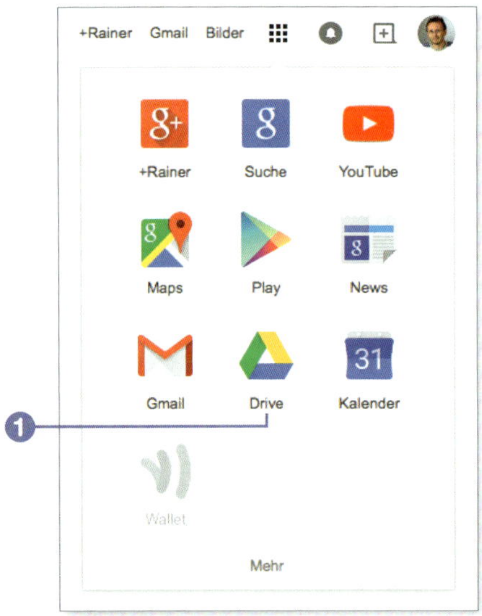

Hier befinden sich sämtliche Dokumente, die Sie bislang auf Drive abgelegt haben. Die Dokumente können durch Anklicken jederzeit auch im Browser aufgerufen und dort mit der entsprechenden App weiter bearbeitet werden.

TIPP

Per Link schnell zu Google Drive

Noch schneller gelangen Sie zu Drive, wenn Sie folgenden Link in Ihrem Browser eingeben: *https://drive.google.com*.

Wenn Sie an einem Heim-PC arbeiten, dann empfiehlt es sich, eine für Ihr Betriebssystem angepasste App für Google Drive zu installieren. Diese sorgt dafür, dass Ihr **Drive**-Verzeichnis transparent ins Betriebssystem eingebunden wird und als virtuelles Laufwerk genutzt werden kann. Eine solche App gibt es sowohl für Windows als auch für OS X, Ihr Android-Tablet hat die **Drive**-App bereits an Bord. Öffnen Sie dazu die Seite *https://tools.google.com/dlpage/drive*, und laden Sie die für Ihr Betriebssystem geeignete App herunter.

Danach starten Sie die Installation gemäß der Anleitung. Im Anschluss befindet sich der Ordner **Google Drive** in Ihrem Benutzerordner, auf den Sie über den Windows-Explorer zugreifen können.

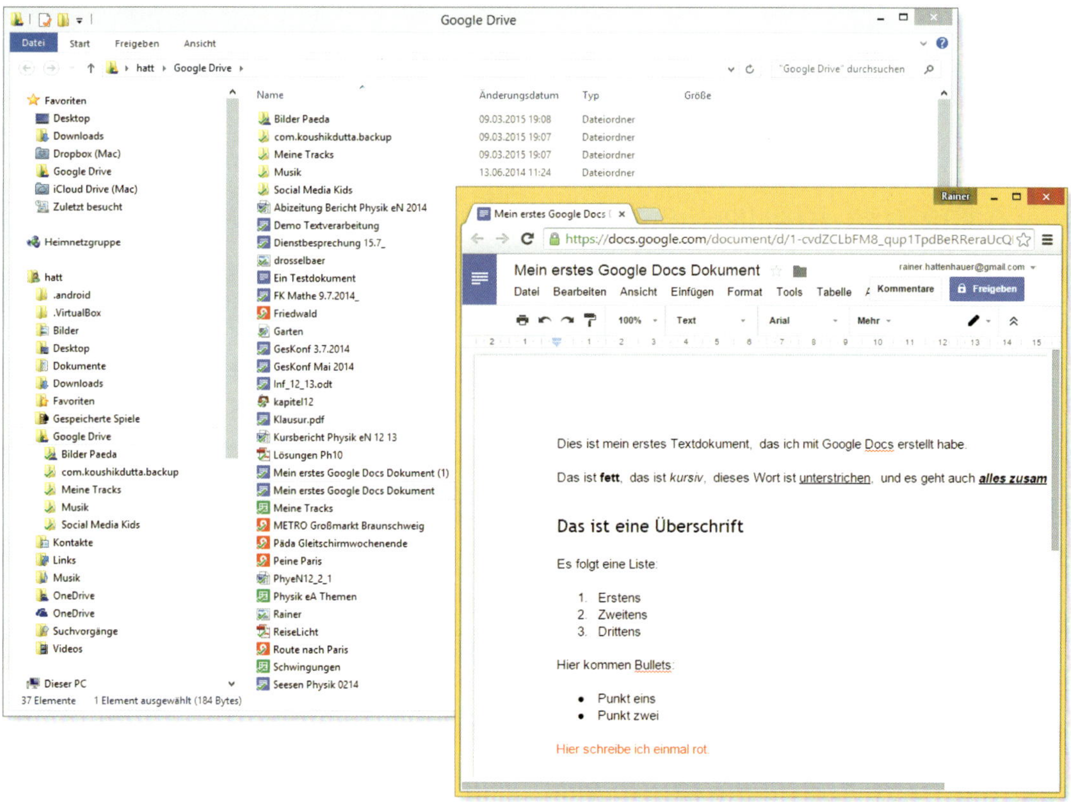

Google Drive wird transparent in das System eingebunden. Wenn Sie ein Dokument anklicken, wird es umgehend im Browser geöffnet.

Auf Ihrem Tablet erhalten Sie eine ähnliche Darstellung, wenn Sie die App **Drive** starten. Sie finden hier folgende Elemente:

1. Hauptmenü
2. Suchfunktion
3. Listen-/Objektansicht
4. weitere Optionen im In-App-Menü
5. Ordner
6. Dateien
7. neues Dokument erstellen

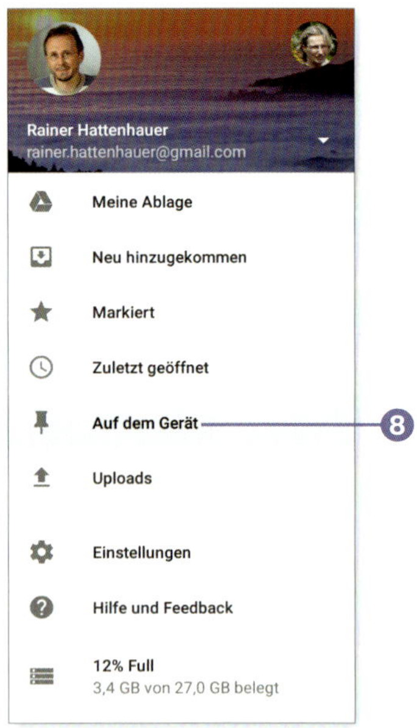

Drive unterstützt mittlerweile auch die Offlinebearbeitung von Dokumenten, das heißt, Sie müssen nicht ständig mit dem Internet verbunden sein, um Dokumente aufzurufen beziehungsweise zu verändern. Dazu müssen Sie allerdings sicherstellen, dass eine lokale Kopie des entsprechenden Dokuments vorliegt. Diese können Sie bei jedem Dokument dadurch erstellen, dass Sie länger darauftippen und aus dem erscheinenden Kontextmenü den Punkt **Auf diesem Gerät speichern** auswählen. Sie erhalten einen Überblick über sämtliche lokal gespeicherten Dokumente, wenn Sie im Hauptmenü von Drive die Option **Auf dem Gerät** ❽ aufrufen. Wenn Sie ein Dokument offline verändern, wird es bei der nächsten Onlineverbindung automatisch synchronisiert.

TIPP

Alternativen: Dropbox und OneDrive

Als Alternativen zu Google Drive bieten sich *Dropbox* oder *Microsoft OneDrive* an. Für beide Vertreter gibt es entsprechende Apps im Play Store, die die Anbindung der beiden Cloudspeichersysteme an das Android-System vereinfachen.

Dokumente gemeinsam bearbeiten

Drive bietet die ideale Basis zur Teamarbeit. Dazu geben Sie einfach ein beliebiges Dokument folgendermaßen frei:

1. Öffnen Sie das Dokument, das Sie freigeben wollen, mit **Drive** oder **Docs**. Stellen Sie sicher, dass Sie mit Ihrem Tablet online sind.
2. Tippen Sie auf die **Freigeben**-Schaltfläche am oberen Bildrand ❾.
3. Geben Sie die Personen, die das Dokument gemeinsam mit Ihnen bearbeiten sollen, in der folgenden Maske in Form ihrer Gmail-Adressen an ❿. Wenn sich die gewünschten Personen bereits in Ihrem Adressbuch befinden, wird Ihnen nach Eingabe der ersten Buchstaben eine Auswahl zum Vervollständigen der Namen angeboten.

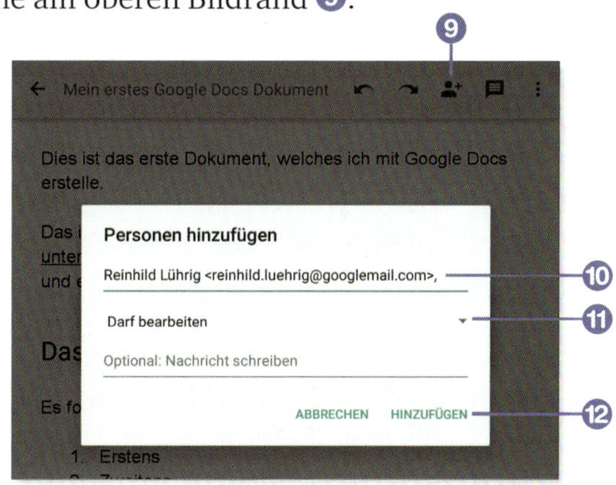

4. Wählen Sie schließlich aus dem Dropdown-Menü ⓫ (Seite 295) aus, welche Rechte der Person beziehungsweise den Personen gewährt werden sollen, und schließen Sie die Rechtevergabe über die Schaltfläche **Hinzufügen** ⓬ ab.

5. Die entsprechenden Personen können sich nun auf einem beliebigen Endgerät auf Google Drive einloggen und Ihr Dokument ebenfalls bearbeiten. Sie finden es in Ihrem Drive-Bereich unter dem Link **Für mich freigegeben** ❶.

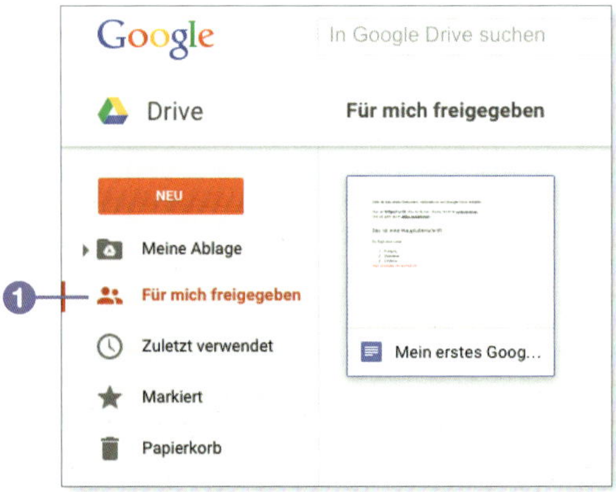

Das freigegebene Dokument erscheint in einem anderen Google-Konto.

Tabellenkalkulation und Präsentationen auf Drive

Tabellen

Die nächste Klasse wichtiger Office-Anwendungen umfasst die Tabellenkalkulations- und Präsentationssoftware. Google Drive stellt in Form der Android-App **Tabellen** eine brauchbare Tabellenkalkulation zur Verfügung.

Für die Demonstration dieser App gehen wir einmal einen anderen Weg: Wir importieren eine bestehende Excel-Datei auf Google Drive und bearbeiten diese anschließend auf dem Android-Tablet. Um maximale Kompatibilität zu gewährleisten, empfehle ich, die Excel-Datei im (älteren) XLS-Format auf dem PC vorzuhalten:

1. Starten Sie Excel oder eine andere kompatible Tabellenkalkulation, zum Beispiel *LibreOffice Calc*, auf dem PC, erstellen Sie ein Tabellenkalkulationsblatt, und speichern Sie es im Format *Excel 97/2007* (erkennbar an der Endung *.xls*) ab.

2. Öffnen Sie **Drive** in einem Browser auf dem PC, und importieren Sie die soeben erstellte Datei mit Hilfe der Schaltfläche **Neu** über deren Menüpunkt **Dateien hochladen** ❷.

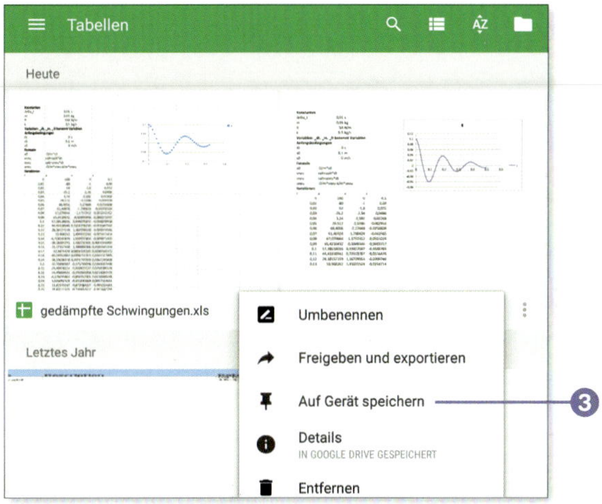

3. Wechseln Sie auf Ihrem Tablet in die App **Drive** oder **Tabellen**, und öffnen Sie das Dokument. Stellen Sie sicher, dass Sie dazu mit Ihrem Tablet online sind. Alternativ können Sie über den Menüpunkt **Auf Gerät speichern** ❸ auch eine lokale Kopie der Datei erstellen.

4. Testen Sie, ob alle Funktionen korrekt übernommen wurden. Wie bei Tabellenkalkulationen üblich, können Sie nun unabhängige Feldeinträge variieren und kontrollieren, ob die abhängigen Werte korrekt berechnet werden.

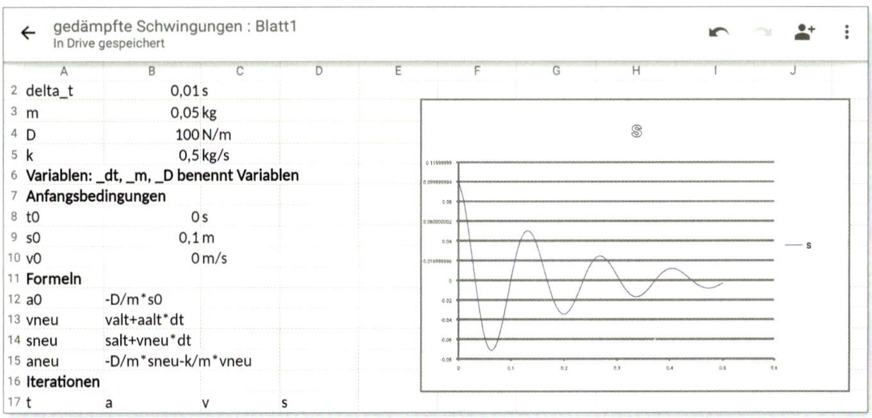

Präsentationen

Sehen wir uns nun einmal an, welche Möglichkeiten es gibt, Präsentationen à la PowerPoint auf dem Tablet zu erstellen beziehungsweise anzuschauen. Hier bietet Google die App **Präsentationen** (engl.: *Slides*) an.

1. Installieren Sie die App mit dem nebenstehenden QR-Code, und starten Sie diese anschließend aus dem App-Menü.
2. Nach einer kleinen Einführung gelangen Sie über die Schaltfläche **Zu Präsentationen** in den Hauptbereich der App.
3. Hier finden Sie gegebenenfalls Präsentationen, die Sie bereits zuvor bei Google Drive abgelegt haben. Über die **+**-Schaltfläche ❶ können Sie aber jederzeit eine neue Präsentation erstellen.
4. Die eigentliche Präsentation starten Sie mit der **Play**-Schaltfläche ❷.

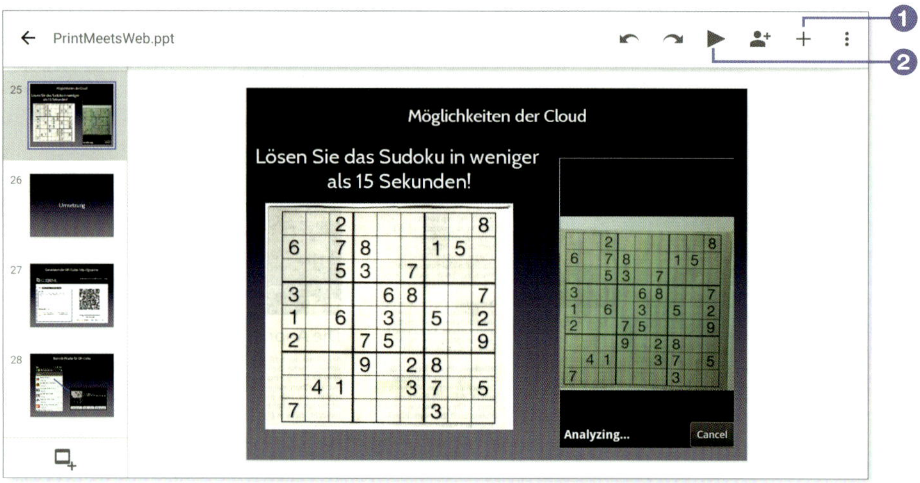

ACHTUNG

Formatierungschaos beim Import

Gerade bei Präsentationen, die mit grafischen Elementen angereichert sind, sollten Sie das endgültige Layout genauestens kontrollieren, wenn Sie Ihre Präsentation aus PowerPoint oder einer anderen Software exportiert und in **Präsentationen** importiert haben. Geschickter ist es hier oft, eine kostenpflichtige App eines Drittanbieters zu erwerben, die die Originalformatierung ungeschoren lässt. Mehr dazu erfahren Sie im nächsten Abschnitt.

Office-Apps von Drittanbietern

Mit den Google-Office-Apps haben Sie schon einen soliden Grundstock zur Bearbeitung von Texten, Tabellen und Präsentationen gelegt. Wenn Sie sich aber mit den Formatierungsmöglichkeiten dicht am Original des Platzhirsches Microsoft bewegen wollen, dann sollten Sie darüber nachdenken, ein spezielles Office-Paket im Play Store zu erwerben.

Word für Tablets

Excel für Tablets

PowerPoint für Tablets

Folgende Office-Apps erfreuen sich hier großer Beliebtheit:

- *Polaris Office*: Diese Software können Nutzer von Samsung-Tablets kostenlos aus dem Samsung App Store herunterladen.
- *Docs To Go*: Eine beliebte Office-Suite, die in der freien Version immerhin noch als Reader von Office-Dokumenten dienen kann.
- *Microsoft Office*: Microsoft bietet für Nutzer von Office 365 ein kostenloses Office-Paket im Play Store an. Für Ihr Android-Tablet gibt es angepasste Versionen von Word, Excel und PowerPoint, die Sie mit den nebenstehenden Codes installieren können.

Die Android-Apps von Microsoft sind recht groß und beherrschen nicht alle Formatierungen der PC-Version. So habe ich das eine oder andere Mal erlebt, dass Formatierungen durch die Bearbeitung auf dem Tablet und anschließende erneute Betrachtung am PC zerstört wurden. Zudem gibt Microsoft als Mindestanforderung 1 GB Hauptspeicher und die Android-Version 4.4 an, was bei älteren Geräten nicht erfüllt ist. Darüber hinaus erfordert die Benutzung der Apps die Einrichtung eines Kontos bei Microsoft, was in der Regel beim Erwerb des kostenpflichtigen Office-365-Pakets für PCs bereits erledigt wurde.

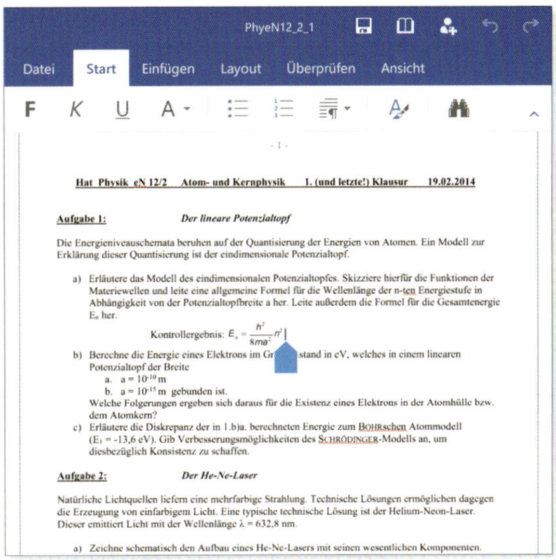

Microsoft Word in der Version für Android-Tablets

TextMaker HD

PlanMaker HD

Presentations HD

Wenn Sie auf der Suche nach einem unabhängigen Office-Paket sind, das die Formatierungen von Microsoft Word, Excel und PowerPoint nahezu uneingeschränkt übernimmt und diese auch bei der Bearbeitung nicht beeinflusst, dann sollten Sie sich einmal die speziell für das Tablet entwickelten Apps von *Softmaker* im Play Store anschauen. **TextMaker HD**, **PlanMaker HD** und **Presentations HD** stellen derzeit das Nonplusultra der Microsoft-kompatiblen Apps unter Android dar. Jede App kostet einzeln 5,99 €, Sie können aber zunächst auch die kostenlosen 30-Tage-Trialversionen installieren, um sich von der Funktionstüchtigkeit dieses exzellenten Office-Pakets für Android zu überzeugen. Damit können Sie selbstverständlich auch Dokumente, die sich in den üblichen Clouds (Google Drive, Dropbox, Microsoft OneDrive) befinden, bearbeiten.

Alternative Tastaturen nutzen

Sicher haben Sie auch schon einmal versucht, längere Texte am Tablet zu bearbeiten und sind dabei an die Grenzen der eingebauten Softwaretastatur gestoßen. Android bietet dank flexibler Konfigurationsmöglichkeiten stets einen Ausweg, um das Tippen nicht zur Qual werden zu lassen. Einige dieser Möglichkeiten stelle ich Ihnen im Folgenden vor. Für alle Methoden gilt: Wählen Sie die gewünschte Eingabemethode nach Installation der jeweiligen App in den Einstellungen unter **Nutzer ▸ Sprache & Eingabe ▸ Aktuelle Tastatur** aus.

SwiftKey

Beginnen wir mit einer Tastatur, die wahrhaft hellseherische Fähigkeiten besitzt. Es handelt sich um **SwiftKey**. Deren intelligenter Modus passt sich an Ihre Schreib- beziehungsweise Formulierungsweise an und schlägt nach der Eingabe eines Wortes beziehungsweise einer Buchstabenfolge bereits das vermutlich nächste Wort vor – das ist äußerst praktisch, um Tipparbeit zu sparen. Wenn Sie SwiftKey mit einem persönlichen Konto in der Cloud verbinden, dann wird Ihr ganz spezieller Schreibstil auf all Ihren Geräten erkannt.

Oder möchten Sie ganz auf das Tippen verzichten und Ihre Texte diktieren? Zwar besitzt Android schon eine recht ausgefeilte Spracherkennung (siehe den Abschnitt »Alternative Eingabemethoden« ab Seite 39), diese eignet sich jedoch in Ermanglung von Interpunktionsbefehlen (Punkt, Doppelpunkt, Komma, Strich) nur bedingt. An dieser Stelle springt die **Swype**-App in die Bresche, die die unschlagbare Spracherkennungsengine *Dragon* von Nuance beinhaltet. Damit können Sie längere Texte mit Satzzeichen bei hoher Erkennungsgenauigkeit diktieren. Auch hier können Sie zunächst die Trialversion testen, für die Vollversion müssen Sie einen Preis von 0,75 € bezahlen.

Swype

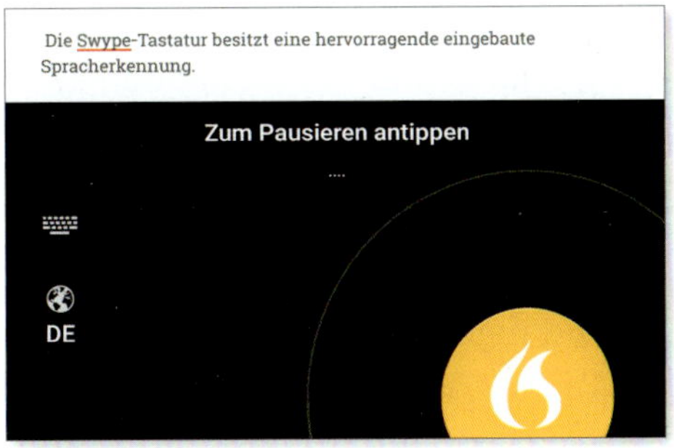

Swype/Dragon in Aktion. Durch Antippen des Flammensymbols am unteren rechten Bildrand starten und stoppen Sie das Diktat.

Schließlich haben Sie auch noch die Möglichkeit, Ihr Tablet hardwaremäßig mit einer Bluetooth-Tastatur aufzurüsten. Eine solche können Sie bereits für weniger als 20 € erwerben. Besonders nett sind hier zusammenklappbare mobile Varianten, die zusätzlich einen Ständer für das Tablet mitbringen. Mit einer speziellen Tablet-Hülle ist selbst dieses Feature überflüssig, und Sie können Ihr Tablet im Handumdrehen in einen mobilen PC zur Texterfassung verwandeln. Zum besseren Abgleich des Zeichensatzes zwischen Tablet und Tastatur empfiehlt sich die App **External Keyboard Helper Pro** (2,49 € im Play Store, Demoversion vorhanden).

External Keyboard Helper Pro

Gehen Sie folgendermaßen vor, um eine Bluetooth-Tastatur mit Ihrem Tablet zu koppeln:

1. Bringen Sie Ihre Bluetooth-Tastatur in den Kopplungsmodus. Mehr dazu entnehmen Sie dem Handbuch des Tastaturherstellers.

2. Wechseln Sie in den Einstellungen in den Bereich **Drahtlos & Netzwerke ▸ Bluetooth**, und aktivieren Sie dort den Bluetooth-Empfang über den entsprechenden Schalter ① (Seite 302).

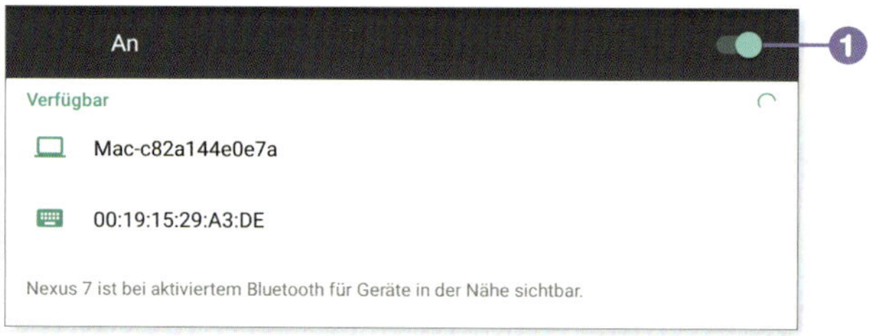

3. Ihr Tablet sucht nun nach bluetoothfähigen Geräten in der näheren Umgebung. In der Übersicht sollte nach kurzer Zeit Ihre Tastatur auftauchen. Falls Ihre Tastatur nicht unmittelbar entdeckt wurde, dann tippen Sie im In-App-Menü auf den Eintrag **Aktualisieren**.

4. Tippen Sie auf den Tastatureintrag in der Liste der verfügbaren Geräte ❷. Nun wird ein Verbindungsversuch zwischen Tastatur und Tablet unternommen. Geben Sie dazu den auf dem Tablet vorgegebenen Code auf der Tastatur ein. Daraufhin sollten die Geräte miteinander verbunden werden.

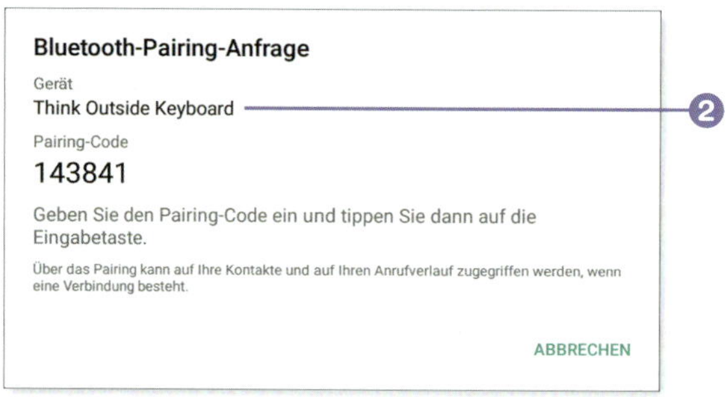

5. Testen Sie die Tastatur in einem Textprogramm. Passen Sie gegebenenfalls über die Einstellungen im Bereich **Sprache & Eingabe** das Tastaturlayout an.

   Sollten Sie Probleme mit dem Tastaturlayout – etwa bei der korrekten Interpretation von Umlauten – bekommen, dann verfahren Sie wie folgt:

6. Installieren und starten Sie bei Bedarf die App **External Keyboard Helper**. Die App sorgt für die Anpassung des Tastaturlayouts, also etwa welche Spracheinstellung für die Tastatur verwendet werden soll. Aktivieren Sie die App als Eingabemethode.

Nun können Sie loslegen und beliebige Texte per Tastatur eingeben oder zum Beispiel Ihre E-Mails bequem schreiben.

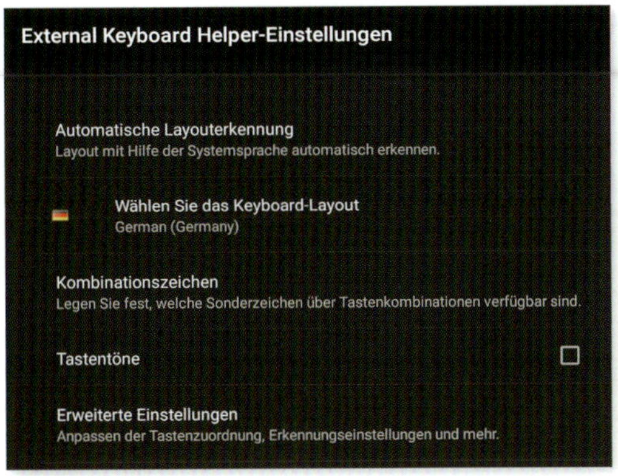

Besonders praktisch auf Reisen ist die Verwendung einer flexiblen Tastatur. Dadurch mutiert Ihr Tablet zum platzsparenden Laptop-Ersatz (Bild: Elecom).

TIPP

Bluetooth-Geräte anschließen

In ähnlicher Weise verbinden Sie übrigens auch andere Bluetooth-Geräte wie zum Beispiel Kopfhörer mit Ihrem Tablet.

Intelligente Notizen mit Evernote anfertigen

Im Rahmen meines naturwissenschaftlichen Studiums habe ich gelernt, Geistesblitze und Erfahrungen jeglicher Art in einem kleinen Notizbuch festzuhalten – wir nannten es seinerzeit »Laborbuch«. Dieses wird heute längst abgelöst durch digitale Notizbücher. Mein absoluter Favorit ist hier **Evernote**, ein Rundum-sorglos-Tool, wenn es darum geht, Notizen aller Art festzuhalten.

Evernote

1. Installieren Sie Evernote mit dem nebenstehenden QR-Code, und starten Sie die App.
2. Sie werden von einer Startseite begrüßt. Hier können Sie entweder ein neues Konto beim Evernote-Clouddienst erstellen oder sich mit den Daten eines bereits bestehenden Kontos anmelden. Nach einer kurzen Einführung geht's los:

3. Erstellen Sie mit Hilfe der Funktionsschaltflächen neue Notizen ❶, einen Schnappschuss eines bestehenden Dokuments per Kamera ❷, eine handschriftliche Notiz ❸, einen Anhang ❹ oder auch eine Tonaufnahme ❺. Diese werden in der Evernote-Cloud gespeichert und stehen Ihnen auf sämtlichen Endgeräten zur Verfügung, für die eine **Evernote**-App angeboten wird.

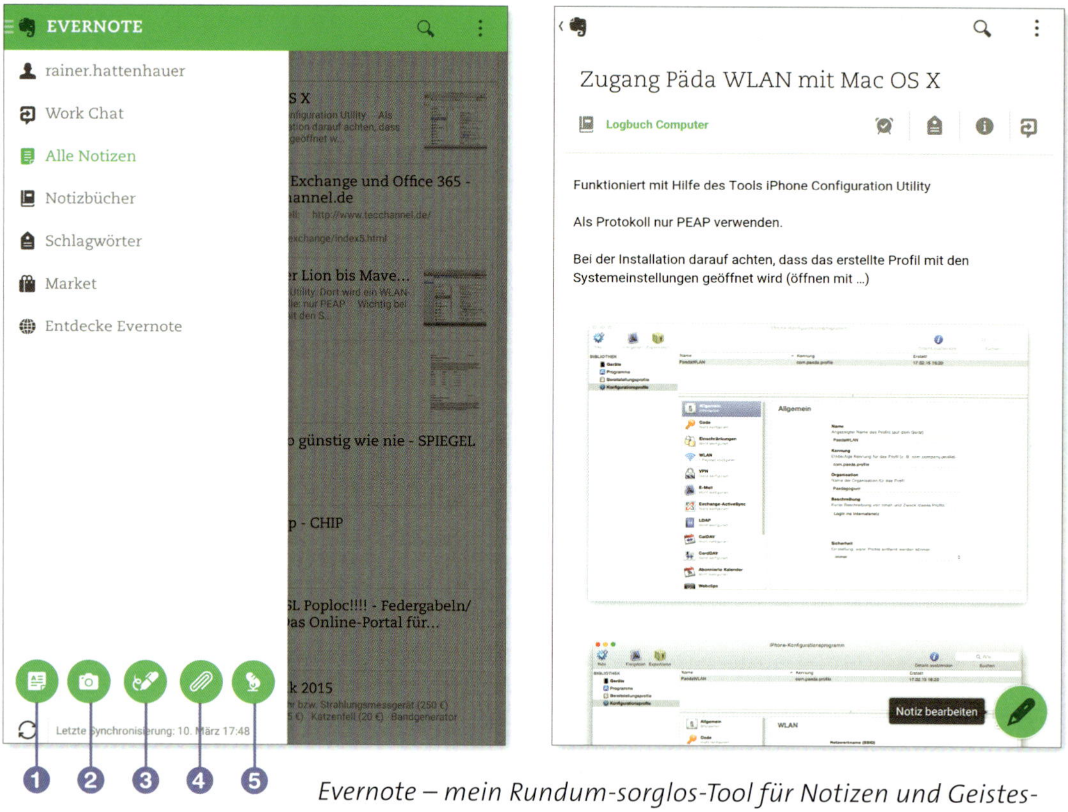

Evernote – mein Rundum-sorglos-Tool für Notizen und Geistesblitze jeglicher Art

Alternativ rufen Sie die Seite *www.evernote.com* in einem Browser Ihrer Wahl auf, loggen sich ein und können anschließend ebenfalls auf Ihre Notizen zugreifen. Das Schöne an Evernote: Sie können damit auch Texte in gescannten Bildern durchsuchen – sämtliche hochgeladenen Dokumente werden per OCR (*Optical Character Recognition*) online bearbeitet und archiviert.

Drucken vom Tablet aus

Vorbei sind die Zeiten, in denen die Verbindung zu einem Drucker ausschließlich per Kabel hergestellt wurde, denn Sie können sich von Ihrem Tablet auch problemlos per WLAN mit Ihrem Drucker verbinden. Prinzipiell gibt es dafür folgende Möglichkeiten:

- Sie verwenden eine spezielle App des Druckerherstellers, die es gestattet, den Drucker auch ohne Extra-PC zu nutzen, vorausgesetzt, Ihr Tablet befindet sich im gleichen lokalen Netz wie der Drucker.
- Sie binden Ihren Drucker über das *Google Cloud Print Framework* an die Google Cloud an. Dies setzt voraus, dass der Drucker zur Konfiguration an einem PC mit Internetzugang angeschlossen wird.
- Mittlerweile gibt es auch spezielle Clouddrucker, die nach deren Anbindung an das Internet per Tablet von jedem Ort der Welt ferngenutzt werden können. Vorreiter ist hier die Firma Samsung.

Beginnen wir mit einem Beispiel, in dem die App eines Druckerherstellers benutzt wird. Geben Sie einfach den Namen des Druckerherstellers in die Suchmaske des Play Stores im Bereich **Apps** ein, um die für Ihr Gerät geeignete App zu finden. Ich besitze einen Canon-Drucker und verwende im Folgenden die App **PIXMA Printing Solutions**.

PIXMA Printing Solutions

1. Installieren Sie die Android-App Ihres Druckerherstellers. Achtung: Die nebenstehend abgedruckte App funktioniert nur auf ausgewählten Druckern der Firma Canon.
2. Nach dem Start der App **PIXMA Printing Solutions** muss zunächst der Drucker im WLAN ausfindig gemacht werden. Dazu gehe ich davon aus, dass der Drucker per Netzwerk am Router angemeldet ist.

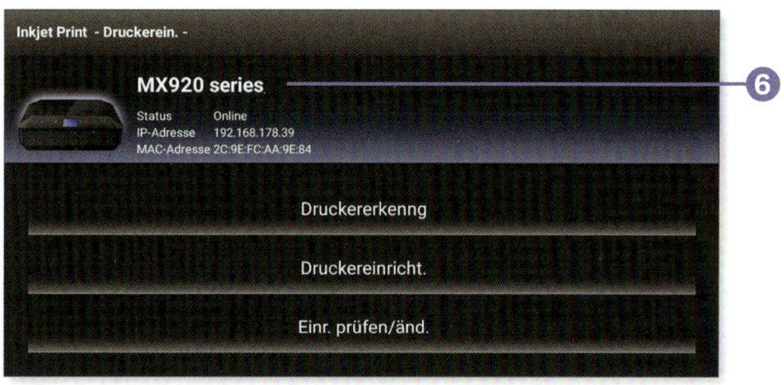

3. Wählen Sie den erkannten Drucker durch Antippen aus. Der Drucker erscheint dann im Erkennungsdialog ❻.

4. Wechseln Sie nun zurück ins Hauptmenü der App. Hier stehen Ihnen verschiedene Optionen für **Fotodruck** ❶ und **Dokumentdruck** ❷ zur Verfügung. Im vorliegenden Fall können Sie sogar die Scannereinheit des Druckers per Tablet bedienen ❸.

5. Ein zu druckendes Dokument liegt idealerweise als Word-Doc oder PDF-Datei auf dem Tablet vor. Dieses kann dann über das Menü **Dokumentdruck** zum Drucker geschickt werden. Über das Menü **Fotodruck** finden Sie alle lokal gespeicherten Fotos vor, die ebenfalls gedruckt werden können. Testen Sie mit einem Dokument Ihrer Wahl die Druckfunktion. Vor dem Druck wird die zu druckende Datei von einem Druckservice des Herstellers in der Cloud aufbereitet, was eine gewisse Zeit in Anspruch nehmen kann.

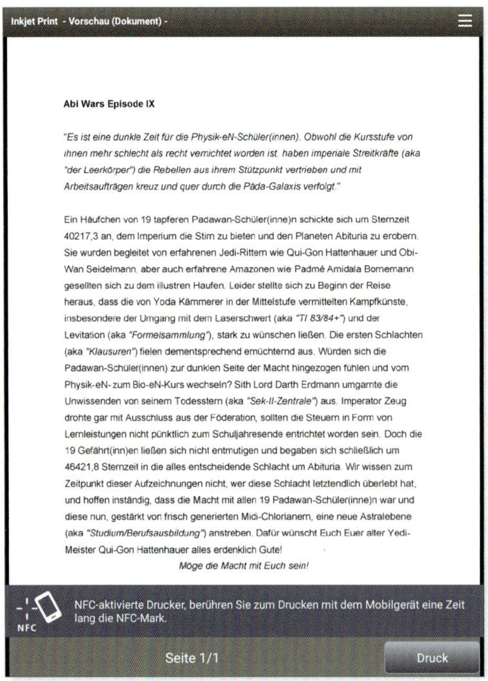

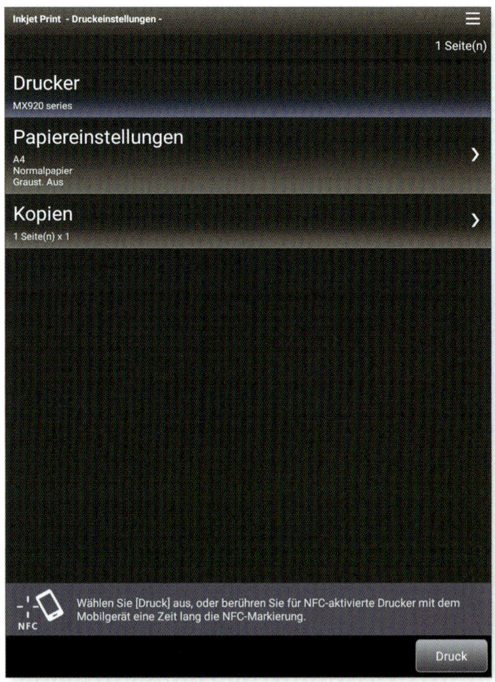

Die beschriebene App hat den Nachteil, dass damit nur spezielle Dokumentformate und Drucker unterstützt werden. Universeller erfolgt der Druck über Googles *Cloud Print Service*. Dazu benötigen Sie einen Drucker, den Sie per USB oder Netzwerk an einen PC angeschlossen haben. Der PC muss außerdem über eine Onlineverbindung verfügen. Über den genannten Google-Dienst binden Sie den Drucker dann an Ihr Android-Tablet an. Ich habe diese Variante mit dem Google-Tablet *Nexus 7* und dem Drucker *Canon PIXMA MX925* getestet und für gut befunden. Gehen Sie dabei folgendermaßen vor:

1. Zunächst binden Sie den Drucker an die Google Cloud an. Installieren Sie dazu (falls noch nicht geschehen) zunächst den Google-Browser Chrome auf Ihrem PC oder Mac.
2. Loggen Sie sich im Browser mit Ihrem Account bei Google ein.
3. Wechseln Sie in die Einstellungen des Chrome-Browsers, und wählen Sie dort den Punkt **Erweiterte Einstellungen anzeigen** ❹.

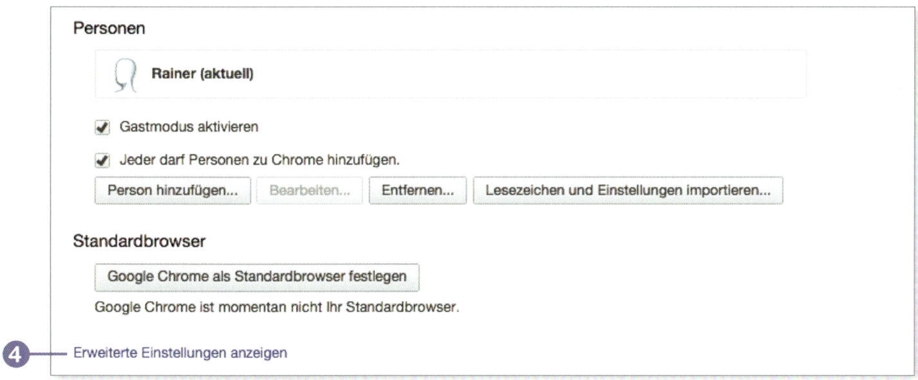

4. Scrollen Sie bis an das Ende der Seite, und tippen Sie auf die Schaltfläche **Verwalten** ❺ (Seite 308) im Untermenü **Google Cloud Print**. Sie gelangen zu einem Dialog, in dem Sie einen neuen Drucker ergänzen ❻ beziehungsweise bestehende Drucker verwalten können.

   Dadurch werden die auf Ihrem System installierten Drucker beziehungsweise Druckertreiber gesucht und zu Google Cloud Print hinzugefügt. Stellen Sie anschließend sicher, dass der Drucker, den Sie in Cloud Print nutzen möchten, eingeschaltet ist.

5. Bestätigen Sie das Hinzufügen des erkannten Druckers über die Schaltfläche **Drucker hinzufügen** ❶. Ihr Netzwerk wird nun nach darin angeschlossenen Druckern gescannt. Bei Bedarf markieren Sie das Kästchen **Neu angeschlossene Drucker automatisch registrieren** ❷.

Ist Ihr Drucker per USB am PC angeschlossen, muss der PC eingeschaltet sein. Handelt es sich um einen Netzwerkdrucker, der per LAN am Router angebunden ist, kann der PC ausgeschaltet bleiben.

6. Sie erhalten eine Bestätigungsmeldung. Über den Link **Drucker verwalten** gelangen Sie zur Übersicht über Ihre Clouddrucker. Später können Sie aus Ihrem Google-Konto heraus jederzeit an diesen Ort wechseln, indem Sie den Link *https://www.google.com/cloudprint* aufrufen und den Link **Drucken** ③ anklicken. Dort finden Sie außerdem eine Übersicht über alle Druckaufträge, wenn Sie dem gleichnamigen Link ④ folgen.

7. Seit Android-Version 4.4 (KitKat) ist der Dienst **Google Cloud Print** fest im Betriebssystem verankert. Wechseln Sie zur Aktivierung in den Einstellungen in den Bereich **System ▸ Drucken**. Prüfen Sie, ob dort der Cloud-Print-Dienst aktiviert ist ⑤. Durch Antippen des Wortes **Cloud Print** erhalten Sie einen Überblick über alle zur Verfügung stehenden Drucker. Aus der Liste können Sie bereits den gewünschten Drucker durch Antippen auswählen. Allerdings können Sie dies auch später noch für jeden einzelnen Druckauftrag individuell festlegen, wie in Schritt 9 beschrieben.

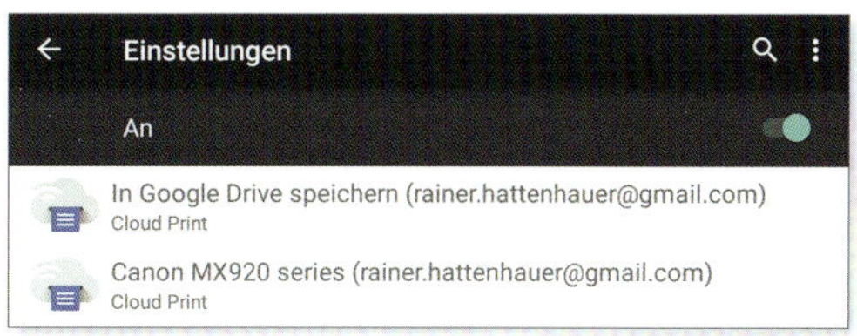

8. Wählen Sie nun eine App, in der sich ein Dokument befindet, das Sie gerne ausdrucken möchten. Ich wähle in diesem Beispiel die App **Docs**, tippe auf das 3-Punkte-Menü des zu druckenden Dokuments und wähle

den Punkt **Details** ①. Nun öffnet sich ein Menü, aus dem heraus Sie das Dokument direkt per Google Cloud Print drucken können. Wählen Sie dazu den Punkt **Drucken** ②.

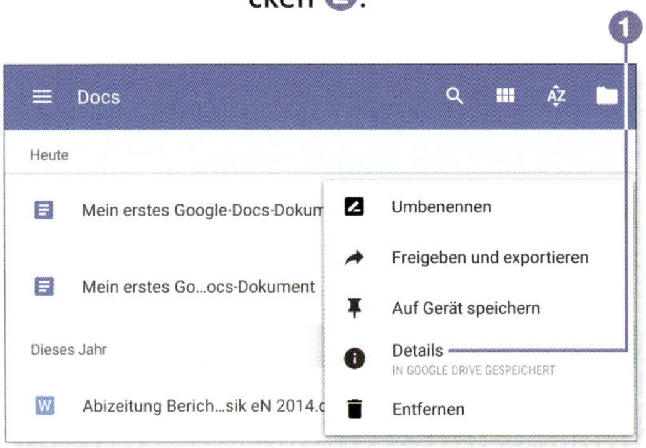

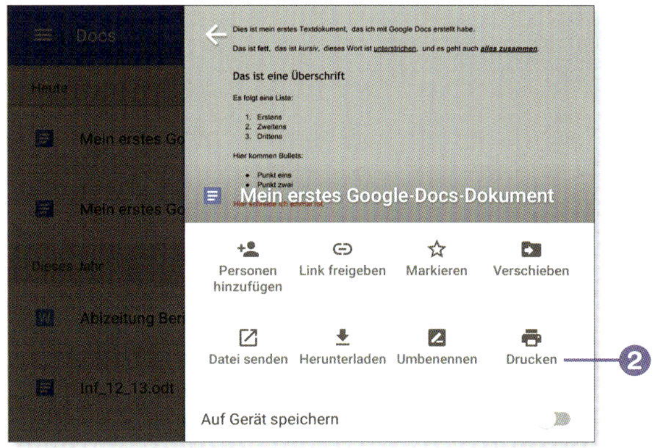

9. Wählen Sie im nächsten Dialog aus dem Menü oben links ③ den Drucker, auf dem gedruckt werden soll. Dies sollte der zuvor eingerichtete Drucker sein. An dieser Stelle können Sie auch noch einige Einstellungen, etwa bezüglich des verwendeten Papiers, vornehmen.

10. Tippen Sie nun auf das **Drucken**-Symbol ④, und das Dokument wird per Google Print Cloud an Ihren Drucker geschickt.

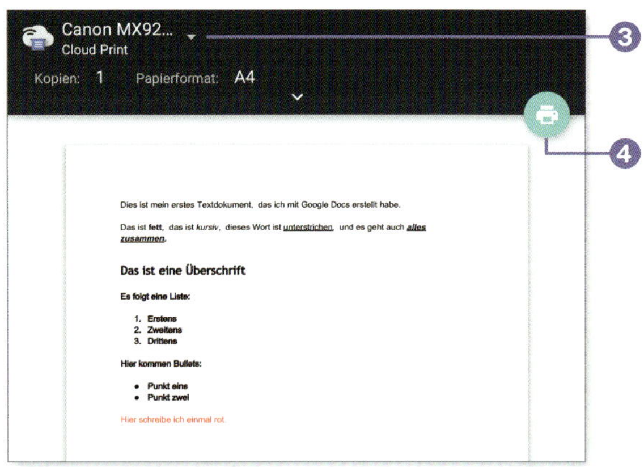

Haben Sie etwas Geduld – der Vorgang kann schon ein wenig Zeit in Anspruch nehmen. Beachten Sie bitte: Das Ganze funktioniert nur dann, wenn Ihr PC und der Drucker an das Internet angeschlossen sind beziehungsweise sich der netzwerkfähige Drucker im LAN befindet. Das Faszinierende an der beschriebenen Vorgehensweise: Sie können damit auch Dokumente aus der Ferne auf den heimischen Drucker schicken.

Kapitel 13
Sicherung und Synchronisation

Sie haben eine wichtige Datei von Ihrem Tablet gelöscht. Gibt es eine Möglichkeit, diese wiederherzustellen? Klare Antwort: ja – falls Sie regelmäßig ein Backup anfertigen. So ein Backup ist darüber hinaus äußerst nützlich, wenn es darum geht, ein Tablet noch einmal von Grund auf neu aufzusetzen. Warum Sie das tun sollten? Nun, längst ist Android auch zur Spielwiese von Kriminellen geworden, die mit Hilfe von Trojanern und anderem digitalen Ungeziefer alles daran setzen, Ihnen Ihr sauer verdientes Geld aus der Tasche zu ziehen. Mit den hier beschriebenen Vorkehrungen wie Sperrbildschirm und Verschlüsselung sind Sie bereits auf einem guten Weg zum sicheren Umgang mit dem Tablet.

Das vorliegende Kapitel zeigt Ihnen zunächst, wie Sie Ihr Tablet wirkungsvoll vor Angriffen aus dem Cyberspace schützen können. Und falls doch einmal das System verseucht wurde, können Sie die Inhalte problemlos nach einem Systemreset (siehe dazu auch den Abschnitt »Das Gerät zurücksetzen (Hard Reset)« ab Seite 354) aus einem Backup wiederherstellen.

INFO

Viren und Trojaner

Trojaner sind die größte Gefahr auf Ihrem Tablet. Während ein *Virus* das Betriebssystem eines Computers, Smartphones oder Tablets lahmlegen oder dessen Softwarestruktur nachhaltig schädigen kann, sind Trojaner darauf aus, sich unbemerkt im System einzunisten und Ihre persönlichen Informationen abzufangen und freizugeben. Die Begriffe Viren und Trojaner fasst man mit der Bezeichnung *Malware*, zu Deutsch Schadprogramme, zusammen.

Schutz vor Viren und Trojanern

Je beliebter ein Betriebssystem ist, desto mehr digitale Schädlinge kann man auf der Plattform antreffen. Logisch, auch die »Virenhersteller« peilen natürlich den größtmöglichen Markt an. So ist es auch kein Wunder, dass Android mit seinem hohen Verbreitungsgrad mittlerweile ins Fadenkreuz der Malware-Hersteller gerückt ist und sich anschickt, Windows diesbezüglich vom Thron zu stoßen. Aber wie ernst ist die Lage nun wirklich?

Die aktuell stärkste Bedrohung für Android geht von Trojanern aus:

- Ein Trojaner kann Ihre persönlichen Daten und Adressen auf dem Tablet ausspähen und weiterleiten.
- Ein Trojaner kann Ihr Tablet in ein großes Netzwerk integrieren, das Schaden anrichtet, und ohne Ihr Wissen könnten so zum Beispiel Betrugsmails von Ihrem Tablet versandt werden.
- Ein Trojaner kann Ihre Onlinebanking- oder Kreditkarteninformationen abfangen und dem Ersteller zuspielen.
- Sollte Ihr Tablet mit einer SIM-Karte ausgestattet sein, dann kann ein Trojaner von Ihrem Gerät aus kostenpflichtige SMS an überteuerte Dienste verschicken, ohne dass Sie es als Nutzer mitbekommen.

Von allen genannten Bedrohungen ist die letztgenannte momentan die häufigste, sie beschränkt sich naturgemäß auf Geräte, die mit einer SIM-Karte ausgestattet sind. Die Frage ist, wie zuverlässig die empfohlenen Antivirenkits Sie gegen die beschriebenen Gefahren schützen können. Eine Antivirensoftware kann auch nur in einem begrenzten Rahmen Schutz bieten. Sobald ein bekanntes Schädlingsprogramm zum Beispiel nur leicht verändert wird, wird es von den meisten Schutzprogrammen nicht mehr erkannt. Daher ist es ratsam, dass Sie sich immer mit der nötigen Vorsicht im Internet bewegen. Im Folgenden werde ich Ihnen einige Tipps dazu geben und Ihnen erläutern, was Sie beachten sollten.

Vorbeugung ist wie so oft auch in diesem Fall der beste Schutz vor Viren und Trojanern auf Ihrem Android-Tablet. Sollte Ihr Tablet mit einer SIM-Karte ausgestattet sein, dann lassen Sie einfach bei Ihrem Mobilfunkprovider spezielle SMS-Nummern sperren, die mit hohen Kosten verbunden sind. Beispiele sind sogenannte *Premium-SMS*, die meist an fünfstelligen Nummern aus dem Bereich von 11111 bis 99999 zu erkennen sind. Informationen zur Sperrung derartiger Nummern erhalten Sie auf der Webseite oder über den Kundenservice Ihres Providers. Es ist außerdem ratsam, dass Sie Apps für Ihr Tablet nur aus dem Play Store laden und auch Installationen nur über den Store zulassen. Sie sollten dies standardmäßig auf Ihrem Tablet einrichten:

1. Wechseln Sie dazu in die Einstellungen und dort in den Bereich **Nutzer ▸ Sicherheit**. Hier muss der Schalter hinter **Unbekannte Herkunft** ① deaktiviert sein.

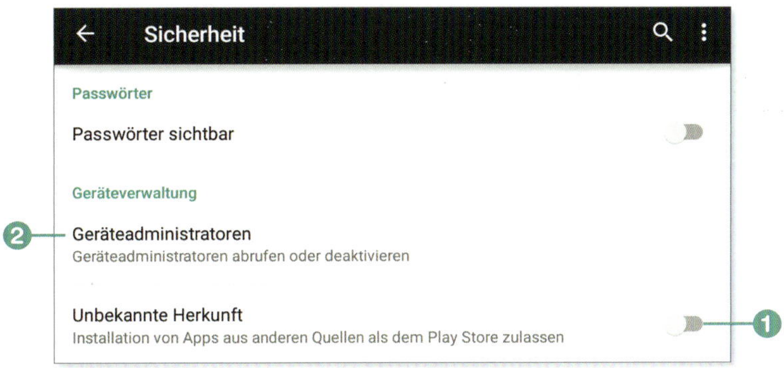

2. Öffnen Sie außerdem durch Antippen der Schaltfläche **Geräteadministratoren** ② das gleichnamige Untermenü, und kontrollieren Sie, ob hier unerwünschte Apps aufgelistet sind, die Sie nicht selbst installiert haben. Die Apps in dieser Liste verfügen über maximale Rechte. Hier finden Sie in jedem Fall das Systemprogramm **Android Geräte-Manager** sowie gegebenenfalls Ihre installierte Antiviren-App. Wäre Schadsoftware hier gelistet, könnte sie viel Schaden anrichten.

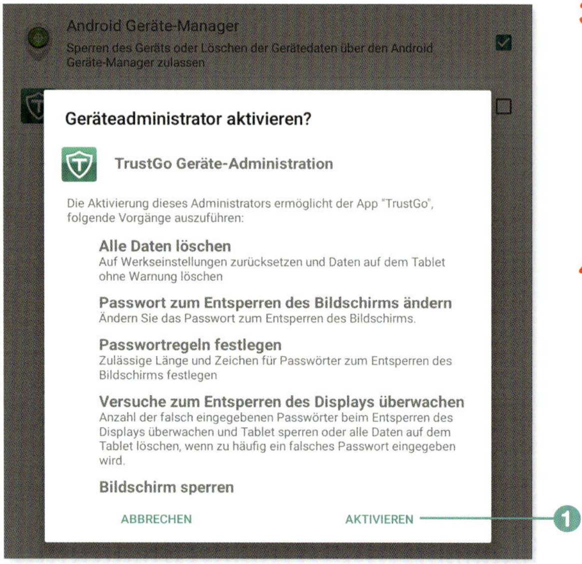

3. Tippen Sie auf eine der gelisteten Apps, dann erhalten Sie eine Übersicht über die Rechte der entsprechenden App. Möchten Sie diese Rechte zulassen, tippen Sie die Schaltfläche **Aktivieren** 1 an.
4. Im vorliegenden Fall erhält die Antivirensoftware **TrustGo** sehr umfassende Berechtigungen. Sie kann zum Beispiel bei Eingang eines Fernsteuerungsbefehls sämtliche Daten auf dem Tablet löschen, falls dieses gestohlen oder zu häufig ein falsches Passwort eingegeben wurde.

Natürlich ist Ihnen freigestellt, eine der zahlreichen Antiviren-Apps als zusätzlichen Schutz zu installieren. Wie das funktioniert, haben Sie ja bereits zu Anfang im Abschnitt »Eine App suchen und installieren« ab Seite 42 erfahren. Die folgende Tabelle aus der Zeitschrift *c't* mit meinen Ergänzungen gibt Ihnen einen Überblick über aktuelle und kostenlose Antivirenprogramme.

Hersteller	Name
Avast Software	Mobile Security & Antivirus
AVG Mobile Technologies	AntiVirus FREE
Bitdefender	Mobile Security & Antivirus
Comodo Security Solutions	Comodo Sicherheit & Antivirus
ESET	Mobile Security & Antivirus
F-Secure Corporation	F-Secure Mobile Security
G-Data Software AG	G Data Internet Security
Ikarus Security Software GmbH	IKARUS mobile.security

Hersteller	Name
Kaspersky Lab	Kaspersky Internet Security
Lookout Mobile Security	Antivirus & Sicherheit Lookout
McAfee Mobile Security	McAfee Antivirus & Security
Sophos Limited	Free Antivirus and Security
Symantec	Mobile Security Agent
Trend Micro	Mobile Security & Antivirus
TrustGo Inc.	Antivirus & Mobile Security
Webroot Inc.	SecureAnywhere Complete

Einige kostenlose Antiviren-Apps und ihre Hersteller im Überblick

Schon während der Installation einer neuen App testen diese Programme, ob die Software (bekannten) schädlichen Code enthält. Auch hier noch einmal der Warnhinweis: Antivirensoftware bietet Ihnen Schutz vor bekannten Viren, die wenigsten der genannten Apps jedoch erkennen brandaktuelle Viren und Trojaner zuverlässig.

TIPP

Test mit einem Viruspaket

Sie können eines der in der Tabelle genannten Sicherheitspakete jederzeit mit einem Testvirus aus dem Play Store testen, den viele Hersteller von Antivirensoftware anbieten. Dabei handelt es sich um ein harmloses Virus. Schon beim Versuch, diese App zu installieren, sollte Ihr Sicherheitspaket Alarm schlagen.

EICAR-Testvirus

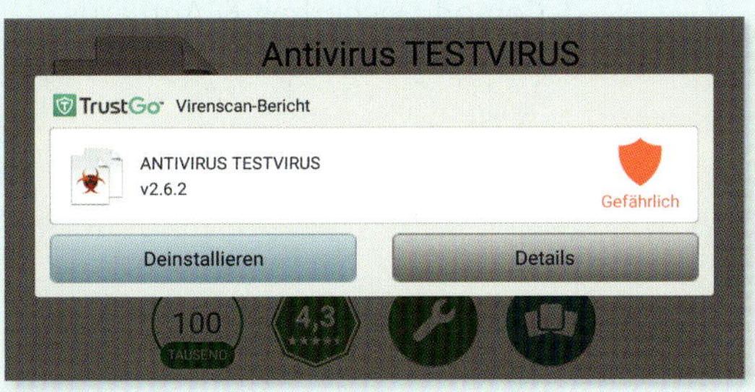

Der TrustGO-Virenscanner hat das EICAR-Testvirus anhand seiner Signatur identifiziert.

Den Sperrbildschirm einrichten

Damit Diebe oder andere Unbefugte Ihr Tablet nicht auf die Schnelle nach Ihren persönlichen Daten durchsuchen können, ist es ratsam, eine Displaysperre einzurichten, um so Ihr Tablet zusätzlich zu sichern. Das haben Sie bereits im Abschnitt »Eine Bildschirmsperre einrichten« ab Seite 33 am Beispiel der Einrichtung eines Wischmusters kennengelernt. Nun wollen wir einmal eine noch bequemere Methode umsetzen: das Entsperren des Bildschirms per Blickkontakt.

1. Wechseln Sie in den Einstellungen in den Bereich **Nutzer ▸ Sicherheit**, und tippen Sie dort im Menü **Bildschirmsicherheit** den Eintrag **Displaysperre** an. Sie sehen daraufhin ein Menü mit verschiedenen grundlegenden Optionen zur Sicherung des Bildschirms.
2. Wir entscheiden uns hier zunächst für die Option **PIN** (1), ein guter Kompromiss zwischen Bequemlichkeit und Sicherheit. Die anderen Methoden finden Sie im Kasten am Ende dieser Seite erklärt.

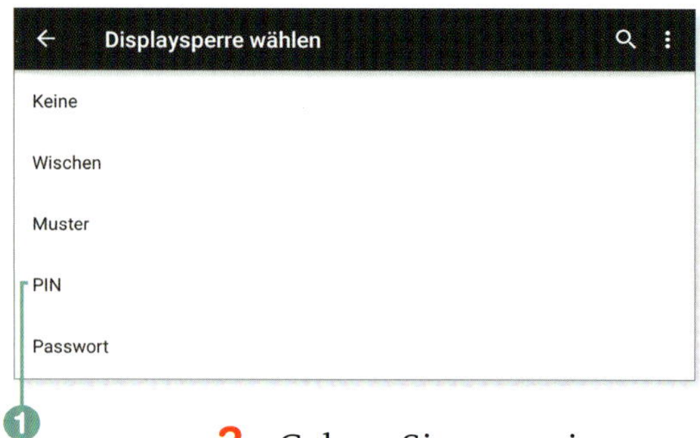

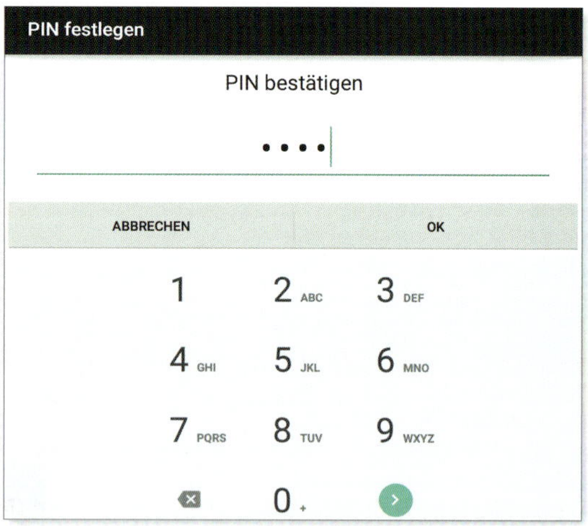

3. Geben Sie nun eine von Ihnen selbst gewählte PIN ein, und bestätigen Sie diese im nächsten Schritt.
4. Nach Ablauf der Display-on-Zeit – also der Zeit, bis das Tablet in den Stand-by-Modus wechselt – schaltet sich das Display aus. Zum Aufwecken aus dem Stand-by-Modus müssen Sie nun immer die PIN eingeben.

   Nachdem Sie nun eine Basissperre eingerichtet haben, können Sie eine Smart-Lock-Entsperrung definieren:

5. Wechseln Sie zurück in das Hauptmenü, und tippen Sie hier den Menüpunkt **Smart Lock** ② an. Geben Sie die zuvor definierte PIN ein.

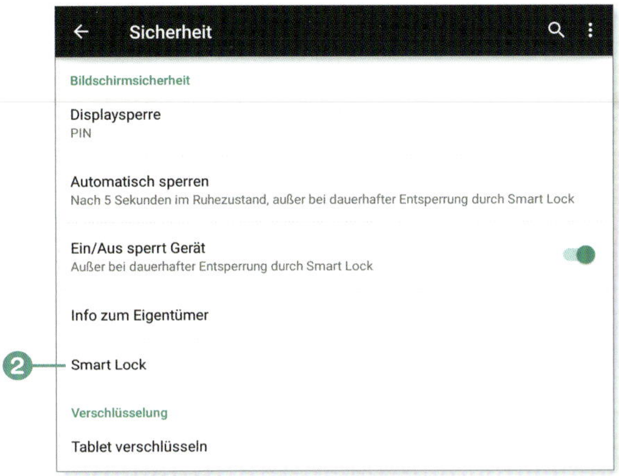

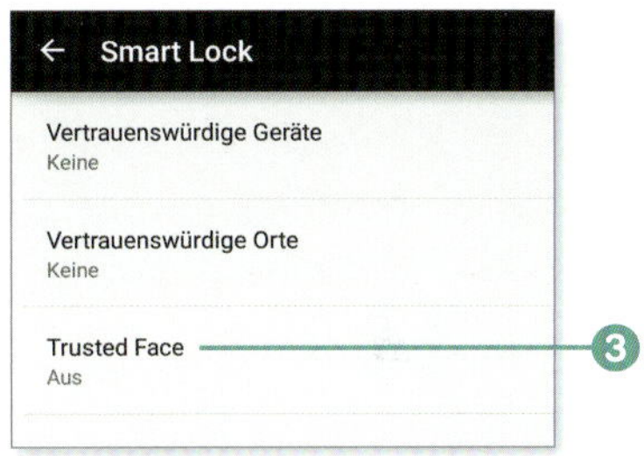

6. Wählen Sie im folgenden Menü den Punkt **Trusted Face** ③. Ein Assistent führt Sie durch die Gesichtserkennungsroutine. In Zukunft können Sie Ihr Tablet durch einen einfachen Blick in die Frontkamera mit anschließender Wischgeste vom Schlosssymbol ausgehend entsperren. Ganz nebenbei haben Sie Google dadurch auch um einen Teil Ihrer biometrischen Daten bereichert.

Bitte nicht lächeln – Ihre biometrischen Daten landen bei Google!

Sollte Ihnen die Zeit bis zum Eintreten in den Stand-by-Modus zu kurz erscheinen, können Sie sie jederzeit in den Einstellungen im Bereich **Display ▸ Ruhezustand** ändern.

INFO

Weitere Methoden zur Sicherung des Bildschirms

Sie können die Displaysperre auch über andere Methoden sichern:

- Bei der Option **Wischen** müssen Sie zur Aktivierung Ihres Tablets lediglich mit einem Finger einmalig über das Display streichen. Dazu erscheint ein entsprechendes Schlosssymbol, das Sie nach rechts schieben müssen.
- Mittlere Sicherheit bietet Ihnen die Option **Muster**. In diesem Modus müssen Sie mit Ihrem Finger ein Entsperrmuster auf das Display »zeichnen«. Clevere Diebe können ein solches Muster oft an den Fettspuren auf dem Display nachvollziehen.
- Den höchsten Sicherheitsgrad bietet die Option **Passwort**. Hier geben Sie ein Wort oder besser noch eine Buchstaben-Zeichen-Kombination ein.

Im Bereich **Smart Lock** finden Sie noch folgende Möglichkeiten:

- **Vertrauenswürdige Geräte**: Sobald ein bekanntes Gerät, etwa ein Smartphone oder eine Smartwatch, in der Nähe ist, wird Ihr Tablet entsperrt.
- **Vertrauenswürdige Orte**: Wenn Sie sich an einem bekannten Ort befinden, dann wird Ihr Tablet ebenfalls entsperrt. Die Lokalisierung übernimmt dabei Googles Ortungsdienst, der zu diesem Zweck aktiviert werden muss.

Das Tablet verschlüsseln

Auch wenn die hier beschriebenen Maßnahmen zum Teil ein großes Maß an Sicherheit bieten, sind Sie nicht davor geschützt, dass ein findiger Hacker Ihren Gerätespeicher nebst persönlichen Daten ausliest, sollte er in den Besitz Ihres Tablets gelangen. Um auch diesen Weg zu erschweren, können Sie den Speicher Ihres Geräts verschlüsseln. Bevor Sie loslegen, bedenken Sie aber bitte: Sollten Sie selbst das Verschlüsselungspasswort vergessen, sind all Ihre persönlichen Daten für immer verloren.

1. Wechseln Sie in die Einstellungen und dort in den Bereich **Nutzer ▸ Sicherheit**. Im Bereich **Verschlüsselung** sehen Sie gegebenenfalls zwei Untermenüs: Über das eine Menü lässt sich der Gerätespeicher verschlüsseln, mit dem anderen die (falls vorhanden) externe SD-Karte. In meinem Fall besitzt das Gerät nur einen integrierten Festspeicher.

2. Tippen Sie zum Verschlüsseln des Geräts auf **Tablet verschlüsseln** ❶.

   Wählen Sie im Rahmen der Verschlüsselung einen persönlichen Verschlüsselungscode aus. Das kann eine PIN oder ein Passwort sein. Bedenken Sie dabei, dass Sie diese fortan stets eingeben müssen, wenn Sie Ihr Tablet nutzen wollen – sie sollte dementsprechend einfach strukturiert sein.

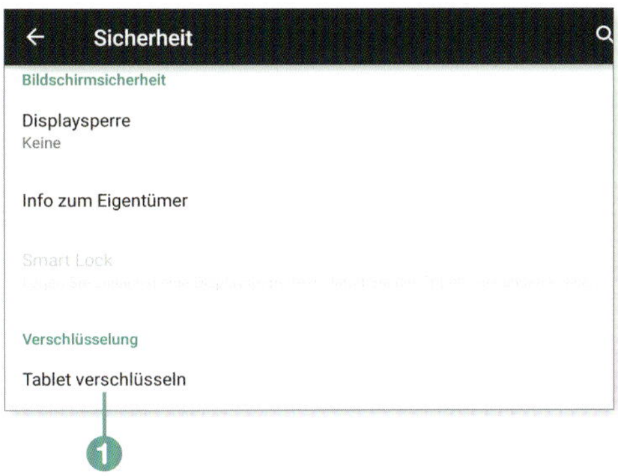

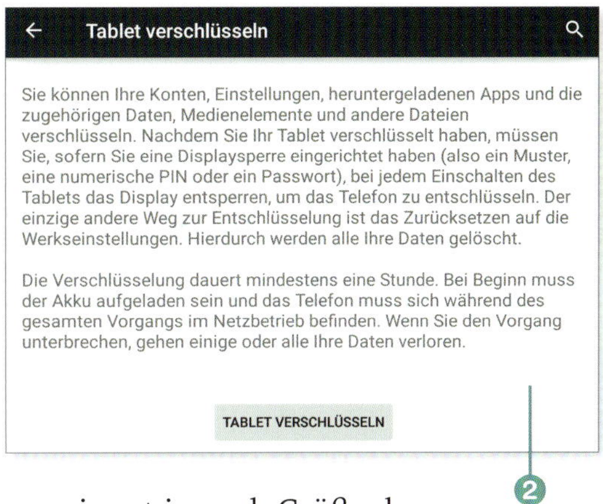

3. Die eigentliche Verschlüsselung des Systems nimmt je nach Größe des verbauten Speichers mindestens eine Stunde in Anspruch und sollte mit einem vollen Akku begonnen werden. Sicherheitshalber sollten Sie aber währenddessen ohnehin Ihr Tablet mit dem Ladekabel ans Stromnetz anschließen.

Denken Sie nun daran, sich Ihr Passwort zur Geräteentschlüsselung gut zu merken! Alle wichtigen Sicherheitsvorkehrungen werden Ihnen außerdem vor dem Verschlüsseln des Tablets noch einmal aufgelistet ❷.

Eine Datensicherung erstellen

Sollte die Hardware Ihres Tablets einmal komplett ausfallen, ist es sinnvoll, eine Sicherung der Tablet-Daten parat zu haben. Hier empfehle ich Ihnen eine externe Sicherung Ihrer gesamten Daten per USB-Kabel auf einem Computer. Etliche Hersteller (zum Beispiel Samsung) setzen mit einer eigenen PC-basierten Software auf proprietäre Lösungen, die dann lediglich mit der eigenen Hardware funktionieren. Im Fall von Samsung ist das die Software *Kies*.

Im Folgenden zeige ich Ihnen einen herstellerunabhängigen Weg zur Sicherung Ihrer persönlichen Daten, aber auch der wichtigsten Systemeinstellungen. Beginnen wir mit den persönlichen Daten. Diese werden per USB-Verbindung zum PC gesichert.

1. Informieren Sie sich zunächst, ob Sie für den Anschluss Ihres Tablets an den PC spezielle USB-Treiber benötigen. Ist dies der Fall, sollten diese zuvor installiert werden.

2. Schließen Sie Ihr Tablet per USB-Kabel an den PC an. Unter Windows 8 erscheint zunächst eine entsprechende Meldung, die Sie bestätigen müssen ①. Wählen Sie in der folgenden Auswahl den Punkt **Gerät zum Anzeigen der Dateien öffnen** ②.

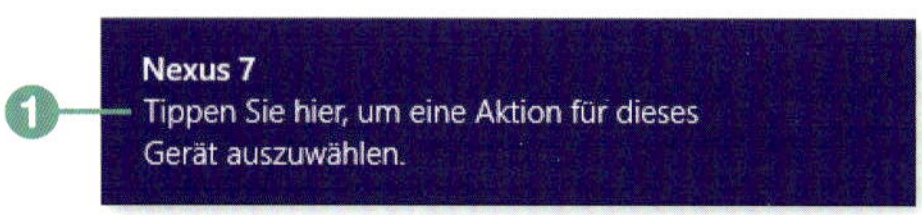

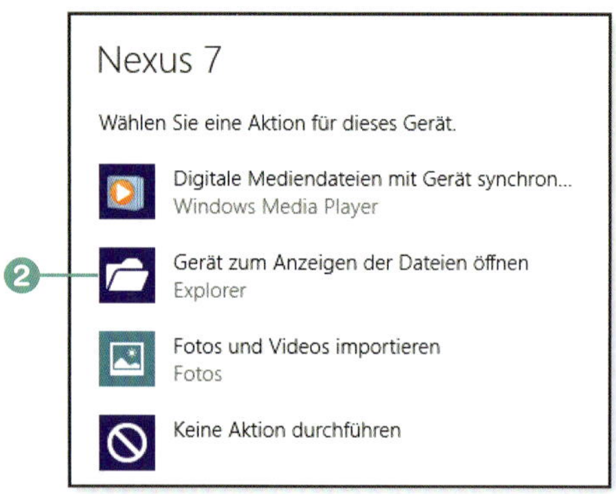

3. Daraufhin öffnet sich eine Instanz des Explorers. Navigieren Sie damit zum internen Speicher Ihres Tablets.

4. Kopieren Sie nun entweder alle Verzeichnisse oder ausgewählte Bereiche per Drag & Drop auf Ihren PC. Interessant sind insbesondere die folgenden Ordner:

   ③ **DCIM** enthält alle Fotos, die Sie mit der integrierten Kamera angefertigt haben.

   ④ **Movies** enthält heruntergeladene oder überspielte Filme.

   ⑤ **Music** enthält Ihre Musiktracks.

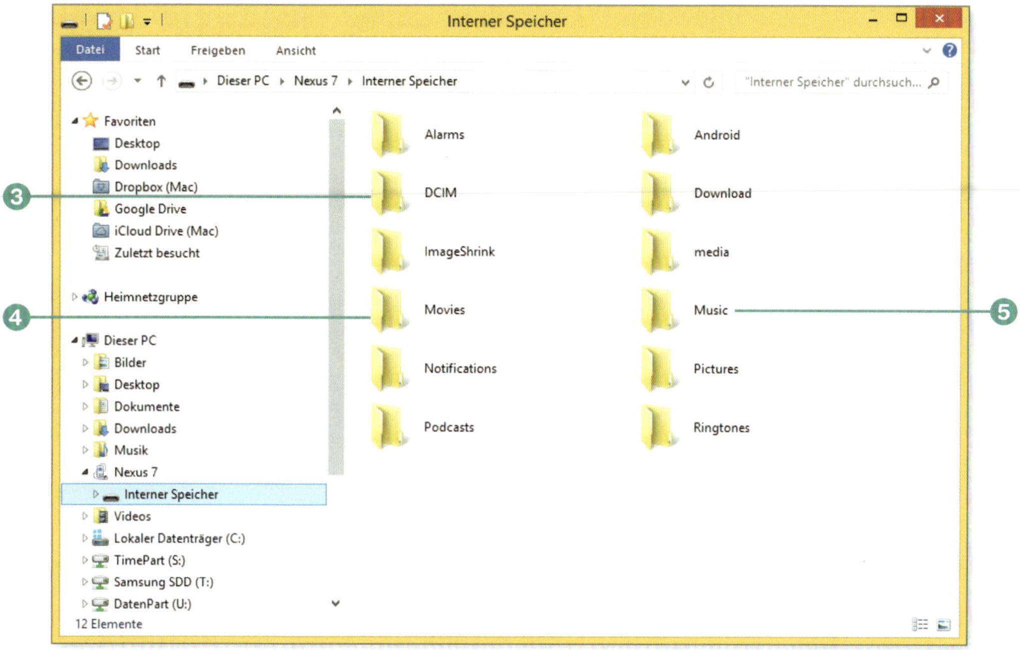

Umgekehrt können Sie natürlich auf die gleiche Weise Ihr Tablet auch mit Medien befüllen, mehr dazu erfahren Sie im Abschnitt »Das Tablet mit eigener Musik ausstatten« ab Seite 195.

Nun ist es oft schwierig, den Überblick zu behalten, was man sichern sollte und was nicht. Darüber hinaus sichern Sie auf die beschriebene Weise nicht die mühsam erstellten Konfigurationen einzelner Apps. Hier wünscht man sich eine App, die in einfacher Weise eine regelmäßig abgleichbare Komplettsicherung erstellt. Dies war bis vor einiger Zeit nur mit einer Root-App namens **Titanium Backup** möglich. Beim Rooten eines Geräts erreichen Sie Vollzugriff auf das komplette Dateisystem, was für Laien gefährlich sein kann.

Mittlerweile gibt es aber auch eine Backup-App, die ohne den riskanten Root-Zugriff funktioniert. Die Software meiner Wahl ist **Helium Sync and Backup**. Der Trick an der App besteht darin, dass Sie Ihrem Tablet beziehungsweise der App kurzzeitig Root-Rechte gewähren. Wie das funktioniert, werde ich Ihnen im Folgenden zeigen.

Helium Sync and Backup

1. Installieren Sie die **Helium**-App mit dem nebenstehenden QR-Code.

2. Öffnen Sie die folgende Seite, und laden Sie die Helium-Desktop-App für Ihr verwendetes Betriebssystem herunter: *http://www.clockworkmod.com/carbon*. Mittlerweile können Sie die App sogar als Erweiterung des Chrome-Browsers laden. Diese finden Sie unter *http://bit.ly/1zOvH2F*. Die App ❶ landet dann im *Chrome App Launcher* und funktioniert sowohl unter Windows als auch unter OS X.

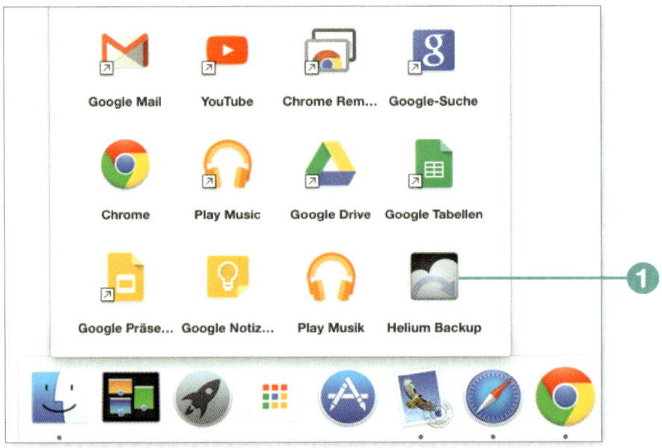

Die Helium-Desktop-App dient der kurzzeitigen Aktivierung von Root-Rechten für ein vollständiges Backup auf dem Tablet, ohne dieses permanent rooten zu müssen. Windows-Anwender benötigen an dieser Stelle erneut Treiber, um per USB mit dem Tablet kommunizieren zu können. Mehr dazu erfahren Sie auf der in Schritt 2 genannten Website.

1. Aktivieren Sie auf Ihrem Tablet in den Einstellungen im Bereich **System ▸ Entwickleroptionen** ❷ die Option **USB-Debugging** ❸.

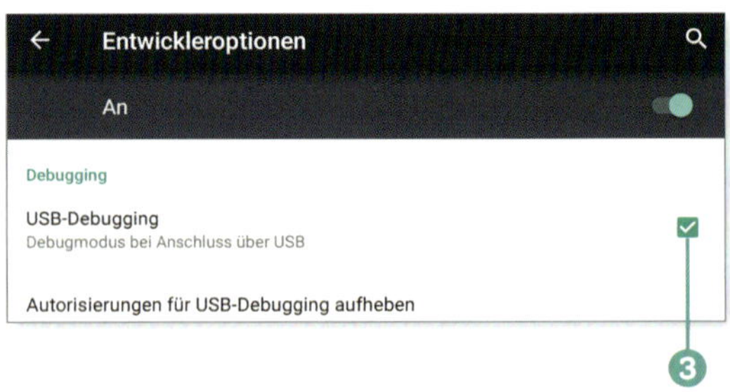

Sollten Sie die Entwickleroptionen nicht vorfinden, wechseln Sie in den Bereich **System ▸ Über das Tablet** ❹ und tippen den Eintrag **Build-Nummer** siebenmal an. Die Entwickleroptionen werden so freigeschaltet.

2. Starten Sie Helium Desktop auf Ihrem PC, zum Beispiel wie zuvor beschrieben als Chrome-App. Dadurch wird ein temporärer Root-Zugang auf Ihrem Tablet aktiviert.

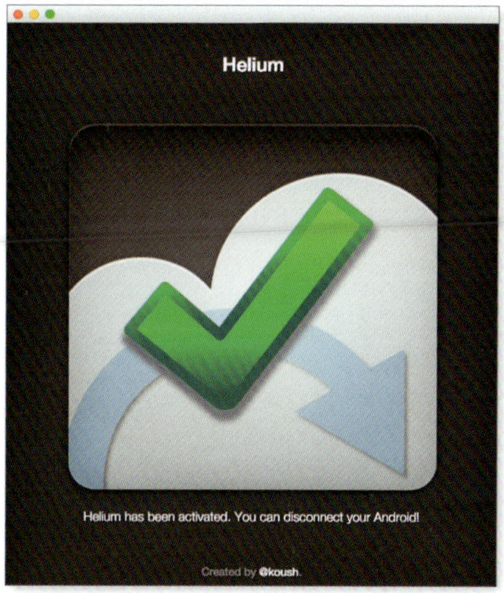

3. Starten Sie anschließend die Helium-Sync-and-Backup-App auf Ihrem Android-Tablet, und wählen Sie die zu sichernden Apps aus. Idealerweise wählen Sie über die Schaltfläche **Alles markieren** ⑤ alle Apps aus. Dabei werden insbesondere auch die Konfigurationseinstellungen der Apps automatisch mit gesichert.

4. Tippen Sie schließlich die Schaltfläche **Sichern** ⑥ an.

   Einige App-Hersteller lassen ein derartiges Backup leider nicht zu, was Ihnen vor dem Anfertigen der Sicherung angezeigt wird. In einem solchen Fall haben Sie die Möglichkeit, nur die Konfigurationsdaten der Apps zu speichern (**kleinere Sicherung** ⑦). Die Apps selbst können später in jedem Fall auch im Rahmen eines Google-Backups wieder rückgesichert werden.

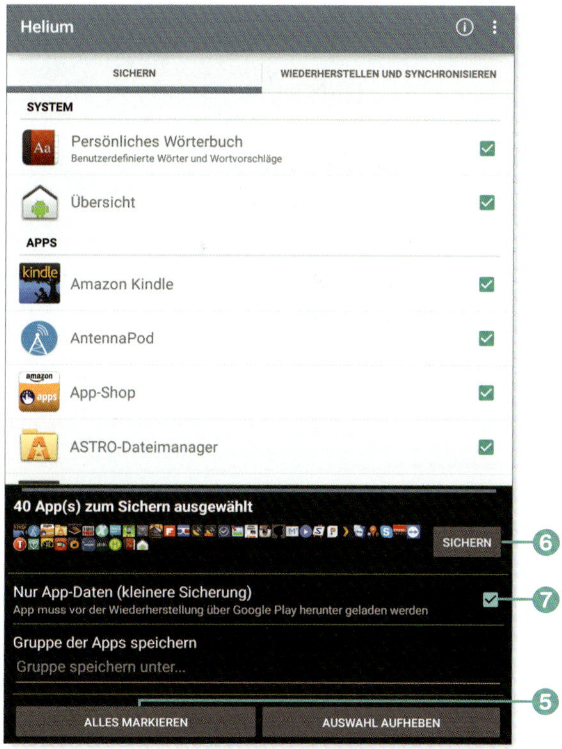

5. Vor der Anfertigung des Backups müssen Sie noch den Speicherort für die Sicherung angeben. Hier wird Ihnen praktischerweise auch die Möglichkeit angeboten, die Daten bei einem Clouddienst (Google Drive,

Dropbox etc.) abzulegen. Tippen Sie dazu die Schaltfläche **Cloud-Speicher-Account hinzufügen** ❶ an.

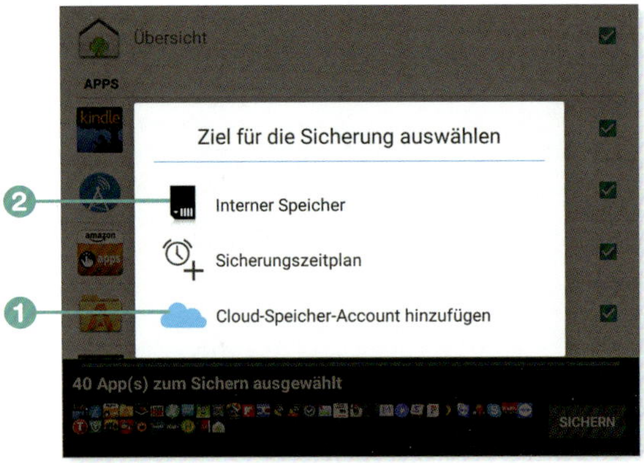

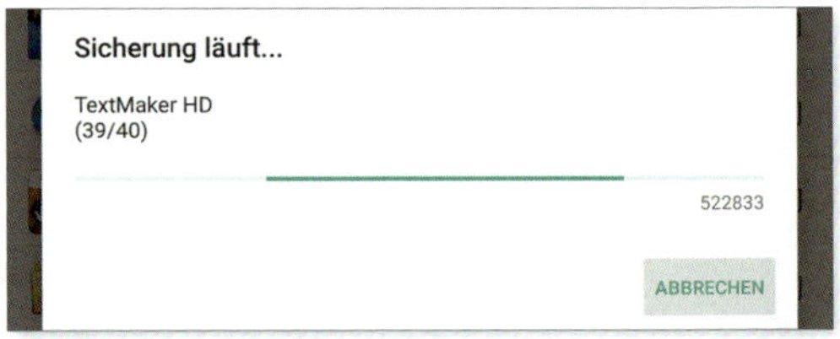

Bei meinen Versuchen, die Daten in der Cloud zu sichern, musste ich die Sicherung oft neu starten, da diese einige Male ins Stocken geriet. Hier ist Geduld gefragt. Wer das umgehen möchte, der verwendet die Sicherung auf dem internen Speicher ❷.

6. Wurde die Sicherung erfolgreich vorgenommen, können Sie Ihre Daten nun im Falle einer lokalen Sicherung auf dem internen Speicher des Tablets per USB auf den angeschlossenen PC spielen. Die Sicherungsdateien befinden sich im lokalen Verzeichnis *carbon* auf dem Speicher Ihres Tablets. Das Überspielen des Backups ist nicht nötig, wenn Sie Ihre Sicherung mit Google Drive verknüpft haben. Ihre Sicherung finden Sie dort im Verzeichnis *com.koushikdutta.backup*.

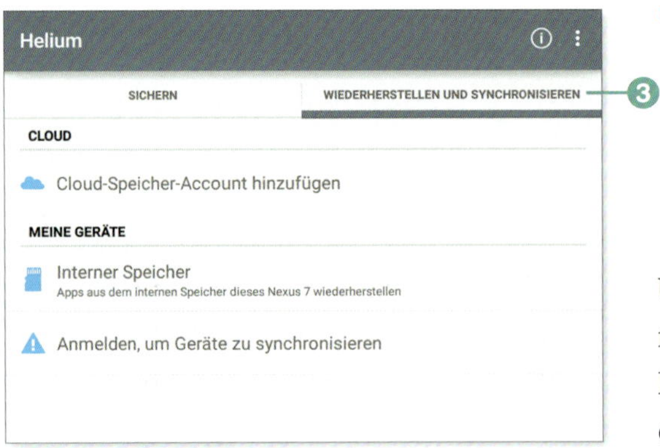

7. Das Zurückspielen des Backups erfolgt in der Helium-App über den Punkt **Wiederherstellen und Synchronisieren** ❸. Die Vorgehensweise ist selbsterklärend.

Um alle Funktionen nutzen zu können, empfiehlt sich der Erwerb des Lizenzschlüssels *Helium Premium* für ca. 4 € im Play Store.

Googles eingebaute Sicherung

Als Alternative zu Helium Backup können Sie Ihr Android-Tablet auch über Ihr Google-Konto sichern. Dabei wird ein Backup aller Android-spezifischen Einstellungen sowie aller bislang installierten Apps erstellt. Der Nachteil gegenüber **Helium Backup** ist jedoch, dass nach einer Wiederherstellung oft Einstellungen innerhalb der Apps verloren gehen. Trotzdem ist die Google-Sicherung ein zusätzlicher Rettungsfallschirm. Die Einrichtung ist dabei sehr leicht.

1. Im Normalfall haben Sie bereits bei der Einrichtung Ihres Geräts die Sicherung über das Google-Konto konfiguriert. Sie können dies in den Einstellungen im Bereich **Nutzer ▸ Sichern & zurücksetzen** jedoch auch jederzeit nachholen.
2. Achten Sie darauf, dass jeweils der Schalter **Meine Daten sichern** ④ sowie **Autom. Wiederherstellung** ⑤ aktiviert ist. Sollte das nicht der Fall sein, aktivieren Sie diese durch Antippen der entsprechenden Schaltflächen. Das war's dann auch schon: Ihre Daten werden nun automatisch in Ihrem Google-Konto gesichert. Kontrollieren Sie am besten noch einmal, ob Ihr Gerät auch in Ihrem Konto erscheint.

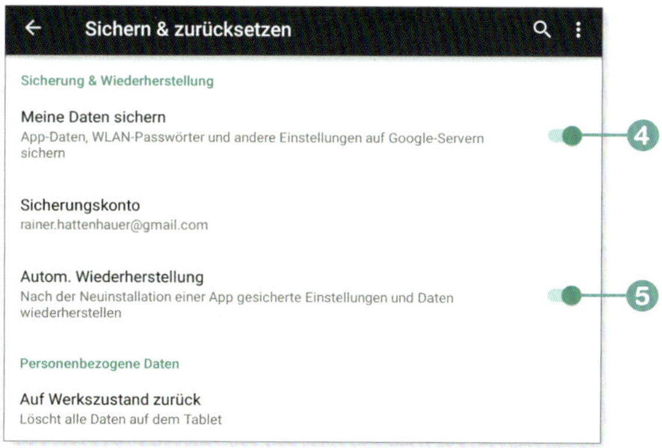

3. Melden Sie sich über den Browser am PC in Ihrem Google-Konto an, und gehen Sie in den Play Store. In den Einstellungen werden Ihnen die Geräte, die mit Ihrem Google-Konto verknüpft sind, angezeigt. Hier sollte nun auch Ihr Tablet erscheinen.

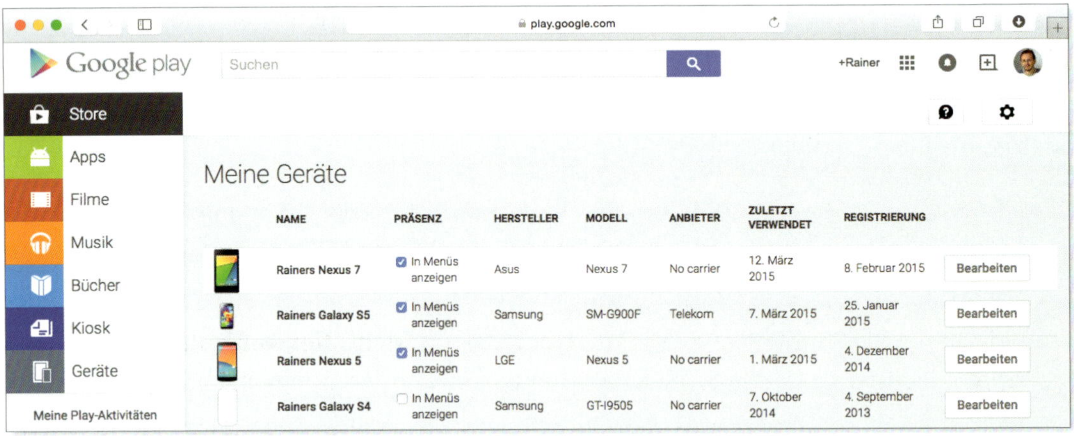

Nach einem Systemreset (zum Beispiel wenn Sie Ihr Gerät auf Werkseinstellungen zurückgesetzt haben) werden Sie in einem Einrichtungsdialog gefragt, ob Sie das Gerät von dem verknüpften Google-Konto wiederherstellen möchten. Markieren Sie einfach die entsprechende Option, und sämtliche bislang installierten Apps werden anschließend automatisch wieder auf Ihr Tablet geladen.

Den Onlinespeicher Google Drive nutzen

In den letzten Jahren sind Onlinespeicherdienste zusehends beliebter geworden, da sie Ihnen die Möglichkeit geben, Ihre Daten von unterwegs zu erreichen, und Sie nicht darauf hoffen müssen, dass Ihr gewähltes Speichermedium (CD-ROM, DVD etc.) in ein paar Jahren noch lesbar ist. In Ihrem Google-Konto stehen Ihnen nach der Anmeldung 15 GB Speicherplatz auf Google Drive, dem Internetspeicherdienst von Google, zur Verfügung. Benötigen Sie mehr, können Sie diesen zu günstigen Monatspreisen (100 GB/1,99 $ beziehungsweise 1 TB/9,99 $) hinzubuchen.

ES Datei Explorer

Sie hatten ja bereits mehrfach Kontakt zu Google Drive. Im Folgenden nutzen wir **Drive** als allgemeinen Speicher für Ihre Datensicherung. Dazu eignet sich als ergänzende App am besten der **ES Datei Explorer**. Installieren Sie diesen zunächst mit dem nebenstehend abgedruckten QR-Code.

Um eine beliebige Datei oder gar ein Verzeichnis von Ihrem Tablet auf Google Drive hochzuladen und damit zu sichern, gehen Sie folgendermaßen vor:

1. Starten Sie den **ES Datei Explorer**. Zunächst öffnet sich eine Ansicht, die Ihnen die lokale Verzeichnisstruktur zeigt.
2. Um den ES Datei Explorer mit Ihrem Google-Drive-Onlinespeicher zu verbinden, tippen Sie auf die Menüschaltfläche am linken oberen Bildrand ①.
3. Öffnen Sie in der linken Seitenleiste zunächst das Menü **Netzwerk**, und tippen Sie hier auf den Menüeintrag **Cloud** ②. Definieren Sie anschließend über die unten links zu findende Schaltfläche **Neu** ③ einen neuen Cloudzugang.

   Im folgenden Menü, das Sie auf der ersten Abbildung auf Seite 328 sehen, werden Ihnen die gängigen Cloudspeicherdienste zur Auswahl angeboten. Dazu zählen unter anderem die Programme DropBox, OneDrive und GDrive.

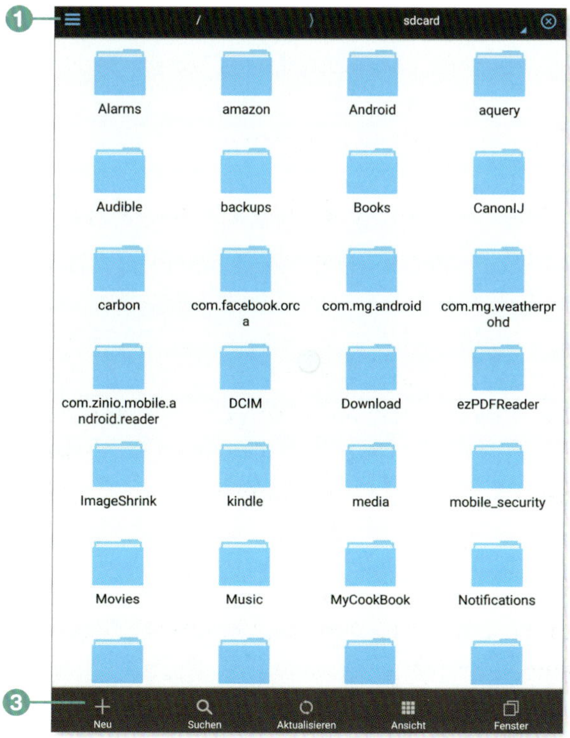

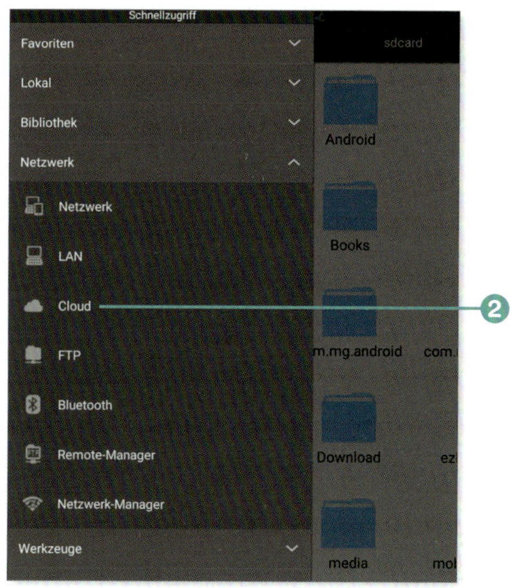

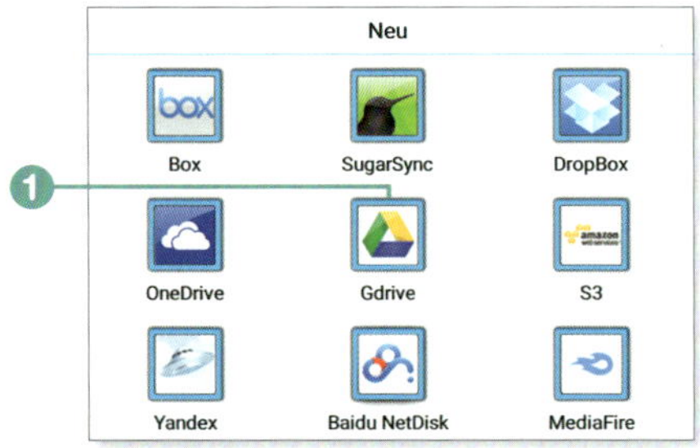

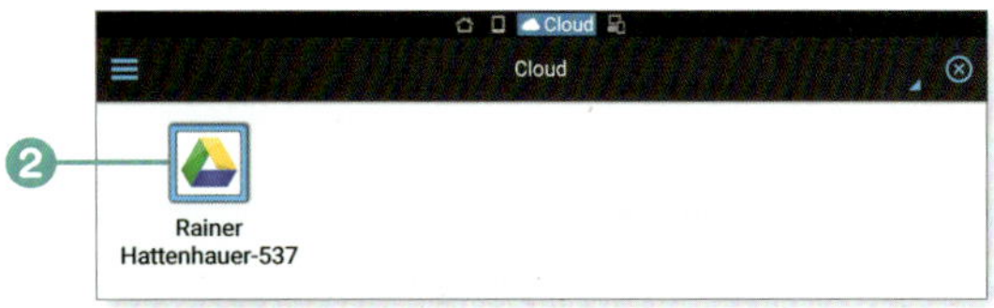

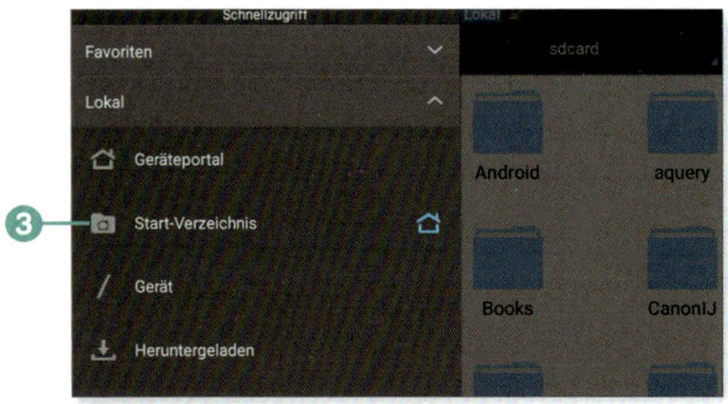

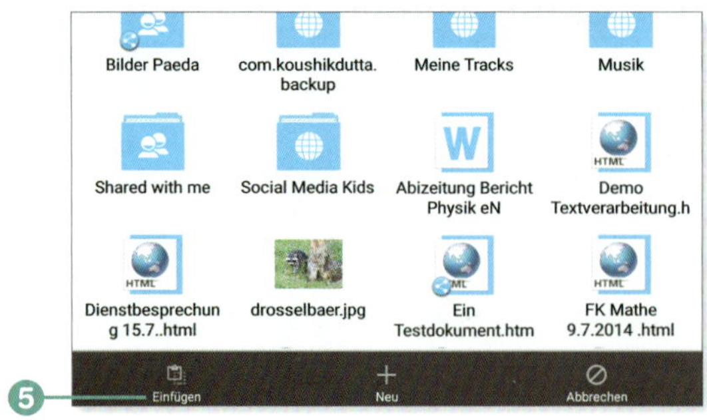

4. Wählen Sie als Speicherort **Gdrive** 1 aus, und melden Sie sich mit Ihren Google-Kontodaten an. Bestätigen Sie außerdem die vom **ES Datei Explorer** angeforderten Berechtigungen.

5. Sie können nun jederzeit durch Antippen des Google-Drive-Symbols 2 in den Cloudspeicher wechseln. Die Dateien werden Ihnen in der bekannten Weise angezeigt.

   Nun sind Sie in der Lage, Dateien oder ganze Verzeichnisse zwischen dem lokalen Speicher Ihres Tablets und dem Cloudspeicher hin- und herzukopieren.

6. Wechseln Sie mit dem **ES Datei Explorer** per Menüeintrag **Lokal ▸ Start-Verzeichnis** 3 in ein lokales Verzeichnis, und kopieren Sie eine Datei, indem Sie diese länger antippen und anschließend die Schaltfläche **Kopieren** 4 betätigen. Sie können auch mehrere Dateien auswählen.

7. Wechseln Sie nun, wie zuvor beschrieben, in Ihr Google-Drive-Verzeichnis, und fügen Sie dort die kopierte Datei durch Antippen der **Einfügen**-Schaltfläche 5 ein. Sie erscheint dann in der Übersicht. Auf diese Weise können Sie auch ganze Verzeichnisse sichern.

Den Speicherdienst Dropbox nutzen

Überaus beliebt ist auch der Speicherdienst *Dropbox*: 2 GB kostenloser Speicherplatz stehen Ihnen zunächst bei diesem Anbieter zur Verfügung. Mit Hilfe von Empfehlungen an Freunde oder durch Zuzahlung können Sie diesen Speicherplatz jedoch erweitern.

Dropbox

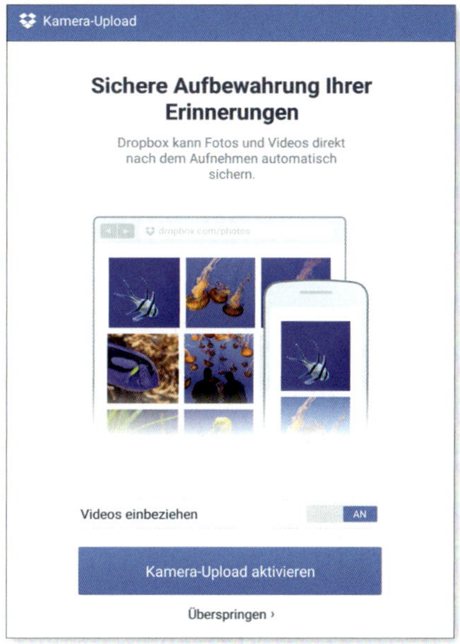

1. Installieren Sie die **Dropbox**-App mit dem nebenstehenden Code.
2. Starten Sie die **Dropbox**-App. Wenn Sie den Cloudspeicher bisher noch nicht verwenden, haben Sie die Möglichkeit, sich zunächst für den Dienst anzumelden. Sollten Sie Dropbox bereits nutzen, können Sie sich mit Ihren bestehenden Zugangsdaten anmelden und auf Ihre gespeicherten Daten zugreifen. Bei der ersten Anmeldung lässt sich zudem der automatische Upload sämtlicher Bilder, die Sie mit Ihrem Tablet machen, aktivieren.
3. Nach der Anmeldung steht Ihnen der Dropbox-Cloudspeicher zur Verfügung. Hier können Sie eine eigene Ordnerstruktur einrichten, indem Sie das In-App-Menü ⑥ aufrufen und den Punkt **Neuer Ordner** ⑦ wählen.

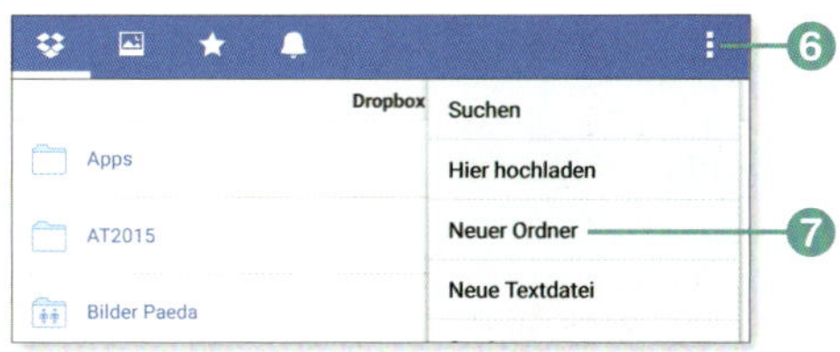

4. Sie haben außerdem die Möglichkeit, Ihren Freunden Zugriff auf Ordner zu gewähren – vorausgesetzt, diese nutzen ebenfalls Dropbox –, um zum Beispiel Ihre Urlaubsbilder zu teilen. Dies erreichen Sie durch langes Antippen des entsprechenden Dropbox-Ordners, gefolgt von der Auswahl des erscheinenden Menüpunkts **Freigeben** ⑧. Im folgenden Dialog verschicken Sie dann den Freigabe-Link per E-Mail.

Fotos, die Sie auf Ihrem Tablet gespeichert haben, lassen sich ebenfalls bequem mit Ihrem Dropbox-Speicher synchronisieren. Voraussetzung ist dabei jedoch immer, dass Sie eine Internetverbindung haben.

Sollten Sie den Upload von Bildern bei der Einrichtung nicht konfiguriert haben, dann tippen Sie dazu die **Bilder/Alben**-Schaltfläche ① an, und bestätigen Sie die Aufforderung, Ihre gespeicherten Bilder mit Dropbox zu synchronisieren. Kurz danach werden Ihre Bilder in den Onlinespeicher geladen. Sie finden sie nach dem Hochladen in dem Ordner **Kamera-Uploads** oder über die **Bilder/Alben**-Schaltfläche.

Fairerweise sollte ich an dieser Stelle erwähnen, dass Ihre Fotos in jedem Fall auch mit Ihrem Google-Konto synchronisiert werden, sofern Sie die Synchronisation aktiviert haben.

Praktisch ist, dass Sie auch am PC und Mac mit der passenden App auf Ihre Dropbox-Dateien zugreifen können, die Ihren Dropbox-Cloudspeicher transparent in Ihr Dateisystem einbindet. Die Dropbox-App für PC und Mac finden Sie auf *www.dropbox.com*. Sie können sich aber auch direkt auf der Dropbox-Internetseite anmelden und so von jedem beliebigen Computer mit Internetanschluss auf Ihre Dateien zugreifen.

TIPP

Zusätzlicher Dropbox-Speicher

Sie erhalten zusätzlichen Speicher für Ihre Dropbox, wenn Sie den Dienst an Freunde per E-Mail weiterempfehlen. Pro eingeladenem Nutzer gibt es eine dauerhafte Aufstockung von 500 Megabyte.

Ihr Tablet wiederfinden und aus der Ferne sperren

Für den Fall, dass Ihnen Ihr Tablet gestohlen wurde, bietet Ihnen Google einen Lokalisierungsdienst für jegliches Android-Gerät an. Dieser lässt sich über den Android Geräte-Manager konfigurieren.

1. Prüfen Sie zunächst, ob der Google-Service **Standortdienste** auf Ihrem Tablet aktiviert ist. Dazu wechseln Sie in den Einstellungen in den Bereich **Nutzer** und wählen dort **Standort**. Aktivieren Sie nun den Schalter **Standort** ❷. Es empfiehlt sich darüber hinaus, auch den GPS-Empfang zu aktivieren. Das geht am schnellsten über das Energiesteuerungs-widget ❸.

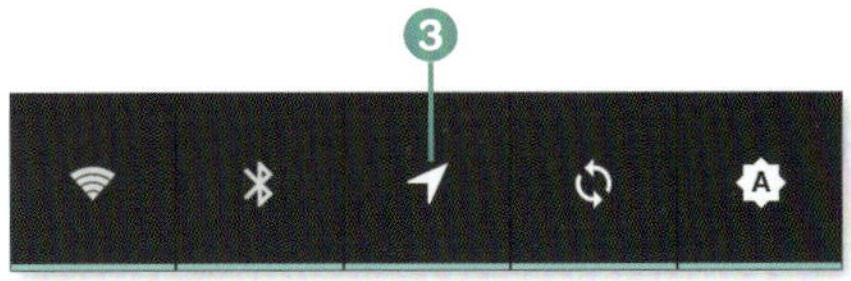

2. Starten Sie nun die App **Google Einstellungen** (nicht zu verwechseln mit der App **Einstellungen**), und tippen Sie auf den Eintrag **Sicherheit** ❹. Sie gelangen zum Android Geräte-Manager.

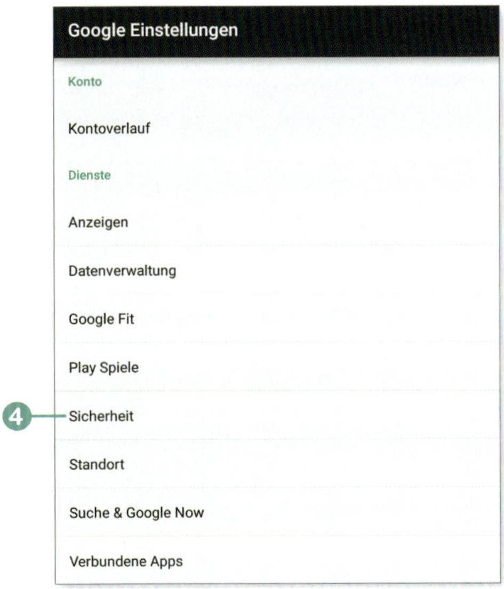

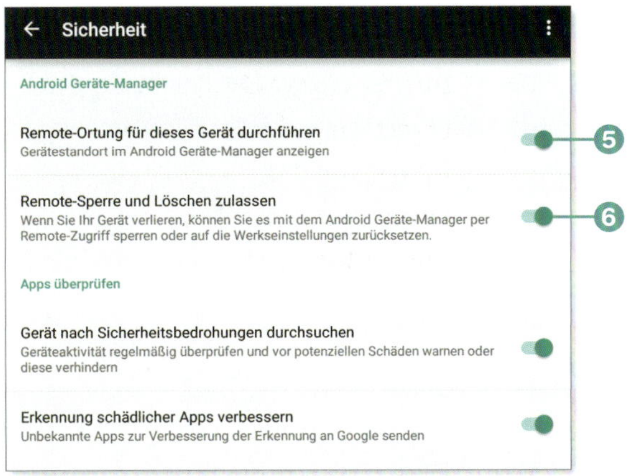

3. Aktivieren Sie dort die beiden Optionen **Remote-Ortung für dieses Gerät durchführen** ❺ und **Remote-Sperre und Löschen zulassen** ❻. Dadurch können Sie Ihr Tablet bei Verlust von Ihrem Google-Konto aus sowohl lokalisieren als auch ferngesteuert sperren.

4. Rufen Sie am PC die folgende Seite in Ihrem Browser auf: *https://www.google.com/android/devicemanager*. Sie werden aufgefordert, sich mit Ihren Zugangsdaten in Ihr Google-Konto einzuloggen. Ihr Tablet wird nun lokalisiert und erscheint auf einem Ausschnitt von Google Maps.

5. Lassen Sie Ihr Gerät mit Hilfe der entsprechenden Schaltfläche **1** klingeln. Sollte das klappen, dann funktioniert auch die Fernsperrung des Geräts.

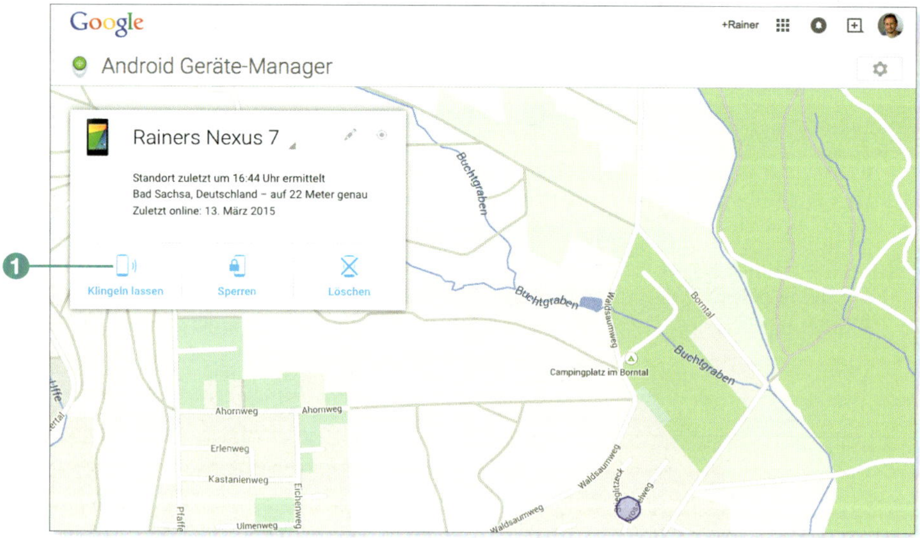

Mit dem Android Geräte-Manager können Sie Ihr Gerät aus der Ferne löschen und sperren.

Where's My Droid

INFO

Alternative Apps zur Ortung und Sperrung

Nahezu jedes Antivirenpaket bietet ebenfalls die Funktion, Ihr Gerät zu orten und sperren zu lassen. Informieren Sie sich beim Hersteller, wie diese Funktionen in der Software aktiviert werden. Meist ist dazu das Erstellen eines Accounts beim Anbieter der Software erforderlich. Und wer es ganz komfortabel haben möchte, dem sei die Software **Where's My Droid** empfohlen – ein Rundum-sorglos-Paket zum Orten und Sperren Ihres Tablets.

Nutzerprofile und Kindersicherung

Seit Android 4.2 besteht die Möglichkeit, auf einem Tablet Nutzerprofile einzurichten, Android 4.3 hat zusätzlich die Beschränkung derartiger Profile zur Realisierung einer Kindersicherung eingeführt. Im Folgenden zeige ich Ihnen, wie Sie solche Profile einsetzen.

1. Wechseln Sie in den Einstellungen in den Bereich **Gerät ▸ Nutzer**. Alternativ ziehen Sie die Statusleiste herunter und tippen die Miniatur Ihres Profilbildes an. Egal, für welche Variante Sie sich entscheiden, werden Ihnen die folgenden Screenshots angezeigt.
2. Hier finden Sie zunächst Ihr eigenes Konto, das bei der Einrichtung Ihres Tablets konfiguriert wurde. Zusätzlich können Sie hier aber auch einen neuen Nutzer für das Tablet anlegen.

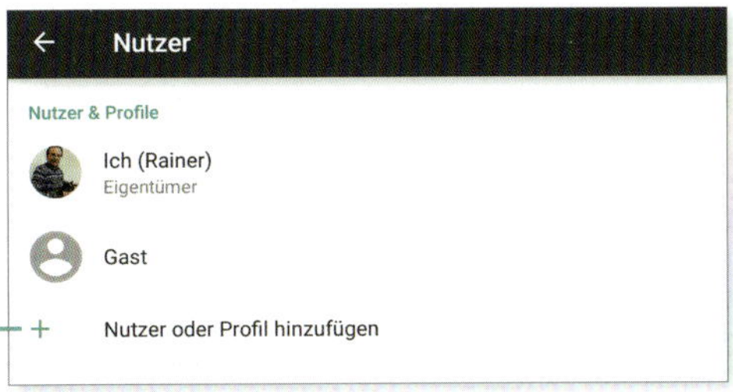

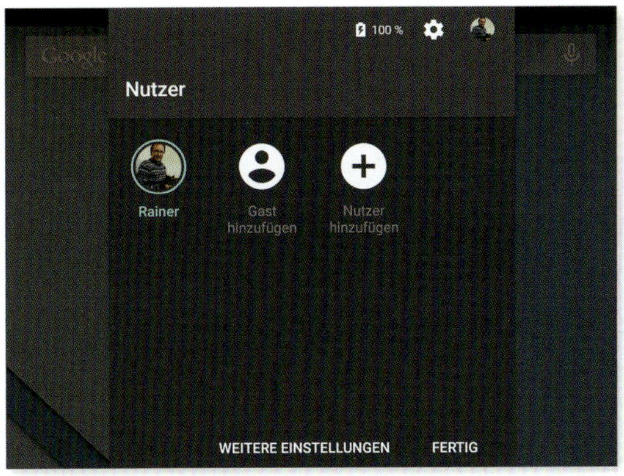

3. Tippen Sie auf die Schaltfläche **Nutzer oder Profil hinzufügen** ②. Es öffnet sich ein weiterer Dialog.

   Sie können an dieser Stelle zwischen den beiden folgenden Optionen auswählen:

   - **Nutzer**: Damit fügen Sie dem System einen weiteren, unabhängigen Nutzer hinzu. Dieser kann eigene Apps auf dem Tablet installieren und entspricht einem neuen Account.
   - **Eingeschränkte Profile**: Damit gewähren Sie anderen Benutzern des Tablets Zugriff auf Ihre Apps mit der Möglichkeit, den Zugriff einzuschränken. Dieses Feature eignet sich hervorragend als Kindersicherung.

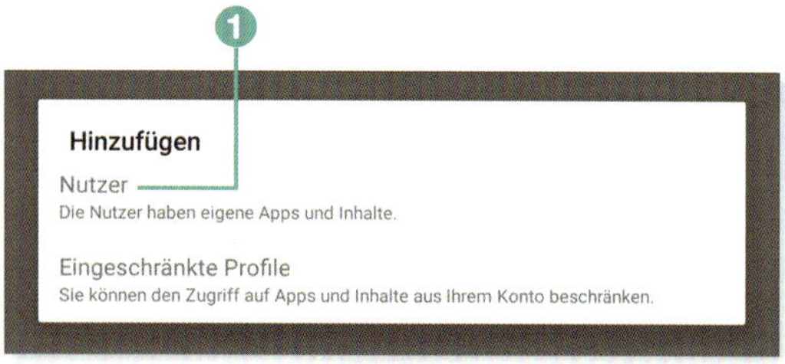

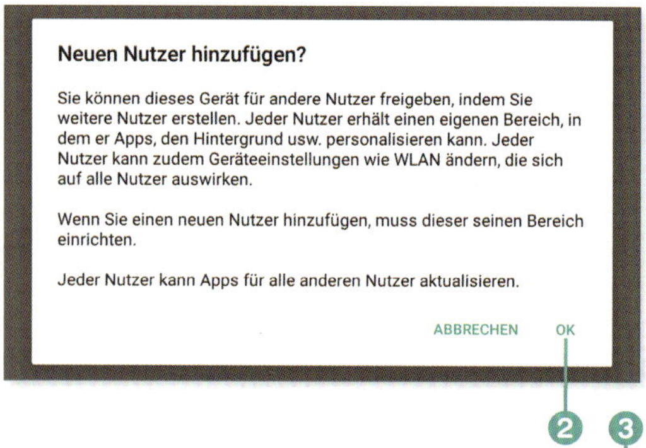

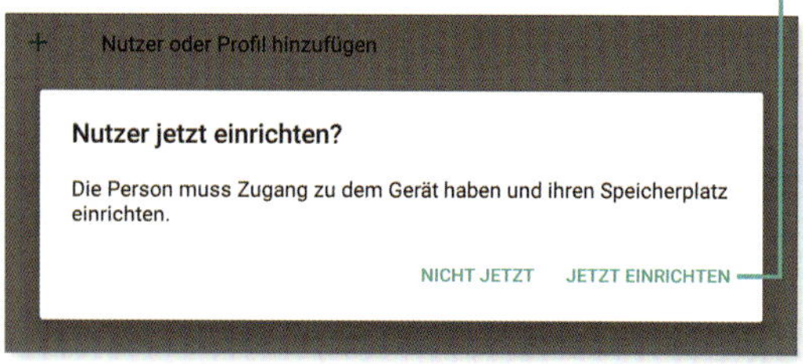

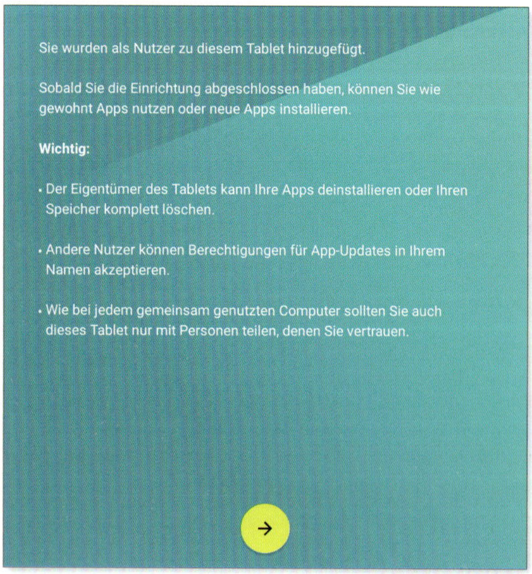

Beginnen wir mit der Einrichtung eines unabhängigen Nutzers:

1. Wählen Sie den Punkt **Nutzer** ①, und lesen Sie sich den folgenden Dialog aufmerksam durch. Dieser erläutert unter anderem, welche Rechte ein neuer Nutzer auf Ihrem Tablet hat.

2. Bestätigen Sie den Dialog über die Schaltfläche **OK** ②. Im nächsten Schritt werden Sie aufgefordert, das Konto für den neu erstellten Benutzer einzurichten. Tippen Sie dazu auf die Schaltfläche **Jetzt einrichten** ③.

3. Nehmen Sie die Einrichtung vor. Dabei hilft Ihnen ein Assistent, dessen Schritte Sie bereits aus der Ersteinrichtung Ihres Tablets kennen.

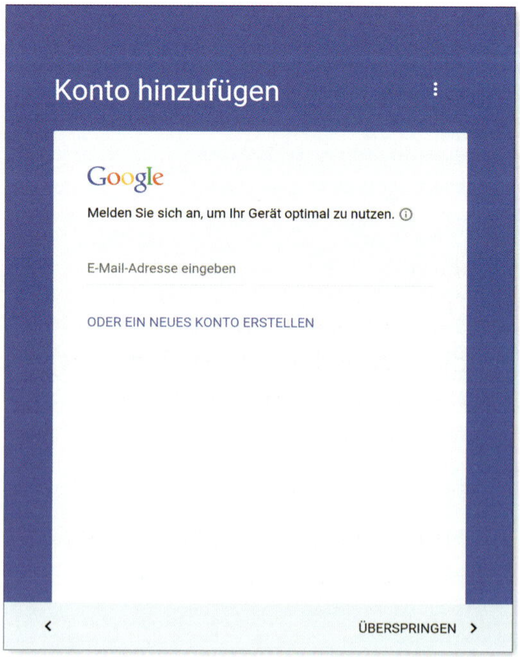

4. Der neue Benutzer findet nun eine jungfräuliche Android-Oberfläche vor. Um zwischen den Nutzern auf Ihrem Tablet zu wechseln, gehen Sie einfach durch kurzes Drücken des Ein-/Aus-Schalters in den Stand-by-Modus und wecken das Tablet durch erneutes Einschalten wieder auf.

5. Am rechten oberen Bildrand erscheint Ihr Kontosymbol. Wenn Sie dieses antippen, erscheinen alle anderen Nutzer des Tablets. Zur Auswahl eines anderen Nutzers tippen Sie einfach dessen Miniaturbild an ④.

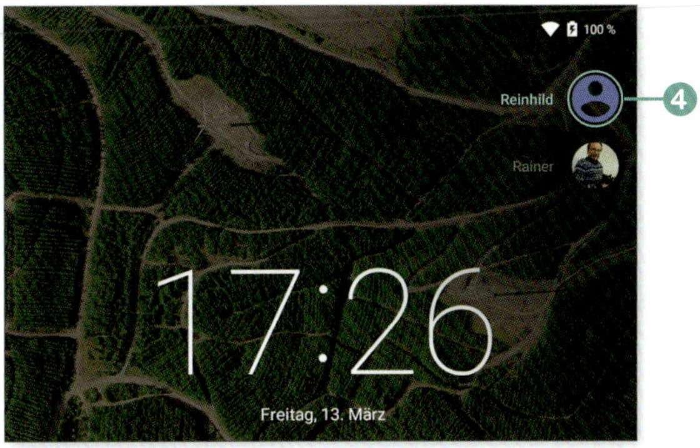

Beachten Sie, dass die so eingerichteten Nutzer vollkommen unabhängig auf dem Tablet arbeiten können. Die Konten sind getrennt, wie man es von einem Mehrbenutzersystem erwartet. Anders sieht es aus, wenn man den Sprösslingen Zugang zum Tablet gewähren möchte. Hier heißt es frei nach Lenin: »Vertrauen ist gut, Kontrolle ist besser.«

Sie richten ein eingeschränktes Profil folgendermaßen ein:

1. Gehen Sie erneut in den Bereich **Gerät ▸ Nutzer**, und erstellen Sie über die **+**-Schaltfläche ein neues Profil. Wählen Sie nun aber den Punkt **Eingeschränkte Profile**. Sollten Sie bislang keine Displaysperre eingerichtet haben, holen Sie das jetzt nach.

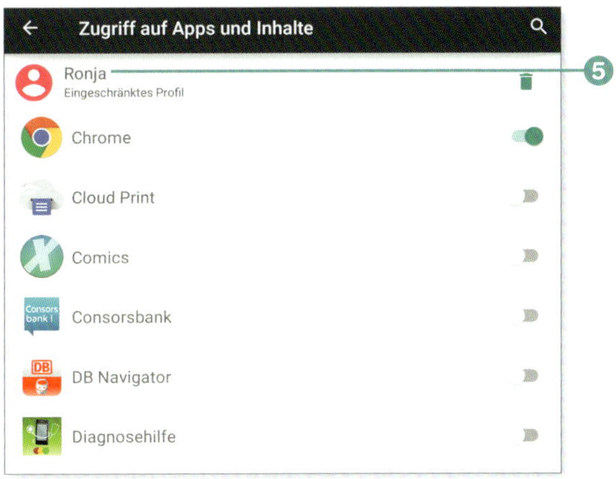

2. Nun können Sie gezielt Apps für die Verwendung mit Hilfe der entsprechenden Schaltfläche zur Benutzung freischalten.

3. Geben Sie dem neuen Nutzer einen Namen, indem Sie die Namensfläche oben links antippen ⑤.

4. Ihr Kind kann sich nun, wie zuvor für einen neuen Benutzer beschrieben, per Stand-by-Bildschirm einloggen.

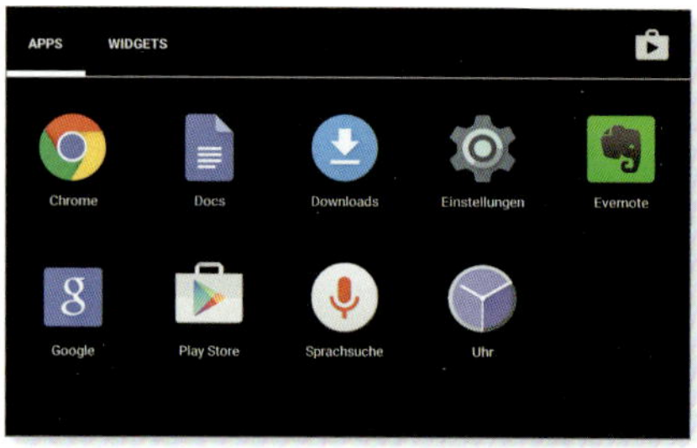

Der magere Anblick eines eingeschränkten Kontos. Hier tauchen nur Apps auf, die man explizit freigegeben hat.

Daten rückstandsfrei vom Tablet löschen

Sollten Sie einmal vorhaben, Ihr Tablet bei eBay & Co. zu veräußern, haben Sie eine einfache Möglichkeit, es mit Android-Bordmitteln auf den Werkszustand zurückzusetzen. Gehen Sie dazu folgendermaßen vor:

1. Wechseln Sie in den Einstellungen in den Bereich **Nutzer ▸ Sichern & zurücksetzen**.
2. Tippen Sie hier den Punkt **Auf Werkszustand zurück** ❶ an, und bestätigen Sie die folgende Nachfrage mit einem Antippen der Schaltfläche **Tablet zurücksetzen** ❷. Daraufhin wird Ihr Tablet in den Werkszustand versetzt.

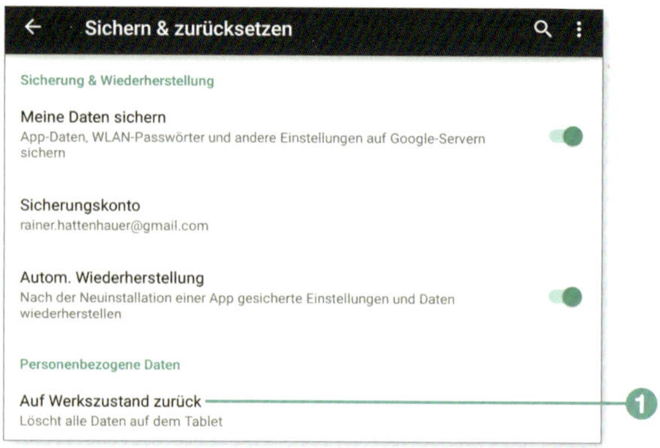

INFO

Daten rückstandsfrei löschen

Diverse Hersteller von Sicherheitssoftware wie zum Beispiel Avast haben in letzter Zeit Panikmeldungen verbreitet, dass auf die beschriebene Weise Ihre Daten, also etwa private Bilder, nicht rückstandsfrei gelöscht und somit rekonstruiert werden können. Diese Aussage kann unter Umständen auf alte Geräte vor Android-Version 4 zutreffen. Spätestens aber ab Version 4.3 (KitKat) sind Sie vor derartigen Überraschungen geschützt. Wer auf Nummer sicher gehen möchte, der kann sich im Play Store nach Antiviren-Suites umsehen, die die Funktion des »Daten-Schredderns« beinhalten. Eine solche bietet übrigens auch Avast im Rahmen seiner Sicherheits-Suite an, ein Schelm, wer Böses dabei denkt ...

Kapitel 14
Die Akkulaufzeit verlängern

Während man als Smartphone-Besitzer froh sein kann, wenn man mit einer Akkuladung über den Tag kommt, sieht die Lage bei den Tablets deutlich entspannter aus. Aufgrund des Volumens der Geräte können prinzipiell größere Akkus verbaut werden. Andererseits fordern das vergrößerte Display und der leistungsfähige Prozessor als Stromfresser ihren Tribut. Dieses Kapitel soll Ihnen zeigen, welche Maßnahmen Sie treffen können, um das Optimum an Laufzeit aus Ihrem Android-Tablet herauszuholen.

Die großen Stromfresser

Das Ranking der Kandidaten mit großem Stromverbrauch gestaltet sich auf Ihrem Tablet wie folgt:

- An erster Stelle steht unangefochten das Display. Hier gilt: Je höher die Auflösung Ihres Geräts ist, desto mehr Energie wird für die Darstellung benötigt. Wundern Sie sich also nicht, wenn aktuelle Geräte, die mit einem stärkeren Akku ausgestattet wurden, die gleiche oder sogar eine schlechtere Laufzeit als die Vorgängermodelle besitzen – dies ist meist einer Steigerung der Displayauflösung geschuldet.
- Der nächste Punkt betrifft Tablets, die mit einer SIM-Karte zur Anbindung an das Mobilfunknetz ausgestattet sind. Die Netzturbos UMTS und LTE (siehe den Abschnitt »Mobil ins Internet« ab Seite 52) nehmen viel Energie weg. Ihr Android-Tablet schaltet dann je nach Empfangslage zwischen dem UMTS-(3G-) oder LTE-(4G-) und dem gewöhnlichen GSM-(2G-)Netz hin und her, was beträchtlich Akku saugt.

- Der aktivierte WLAN-Empfang beansprucht in gleicher Weise die Energiequelle, allerdings bei Weitem nicht so stark wie der UMTS-Empfang.
- Ebenso stellt die permanente Kopplung mit zusätzlichen Geräten per Bluetooth-Kurzstreckenfunk, etwa mit einer externen Bluetooth-Tastatur, eine Energiesenke dar.
- Generell bedeutet eine permanente Synchronisation von Apps, die per Mobilfunknetz oder WLAN auf Serverdaten zugreifen, eine deutliche Belastung des Energiespeichers.
- Nicht ganz so dramatisch ist der Mehrverbrauch, der durch aktivierten GPS-Empfang hervorgerufen wird.
- Last, but not least: Die Prozessorlast ist entscheidend dafür, ob Ihr Akku mehrere Tage oder nur wenige Stunden übersteht. Das merken Sie daran, dass Sie zusehen können, wie die Akkuladung schwindet, wenn Sie sich mit einem grafikaufwendigen 3D-Spiel die Zeit vertreiben.

Anleitung zum Stromsparen

Das Display liegt mit seinem Energieverbrauch ganz weit vorne. Es gibt jedoch zwei einfache goldene Regeln, die Ihnen dabei helfen, diesem Akkufresser Einhalt zu gebieten:

1. Reduzieren Sie die Display-Stand-by-Zeit auf ein erträgliches Minimum.
2. Regulieren Sie die Displayhelligkeit so, dass Sie bei den gegebenen Lichtverhältnissen die Informationen gerade noch gut erkennen können.

Bei beiden Punkten ist das persönliche Empfinden natürlich recht subjektiv. Beides können Sie in den Einstellungen im Bereich **Gerät ▸ Display** einstellen oder über die entsprechende Schnellkonfigurationsschaltfläche für Helligkeit, die beim Herunterziehen und anschließenden Antippen der Statusleiste im rechten oberen Displaybereich erscheint ❶.

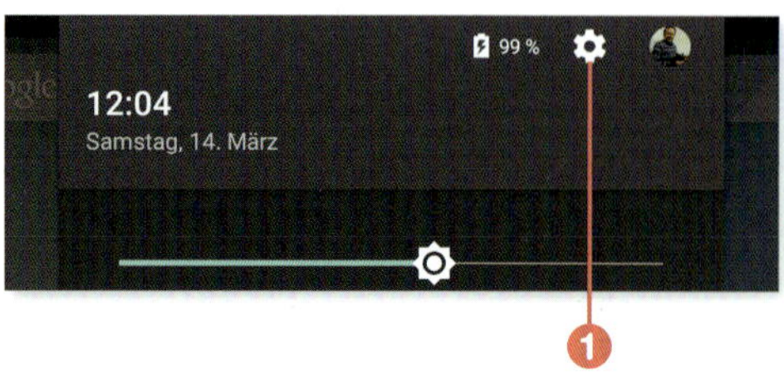

Die im Folgenden gezeigten Screenshots wurden auf einem Google-Nexus-Gerät angefertigt, unter Umständen ist die Einstellung der Helligkeit bei Ihrem Gerät etwas anders realisiert.

1. Wechseln Sie im Bereich **Display** in das Untermenü **Helligkeit**, und passen Sie diese durch Antippen des Menüpunktes **Helligkeitsstufe** ❷ Ihren Vorstellungen entsprechend an.
2. Standardmäßig ist hier die **Adaptive Helligkeit** ❸ voreingestellt. Diese ist allerdings häufig zu dunkel, insbesondere im Freien. Um die Helligkeit auf einen festen Wert einzustellen, müssen Sie die Option deaktivieren.

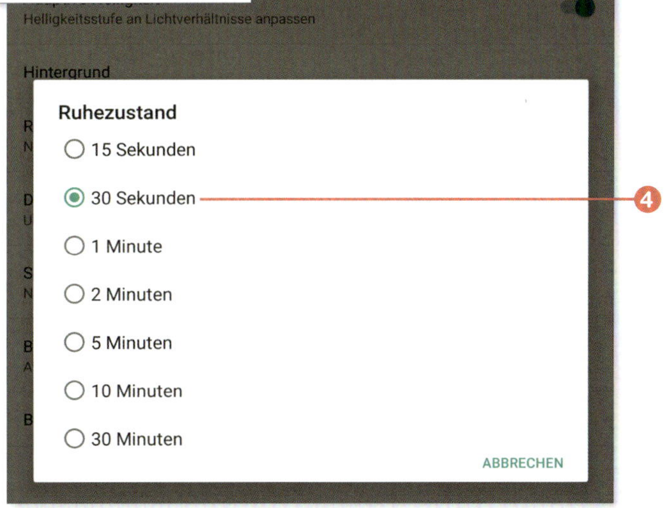

3. Die Stand-by-Zeit passen Sie im Bereich **Gerät ▸ Display ▸ Ruhezustand** an. Eine Zeit von 30 Sekunden ❹ genügt hier prinzipiell. Wenn Sie permanent mit dem Gerät arbeiten, bleibt das Display selbstverständlich aktiviert.
4. Eine Unsitte im Hinblick auf den Energieverbrauch sind die zwar hübsch anzusehenden, aber prozessorhungrigen Livehintergründe (zum Beispiel bewegte Blasen wie in der Abbildung auf der folgenden Seite oben), die Sie im Bereich **Gerät ▸ Display ▸ Hintergrund** einstellen können. Wählen Sie hier in jedem Fall ein statisches Hintergrundbild aus.
5. Auch beim Mobilfunknetz-Modus (sofern Ihr Tablet ihn unterstützt) lässt sich einiges an Energie einsparen. Solange Sie nicht im Internet auf

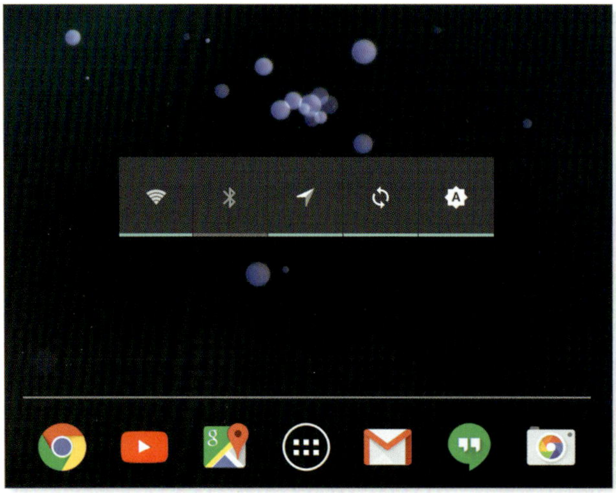

grafisch aufwendigen Seiten surfen oder größere Dateien herunterladen wollen, genügt der einfache GSM-(2G-)Modus. Wechseln Sie zur Aktivierung in den Bereich **Drahtlos & Netzwerke** ▸ **Mehr** in den Einstellungen. Wählen Sie im Untermenü **Mobile Netzwerke** im Bereich **Netzmodus** den Menüpunkt **2G**. Voraussetzung für die beschriebenen Aktionen ist, dass eine SIM-Karte in Ihr Tablet eingelegt wurde, da sonst die zuvor genannten Menüpunkte nicht vorhanden sind. In diesem Fall brauchen Sie sich aber auch keine Gedanken zu machen, dass Ihr Tablet per Mobilfunkverbindung zu viel Strom verbraucht.

Sollten Sie wieder eine schnelle Datenverbindung benötigen, ändern Sie die Einstellung.

6. Deaktivieren Sie WLAN, Bluetooth und GPS generell, solange Sie die Funktionen nicht benötigen. Das geschieht am schnellsten über das Energiesteuerungswidget oder – je nach Gerät – über Schnellschaltflächen, die sich in der Statusleiste befinden.

7. Wenn Sie nicht mit dem Internet verbunden sind, dann sollten Sie ebenfalls per Energiesteuerungswidget die Synchronisation deaktivieren ❶. Auch das ist bei einigen Herstellern (zum Beispiel Samsung) über ein Schnellkonfigurationsmenü zu erreichen, das bei Herunterziehen der Statusleiste erscheint. Beachten Sie: Jeder Synchronisationsversuch fährt den Prozessor unnötig an und kostet Energie.

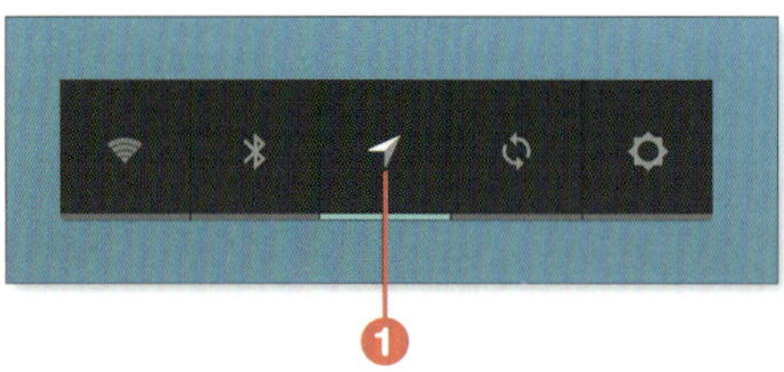

So ist's recht: Alle energiehungrigen Verbraucher werden bis auf die Lokalisierungsoption deaktiviert. Die Lokalisierungsoption kann aktiv bleiben, da sich deren Energiehunger in Grenzen hält.

TIPP

Noch sparsamer im Flugmodus

Viele Anwender beschweren sich darüber, dass ihr Gerät über Nacht viel Energie verliert. Die Lösung für das Problem: Aktivieren Sie über Nacht einfach den **Flugmodus**, der sämtliche Netzwerkverbraucher abschaltet. Sie erreichen ihn bei vielen Geräten durch einen langen Druck auf die Einschalttaste, in jedem Fall aber auch über die Einstellungen im Bereich **Drahtlos & Netzwerke ▸ Mehr**. Den aktivierten Flugmodus erkennen Sie an dem kleinen Flugzeugsymbol oben rechts in der Statusleiste. Natürlich dürfen Sie nicht vergessen, diesen Modus am nächsten Morgen wieder zu deaktivieren.

Mit Profilen arbeiten

Phone Profiles (Plus)

Die ganze Hin- und Herschalterei zum Energiesparen ist Ihnen zu mühsam? Dann sollten Sie sich einmal eine App zur Erstellung und Verwaltung von Profilen anschauen. Ein Vertreter ist **Phone Profiles (Plus)**. Die Plus-Variante ist dabei von Werbung befreit. Mit der App lässt sich Ihr Tablet durch Auswahl bestimmter Profile sehr schnell in bestimmte Zustände versetzen.

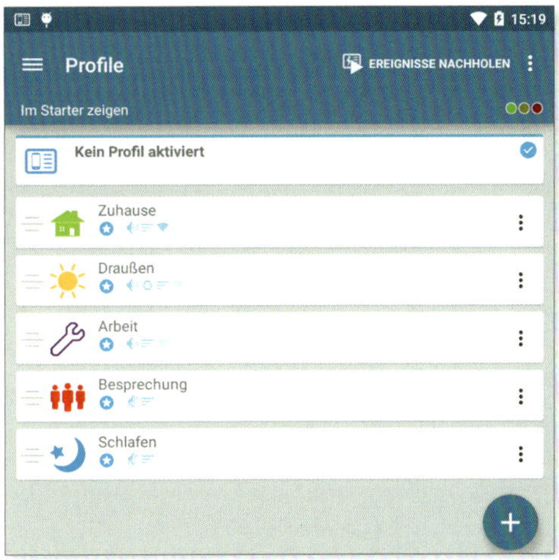

1. Installieren Sie die App aus dem Play Store, und starten Sie sie.
2. Die App besitzt bereits eine Reihe vordefinierter Profile. Um eines der Profile zunächst einzusehen, tippen Sie den Eintrag kurz an. Auf der folgenden Seite sehen Sie die Gegenüberstellung der Profile **Zuhause** und **Besprechung**. Beim Besprechungsprofil wurden sämtliche Töne deaktiviert beziehungsweise auf 0 gesetzt.

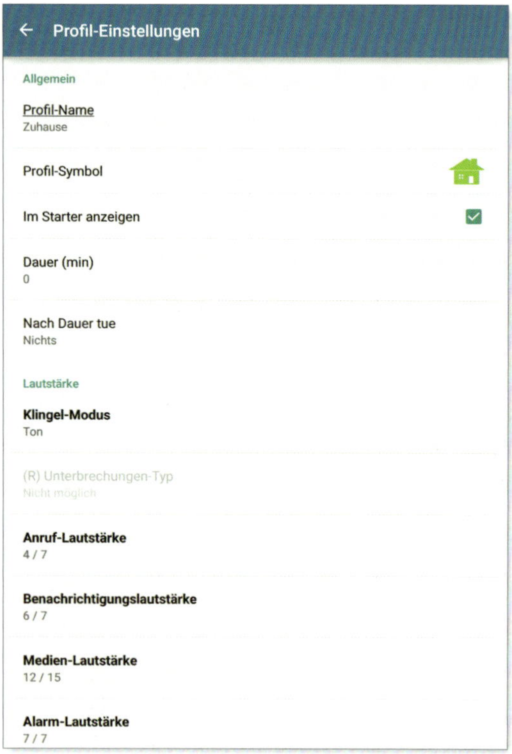

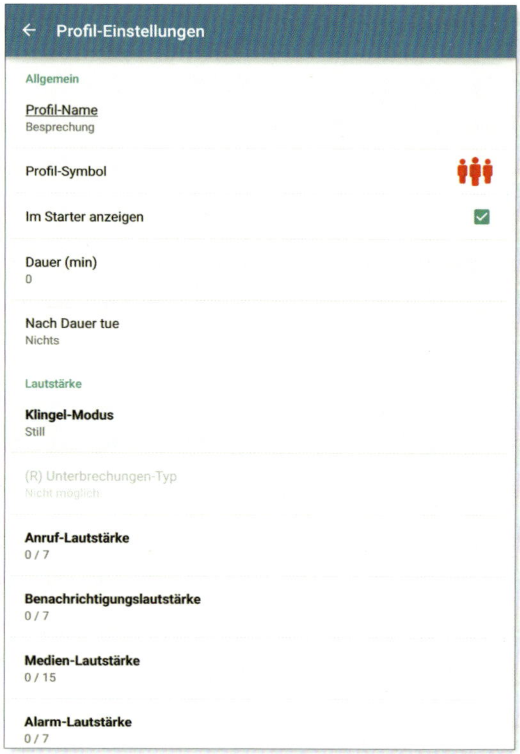

3. Um eine Eigenschaft des Profils zu ändern, passen Sie es durch Antippen des entsprechenden Menüpunktes an. Bestätigen Sie die Änderung durch Antippen des Häkchens ❶ im rechten oberen Displaybereich.

4. Um das Profil schließlich zu aktivieren, wählen Sie im jeweiligen Kontextmenü den Punkt **Aktivieren** ❷ aus.

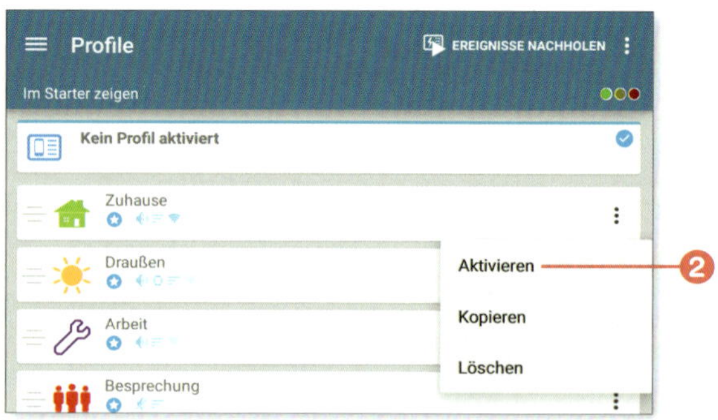

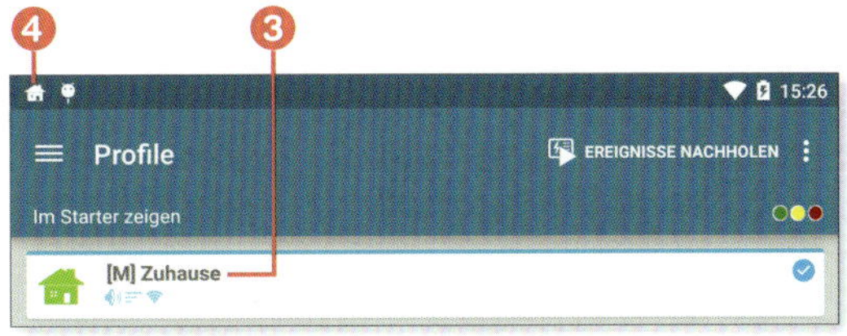

5. In Zukunft können Sie wesentlich einfacher zwischen den Profilen hin- und herwechseln, indem Sie die Statusleiste herunterziehen, die Benachrichtigungskarte von **Phone Profiles** antippen und das gewünschte Profil direkt antippen. Das Symbol **M** im Hauptfenster der App ❸ beziehungsweise das Icon ❹ am linken oberen Bildschirmrand zeigen stets, welches Profil aktuell aktiviert ist.

Sie können selbstverständlich auch selbst individuelle Profile erstellen.

1. Tippen Sie auf das +-Zeichen ❺ im Hauptbereich der App. Geben Sie dem Profil zunächst einen prägnanten Namen, und passen Sie die Eigenschaften an.

2. Oft bietet es sich auch an, zunächst ein bestehendes Profil zu nehmen und dieses Ihren Wünschen entsprechend anzupassen. Dazu wählen Sie aus dem Kontextmenü des Profils den Punkt **Kopieren** ❻ aus.

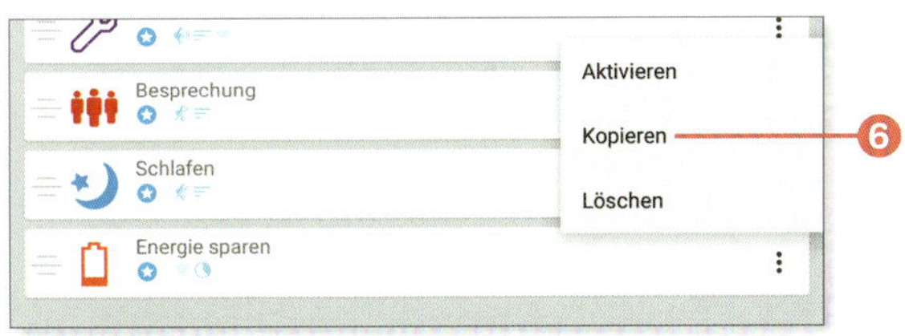

3. Ändern Sie die Eigenschaften nach Ihren Bedürfnissen, und speichern Sie das neue Profil über die Schaltfläche **Speichern** ❼ ab. Im vorliegenden Fall habe ich ein Energiesparprofil erstellt, bei dem unter anderem die WLAN-Funktion und die Synchronisation deaktiviert werden. Die Display-on-Zeit wurde auf 15 Sekunden heruntergesetzt. Das Profil nenne ich **Energie sparen**.

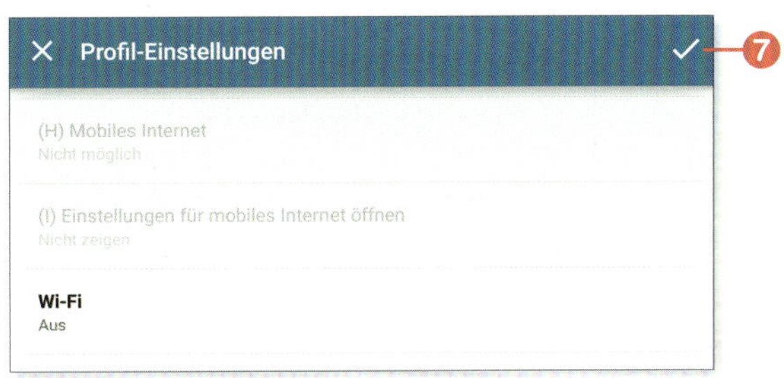

4. Aktivieren Sie schließlich das Profil über das Schnellstart- oder Kontextmenü, wie zuvor beschrieben.

Die Phone-Profiles-Plus-App ist ein mächtiges Werkzeug: Über das seitliche Menü, das Sie wie üblich über die Schaltfläche im linken oberen Displaybereich erreichen, können Sie über den Punkt **Ereignisse** Bedingungen definieren, unter denen Ihr Tablet in bestimmte Zustände wechselt. So können Sie zum Beispiel definieren, dass beim Unterschreiten eines bestimmten Akkustands automatisch in den Energiesparmodus geschaltet wird.

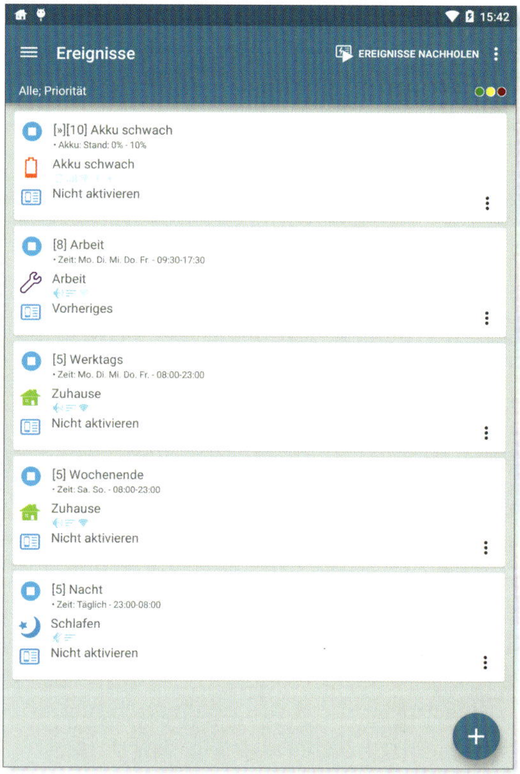

Erstellen von Regeln, um bei bestimmten Ereignissen zwischen Profilen zu wechseln

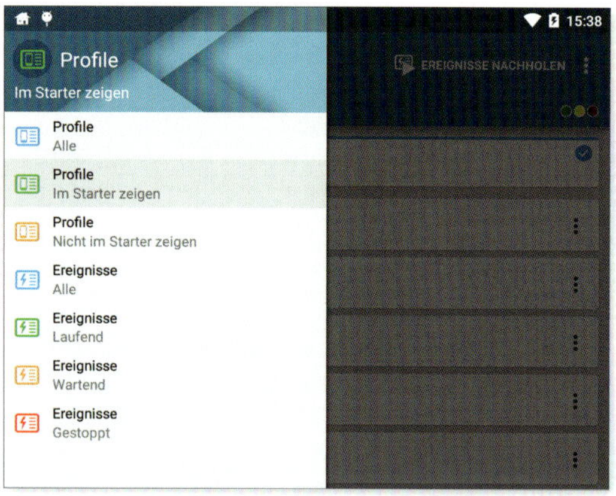

TIPP

Synchronisierung anpassen

Mit Hilfe der Phone-Profiles-Plus-App können Sie insbesondere auch die Synchronisationsautomatik Ihres Tablets anpassen. Dies stellt mitunter einen Energiefresser dar und kann mit Hilfe der App zum Beispiel so justiert werden, dass eine Synchronisation nur dann erfolgt, wenn Sie sich im heimischen WLAN befinden und das Gerät zudem am Netzstrom angeschlossen ist.

Energiehungrige Apps ermitteln

Neben dem Display hat der Prozessor Ihres Tablets den größten Energiehunger, vor allem dann, wenn er auf Volllast gefahren wird. Gerade bei sehr leistungshungrigen Apps kann der Energieverbrauch immens sein. Daher kann es interessant sein, zu erfahren, welche der installierten Apps am meisten Prozessorleistung beansprucht. Dabei müssen es nicht nur die von Ihnen selbst gestarteten Apps sein, auch einige Dienste im Hintergrund können sich als Stromfresser entpuppen.

1. Um einen Eindruck davon zu bekommen, welche App oder welcher Dienst am meisten am Akku nagt, wechseln Sie in den Einstellungen in den Bereich **Gerät ▸ Akku**.
2. Durch Antippen eines Listeneintrags, im Beispiel den Eintrag **Android-System**, erhalten Sie weitere Informationen sowie ein Ranking der größten Stromverbraucher.

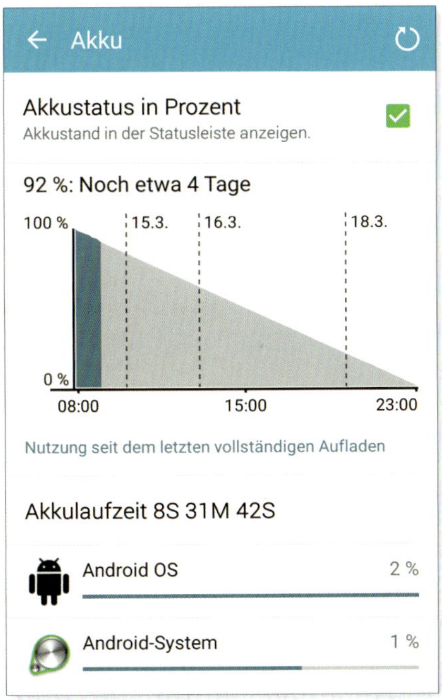

Im vorliegenden Fall benötigen etliche Google-Hintergrunddienste viel Energie, etwa die Google-Play-Dienste, die zum Beispiel nach Updates für Apps suchen oder die Synchronisierung mit Ihrem Google-Konto kontrollieren. Die eingebaute Akku-App zeigt sich aber wenig auskunftsfreudig bezüglich der Ursache eines hohen Verbrauchs im Stand-by-Modus. Hier empfiehlt es sich, Drittanbietersoftware zu nutzen, die den Akkuverbrauch genauer aufschlüsselt. Eine Möglichkeit dazu stelle ich Ihnen im Abschnitt »Den Akku permanent überwachen« auf Seite 349 vor.

Wild gewordene Apps stoppen

Sollten Sie eine »wild gewordene« App entdeckt haben, die den Akku über Gebühr in Anspruch nimmt, können Sie diese jederzeit über den Systemmanager beenden.

1. Rufen Sie über die Schaltfläche **Zuletzt geöffnete Apps** die Übersicht der letzten aktiven Apps auf, und entfernen Sie die entsprechende App durch Wischen aus dem Speicher (1). Bei einigen Geräten (zum Beispiel der Google-Nexus-Serie) geschieht dies durch Wischen von links nach rechts, bei Tablets von Samsung wischt man eine App von unten nach oben aus der aktuellen Übersicht heraus.

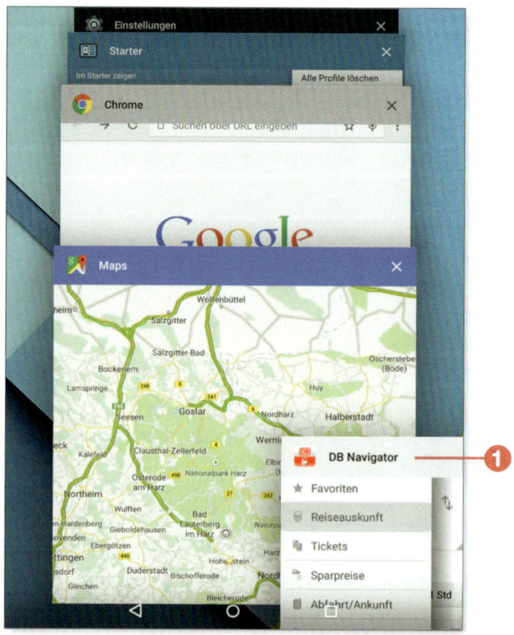

2. Wenn alle Stricke reißen und Ihr Gerät immer noch einen unüblichen Akkuverbrauch zeigt, hilft sehr oft ein Neustart des Geräts. Drücken Sie dazu länger auf den Einschaltknopf, und wählen Sie den entsprechenden Menüpunkt zum Neustart aus.

Den Akku permanent überwachen

Es ist immer hilfreich, den prozentualen Ladezustand des Akkus im Blick zu haben. So können Sie zum Beispiel bei der Verwendung einer neuen App gegebenenfalls schneller ein Energieleck identifizieren. Dazu empfehle ich Ihnen die App **Battery Widget Reborn**.

Battery Widget Reborn Pro

Haben Sie die App erfolgreich installiert, erscheint in der Statuszeile oben links ein Kreis, der Ihnen jederzeit den aktuellen Ladezustand anzeigt. Wenn Sie die Statusleiste herunterziehen, können Sie sich genauere Informationen zum Lade- beziehungsweise Entladeverhalten Ihres Tablets beschaffen. Darüber hinaus haben Sie auch hier die Möglichkeit, Schnellschaltflächen zur Deaktivierung der größten Stromverbraucher zu konfigurieren.

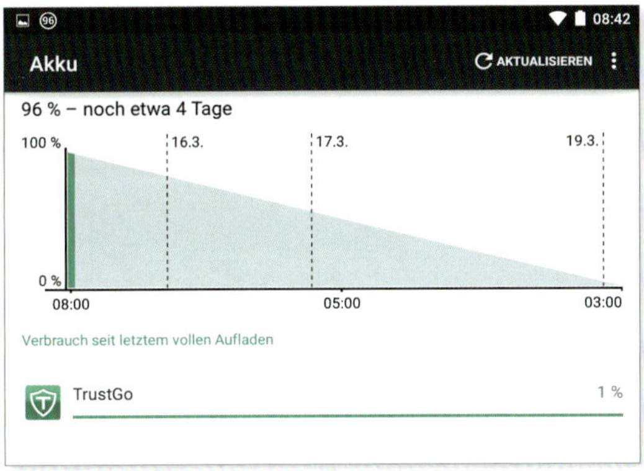

Kontrolle des Batterieverbrauchs nach nächtlicher Entladung

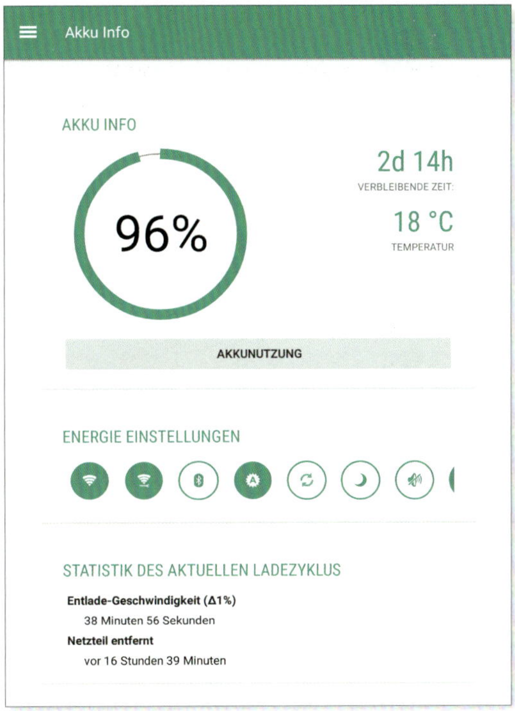

Kapitel 15
Das Tablet warten und Fehler beheben

Abschließend möchte ich Ihnen noch einige Handreichungen zum Thema »Troubleshooting« mit auf den Weg geben. Es kann durchaus einmal vorkommen, dass sich Ihr Android-Tablet widerspenstig verhält – dann ist es nützlich, zu wissen, was zu tun ist, um den Normalzustand wiederherzustellen. Android kann dabei auf eine große Community im Internet zurückgreifen, die gern hilft – vorausgesetzt, man trifft den richtigen Ton.

Das Gerät neu starten

Manchmal passiert es, dass Ihr Tablet auf keinerlei Bildschirmeingaben mehr reagiert und jegliche weitere Interaktion verweigert. Verursacht wird das meist durch eine fehlerhafte (weil schlecht programmierte) App. Was aber tut man in solchen Fällen? Im Folgenden zeige ich Ihnen nun, wie Sie Ihr Tablet schnell wieder betriebsbereit machen.

1. Folgende Situation: Sie benutzen eine App, und plötzlich reagiert diese nicht mehr auf Ihre Bildschirmeingaben. Für mein Beispiel verwende ich den Chrome-Browser. Dieser verweigert in der Tat von Zeit zu Zeit seinen Dienst, wenn er auf eine schlecht programmierte Internetseite trifft. Ich bin mehrfach auf derartige Probleme bei Flash-lastigen beziehungsweise für den Desktop optimierten Seiten gestoßen.
2. Versuchen Sie in solch einem Fall zunächst, ob Sie über die **Home**-Schaltfläche auf den Home-Bildschirm gelangen. Dadurch erkennen Sie, ob das Betriebssystem als Ganzes noch reagiert.

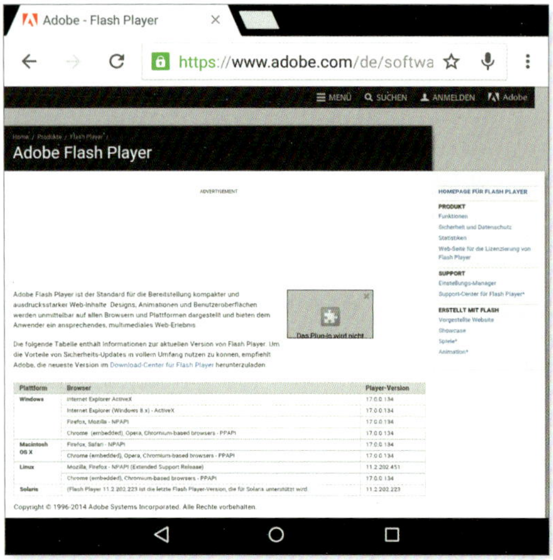

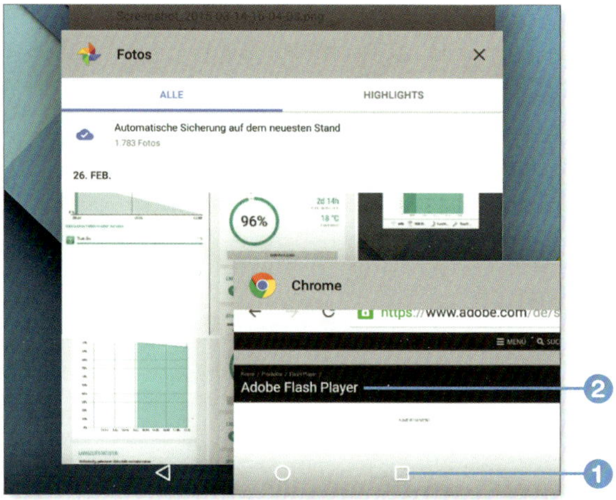

3. War dies erfolgreich, tippen Sie anschließend auf die Schaltfläche **Zuletzt geöffnete Apps** ①, um zur Übersicht über die geöffneten Apps zu gelangen. Schauen Sie zunächst nach, ob die betreffende App in der Liste erscheint ②. Sie können per Finger durch die vertikale oder horizontale Liste steuern.

4. Zum Beenden ziehen Sie die App mit gedrücktem Finger aus der Übersicht der zuletzt geöffneten Anwendungen heraus.

Kniffliger wird es, wenn das komplette System nicht mehr reagiert und seinen Betrieb verweigert, also wenn Sie zum Beispiel auch durch Drücken des Home-Buttons keine Reaktion vom Tablet erhalten. Sollten Sie auf dieses Problem stoßen, empfehle ich Ihnen, einen sogenannten *Soft Reset*, also einen Neustart des Geräts, durchzuführen.

1. Halten Sie den Ein-/Aus-Schalter etwa eine Sekunde gedrückt, so dass das Geräteoptionsmenü erscheint.

2. Wählen Sie den Punkt **Ausschalten** ③, um Ihr Tablet herunterzufahren und anschließend neu zu starten. Einige Geräte, so etwa die Samsung-Galaxy-Tablet-Serie, bieten an dieser Stelle auch direkt einen Punkt namens **Neustart** an. Darüber startet das Tablet wieder automatisch.

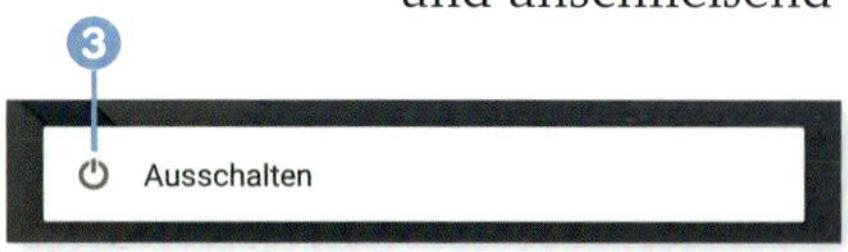

Reagiert Ihr Gerät auch bei längerem Druck des Ein-/Aus-Schalters nicht, müssen Sie eine andere Methode verwenden. Allerdings gehen bei dieser Methode sämtliche nicht gespeicherten Daten verloren. Probieren Sie Folgendes aus:

1. Halten Sie den Ein-/Aus-Schalter für mindestens vier Sekunden gedrückt. Dadurch schaltet sich Ihr Gerät aus – egal, welche Anwendung oder welcher Systemdienst das Gerät derzeit blockiert.
2. Um das Gerät nun neu zu starten, drücken Sie für etwa zwei Sekunden den Ein-/Aus-Schalter und lassen das Gerät hochfahren. Dies dauert unter Umständen ein wenig länger als der gewöhnliche Systemstart.

Sollte eine bestimmte App häufiger Probleme haben, können Sie versuchen, diese von Grund auf neu einzurichten. Dazu müssen Sie lediglich die temporären Daten löschen, die von der App im Speicher Ihres Tablets abgelegt wurden. Gehen Sie dazu folgendermaßen vor (Ich verwende im Beispiel die *Wikipedia*-App, die sich bei mir vor einem Update von Zeit zu Zeit nicht starten ließ.):

1. Wechseln Sie in die Einstellungen und dort anschließend in den Bereich **Gerät ▸ Apps**.
2. Suchen Sie im Untermenü **Alle** oder **Heruntergeladen** nach der betreffenden App, und tippen Sie sie an ④.

   Alternativ können Sie die App im App-Menü auch gedrückt halten und nach oben auf die Schaltfläche **App-Info** ziehen. So gelangen Sie noch schneller ins gewünschte Menü.

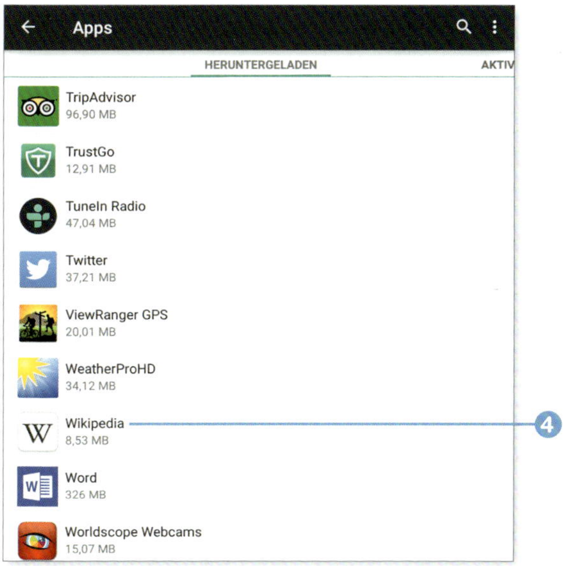

3. Stoppen Sie die App zunächst über **Beenden erzwingen** ❶. Löschen Sie anschließend die temporär gespeicherten Daten über **Daten löschen** ❷. Sollten sich danach noch Daten im Cache befinden, tippen Sie die Schaltfläche **Cache leeren** ❸ an.

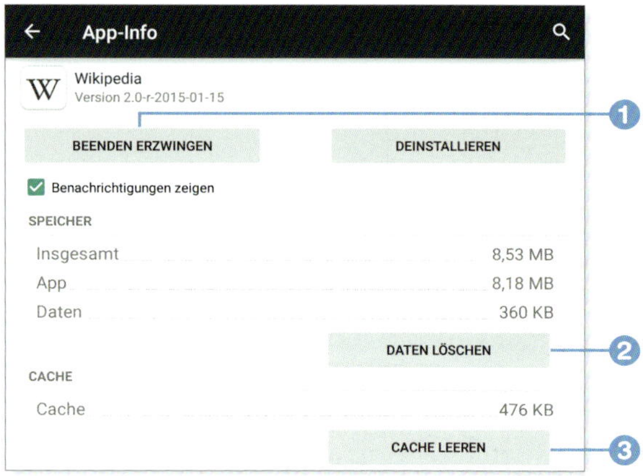

4. Öffnen Sie die betreffende App danach wieder über das App-Menü, und richten Sie sie gegebenenfalls neu ein. Die App sollte nach diesem Vorgang wieder funktionieren.

TIPP

Wenn gar nichts mehr geht

In sehr seltenen Fällen kann es vorkommen, dass Ihr Tablet selbst auf den Ein-/Aus-Schalter nicht mehr reagiert. Hier lautete mein Tipp früher noch: Akku herausnehmen. Leider funktioniert das heute bei den wenigsten Geräten, da die Energiespeicher mittlerweile fest verbaut sind. Was also tun? Lassen Sie das Tablet einfach »leer laufen«. Es schaltet sich nach Unterschreiten eines gewissen Akkustands (meistens 15 %) selbstständig aus. Danach können Sie Ihr Tablet neu starten. Eine andere Möglichkeit zur Fehlerbehebung ist ein sogenannter *Hard Reset*, der im Folgenden beschrieben wird.

Das Gerät zurücksetzen (Hard Reset)

Manchmal helfen selbst die im vorangegangenen Abschnitt, »Das Gerät neu starten«, beschriebenen Methoden nicht. Wenn durch die Installation einer fragwürdigen App wichtige Systemdateien zerstört wurden, helfen Ihnen der *Soft Reset*, das Löschen temporärer App-Daten oder das Entnehmen beziehungsweise Leerlaufen-Lassen des Akkus leider nicht weiter.

In einem derartigen Fall hilft nur ein *Hard Reset*, der das Gerät auf die Werkseinstellungen zurücksetzt. Leider verlieren Sie bei diesem Schritt sämtliche persönlichen Daten, Anwendungen und Einstellungen, die Sie auf Ihrem Tablet gespeichert haben. Gut, wenn Sie für solch einen Fall eine Sicherungskopie der Daten angelegt haben (Mehr dazu erfahren Sie im Abschnitt »Eine Datensicherung erstellen« ab Seite 320). So können Sie das Gerät auch nach einem Hard Reset schnell wiederherstellen.

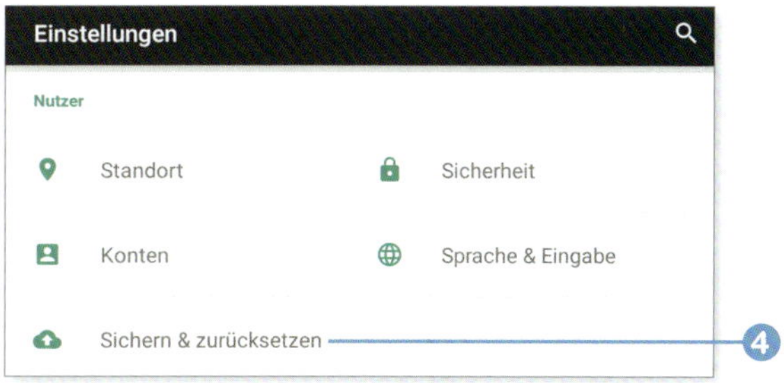

1. Sollte das Gerät noch auf Ihre Eingaben reagieren, nehmen Sie einen Hard Reset in den Einstellungen über den Menüpunkt **Nutzer ▶ Sichern & zurücksetzen** (4) vor.
2. Wählen Sie aus dem Menü den Punkt **Auf Werkszustand zurück** (5).

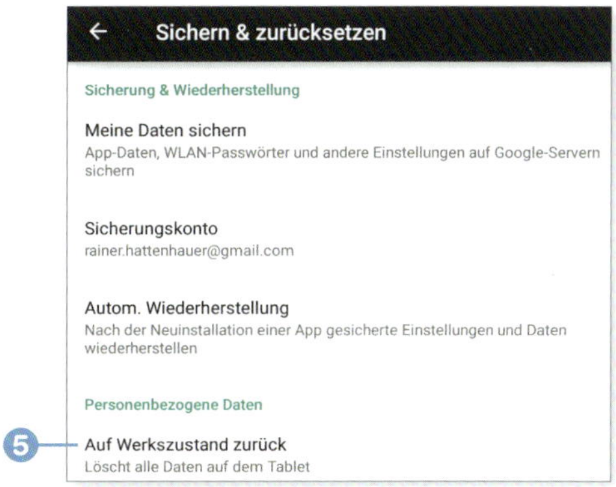

3. Im nächsten Menü erhalten Sie schließlich noch eine Warnung, dass sämtliche Daten auf Ihrem Gerät gelöscht werden. Bestätigen Sie den Reset über den Punkt **Tablet zurücksetzen** (6).

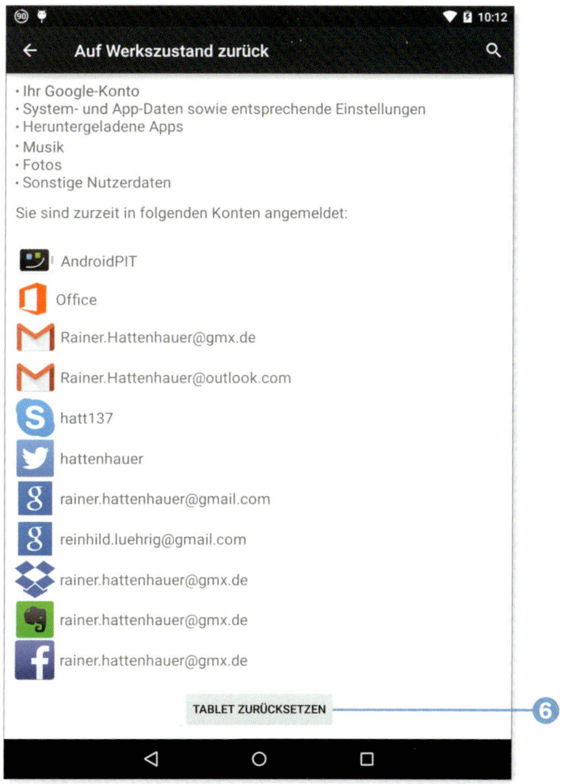

Es gibt auch Einzelfälle, in denen der Bildschirm schon direkt nach dem Einschalten nicht mehr reagiert. In diesem Fall lösen Sie einen Hard Reset direkt nach dem Systemstart über eine Tastenkombination aus.

Die für einen solchen Hard Reset erforderliche Tastenkombination ist von Gerät zu Gerät beziehungsweise von Hersteller zu Hersteller verschieden. Hier hilft eine Google-Recherche 1, um die spezielle Tastenkombination Ihres Geräts in Erfahrung zu bringen. Ein Beispiel, wie Sie ein Nexus-Tablet über den *Recovery Mode* in den Werkszustand versetzen, finden Sie im Abschnitt »Eine Bootschleife beseitigen« ab Seite 360.

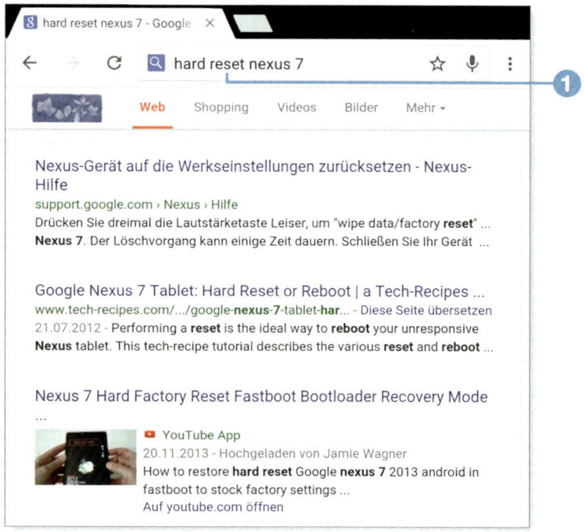

Google hilft weiter: Beim Nexus 7 nimmt man einen Hard Reset über das kombinierte Drücken von Ein-/Aus-Schalter und Lautstärketaste vor. YouTube liefert sogar das passende Video dazu.

Auf dem neuesten Stand bleiben: das Systemupdate

Von Zeit zu Zeit bringt Google Updates für das Android-Betriebssystem heraus. Je nach Hersteller kann dabei mehr oder weniger Zeit ins Land gehen, bis diese Updates für die eigenen Geräte angepasst und unters Volk gebracht werden.

Die Updates werden nach dem Erscheinen OTA (= *Over The Air*) auf Ihr Tablet befördert, das heißt: Wenn Sie per WLAN mit dem Internet verbunden sind, prüft Ihr Tablet, ob ein Update vorliegt. Ist das der Fall, erscheint eine entsprechende Meldung beziehungsweise ein Symbol in der Statusleiste ②. Gehen Sie in diesem Fall folgendermaßen vor:

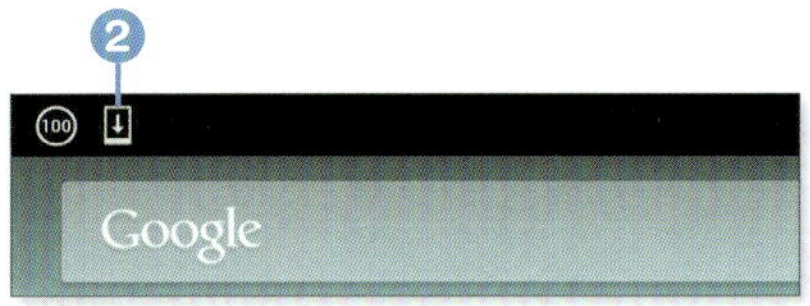

1. Ziehen Sie die Statusleiste herunter. Im Benachrichtigungsbereich erscheint die Meldung **Systemupdate heruntergeladen**. Tippen Sie auf die Meldung **Installieren** ③. Sollte Ihr Tablet nicht vollständig geladen sein, können Sie den Vorgang auch über die Schaltfläche **Später** ④ zunächst aussetzen.

   Aus Sicherheitsgründen ist es besser, den Updatevorgang mit vollem Akku durchzuführen. Geht Ihnen nämlich während des Updates »der Saft« am Tablet aus, kann es passieren, dass dieses dadurch unbrauchbar gemacht wird.

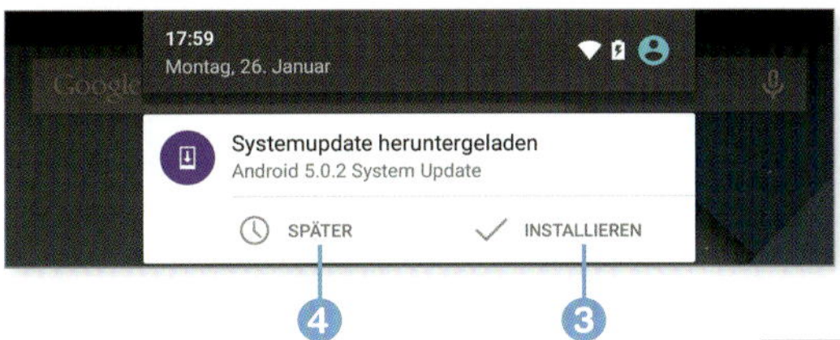

2. Ein Assistent sorgt nun dafür, dass das Update installiert und das Gerät neu gestartet wird. Dabei erscheint ein animiertes Android-Männchen auf dem Bildschirm.

3. Kontrollieren Sie nach dem Einspielen des Updates, ob dieses korrekt installiert wurde. Wechseln Sie dazu in den Einstellungen in den Bereich **System ▸ Über das Tablet**, und überprüfen Sie dort die aktuelle Version des Betriebssystems ⑤.

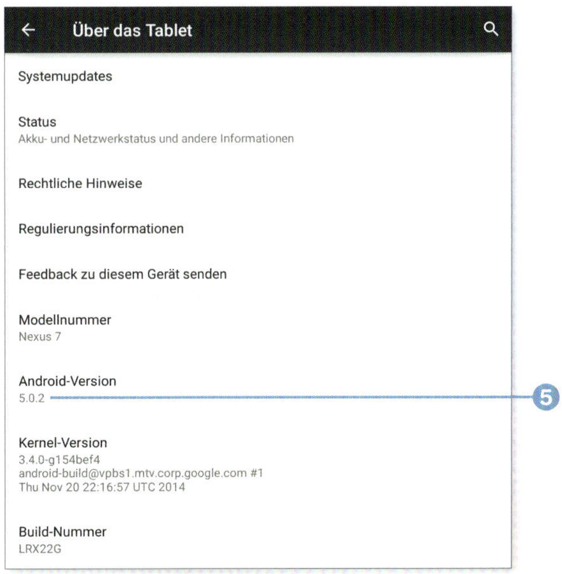

INFO

Android-Updates für alle?

Viele Android-Nutzer sind enttäuscht, was die Update-Politik vieler Hardwarehersteller angeht: Die neuesten Android-Versionen treffen spät oder gar nicht auf deren Geräten ein, obwohl diese kaum älter als zwei Jahre sind. Der Grund: Viele Hersteller verwenden eigene Erweiterungen, für die aktuelle Android-Versionen stets neu angepasst werden müssen. Da ist es für die Hersteller oft lukrativer, ganz neue Geräte mit den aktuellen Android-Versionen auf den Markt zu werfen. Google hat allerdings darauf reagiert und lagert schon seit geraumer Zeit wichtige Sicherheitsupdates in einzelne Apps, insbesondere in die *Play Services*, aus. Dadurch ist man auch mit älteren Android-Geräten sicher im Netz unterwegs. Insgesamt empfiehlt es sich aber, mindestens die Android-Version 4.4 (KitKat) auf dem Tablet zu haben, die auch aktuell noch regelmäßig mit Updates »unter der Haube« versorgt wird.

Probleme mit dem Play Store

Ich bin von Zeit zu Zeit (insbesondere nach Systemupdates) auf das Problem gestoßen, dass der Play Store nicht mehr korrekt funktionierte. Beim Versuch, die eigenen Apps, wie im Abschnitt »Apps aktualisieren« ab Seite 246 beschrieben, zu aktualisieren, gab es eine kryptische Fehlermeldung, die meist mit Ziffern verbunden war, zum Beispiel »Fehlercode 491«. Auch ein Neustart des Geräts brachte hier nichts. Abhilfe schaffte in einem derartigen Fall folgende Vorgehensweise:

1. Wechseln Sie in den Einstellungen in den Bereich **Nutzer ▸ Konten**, und tippen Sie dort den Eintrag **Google** ❶ an.
2. Tippen Sie in der erscheinenden Aufstellung Ihr Konto an ❷. Gegebenenfalls können hier mehrere Konten aufgelistet sein.
3. Wählen Sie nun im In-App-Menü den Punkt **Konto entfernen** ❸. Daraufhin wird das betreffende Konto gelöscht.

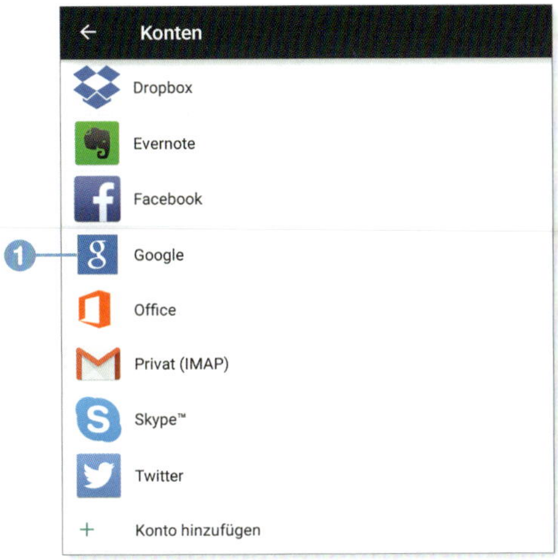

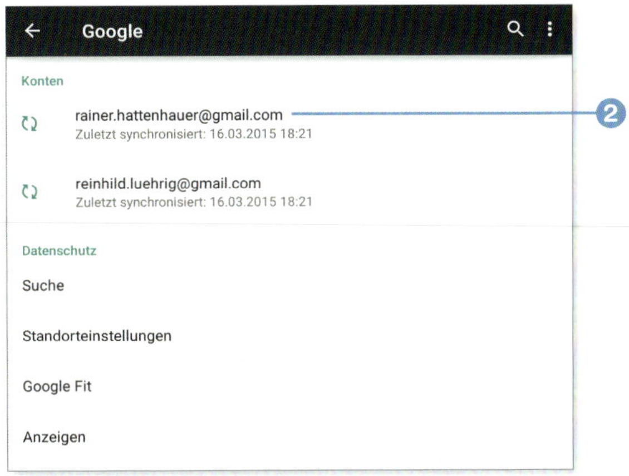

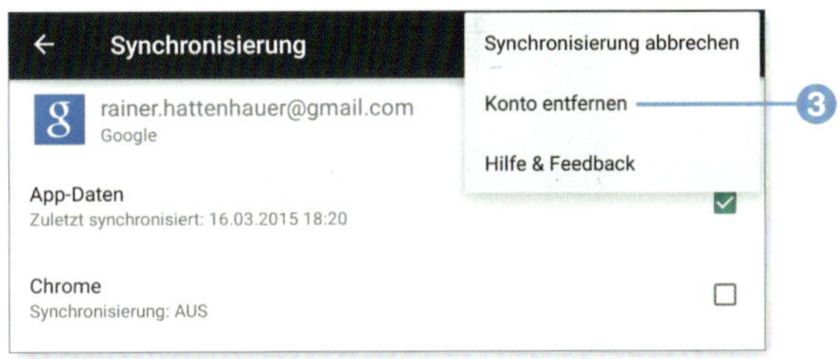

4. Gehen Sie zurück in den Hauptbereich der Konten. Wählen Sie hier den Punkt **Konto hinzufügen**, und erstellen Sie das soeben gelöschte Konto neu. Wählen Sie als Kontotyp **Google** aus 4.

5. Testen Sie schließlich, ob das Problem behoben wurde. Gehen Sie dazu in den Play Store, und versuchen Sie dort, Apps zu installieren beziehungsweise zu aktualisieren. Das sollte nun wieder klappen.

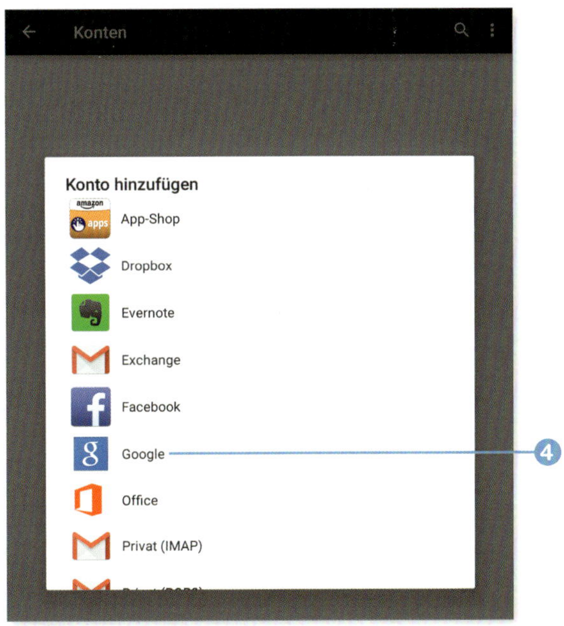

TIPP

Weitere Lösungen bei Play-Store-Fehlern

AndroidPIT bietet unter dem folgenden Link eine Übersicht über typische Play-Store-Fehler und deren Beseitigung: *http://bit.ly/1tqPz67*.

Eine Bootschleife beseitigen

Es kommt selten vor, aber es passiert: Ihr Tablet läuft (etwa nach einem Systemupdate) ständig im Kreis und startet laufend neu. Ein solches Verhalten nennt man in Expertenkreisen einen *Bootloop* oder – halbwegs eingedeutscht – eine Startschleife.

Abhilfe schafft bei den meisten Geräten folgendes Verfahren:

1. Falls möglich: Schalten Sie das Gerät komplett aus. Ist das nicht möglich, entfernen Sie entweder den Akku des Geräts für etwa fünf Minuten oder lassen dieses leer laufen. Verbinden Sie das Tablet anschließend mit dem Ladegerät.
2. Booten Sie Ihr Gerät in den sogenannten *Custom-Recovery-Modus*. Diesen erreichen Sie in der Regel dadurch, dass Sie das Gerät mit dem Ein-/Aus-Schalter einschalten und nach Erscheinen des Google-Logos sofort die Taste **Lautstärke runter** drücken und gedrückt halten. Bei einigen Geräten müssen auch alle Hardwaretasten (Ein-/Aus-Schalter + Lautstärketasten) gleichzeitig gedrückt werden. Das ist ein wenig kniffig und erfordert ein gewisses Timing. Recherchieren Sie in jedem Fall vorher im Internet nach der korrekten Recovery-Tastenkombination für Ihr spezielles Gerät.
3. Wählen Sie im erscheinenden Menü mit Hilfe der Lautstärketasten den Punkt **Recovery mode** ❶ aus, und bestätigen Sie Ihre Auswahl mit dem Ein-/Aus-Schalter.
4. Das Gerät startet nun neu, und es erscheint ein kleiner Android-Roboter mit der Unterschrift **Kein Befehl** ❷.
5. Drücken Sie nun gleichzeitig den Ein-/Aus-Schalter und die Taste **Lautstärke hoch**, und lassen Sie beide Knöpfe anschließend los. Dadurch erreichen Sie endgültig den Recovery-Modus.

6. Wählen Sie aus dem nun erscheinenden Menü per Lautstärketasten den Punkt **wipe data/factory reset** ③, und bestätigen Sie Ihre Auswahl mit dem Ein-/Aus-Schalter.

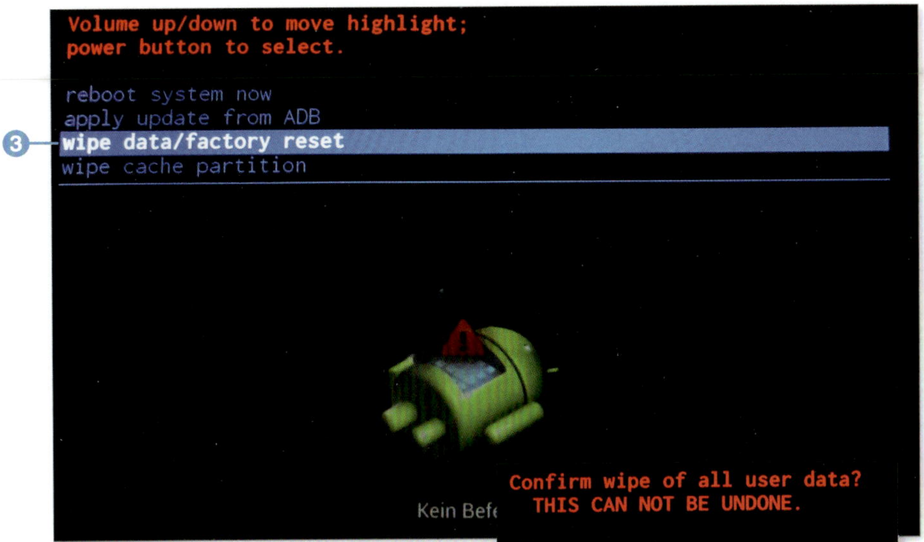

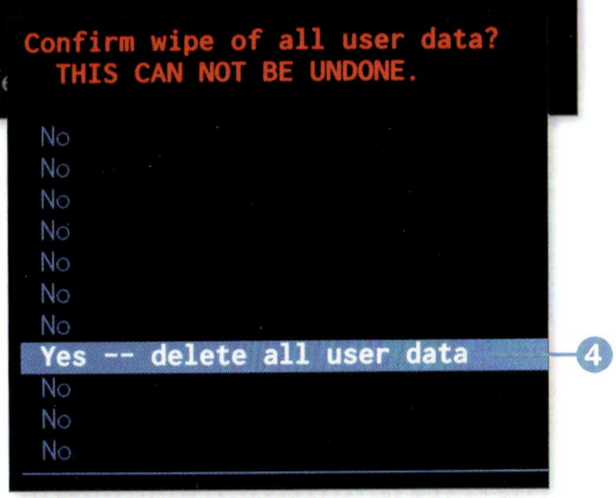

7. Im nächsten Dialog muss der Löschvorgang noch einmal explizit bestätigt werden. Hier wählen Sie den Punkt **Yes -- delete all user data** ④ aus. Starten Sie das Gerät anschließend über den Menüpunkt **reboot system now** neu. Durch den Vorgang sollte Ihr Gerät komplett neu aufgesetzt werden. Es empfiehlt sich deshalb wie so oft, auch hier eine Sicherung parat zu haben.

INFO

Wenn alle Stricke reißen – Cache-Partition löschen

Sollten die beschriebenen Schritte nicht zum Ziel führen, kann es manchmal noch hilfreich sein, die sogenannte *Cache-Partition* zu löschen. Einen entsprechenden Punkt **wipe cache partition** finden Sie im Menü nach Schritt 6.

Einen Screenshot erstellen

Oft ist es erforderlich, ein genaues Abbild des aktuellen Displayinhalts zu erstellen. Das kann zum Beispiel dann hilfreich sein, wenn man ein Problem mit dem Tablet hat und mit Hilfe von Internetforen und deren Teilnehmern eine Lösung finden möchte. Jedes aktuelle Android-Tablet lässt sich mit einer speziellen Tastenkombination dazu überreden, einen solchen sogenannten *Screenshot* zu erstellen:

1. Recherchieren Sie bei Google nach der speziellen Tastenkombination, um auf Ihrem Gerät einen Screenshot zu erstellen.

2. Erzeugen Sie einen Screenshot gemäß der recherchierten Anleitung. Auf einem Google-Nexus-Tablet müssen zum Beispiel den Ein-/Aus-Schalter und die **Leise**-Taste zwei Sekunden lang gleichzeitig gedrückt werden, auf Samsung-Galaxy-Geräten drücken Sie den Ein-/Aus-Schalter und die **Home**-Taste gleichzeitig.

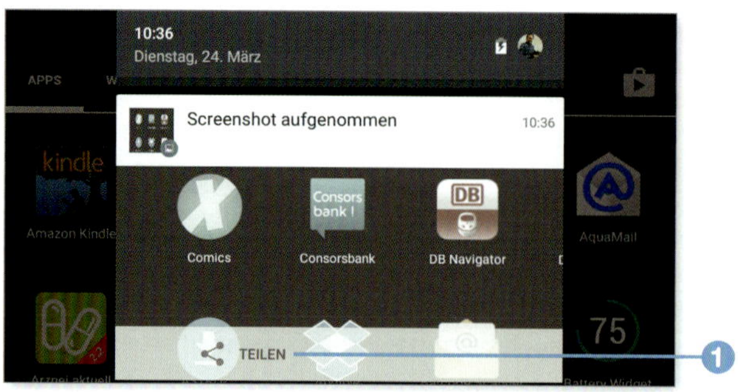

3. Nach dem Screenshot erscheint eine kleine Meldung im Statusbereich. Ziehen Sie den Statusbereich herunter, und tippen Sie die Meldung an. Sie gelangen dadurch unmittelbar zum aktuellen Screenshot in der Status-App. Der Screenshot kann aber auch direkt durch Antippen des Symbols **Teilen** (1) verschickt werden.

Hilfe für Android-Neulinge: der Geräteassistent

Im Frühjahr 2015 hat Google eine nette App für Einsteiger auf den Markt gebracht: den *Geräteassistenten*. Dieser hilft Ihnen beim Einstieg in das Betriebssystem und bietet direkten Zugang zum Live-Support. Leider war der Geräteassistent zum Zeitpunkt der Drucklegung dieses Buches ausschließlich für Besitzer von Google-zertifizierter Hardware, also etwa der Nexus-Serie, erhältlich. Eventuell hat sich das aber schon geändert, wenn Sie das vorliegende Buch in den Händen halten.

Geräte-assistent

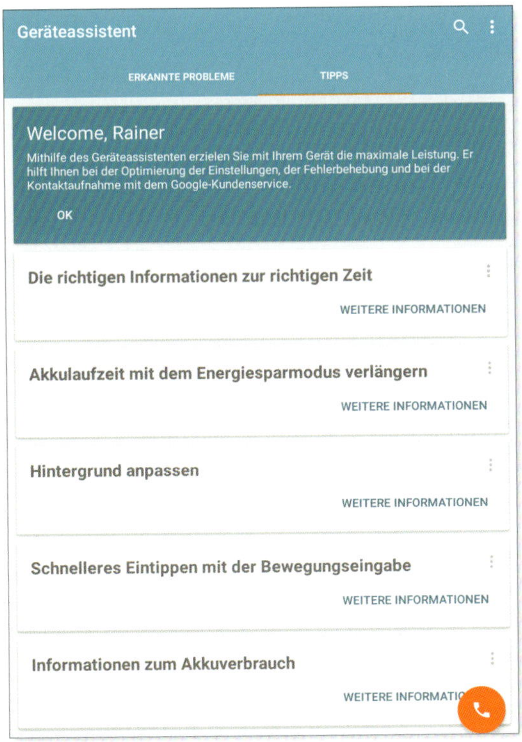

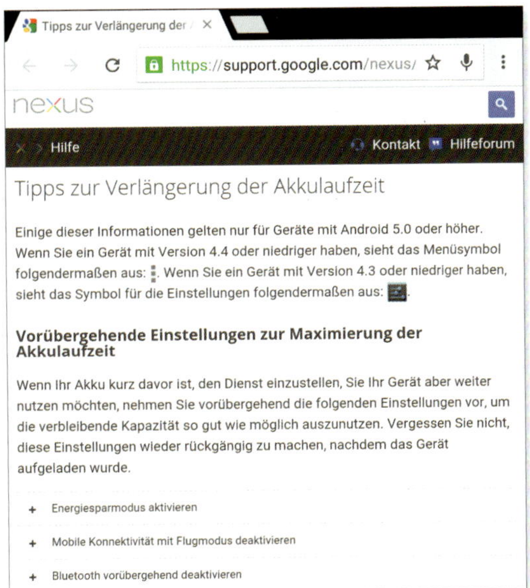

Der Geräteassistent steht Ihnen mit Tipps und Tricks hilfreich zur Seite. Über das Telefonhörersymbol erhalten Sie einen direkten Draht zum Google-Support.

Tipps und Hilfe in Internetforen finden

Die Beliebtheit von Android-Geräten wächst zunehmend. Der Marktanteil im Smartphone-Sektor beläuft sich derzeit in Deutschland auf etwa 80 %, und bei den Tablets sind es bereits über 60 %. Daher finden Sie im Internet schnell Rat und Hilfe von kompetenten Benutzern, die in Foren und Blogs ihr Wissen weitergeben und Ihnen helfen, wenn Ihr Android-Tablet einmal nicht so funktioniert, wie Sie es sich wünschen.

Bevor Sie sich in einem Forum anmelden und Ihre Fragen stellen, machen Sie sich am besten zunächst mit einigen Grundregeln im Umgang mit Ihren digitalen Mitbürgern vertraut. So sollten Sie sich zunächst über die FAQ – die Liste häufig gestellter Fragen – und über die Suchfunktion des Forums informieren, ob Ihre Frage vielleicht zuvor schon beantwortet wurde. Auch ein freundlicher Umgangston sollte stets eingehalten werden.

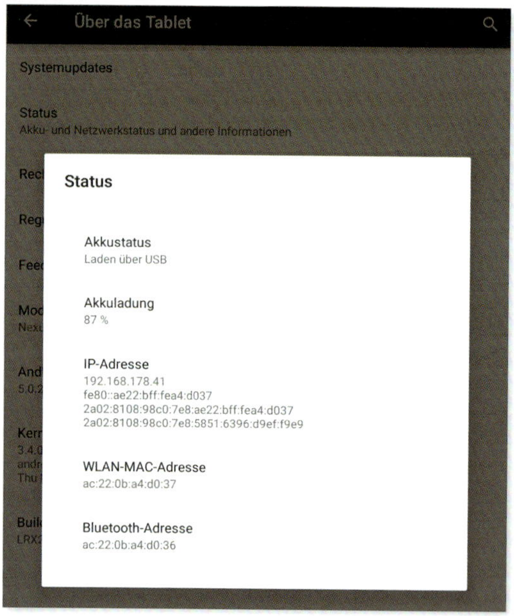

Damit Sie aber vor allen Dingen bei der Lösung Ihres Problems Hilfe bekommen, sollten Sie bei Ihrer Frage genügend Informationen zu dem verwendeten Gerät, dem eingebauten Prozessor und der derzeit installierten Betriebssystemversion bereithalten. Diese Informationen bringen Sie zum Teil in den Einstellungen über das Menü **System ▸ Über das Tablet** in Erfahrung. Unter anderem erfahren Sie über die Schaltfläche **Status**, welche IP- und MAC-Adresse Ihr Gerät besitzt – das ist zum Beispiel dann wichtig, wenn es Probleme mit dem Netzwerkanschluss gibt.

Benötigen Sie umfassendere Informationen zur verbauten Hardware, dann sollten Sie sich einmal die App **Android Hardware Info** genauer anschauen. Sie liefert Ihnen viele Informationen über die verbaute Hardware, sollten Sie diese zur Lösung Ihres Problems benötigen.

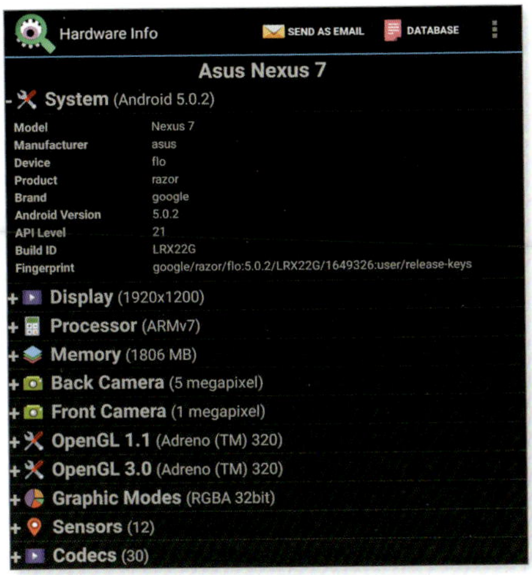

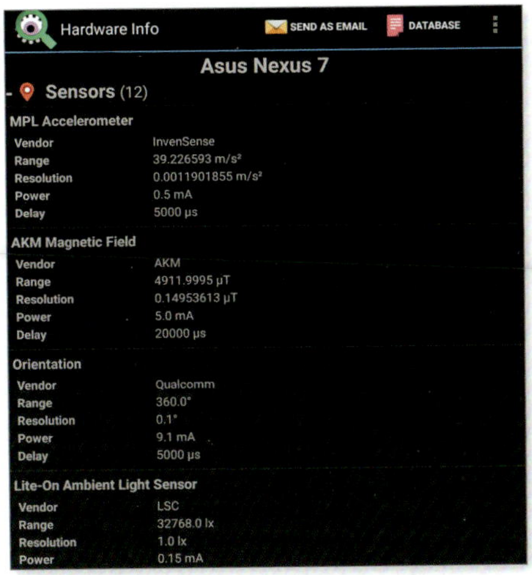

Hardware Info

Die wichtigsten Anlaufstellen bei Fragen für Android-Nutzer habe ich in der folgenden Tabelle zusammengefasst. Meist finden Sie in Android-Foren auch eine Rubrik, die sich speziell mit Ihrem Gerät beschäftigt. Diese Zusammenstellung bietet natürlich bei Weitem keine vollständige Auflistung aller Foren, die genannten Websites haben mir jedoch stets bei Problemen oder Fragen geholfen.

Name	URL	Inhalte
AndroidPIT	*http://www.androidpit.de*	Foren für alle gängigen Android-Smartphones und -Tablets, eigene App im Play Store, App-Tests
Android-Hilfe	*http://www.android-hilfe.de*	Foren für alle gängigen Android-Smartphones und -Tablets, eigene App im Play Store, App-Tests
PocketPC.ch	*http://www.pocketpc.ch*	Website zu allen gängigen Tablets und Smartphones aller Hersteller mit großem Android-Bereich
XDA-Developers	*http://www.xda-developers.com*	Expertenforum, Quelle diverser alternativer ROMs, englischsprachig
SamMobile	*http://www.sammobile.com*	Anlaufstelle zu Informationen speziell zu Samsung-Smartphones und -Tablets, Quelle alternativer ROMs, englischsprachig

Einige Anlaufstellen im Internet bei Fragen rund um Ihr Android-Tablet

Tapatalk

Um aktiv an Forendiskussionen teilzunehmen, empfiehlt sich die Installation des Community Readers **Tapatalk**, der von vielen Foren unterstützt wird. Das ist zum Beispiel bei **Android-Hilfe** oder den **XDA-Developers** der Fall.

1. Installieren Sie die **Tapatalk**-App. Zur bequemen Verwaltung aller Ihrer verwendeten Foren können Sie sich zunächst für eine Tapatalk-ID registrieren. Dazu können Sie auch Ihren Google+- oder Facebook-Account verwenden.
2. Verwenden Sie nun die Suchfunktion (erreichbar über das Lupensymbol ①), und geben Sie die ersten Buchstaben eines Forums ein, mit dem Sie Tapatalk nutzen möchten, zum Beispiel »Android«. Wählen Sie in der erscheinenden Übersicht etwa das Forum von Android-Hilfe.
3. Besorgen Sie sich einen Account für das Forum Ihrer Wahl, und stellen Sie Ihre Fragen.

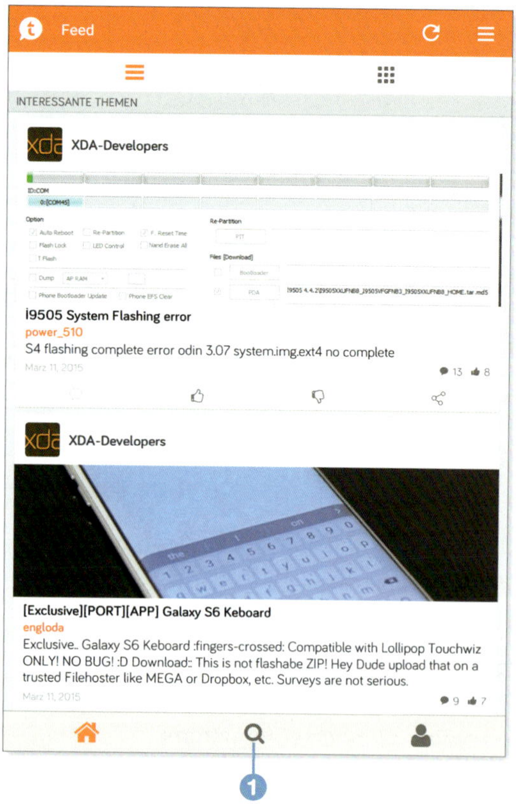

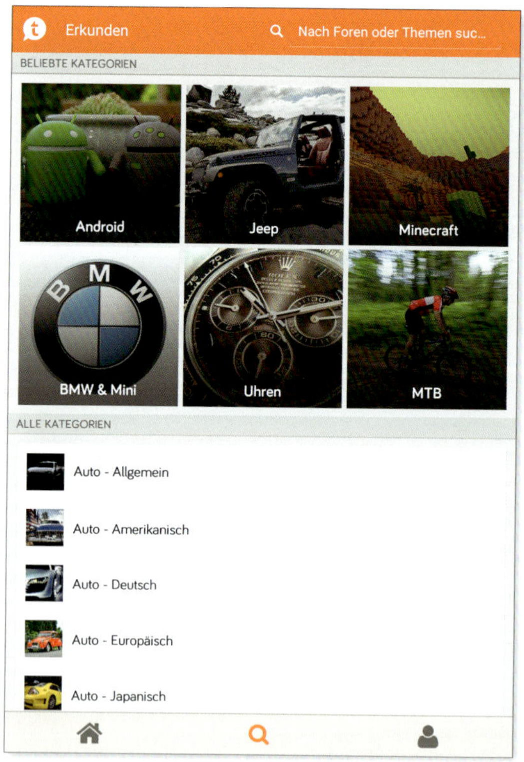

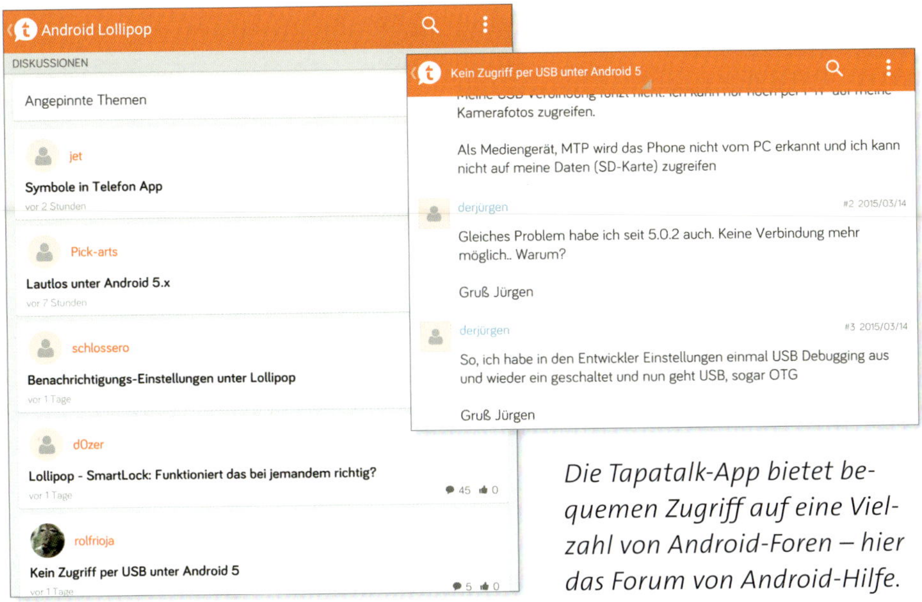

Die Tapatalk-App bietet bequemen Zugriff auf eine Vielzahl von Android-Foren – hier das Forum von Android-Hilfe.

Einige Anbieter stellen Ihnen sogar eine eigene App zur Nutzung ihrer Angebote zur Verfügung, so zum Beispiel AndroidPIT und PocketPC.ch. Mit der AndroidPIT-App etwa können Sie das beliebte Forum bequem durchkämmen.

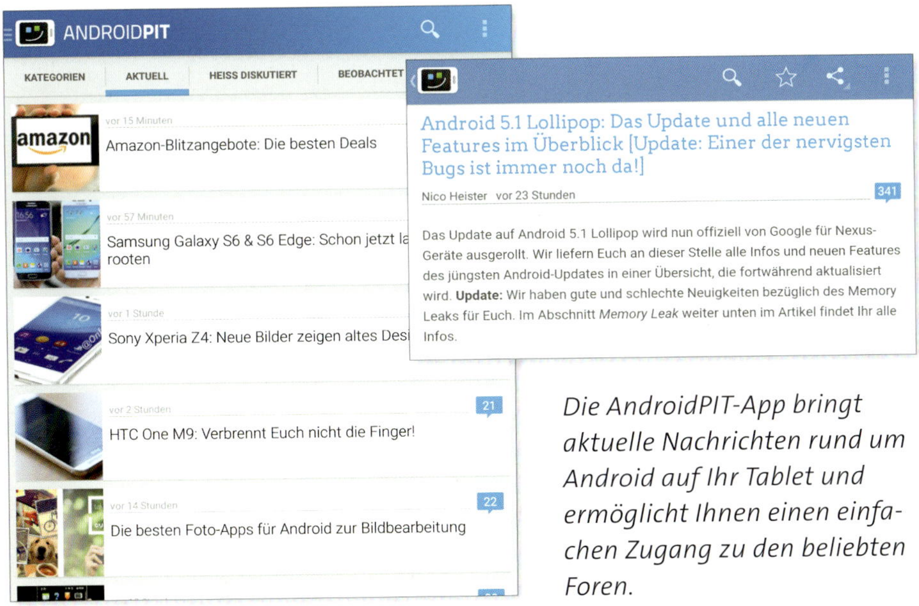

AndroidPIT

Die AndroidPIT-App bringt aktuelle Nachrichten rund um Android auf Ihr Tablet und ermöglicht Ihnen einen einfachen Zugang zu den beliebten Foren.

Glossar

Account Account ist das englische Wort für Konto. Ein wichtiger Account für Ihr Android-Tablet ist Ihr Konto bei Google.

Android Market Android Market war die ursprüngliche Bezeichnung des Play Stores. Im Gegensatz zum Play Store war die Plattform nur auf Apps ausgerichtet.

APN Access Point Name ist der Name und die Beschreibung des Zugangspunktes, mit dessen Hilfe Sie per Mobilfunknetz eine Verbindung zum Internet aufbauen können.

App Eine App ist ein Anwenderprogramm, das auf einem mobilen Gerät, einem Tablet oder einem Smartphone, läuft.

Attachment Ein Attachment ist ein Anhang, den Sie an eine E-Mail »anheften«. Das kann zum Beispiel ein Foto, aber auch ein Textdokument sein.

Bluetooth Mit Hilfe des Bluetooth-Funks lassen sich Informationen zwischen zwei Geräten über kurze Distanzen übermitteln.

Chromecast Mit Googles genialem HDMI-Stick streamen Sie in einfacher Weise Video- und Audioinhalte auf Ihr Fernsehgerät.

Client Unter einem Client versteht man auf einem Smartphone oder Tablet ein Programm, das besondere Netzwerkdienste nutzen kann. So bietet Skype etwa einen Android-Client für VOIP-Telefonie an.

Cloud (-Computing) Die Cloud ist ein Verband von Servern im Netz, auf denen Daten gelagert und Programme genutzt werden können. Die Arbeit mit Programmen, die auf diesen Servern bereitgehalten werden, nennt man Cloud-Computing.

Codec Die Codier-Decodier-Software (englische Abkürzung: *Codec*) ermöglicht das platzsparende Speichern von Audio- und Videomaterial auf Ihrem Tablet. Typische Codecs sind der MP3-Audiocodec und der DivX-Videocodec.

Copy & Paste Manch einer macht's im Rahmen seiner Diplom- oder Doktorarbeit: das Kopieren und Einfügen von Textteilen, eine zumeist unrühmliche Kulturtechnik des 21. Jahrhunderts. Es können nicht nur Texte, sondern auch andere Daten kopiert werden, am PC geht das am einfachsten mit den Tastenkürzeln Strg + C (Kopieren) und Strg + V (Einfügen).

DCIM Im DCIM-Ordner (Digital Camera Images) werden in der Regel die Fotos und Videos der Smartphone-Kamera abgelegt. So ein Ordner befindet sich sowohl auf der internen als auch auf der externen SD-Karte.

Desktop Den Desktop kennen Sie schon von Ihrem PC: Das Wort steht für Schreibtisch und beschreibt die Oberfläche, auf der Programme und Dateien in Form von kleinen Icons abgelegt werden können.

DHCP Das Dynamical Host Configuration Protocol sorgt dafür, dass Ihr Smartphone beim Einbinden in ein Netzwerk mit einer IP-Adresse versehen wird.

Drag & Drop »Ziehen und Loslassen«. Platzieren Sie einen Finger über einem Objekt, verschieben Sie das Objekt mit Hilfe des gedrückten Fingers an eine andere Stelle, und lassen Sie das Objekt los: Voilà – Sie haben das Prinzip von Drag & Drop entdeckt!

DRM Die Musik- und Buchverlage sind daran interessiert, dass nur diejenigen in den Genuss ihrer Medien kommen können, die dafür auch bezahlt haben. Zu diesem Zweck wurde das Verfahren des *Digital Rights Managements* erfunden, zu Deutsch: digitale Rechteverwertung.

E-Book Das elektronische Buch ist auf dem Vormarsch: In den USA hat der Umsatz der E-Books bei Amazon längst den der gedruckten Bücher überflügelt.

Flash von Adobe Mittlerweile befinden sich Flash-Inhalte im Android-Bereich auf dem Rückzug und folgen damit Apples Strategie: Google verweigert seit Android-Version 4.1 die Unterstützung des proprietären Medienformats, und Adobe bietet darüber hinaus keinen Flash Player für aktuelle mobile Plattformen an.

FTP Mit dem *File Transfer Protocol* greift man auf Internetserver zu und kann darauf befindliche Dateien mit Hilfe eines FTP-Clients herunterladen oder hochladen.

Galerie In der Galerie wurden in älteren Android-Versionen alle Mediendateien abgelegt. Verfügen Sie über eine derartige Version, können Sie mit Hilfe eines speziellen Browsers die Galerie durchsuchen und die Materialien unter anderem in Form einer Diashow wiedergeben. Die App wurde mittlerweile durch die Fotos-App ersetzt.

GPS Das *Global Positioning System* ist ein weltumspannendes System von Satelliten, mit deren Hilfe eine genaue Positionsbestimmung erfolgt. Ihr Tablet muss dafür mit einem GPS-Empfangschip ausgestattet sein.

GSM Das *Global System for Mobile Communications* ist der allgemein bekannte Standard für digitale Mobilfunknetze.

HDMI Mit dem *High Definition Multimedia Interface* übertragen Sie digitale Bild- und Tondaten. Der Stecker beziehungsweise die Buchse ähnelt einem USB-Anschluss und wird zum Beispiel beim Anschluss des Google-Chromecast-Sticks an Ihr TV-Gerät verwendet.

Home-Bildschirm/Homescreen Auf dem *Homescreen* (zu Deutsch: Heimbildschirm) legen Sie Ihre beliebten Widgets und Apps ab, um schnell darauf zugreifen zu können. Android bietet Ihnen in der Standardkonfiguration mehrere Homescreens an, die Sie thematisch geordnet belegen können.

Hotspot Ein *Hotspot* ist ein Zugangspunkt für drahtlose Verbindungen per WLAN.

Icon Ein Icon ist ein kleines Symbol, das für eine App steht. Durch Antippen des Icons starten Sie die entsprechende App.

IMAP Mit Hilfe des *Internet Message Access Protocols*, eines Internetprotokolls für den E-Mail-Zugriff, können Sie Ihr Mailpostfach so nutzen, dass E-Mails wie bei einem stationären Mailprogramm in eine Ordnerstruktur einsortiert und bei Bedarf auch gelöscht werden können. IMAP bietet sich an, wenn Sie viel unterwegs sind und parallel vom heimischem PC oder Tablet auf Ihr Postfach zugreifen möchten.

IP-Adresse Die Internetprotokolladresse (IP: *Internet Protocol*) ist eine Zahlenkolonne, mit deren Hilfe man ein an das Internet angeschlossenes Endgerät ansprechen kann. Ein Beispiel für eine IP-Adresse wäre 192.168.0.1.

Labels Mit Hilfe von Labels, also Markierungen, lassen sich die Mails in Ihrem Gmail-Postfach sortieren.

LTE/4G Der neue, schnelle Mobilfunkstandard LTE (= *Long Term Evolution*) ist der Nachfolger von UMTS und bietet Datenübertragungsraten, die man bislang nur von Breitbandanschlüssen gewohnt war.

MP3 Das MP3-Kompressionsverfahren bietet die Möglichkeit, Audiodateien – in der Regel Musik – auf einen Bruchteil ihrer Größe bei nahezu gleichbleibender Qualität zu komprimieren.

MP4 MP4 ist ein Container für Videomaterial, das mit einem Videocodec komprimiert wurde.

Multitasking Unter Multitasking versteht man das scheinbar parallele Abarbeiten von Programmen auf einem Computer oder Tablet. »Scheinbar« deshalb, weil der Prozessor im Mikrosekundentakt zwischen den geöffneten Anwendungen hin und her wechselt und so der Eindruck der Parallelbearbeitung erweckt wird.

NFC *Near Field Communication* bedeutet die Möglichkeit, per Nahfeldverbindung eine direkte Verbindung zwischen zwei benachbarten Geräten aufzubauen. Dieses Verfahren soll in naher Zukunft auch für Bezahlvorgänge genutzt werden.

PDF Das *Portable Document Format* ermöglicht die Darstellung von Dokumenten auf beliebigen Plattformen. Sie benötigen allerdings spezielle Apps, um PDF-Dokumente anzuzeigen – das Android-System selbst beherrscht dieses Format nicht.

PIN Mit der PIN, der persönlichen Identifikationsnummer, aktivieren Sie Ihre SIM-Karte.

Pinch-to-Zoom Eine Anleihe vom iPhone: Mit gespreizten Fingern können Sie Bildschirminhalte verkleinern oder vergrößern.

Play Store Der Play Store ist Dreh- und Angelpunkt, wenn Sie Ihr Android-Tablet mit Apps, Büchern und Medien ausstatten wollen. Die Installation einer App oder der Erwerb von Medien kann direkt von Ihrem Android-Tablet per Play-Store-App, aber auch bequem am heimischen PC per Browser erfolgen.

POP Das *Post Office Protocol* (POP) ist ein Standard zur Übertragung von E-Mails. In der Version 3 (POP3) findet es aktuell bei den meisten E-Mail-Dienstanbietern Anwendung. Im Gegensatz zum IMAP-Verfahren unterstützt es allerdings keine Ordnerstrukturen auf dem Server und ist dadurch unflexibler.

QR-Code Das ganze Buch wimmelt davon: Über diese praktischen kleinen Piktogramme, die *Quick Response Codes*, installieren Sie im Handumdrehen Apps mit Hilfe Ihrer Tablet-Kamera und einer Scanner-App. Mehr darüber erfahren Sie im Abschnitt »Eine App suchen und installieren« ab Seite 42.

RAM Das *Random Access Memory* ist derjenige Speicher Ihres Tablets, in dem die Programme ablaufen und temporäre Daten abgelegt werden. Alle Inhalte des RAM-Speichers werden beim Abschalten des Tablets gelöscht.

Reset Durch das Zurücksetzen Ihres Tablets gelangen Sie in einen definierten Ausgangszustand. Ein Reset ist dann sinnvoll, wenn das Gerät wider Erwarten einmal abstürzen oder »hängenbleiben« sollte.

ROM Im *Read-Only Memory* ist das Betriebssystem Ihres Tablets untergebracht. Dieser im Normalbetrieb nicht beschreibbare Speicher enthält sämtliche Daten und Programme, die Android benötigt. Sie haben aber stets die Möglichkeit, das ROM zu flashen und ein neues Betriebssystem einzuspielen oder das bestehende System zu aktualisieren.

Rooten Nur für Experten zu empfehlen: Durch das Rooten Ihres Tablets verschaffen Sie sich Zugang zum Kern des Systems und zu systemkritischen Dateien.

RSS Mit dem *Really-Simple-Syndication-Format* werden Überschriften von Nachrichtenkanälen im Internet oder ganz allgemein auch von Webseiten auf das Tablet befördert. Dazu ist es nicht notwendig, die komplette Seite zu laden, was einem Tablet-Nutzer aufgrund des dadurch reduzierten Datenaufkommens sehr entgegenkommt.

SD-Karte Auf einer *Secure Digital Memory Card* lassen sich Daten ablegen, die auch nach einem Neustart des Geräts zur Verfügung stehen. Neben der fest verbauten internen SD-Karte bieten einige Tablets die Möglichkeit an, den nicht flüchtigen Speicher mit einer externen SD-Karte zu erweitern.

SIM-Karte Zum Telefonieren oder zur Nutzung des mobilen Internets benötigen Sie ein *Subscriber Identity Module*, kurz SIM genannt. Derartige Chips erhalten Sie von einem der zahlreichen Mobilfunkprovider.

SMS Der *Short Message Service* ist der Dinosaurier unter den mobilen Kommunikationsformen und vom Aussterben bedroht. Kein Wunder, stehen doch über das mobile Internet weit kostengünstigere Alternativen zur Verfügung.

Streaming Beim Streaming werden Mediendateien (zum Beispiel Musik oder Videos) direkt von einem speziellen Server wiedergegeben und nicht, wie oft üblich, zuvor komplett heruntergeladen.

Swype *Swypen*, anstatt zu tippen: Durch das Nachfahren von Buchstabensequenzen mit dem Zeigefinger steigern Sie nach kurzer Zeit Ihre Geschwindigkeit bei der Texteingabe beträchtlich.

Task-Manager Moderne Betriebssysteme setzen auf Multitasking und lassen eine Vielzahl von Programmen und Diensten parallel ablaufen. Mit einem Task-Manager haben Sie die Möglichkeit, selektiv Anwendungen zu stoppen, die Ihr Gerät ausbremsen.

Tethering Seit der Android-Version 2.2 (Froyo) können Sie den Internetzugang eines Android-Smartphones anderen Geräten, zum Beispiel Tablets, zur Verfügung stellen. Das Smartphone dient dabei als Hotspot, das Verfahren wird als Tethering bezeichnet.

UMTS/3G Mit dem schnellen Standard *Universal Mobile Telecommunications System* (auch als 3G bekannt) lassen sich Dateien in schnellem Tempo übertragen, und auch das Surfen per Browser gestaltet sich äußerst flüssig.

URL Der *Uniform Resource Locator* ist dem Normalanwender besser bekannt unter dem landläufigen Begriff Internetadresse. Ein Beispiel wäre *http://www.vierfarben.de*.

USB Per *Universal Serial Bus* erfolgt der Abgleich Ihres Tablets mit Ihrem PC. Jedes moderne Gerät verfügt mittlerweile über einen entsprechenden Steckanschluss, der per Kabel mit einem PC verbunden werden kann.

VOIP Der *Voice-over-IP*-Standard ist jedem Computerkundigen unter dem Namen Internettelefonie ein Begriff. Skype verwendet dieses Verfahren, um kostengünstige Telefonate rund um den Globus zu ermöglichen.

Wallpaper Mit einem *Wallpaper* (zu Deutsch: Tapete) gestalten Sie den Hintergrund Ihres Desktops.

Widget Diese praktischen kleinen Helfer verwandeln Ihr Tablet in eine Informationszentrale. Ob Wetter, Uhrzeit oder Kalendereinträge: Für jeden Zweck gibt es die passende Informationsanwendung für den Desktop.

WLAN oder WiFi Über das *Wireless Local Area Network* gelangen Sie insbesondere im Ausland kostengünstig ins Internet. Jedes Android-Tablet ist mit einer WLAN-Schnittstelle ausgestattet, die die drahtlose Verbindung zu einem Hotspot herstellt.

Stichwortverzeichnis

D

E

F

I

K

L

M

N

O

P

Q

R

S

T

U